“İyi”den, “Mükemmel” Şirkete

Kalıcı Başarıya Ulaşmanın Yolları

“İyi”den, “Mükemmel” Şirkete

Kalıcı Başarıya Ulaşmanın Yolları

Jim Collins

Çeviri
Levent Cinemre

BOYNER YAYINLARI

Eski Büyükdere Caddesi, Park Plaza 22, Maslak - İstanbul
Tel: (212) 366 89 00
e-mail: by@boyner-holding.com.tr

Orjinal adı ve yayıncısı: Good to Great
Curtis Brown Ltd./U.S.A

ISBN: 978-975-7004-43-1

Yayın Yönetmeni: Gülşen Heper

Kapak: Rafineri Reklamcılık
Dizgi, Baskı ve Cilt: Altan Basım Ltd.

İÇİNDEKİLER

Teşekkür

Bu kitabı Jim Collins'in yazdığını söylemek, gerçeği tam olarak dile getirmemek anlamına gelir. Diğer insanların önemli katkıları olmaksızın, bu kitap asla yazılamazdı.

Teşekkür listesinin başında ekip üyeleri geliyor. Büyük bir bağlılıkla proje için çalışan böylesine olağanüstü bir grup insana sahip olduğum için şükrediyorum. Toplam olarak 15 bin saati aşan bir katkıları oldu. Kendilerine koydukları yüksek standartlara yetişmeye çalıştım. Kitabın yazım aşamasını bitirmeye çalışırken proje için aylarını, yıllarını harcayan ekip üyelerinin görüntüleri gözlerimin önünden gitmiyor, omzumun üzerinden yazdıklarıma bakarak kendi standartlarına uygun ve yaptıkları çalışmaya değecek bir kitap çıkması için beni sıkıştırıyorlardı. Bunu başaramamışsam, sorumluluk tamamen bana aittir.

"İyi"den, "Mükemmel" Şirkete Araştırma Ekibi Üyeleri

Vicki Mosur Osgood, Alyson Sinclair, Stefanie A. Judd, Christine Jones, Eric Hagen, Duane C. Duffy, Paul Weissman, Scott Jones, Weijia (Eve) Li, Nicholas M. Osgood, Jenni Cooper, Leigh Wilbanks, Anthony J. Chirikos, Brian J. Bagley, Brian C. Larsen, Peter Van Genderen, Lane Hornung, Scott Cederberg, Morten T. Hansen, Amber L. Young

Ayrıca en iyi mezunlarını bulup araştırma ekibime almamdaki yardımları için University of Colorado School of Business'den Denis B. Nock'a teşekkür ediyorum. Doğru araştırma ekibini toparlamak, projeyi başarılı kılacak en önemli aşamalardan biriydi ve Denis bütün o insanları bulmamda çok önemli rol oynadı. University of Colorado'dan ayrıca Carol Krismann'a ve William M. White Kütüphanesi'nin fedakar çalışanlarına teşekkür borçluyum. Carol dışında Betty Grebe, Lynnette Leiker, Dinah McKay, Martha Jo Sani ve Jean Whelan'ı ismen anmak isterim.

Kitabın müsveddelerini okumak için saatlerini harcayıp geliştirilmesi gereken konularda beni acı gerçeklerle yüzleştiren, ama bir yandan da projeye inancımı yitirmememi sağlayan çok sayıda okuruma özel bir teşekkür borcum var. Samimi eleştirileri ve derinlikli anlayışları için Kirk Arnold, R. Wayne Boss, Natalia Cherney-Roca, Paul M. Cohen, Nicole Toomey Davis, Andrew Fenniman, Christopher For-man, William C. Garriock, Terry Gold, Ed Greenberg, Martha Green-berg, Wayne H. Gross, George H. Hagen, Becky Hall, Liz Heron, John G. Hill, Ann H. Judd, Rob Kaufman, Joe Kennedy, Keith Kennedy, Butch Kerzner, Alan Khazei, Anne Knapp, Betina Koski, Ken Krechmer, Bar-bara B. Lawton, Ph.D., Kyle Lefkoff, Kevin Maney, Bill Miller, Joseph P. Modica, Thomas W. Morris, Robert Mrlik, John T. Myser, Peter Nosler, Antonia Ozeroff, Jerry Peterson, Jim Reid, James J. Robb, John Rogers, Kevin Rumon, Heather Reynolds Sagar, Victor Sanvido, Mason D. Schumacher, Jeffrey L. Seg!in, Sina Simantob, Orin Smith, Peter Staud-hammer, Rick Sterling, Ted Stolberg, Jeff Tarr, Jean Taylor, Kim Hollingsworth Taylor, Tom Tierney, John Vitale, Dan Wardrop, Mark H. Willes, David L. Witherow ve Anthony R. Yue'ye teşekkür ederim.

İyiden mükemmele geçen şirketlerin geçiş aşamalarında görev yapmış yöneticilerin katkılarını sağlayabildiğimiz için çok şanslıyız. Kimi zaman iki saate kadar çıkan mülakatlarımızda ve bazen mülakatların devamı niteliğindeki görüşmelerde sorularımızı büyük bir sabırla cevapladılar. Aşağıdaki isimlerin hepsine seslenmek ve demek isterim ki umarım ki kitap sizin elde ettiğiniz başarıları yeterince anlatabilmiştir. Sizler, Amerikan iş hayatının isimsiz kahramanlarısınız: Robert Aders, William F. Aldinger III, Richard J. Appert, Charles J. Aschauer Jr., Dick Auchter, H. David Aycock, James D. Bernd, Douglas M. Bibby, Roger E. Birk, Marc C. Breslawsky, Eli Broad, Dr. Charles S. Brown, Walter Bruckart, Vernon A. Brunner, James E. Campbell, Fred Canning, Joseph J. Cisco,

Richard Cooley, Michael J. Critelli, Joseph F. Cullman 3rd, John A. Doherty, Douglas D. Drysdale, Lyle Everingham, Meredith B. Fischer, Paul N. Fruitt, Andreas Gembler, Milton L. Glass, James G. Grosklaus, Jack Grundhofer, George B. Harvey, James Her-ring, James D. Hlavacek, Gene D. Hoffman, J. Timothy Howard, Charles D. Hunter, F. Kenneth Iverson, James A. Johnson, L. Daniel Jorndt, Robert L. Joss, Arthur Juergens, William E. Kelvie, Linda K. Knight, Glenn S. Kraiss, Robert J. Levin, Edmund Wattis Littlefield, David O. Maxwell, Hamish Maxwell, Ellen Merlo, Hyman Meyers, Arjay Miller, John N. D. Moody, David Nassef, Frank Newman, Arthur C. Nielsen, Jr., John D. Ong, Dr. Emanuel M. Papper, Richard D. Par-sons, Derwyn Phillips, Marvin A. Pohlman, William D. Pratt, Fred Pur-due, Michael J. Quigley, George Rathmann, Carl E. Reichardt, Daniel M. Rexinger, Bill Rivas, Dennis Roney, Francis C. Rooney, Jr., Wayne R. Sanders, Robert A. Schoellhorn, Bernard H. Semler, Samuel Siegel, Thomas F. Skelly, Joseph P. Stiglich, Joseph F. Turley, Glenn S. Utt Jr., Edward Villanueva, Charles R. Walgreen, Jr., Charles R. Walgreen, III, William H. Webb, George Weissman, Blair White, William Wilson, Alan L. Wurtzel ve William E. Zierden.

Araştırmamızda yer alan şirketlerin birçok çalışanı, mülakatları organize ederek ve çok önemli belgeler sağlayarak projeye büyük katkı sundular. Özellikle Abbott Laboratories'den Catherine Babington, David A. Baldwin, Ann Fahey-Widman ve Miriam Welty Trangsrud'ı; Circuit City'den Ann M. Collier'i; Fannie Mae'den John P. DiQuollo'yu; Gillette'den David A. Fausch ve Danielle M. Frizzi'yi; Kimberly-Clark'taki yardımları ve Darwin Smith hakkındaki derin yorumları için Tina Barry'i; Kimberl-Clark'dan Lisa Crouch ve Angie McCoy'u; Kroger'dan Jack Cornett'ı; Nucor'dan Terry S. Lisenby ve Comelia Wells'i; Philip Morris'ten Steven C. Parrish ve Timothy A. Sompolski'yi; Pitney Bowes'tan Sheryl Y. Battles ve Diana L. Russo'yu; Walgreens'ten Thomas L. Mammoser ve Laurie L. Meyer'ı Wells Fargo'dan Naomi S. Ishida'yı anmayı borç bilirim.

Wells Fargo'daki kapıları açan Diane Compagno'ya, Philip Morris'teki kapıları açmama yardım eden John S. Reed'e, Circuit City'deki kapıları açmama yardım eden Sharon L. Wurtzel'e, Circuit City konusunda derinlikli yorumları ve kitabın müsveddelerini okuduğu için James G. Clawson'a, Hewlett-Packard arşivindeki yardımları nedeniyle Karen Lewis'e, en güncel verilerle çalışmamızı sağlayan Center for Research in Security Prices'tan Tracy Russel ve arkadaşlarına, yol göstericiliği için Virginia A. Smith'e, sınıflandırmadaki katkıları için Nick Sagar'a, bilgece yorumları için Marvin Bressler'a, şirketlerdeki mekanizmaları anlamama yardım eden Bruce Woolpert'e, müsveddelerimi kontrol ve tashih eden Ruth Ann Bagley'e, az bulunur zekasını bana kullandırdığı için Dr. Jeffry T. Luftig'e, karmaşık problemleri basite indirgeme yeteneği nedeniyle Prof. Wulliam Briggs'e, bana öğrettiği paha biçilmez şeyler için Amiral Jim Stockdale'e, bu projenin ortaya çıkmasını sağlayan McKinsey raporunu yaratan Jennifer Futernick'e ve bize ilk kıvılcımı veren Bill Meehan'a teşekkür ederim.

Araştırma hocam Jerry Porras'a, yetenekli grafikçim James J. Robb'a, yayıncılık dünyasındaki güvenilir menajerim Peter Ginsberg'e, bir dokunuşuyla olmayacak şeyleri olur yapan Lisa Berkowitz'e ve çalışmanın varlığını öğrendiği andan itibaren coşkuyla destekleyen Adrian Zackheim'e özel olarak teşekkür ederim.

Son olarak Joanne Ernst'i karşıma çıkaran ve onunla evlenmemi sağlayan kaderime müteşekkirim. Yirmi yıllık evlilikten sonra biraz asabi kişiliğime ve bu tür projelerin ağırlığı altında kendimi tüketme eğilimime hâlâ sabırla yaklaşabiliyor. Benim hem en iyi eleştirmenim hem de en yakın ve en güçlü destekçim. Hayattaki en büyük başarı, akıp giden yıllar içinde eşinizin sizi daha çok sayması ve sevmesidir. Umarım bu ölçüte göre ben de onun kadar başarılı olmuşumdur.

Önsöz

Kitabın taslağını bitirirken Boulder, California'daki evimin hemen kuzeyinde yer alan Eldorado Springs Kanyonundaki dik ve kayalık bir parkurda koşmaya gittim. Kışın giydiği karlı mantosunu hâlâ üzerinden çıkarmamış olan etraftaki tepeleri gören en sevdiğim seyirlik yerlerden birinde mola verdiğim bir anda, zihnimde acayip bir soru belirdi: Bana ne kadar para verseler "İyi"den, "Mükemmel" Şirkete'yi yayınlamazdım?

O ana kadar geçen beş yılımı bu kitabın araştırması ve yazımı için sarfettiğim düşünülürse, bu soru ancak ilginç bir düşünce egzersizi olabilirdi. Kitabı unutmama yetecek bir miktar varolabilirdi ama 100 milyon dolar eşiğini aşıp da hâlâ yayınlamaktan vazgeçmeyince, eve dönmenin zamanının geldiğini gördüm. O kadar para bile beni fikrimden vazgeçirememişti. Ben, gerçek bir öğretmenim. Yani öğrendiğim bir şeyi dünyanın her yanındaki öğrencilerle paylaşmadan duramam. İşte bu çalışmayı yapmamın arkasında da bu öğrenme ve öğretme ruhum yatar.

Keşişler gibi inzivaya çekildiğim aylar sonrasında, bu kitaptaki bulguların hangisinin okurlarımın hayatlarında işe yarayıp hangisinin yaramadığını duymak beni çok mutlu edecektir. Umarım bu sayfalardaki fikirlere değer verir ve şirketinize, olmazsa sosyal çalışmalarınıza, o da olmazsa özel hayatınıza uygularsınız.

- Jim Collins
jimcollins@aol.com
www.jimcollins.com
Boulder, Colorado
27 Mart 2001

"İyi"den, "Mükemmel" Şirkete

Kalıcı Başarıya Ulaşmanın Yolları

Bölüm I

İYİ, MÜKEMMELİN DÜŞMANIDIR

"Tatmin edilmemiş bir merak; işte ölümü bu kadar zor yapan şey bu."[1]
- Beryl Markham,
West with the Night

İyi, mükemmelin düşmanıdır.

Bu kadar az mükemmel şeye sahip olmamızın en önemli nedenlerinden biri, budur. Mükemmel okullarımız yok, çünkü iyi okullarımız var. Mükemmel bir hükümetimiz yok, çünkü iyi bir hükümetimiz var. Çok az insan mükemmel bir hayat yaşayabiliyor, çünkü iyi bir hayat yaşamak çok kolay. Şirketlerin büyük çoğunluğu mükemmel şirket olamıyorlar çünkü onlar zaten gayet iyi şirketler. Zaten asıl sorunları da bu.

Bu görüş, 1996 yılında organizasyonel performans konusunu tartışmak üzere bir araya gelen bir grup kanaat önderiyle yemekteyken bu kadar vurucu biçimde kafamda oluştu. McKinsey & Company'nin San Francisco ofisinin genel müdürü Bill Meehan, "Biliyorsun Jim, senin *Kalıcı Olmak** buralarda pek sevilir. Kitap, iyi bir araştırmanın ürünü ve gayet güzel biçimde kaleme alınmış. Ama maalesef, kitabın bir faydası yok" dedi.

Merakla bunu açıklamasını istedim.

"Kitapta bahsettiğiniz şirketlerin çoğu, zaten mükemmel şirketlerdi. Hiçbirisi iyi bir şirketken mükemmel bir şirket haline gelmemiş-

* Yazar Jim Collins'in, Jerry Porras ile birlikte yazdığı diğer kitabı Built to Last, "Kalıcı Olmak :Geleceğin Güçlü Kurumlarını Yaratmak" adıyla Türkiye'de de yayınlanmıştır.

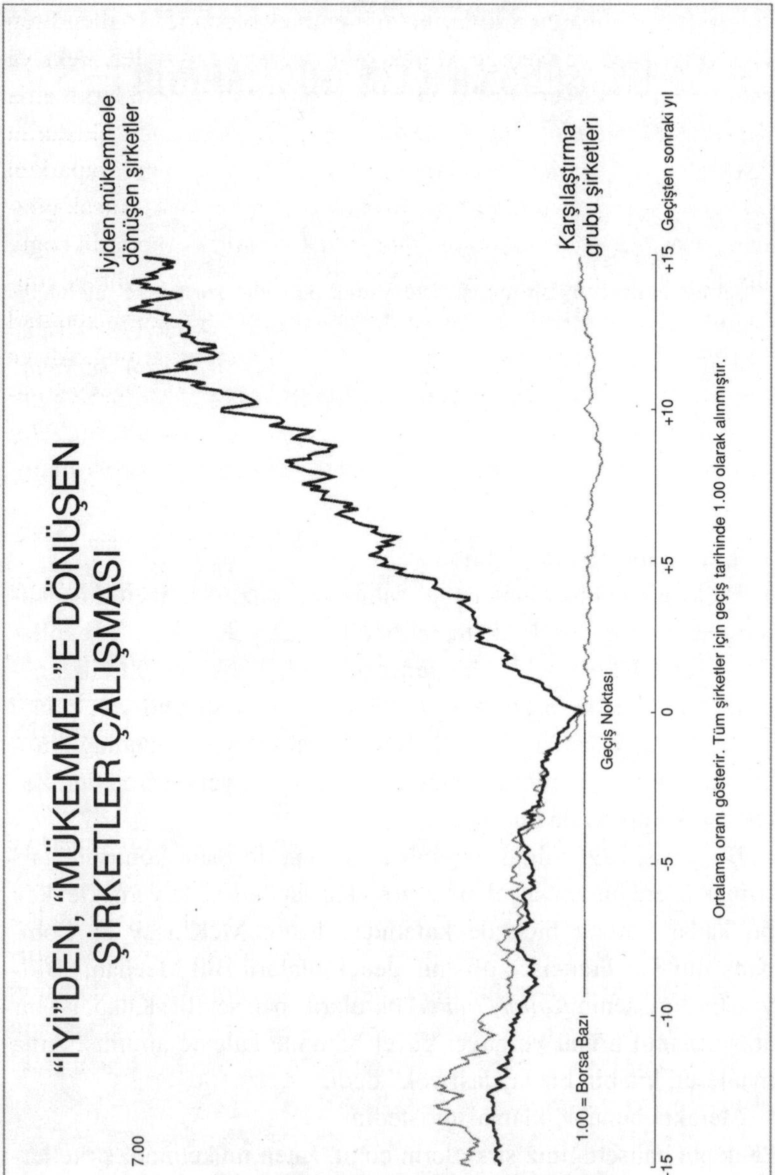
“İYİ”DEN, “MÜKEMMEL”E DÖNÜŞEN
ŞİRKETLER ÇALIŞMASI
7.00
İyiden mükemmele
dönüşen şirketler
Karşılaştırma
grubu şirketleri
1.00 = Borsa Bazı
Geçiş Noktası
Kümülatif Hisse Senedi Getirisinin Borsa Ortalamasına Oranı
-15
-10
-5
0
+5
+10
+15
Geçişten sonraki yıl
Ortalama oranı gösterir. Tüm şirketler için geçiş tarihinde 1.00 olarak alınmıştır.

ti. Başından itibaren yapılarını mükemmel biçimde şekillendiren David Packard ve George Merck gibi liderlere sahiptiler. Peki ya ömürlerinin bir aşamasında uykudan uyanıp da iyi olduklarını ama mükemmel olmadıklarını farkeden ve büyük çoğunluğu oluşturan şirketlere ne olacak?" Meehan'ın "faydasız" yorumunu yaparken etkisini artırmak için biraz abarttığını şimdi anlıyorum. Ancak gözlemi, esas itibariyle doğruydu. Gerçek mükemmel şirketlerin çoğu, her zaman mükemmel olmuşlardı. Ve iyi şirketlerin büyük çoğunluğu da sadece o kadarla kalıyordu: iyi şirketlerdi ama mükemmel değillerdi. Meehan'ın bu yorumu, paha biçilmez bir armağandı ve elinizdeki kitabın temelini oluşturan sorunun ortaya çıkmasına neden oldu: İyi bir şirket, mükemmel bir şirkete dönüşebilir mi? Dönüşebilirse, nasıl?" Ya da, "iyi olmakla yetinmek" tedavisi mümkün bir hastalık mıdır?

O tayin edici yemekten beş yıl sonra, bugün, tereddütsüz söyleyebilirim ki, iyiden mükemmele dönüşmek *mümkündür*. Üstelik bu dönüşümün altında yatan değişkenler hakkında da çok şey öğrenmiş bulunuyoruz. Bill Meehan'ın yorumundan esinlenen ben ve araştırma ekibim beş yıllık bir araştırmaya giriştik. Bu araştırma, aynı zamanda iyiden mükemmele dönüşümün iç işleyişine yönelik bir keşif yolculuğuydu.

Projenin konseptini hemen anlamak için Grafik 1.A'ya bakınız.* Esas olarak iyi sonuçlardan mükemmel sonuçlara atılım yapan ve bu sonuçları en az on beş yıl sürdüren şirketleri tanımladık. Sözkonusu şirketleri, bu atılımı yapamayan ya da yapsalar bile kalıcı hale getiremeyen şirketlerden oluşan, özenle seçilmiş bir karşılaştırma grubundaki benzer şirketlerle birlikte ele aldık. Sonra da hangi temel ve ayırdedici faktörlerin sözkonusu olduğunu anlamak için iyiden mükemmele dönüşen şirketlerle karşılaştırma grubundaki şirketleri karşılaştırdık.

Çalışmamıza son şeklini veren iyiden mükemmele dönüşen şirketlerin ortalama kümülatif hisse senedi getirileri, geçiş noktaların-

* Bu sayfa ile sonraki sayfada yer alan grafiklerin nasıl oluşturulduğuna ilişkin bir not, Bölüm 1'in sonunda bulunmaktadır.

dan sonraki on beş yıl içinde piyasa ortalamasının 6.9 katıdır[2]. Bu rakamı yerli yerine oturtmak için, General Electric'in (birçok kişi tarafından 20. yüzyılın sonunda Amerika'daki en iyi yönetilen şirket olarak kabul edilir) 1985 – 2000 arasındaki on beş yıllık dönemde piyasanın 2.8 katı gibi bir sonuç elde ettiğini söylemek gerekir.[3] Ayrıca geçiş tarihine kadar her şirketi borsa genel düzeyinde ele alsak bile genel bir piyasa yatırım fonuna 1965 yılında 1 Dolar yatırmış olsaydınız, 1 Ocak 2000'e kadar bu fonda paranız 56'ya katlanacaktı. Buna karşın iyiden mükemmele dönüşen şirketlerden oluşan bir fona yatırdığınız 1 Dolar, aynı tarihler arasında 470 kat artacaktı.[4]

Yatırılan 1 $'ın Kümülatif Hisse Senedi Getirileri 1965-2000

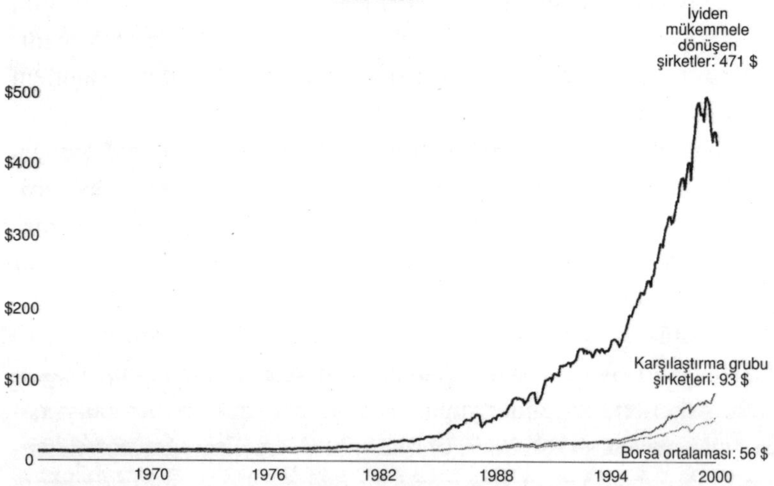

Notlar:
1. Her şirket grubuna 1 Ocak 1965 itibariyle 1 $ yatırılmıştır
2. Tüm şirketler geçiş tarihine kadar ortalama borsa getiri oranlarını sağlamıştır.
3. 1 Ocak 2000 itibariyle fonların kümülatif değeri gösterilmektedir.
4. Temettüler tekrar yatırılmış, hisselerdeki bölünme hesaba dahil edilmiştir.

Bu rakamlar, dikkat çekici rakamlardır. Üstelik sözkonusu şirketlerin geçmişte pek de özellikli şirketler olmadığı gözönüne alınırsa, rakamlar daha da dikkat çekici hale geliyor. Bir tanesini ele alalım: Walgreens. Kırk yıldan fazla bir zaman boyunca Walgreens ortalama bir şirket olarak ve az ya da çok borsadaki ortalama seyri izleyerek varlığını sürdürdü. Sonra, 1975'te, ortada görünür belli bir neden yokken – bir anda - Walgreens tırmanmaya başladı. Tırmandı ... Tırmandı ...Tırmandı ... Ve tırmanmaya devam ediyor. Walgreens'e yatırılan her 1 Dolar, 31 Aralık 1975'ten 1 Ocak 2000'e kadar teknoloji süperstarı Intel'e yatırılan 1 Dolar'ı yaklaşık beşe, Coca-Cola'ya yatırılan 1 Dolar'ı yaklaşık sekize ve borsa ortalamasına yatırılan 1 Dolar'ı (1999 sonunda NASDAQ'daki çıkış dahil) on beşe katladı.*

Peki nasıl oldu da herhangi bir özelliği olmadan bu kadar uzun süre yaşayan bir şirket, dünyanın en iyi yönetilen şirketlerinden birini geride bırakacak performans gösteren bir işletme haline geldi? Ve aynı sektörde yer alan, aynı fırsatlara ve mesela Eckerd gibi benzer kaynaklara sahip diğer şirketler neden bu atılımı yapamadılar da Walgreens böylesi bir atılım yapabildi? İşte araştırmamızın esası, bu soruda gizlidir.

Bu kitap, tamamıyla Walgreens'i ya da incelediğimiz diğer şirketleri anlatmıyor. "İyi bir şirket, mükemmel bir şirkete dönüşebilir mi; dönüşebilirse, nasıl dönüşebilir" sorusuna, zamanla ve mekanla sınırlı olmayan ve tüm organizasyonlara uygulanabilecek bir cevap bulmaya çalışıyor.

Beş yıllık araştırmamız boyunca, bazıları bizim için de sürpriz olan ve geleneksel mantığa uymayan birçok sonuca ulaştık. Bunlar arasında en önemlisi şuydu: ortaya çıkardığımız fikirler demetini bilinçli ve özenli bir şekilde uygulayan tüm organizasyonların, çaplarını ve performanslarını esaslı ölçüde artırabileceklerine ve hatta mükemmel şirketlere dönüşebileceklerine inanıyoruz.

* Bu kitapta yapılan tüm hesaplamalarda, temettülerin tekrar hisseye yatırıldığı ve hisse senedi bölünmelerinin hesaba katıldığı varsayımıyla bir yatırımcının toplam kümülatif getirisi hesaplanmıştır. "Genel piyasa" (çoğunlukla sadece "piyasa" (veya, "borsa"-ç.) denecektir) terimi ise New York Stock Exchange, American Stock Exchange ve NASDAQ'ta işlem gören hisse senetlerinin toplamını ifade etmektedir. Veri kaynaklarını ve hesaplamaları daha ayrıntılı incelemek için Bölüm I'in notlarına bakınız.

Bu kitap, öğrendiklerimizi öğretmeye adanmıştır. Bu giriş bölümünün kalan kısmında araştırmamızın hikayesi anlatılacak, araştırma yöntemimiz özetlenecek ve ana bulgularımız anlatılacaktır. Bölüm II'de ise tüm çalışmamızın en provokatif bulgusu olan 5. Düzey Liderlik'ten başlamak üzere bulgularımızı ortaya koymaya başlayacağız.

CESUR MERAK

İnsanlar sık sık, "Bu kadar büyük araştırma projelerinin altına girmek için sizi motive eden şey nedir?" diye soruyorlar. İyi bir soru. Temel cevap ise şu: Merak. Cevabını bilmediğim bir soru seçmek ve cevabı aramak için yola koyulmaktan daha heyecan verici bulduğum bir şey yoktur. Lewis ile Clark gibi bir tekneye atlayıp, "Oraya vardığımızda neyle karşılaşacağımızı bilmiyoruz ama hiç merak etmeyin, geri dönüp bunu size söyleyeceğiz" diyerek batıya doğru yola çıkmak, çok tatmin verici bir şey. İşte özel merak maceramızın kısa bir öyküsü.

Aşama 1: Araştırma

Kafamda biraz önce bahsettiğim soruyla, araştırmacılar ekibini toplamaya başladım. (Kitapta "biz" dediğimde, araştırma ekibinden bahsediyorum demektir. Ekip, belli bir zamanda genellikle 4 – 6 kişilik gruplar halinde çalışan toplam 21 kişiden oluşuyor.) İlk işimiz, Grafik 1. A'da belirtilen özellikleri gösteren iyiden mükemmele dönüşen şirketleri bulmaktı. Altı aylık bir mali analiz seferine başladık. Aradığımız şey, şu temel şablona uyacak şirketlerdi: kümülatif hisse senedi getirisinde on beş yıl boyunca borsa ortalamasını tutturan ya da altında kalan, belli bir geçiş döneminde bu süreci noktalayan, sonraki on beş yıl boyunca da kümülatif hisse senedi getirisi borsa ortalamasının en az üç katını aşan şirketler. Dönemi on beş yıl seçmiştik çünkü bu süre, harika bir ürün yakalayıp onunla yükselemeyecek ya da şanslı bir dönemde yakalanamayacak (kimsenin şansı on beş yıl boyunca sürmez) kadar uzundu. Ayrıca CEO'ların ortalama görev süresinden fazlaydı (böylece mükemmel şirketlerle mükemmel bir lidere sahip şirketleri ayırdedebilecektik). Çıtayı 3 kat olarak belirledik çünkü bu oran herkesin bildiği mükemmel şirketlerin performansını da aşıyordu. Durumun anlaşılması için aşağıdaki "kral" şirketler grubunun 1985 – 2000 arasında piyasanın sadece üç katı performans elde ettiğini söylemekte yarar var: 3M, Boeing, Coca-Cola, GE, Hewlett-Packard, Intel, Johnson & Johnson, Merck, Motorola, Pepsi, Procter & Gamble, Wal-Mart, Walt Disney. Yarışmak için gayet güzel bir grup.

Başlangıç evreni olarak belirlediğimiz 1965-1995 arasında Fortune 500'de yer alan şirketler içinde incelemeler ve elemeler yaparak, iyiden mükemmele dönüşen on bir şirket bulduk. (Ek 1. A'ya incelemelerimiz konusunda detaylı bir açıklama ekledim.) Burada birkaç noktayı kısaca belirtmekte fayda var. Öncelikle bir şirket, faaliyet gösterdiği sektörden bağımsız olarak iyiden mükemmele dönüşen şirket modeline uymalıydı. Eğer tüm sektör aynı özelliği gösteriyorsa, o şirketi eledik. İkinci olarak, kümülatif hisse senedi getirisinden farklı kriterleri, örneğin topluma ya da işçilerin refahına olan etkisi gibi kriterleri de kullanıp kullanmamayı tartıştık. Sonuç itibariyle iyiden mükemmele dönüşen şirketler seçimimizi, elde ettikleri sonuçlarla sınırlandırmaya karar verdik; çünkü kendi temayüllerimizi işin içine katmadan bu tür değişkenlere göre seçim yapmamızı sağlayacak meşru ve tutarlı bir yöntem geliştiremedik. Kitaptaki son bölümde şirket değerleriyle kalıcı mükemmel şirketler arasındaki ilişkiye değineceğim. Bu özel çalışma, iyi bir şirketin nasıl kalıcı mükemmel sonuçlar elde edebileceği konusuna da odaklanmaktadır.

İyiden Mükemmele Dönüşen Şirketler

Şirket	Geçiş noktasından itibaren 15 yıl içinde elde edilen sonuçlar*	Geçiş yılı - geçiş yılı + 15
Abbott	Borsanın 3.98 katı	1974 – 1989
Circuit City	Borsanın 18.50 katı	1982 – 1997
Fannie Mae	Borsanın 7.56 katı	1984 – 1999
Gilette	Borsanın 7.39 katı	1980 – 1995
Kimberly-Clark	Borsanın 3.42 katı	1972 – 1987
Kroger	Borsanın 4.17 katı	1973 – 1988
Nucor	Borsanın 5.16 katı	1975 – 1990
Philip Morris	Borsanın 7.06 katı	1964 – 1979
Pitney Bowes	Borsanın 7.16 katı	1973 – 1988
Walgreens	Borsanın 7.34 katı	1975 – 1990
Wells Fargo	Borsanın 3.99 katı	1983 - 1998

İlk bakışta liste bizi hayli şaşırttı. Fanie Mae'nin, GE ve Coca-Cola gibi şirketleri geçebileceğini kim düşünebilirdi. Ya da Walgreens'in Intel'i geride bırakacağını? Bu şaşırtıcı liste (bundan daha şaşırtıcı bir grup oluşturmak zor olacaktı) daha baştan bize bir şey öğretti. En olmadık durumda bile iyiden mükemmele dönüşmek mümkündü. Bu durum, mükemmel şirketler hakkındaki düşünce biçimimizi yönlendiren birçok sürprizin ilki oldu.

* Kümülatif hisse senedi getirisinin borsaya oranı.

Aşama 2: Neyle Karşılaştırdık?

Daha sonra bütün araştırmamızın belki de en önemli adımını attık: İyiden mükemmele dönüşen bu şirketleri, özenle seçilmiş bir "karşılaştırma grubu şirketleriyle" karşılaştırmak. Çalışmamızın kritik sorusu, "İyiden mükemmele dönüşen şirketlerin ortak özellikleri nedir?" değildi. Kritik sorumuz, "İyiden mükemmele dönüşen şirketleri, diğer şirketlerden ayırdeden ortak özellikler nedir?" idi. Şöyle düşünün: Varsayalım ki Olimpiyat'da altın madalya kazanan atletlerin bunu nasıl yaptığını araştırmak istiyorsunuz. Eğer sadece altın madalya sahiplerini araştırırsanız, hepsinin antrenörlerinin olduğunu görecekseniz. Ama Olimpiyat takımına girdiği halde altın madalya alamayan sporculara da bakarsanız, onların da antrenörlerinin olduğunu görürsünüz. Burada sorulması gereken soru şudur: "Altın madalya sahiplerini, madalya kazanamayanlardan sistematik olarak ayırdeden şey nedir?"

İki grup karşılaştırma şirketi belirledik. İlk grup, "doğrudan karşılaştırma" grubu. Bunlar, geçiş döneminde iyiden mükemmele dönüşen şirketlerle aynı sektörde yer alan, aynı fırsatlara ve benzer kaynaklara sahip olan ama iyiden mükemmele dönüşme atılımını yapamayan şirketler (Seçim sürecimizin ayrıntısı için bkz. Ek 1. B) İkinci grup ise, kalıcılık ve sürdürülebilirlik meselesine değinmek için ele aldığımız "istikrarsız karşılaştırma grubudur". Buradaki şirketler iyiden mükemmele doğru kısa dönemli bir geçiş yaşamış ancak bunu oturtmayı başaramamış şirketlerdir. (Bkz. Ek 1.C) Toplam olarak elimizde 28 şirket vardı: 11 iyiden mükemmele dönüşmüş şirket, 11 doğrudan karşılaştırma şirketi, 6 da istikrarsız karşılaştırma şirketi.

Toplam Çalışma Grupları

İyiden Mükemmele

Dönüşen Şirketler	***Karşılaştırma Şirketleri***
Abbott	Upjohn
Circuit City	Silo
Fannie Mae	Great Western
Gillette	Warner-Lambert
Kimberly-Clark	Scott Paper
Kroger	A&P
Nucor	Bethlehem Steel
Philip Morris	RJ Reynolds
Pitney Bowes	Addressograph
Walgreens	Eckerd
Wells Fargo	Bank of America

İstikrarsız Karşılaştırma Şirketleri

Burroughs
Chrysler
Harris
Hasbro
Rubbermaid
Teledyne

Aşama 3: Kara Kutunun İçinde Ne Var?

Bundan sonra, her şirketi dikkatle analiz ettik. Elli yıl kadar geriye giderek sözkonusu 28 şirket hakkında yazılmış tüm makaleleri topladık. Topladığımız tüm materyali sistematik olarak, strateji, teknoloji, liderlik gibi kategorilere göre sınıflandırdık. Sonra da iyiden mükemmele dönüşmüş şirketlerde geçiş dönemi sırasında anahtar görevlerde bulunmuş olan yöneticilerle mülakatlar yaptık. Satın aldıkları şirketlerden yöneticilere verilen ücretlere, iş stratejilerinden şirket kültürüne, tensikatlardan liderlik tarzlarına, finansal rasyolarından cirolarına kadar hemen her konuda nicel ve nitel analizler yürüttük. Yapılması gereken her şey yapıldığında, proje için toplam 10.5 insan-yıllık bir emek harcanmıştı. Yaklaşık 6 bin makale okuyup sistematik bir biçimde işledik. 2 bin sayfa mülakat yazdık, 384 milyon bit bilgisayar verisi ürettik. (Yaptığımız analizlerin ayrıntısını görmek için Ek 1.D'ye bakınız.)

Sonunda geldiğimiz nokta şuydu: Sanki iyiden mükemmele dönüşme süreci kara bir kutuydu ve yaptığımız her çalışma, takılan yeni bir ampul gibi bu kutunun içinde bir yeri aydınlatıyordu.

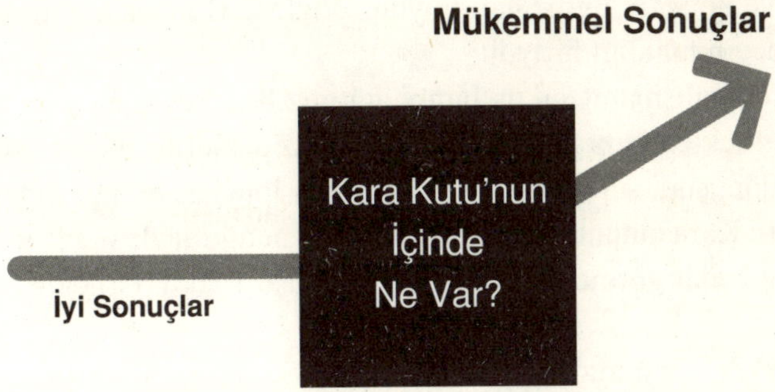

Elimizdeki bu verilerle birlikte haftalık araştırma ekibi tartışma toplantıları düzenledik. Üzerinde çalıştığımız 28 şirketin her biri için ekibin üyeleri ve ben tüm makaleleri, analizleri, mülakatları ve yapılan diğer araştırmaları gözden geçirdik. Ben her şirket için ekibe bir sunum yaparak bazı olası sonuç ve soruları ortaya koydum. Sonra da tartışmaya, karşıt fikirler geliştirmeye, masaları yumruklamaya, seslerimizi yükseltmeye başladık. Kafalarımız karıştı, tekrar düşündük, tekrar tartıştık, tekrar analizler yaptık, yeni sorular sorduk, sonra yeniden tartıştık ve sonunda "neyin ne olduğunu" gördük.

Bu kitaptaki tüm kavramları doğrudan verilerden ampirik çıkarımsamalar yoluyla geliştirdiğimizi anlamak, önemlidir. Bu projeye başladığımızda elimizde kanıtlamamız gereken bir teori yoktu. Eldeki verilerden, sıfır noktasından başlayarak bir teori inşa etmeye çalışıyorduk.

Yöntemimizin özü, iyiden mükemmele dönüşen şirketlerle diğer şirketleri sistematik biçimde karşılaştırarak, "Arada ne fark var?" sorusunu sormaktı.

Ayrıca, "havlamayan köpekler" konusunda da özellikle çalıştık. Bir Sherlock Holmes klasiği olan Gümüş Alev'de Holmes, en önemli ipucu olarak, "köpeğin geçen geceki ilginç halini" almıştı. Sonuç itibariyle ortaya çıkıyordu ki köpek gece hiçbir şey yapmamıştı ve köpeğin ilginç hali buydu. Böylece Holmes'a göre şüpheli, köpeğin tanıdığı biriydi.

Bizim çalışmamızda da bulmadığımız bazı şeylerin, yani havlamasını beklediğimiz ama havlamayan köpeklerin, iyiden mükemmele dönüşüm sürecine ilişkin en güçlü ipuçları olduğu ortaya çıkacaktı. Kara kutunun içine girip ışıkları açtığımızda orada gördüklerimiz kadar görmediklerimiz de bizi şaşırtacaktı. Örneğin:

- Şirket dışından gelen ünlü liderlerle şirketin iyiden mükemmele dönüşümü arasındaki bağlantı, negatif. İyiden mükemmele dönüşmüş 11 şirketin 10'unun CEO'su şirketin içinden gelmiştir. Karşılaştırma grubu şirketlerinde ise dışarıdan gelen CEO sayısı altı kat fazla.
- Bir şirketin iyiden mükemmele dönüşmesiyle yöneticilerin ücret ve diğer gelirleri arasında özel bir bağlantı bulamadık. Yöneticinin gelirinin şirket performansı açısından en önemli dürtülerden biri olduğu fikri, eldeki verilerle kanıtlanamıyor.
- İyiden mükemmele dönüşen şirketlerle karşılaştırma grubu şirketlerini birbirinden ayıran şey, tek başına strateji değil. Her iki şirket grubunun da iyi tanımlanmış stratejileri bulunuyor.

Ayrıca elde iyiden mükemmele dönüşen şirketlerin uzun vadeli planlamaya diğerlerine göre daha çok zaman ayırdığına ilişkin bir veri yok.

- İyiden mükemmele dönüşen şirketler sadece mükemmel olmak için ne yapmak gerektiğine değil, aynı zamanda ne yapmamak gerektiğine ve ne yapmaktan vazgeçmek gerektiğine de odaklanıyor.
- Teknoloji ve teknolojinin neden olduğu değişimler, iyiden mükemmele dönüşümü ateşleyen bir etken değil. Teknoloji, dönüşümü hızlandırabilir ama dönüşüm yaratamaz.
- Şirket satın almaları ve birleşmeler, iyiden mükemmele dönüşümü ateşleyen bir etken değil. Bir araya gelmiş iki vasat şirketten mükemmel bir şirket çıkmıyor.
- İyiden mükemmele dönüşen şirketler değişimi yönetmek, çalışanlarını motive etmek, elemanlarının şirkete bağlılığını sağlamak gibi şeylerle pek ilgilenmiyor. Doğru koşullar altında bağlılık, motivasyon gibi sorunlar, büyük oranda kendiliğinden ortadan kalkıyor.
- İyiden mükemmele dönüşen şirketlerde bu dönüşüm, yapılan işin adını koyacak belli bir programa, özel bir isme, bir kutlamaya yol açmamış. Tersine kimi şirketler bu dönüşümün büyüklüğünün farkına o anda varmamış. Ancak çok daha sonraları, geriye dönüp bakınca anlaşılmış. Yani bu şirketler hiç de devrimci olmayan bir süreçle performanslarında devrimci bir atılım yaratmışlar.
- İyiden mükemmele dönüşen şirketlerin hepsi de makro ekonomik olarak iyi sektörlerde faaliyet gösteren şirketler değil. Hatta bazıları kötü sektörlerde faaliyet gösteriyor. Bu şirketlerin hiçbiri hızla ileri atılmaya hazır bir roketin tepesinde oturmuyor. Bu şirketlerin mükemmelliği koşulların değil, bilinçli tercihlerin ürünü.

Aşama 4: Kaostan Kavrama

Elimizdeki verilerin, analizlerin, görüşlerin, "havlamayan köpeklerin" gereken kısmını kitabın nihai bulgularına taşıyacak basit bir yol arıyordum. Bulabildiğim en iyi yöntem, sürekli tekrarlara dayanan bir yöntemdi. Bir adım ileri iki adım geri atmak, fikirler geliştirip eldeki veriler ışığında test etmek, argümanlarımızı geliştirmek, bir çerçeve kurmak ve bu çerçevenin eldeki verilerin ağırlığıyla yerle bir olduğunu gördükten sonra başka bir çerçeve kurmak... Her şey anlamlı ve uyumlu bir kavramlar çerçevesi şeklinde yerine oturana kadar bu süreç defalarca tekrarlandı. Hayatta hepimizin bazı yetenekleri vardır. İnanıyorum ki benim yeteneğim de karmakarışık ve şekilsiz bir bilgiler yumağı içindeki şekli görüp o düzensizlikten bir düzen çıkarmaktır. Yani, kaostan kavrama gitmektir.

Ancak burada bir kez daha altını çizmek isterim ki nihai çerçevedeki kavramlar, benim "görüşlerim" değildir. Araştırmadan tamamen benim eğilimlerime, benim psikolojime uygun sonuçlar çıkmadı. Ayrıca çetin bir sınavdan geçmeyen hiçbir bulgu, ekibimiz tarafından dikkate alınmadı. Nihai çerçevedeki bütün kavramlar, geçiş yılları boyunca iyiden mükemmele dönüşen şirketlere yüzde 100, karşılaştırma grubu şirketlerine ise en az yüzde 30 oranında uyuyordu. Bu sınavı geçemeyen hiçbir kavram, kitapta yer almadı.

Bu bölümün bundan sonraki kısmında, kitapta anlatılacakların bir özeti verilecektir. (Bakınız aşağıdaki diyagram.) Dönüşümü, belli bir birikimi izleyen bir atılım süreci şeklinde düşünün. Atılım, kabaca üç aşamaya bölünmüş olsun: disiplinli insanlar, disiplinli düşünce ve disiplinli eylem. Bu üç aşamanın hepsinde de, aşağıda gösterildiği gibi iki ana kavram yer alsın. İşte tüm bu çerçeve, bizim dönüşüm çarkı dediğimiz ve iyiden mükemmele dönüşme sürecini bir bütün olarak kapsayan kavram tarafından sarılmıştır.

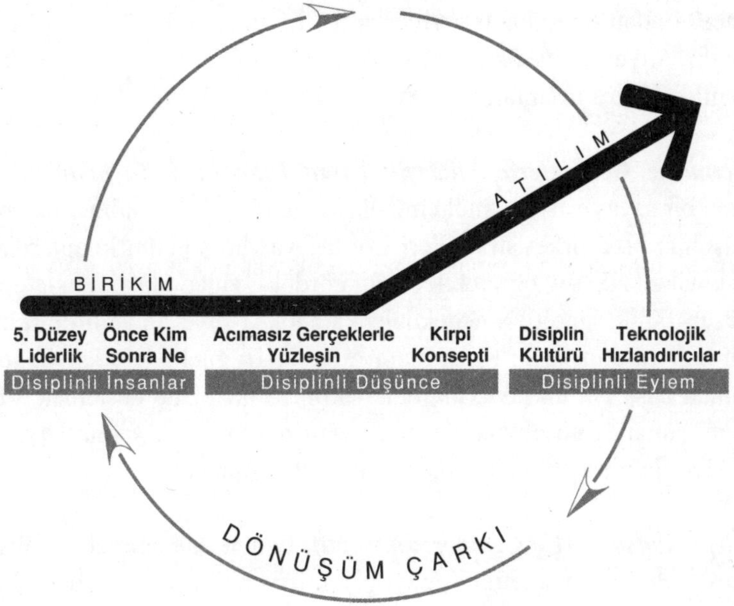

5. Düzey Liderlik. İyi bir şirketi mükemmel bir şirkete dönüştürmek için gereken liderlik türünü keşfettiğimizde şaşırdık. Aslında şoka uğradık demek lazım. Sürekli gazetelerin birinci sayfalarında görmeye alıştığımız, artık ünlüler kervanına katılmış, büyük kişilikleri olan, "high-profile" liderlerle karşılaştırıldığında bu insanlar sanki Mars'tan gelmiş gibilerdi. Geri planda kalmayı tercih eden, sakin, hatta utangaç insanlardı. Kişisel planda alçakgönüllülük ile mesleki planda irade ve yaptırım gücünün paradoksal bir karışımıydılar. Patton ve Caesar'dan ziyade Lincoln ve Sokrates'e benziyorlardı.

Önce Kim... Sonra Ne. İyiden mükemmele dönüşen şirketlerin liderlerinin bu işe yeni bir vizyon ve strateji belirleyerek başlayacağını düşünmüştük. Ama böyle olmadığını, liderlerin önce otobüse doğru insanları bindirip yanlış insanları indirdiğini, sonra da herkesi doğru koltuğa oturttuğunu gördük. Otobüsü nereye süreceklerine ancak ondan sonra karar veriyorlardı. "İnsanlar en kıymetli varlığınızdır" diyen o atasözü yanlış çıkmıştı. En değerli varlık insanlar değildi, doğru insanlardı.

Acımasız Gerçeklerle Yüzleşin (Ama İnancınızı Kaybetmeyin). Eski bir savaş esirinin, mükemmel şirkete giden yolu bulmamız konusunda bize şirket stratejileri üzerine yazılmış bütün kitaplardan çok daha fazla şey öğretebileceğini gördük. İyiden mükemmele dönüşen bütün şirketler, Stockdale Paradoksu diye adlandırdığımız bir hali yaşamışlardı: Karşı karşıya oldukları güçlüklere karşın sonunda başarıya ulaşaklarına dair yıkılmaz bir inanç beslemek VE aynı zamanda ne olursa olsun, mevcut durumun en acımasız gerçekleriyle yüzyüze gelme disiplinine sahip olmak.

Kirpi Konsepti (Üç Çember Konsepti). İyiden mükemmele dönüşmek, yeterliliğin lanetini aşmayı gerektiriyor. Sadece belli bir alanı esas faaliyet alanı olarak benimsediniz diye, yıllardır belki de on yıllardır o işi yapıyorsunuz diye, ille de o işi dünyada en iyi yapan şirket olacaksınız diye bir şey yok. Ve eğer esas faaliyet alanınızda dünyanın en iyisi değilseniz, esas faaliyet alanınız mükemmel bir şirketin temelini oluşturamaz demektir. O zaman yapmanız gereken şey, iç içe geçmiş üç çemberi iyi anlamaktır.

Disiplin Kültürü. Bütün şirketlerin bir kültürü vardır. Bazı şirketler disiplinlidir. Ama disiplin kültürüne, ancak birkaç şirket sahiptir. Elinizde disiplinli insanlar varsa, hiyerarşiye ihtiyacınız yoktur. Elinizde disiplinli düşünce varsa, bürokrasiye ihtiyacınız yoktur. Elinizde disiplinli eylem varsa aşırı kontrollere ihtiyacınız yoktur. Disiplin kültürüyle girişimcilik ruhunu birleştirebilirseniz, mükemmel performansın simyasını yakalamış olursunuz.

Teknoloji Hızlandırıcıları. İyiden mükemmele dönüşen şirketler, teknolojinin rolü konusunda biraz farklı düşünürler. Onlar dönüşümü ateşleyen bir olgu olarak asla teknolojiyi kullanmazlar. Ama ilginçtir, özenli seçilmiş bazı teknolojileri uygulama konusunda öncülük yapanlar, yine bu şirketlerdir. Teknolojinin kendi başına ne mükemmelliğin ne de çöküşün asıl nedeni olmadığını öğrendik.

Dönüşüm Çarkı ve Kıyamet Çarkı. Devrimleri, dramatik değişim programlarını başlatanların iyiden mükemmele dönüştüren atılım konusunda başarısız olacakları, neredeyse kesindir. Nihai sonuç ne kadar dramatik olursa olsun iyiden mükemmele dönüşüm tek bir hamlede olacak şey değildir. Bunu yapabilecek tek bir belirleyici eylem, bir program, çok tutan bir yenilik, tek başına gerçekleştirilen şanslı bir hamle, mucizevi bir an falan yoktur. Tersine mükemmele dönüşme süreci devasa bir çarkı durup dinlenmeksizin aynı yöne döndürmek ve döndükçe belli bir atılım noktasına ulaşana kadar ona ivme sağlamaktır.

İyiden Mükemmele'den Kalıcı Olmak'a. İlginçtir, İyiden Mükemmele'yi, Kalıcı Olmak'ın tamamlayıcısından ziyade girizgahı olarak görüyorum. Bu kitap, iyi bir şirketin nasıl kalıcı mükemmel sonuçlar elde eden bir şirkete dönüşebileceği konusunu işlemektedir. Kalıcı Olmak ise zaten mükemmel sonuçlar elde eden bir şirketin, sembol haline gelmiş, kalıcı bir mükemmel şirkete dönüşebileceğiyle ilgilenmektedir. Bir şirket, bu nihai geçişi yapabilmek için öz değerlere ve para kazanmanın ötesinde bir amaca sahip olmalı ve bunları, anahtar dinamik olan özünü koru / gelişmeyi teşvik et süreciyle birleştirmelidir.

İyiden Mükemmele'nin Kavramları	→	Kalıcı Mükemmel Sonuçlar	+	Kalıcı Olmak'ın Kavramları	→	Kalıcı Mükemmel Şirketler

İYİDEN MÜKEMMELE GİDİŞİN EBEDİ "FİZİĞİ"

İnternet şirketlerinin yöneticilerinin bulunduğu bir konferansta araştırmamı sunuşumu yeni bitirmiştim ki bir el kalktı. "Bulgularınız yeni ekonomiye de uyuyor mu? Bütün o eski fikirleri atıp sıfırdan işe başlamamız gerekmiyor mu?" Dramatik değişimler çağında yaşadığımız için bu soruyla o kadar çok karşılaşıyoruz ki bu meseleye kitabın özüne girmeden, hemen değinmem lazım. Evet, dünya değişiyor ve değişmeye de devam edecek. Ama bu demek değildir ki ölümsüz ilkeleri aramaktan vazgeçelim. Şöyle düşünün: Mühendislik sürekli değişmeye devam ederken fiziğin kanunları sabit kalıyor. Yaptığımız şeyi, ebedi ilkeleri, dünya ne kadar değişirse değişsin hep kalıcı olacak olan şeyi, mükemmel şirketlerin fiziğini aramak olarak düşünmek hoşuma gidiyor. Evet, belli bir alanda uygulama değişecektir (mühendislik) ama insan performansına dair belli değişmez yasalar (fizik) hep aynı kalacaktır.

Gerçek şu ki yeni ekonomi, yeni bir şey değil. Elektriğin, telefonun, otomobilin, radyonun veya transistorün icat edildiği günleri düşünün. Acaba o zamanlarda yaşayanlar, yeni ekonomiyi bizim bugün hissettiğimizden daha mı az hissediyorlardı? Yeni ekonomiye her geçişte en iyi liderler belli temel ilkelere sıkı sıkıya bağlı kalmışlardır.

Değişimin hızının ve ölçeğinin günümüzde eskiye oranla çok daha fazla olduğunu ileri sürenler çıkacaktır. Belki gerçekten de öyledir. Öyle olsa bile çalışmamızdaki bazı şirketler, en az yeni ekonomideki kadar ciddi değişimlerle karşı karşıya gelmişlerdi. Örneğin 1980'lerin başlarındaki deregülasyon* döneminde bankacılık sektörü üç yıl içinde büyük bir dönüşüm geçirdi. Bankacılık sektörü için tam anlamıyla yeni bir ekonomi! Ama Wells Fargo bu kitapta vurgulanan tüm bulguları uygulayarak mükemmel sonuçlar elde etti. Fargo, deregülasyonun tetiklediği hızlı değişim sürecinin tam ortasına iyi bir tokat atmıştı.

* "deregulation": ABD'de 1980'li yıllarda başlayan kurumsal serbestleşme dönemi. Bankalara uygulanan sıkı kurallar bu dönemde esnetilmiş ve farklı alanlarda farklı pratiklerle çalışmalarına imkan tanınmıştır. Bankalar da bu sürece ayak uydurmak için yeniden yapılanarak eski alışkanlık ve iş yapma tarzlarını önemli ölçüde değiştirmişlerdir-ç.

Bundan sonraki bölümlere girerken bir şeyi aklınızda tutun. Bu kitap eski ekonomiyi anlatmıyor. Ama yeni ekonomiyi de anlatmıyor. Hatta sadece içinde adı geçen şirketleri ya da sektörleri de anlatmıyor. Kitap tek bir şeyi anlatıyor: iyiden mükemmele dönüşmenin ebedi ilkeleri. İyi bir şirketi alıp, hangi tanımı kullanırsanız kullanın, nasıl mükemmel ve kalıcı sonuçlar elde eden bir şirket haline dönüştürebileceğinizi anlatıyor.

Bu sizi biraz şaşırtabilir ama ne yaptığım araştırmayı esas olarak bir şirketler çalışması olarak görüyorum, ne de bu kitabı bir işletme kitabı olarak. Bence yaptığım iş herhangi bir türdeki mükemmel ve kalıcı şirketleri neyin ortaya çıkardığını keşfetmek. İyi ile mükemmel arasındaki, vasat ile olağanüstü arasındaki temel farkı anlamak, tek ilgimi çeken şey. Kara kutunun içine girebilmek için şirketleri kullanıyorum. Şirketler derken, borsada işlem gören şirketleri kullanıyorum. Bunun iki avantajı oluyor: elimizde, sonuçlar konusunda herkesin üzerinde fikir birliğinde olduğu tanımlar (böylece ben de kendi çalışma setimi seçebiliyorum) ve bol miktarda kolay erişilebilir veri oluyor.

İyinin mükemmelin düşmanı olması, sadece iş hayatının değil, insanlığın sorunudur. Eğer iyiden mükemmele dönüşmenin şifresini çözebilirsek, elimizde bütün organizasyon türlerine uyabilecek değerli bir şey olacaktır. İyi okullar, mükemmel okullara dönüşebilir. İyi gazeteler mükemmel gazeteler olabilir. Devletin iyi kurumları mükemmel kurumlara, iyi şirketler de mükemmel şirketlere dönüşebilir.

Size, iyiden mükemmele dönüşmeye neden olan şeyi bulmak için entelektüel bir keşif yolculuğu öneriyorum. Ayrıca bu yolculukta öğrendiğiniz şeyleri sorgulamanız gerektiğini de söylüyorum. En sevdiğim hocalarımdan biri bir keresinde şöyle demişti: "İstediğiniz sonuçları vermiyor diye verileri reddemezsiniz". Ben de burada her şeyi gözü kapalı kabul edilmesi için değil, aklın süzgecinden geçirilerek kabul edilmesi için sunuyorum. Hakim de jüri de sizsiniz. Artık veriler konuşsun.

5. DÜZEY LİDERLİK

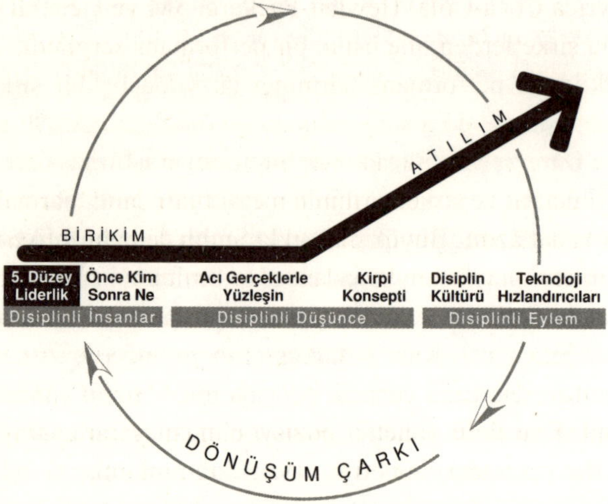

> Eğer başarının keyfini kimin süreceğine aldırmazsanız, hayatta her şeyi başarabilirsiniz.
>
> Harry S. Truman[1]

1971 yılında sıradan biri gibi görünen Darwin E. Smith adlı bir adam, Kimberly-Clark adlı hantal bir kağıtçılık şirketinin başına geçti. Şirketin hisse senedi getirisi, geçen yirmi yıllık süre içinde borsa ortalamasının yüzde 36 altında seyrediyordu.

Şirket bünyesindeki hukuk bürosunda çalışan ılımlı bir avukat olan Smith'in kendisi bile, yönetim kurulunun doğru bir seçim yaptığından tam olarak emin değildi. Bir de yönetim kurulundan birisi onu bir yana çekip o pozisyon için gereken bazı niteliklerden yoksun olduğunu söyleyince, iyice rahatsız oldu.[2] Ama o bir CEO idi ve sonraki yirmi yıl boyunca da CEO olarak kalacaktı.

Hem de ne yirmi yıl. O yirmi yılda Smith, Kimberly-Clark'ı dünyanın önde gelen kağıt bazlı tüketim ürünleri şirketine dönüştürdü. Şirket inanılmaz bir dönüşüm sergileyerek Smith'in liderliği altında hisse değerini borsa ortalamasının 4.1 katı artırdı ve karşılaştırma şirketleri olan Scott Paper ile Procter & Gamble'ı gerilerde bıraktı. Ayrıca Coca-Cola, Hewlett-Packard, 3M ve General Electric gibi zorlu şirketlerden bile üstün bir performans sergiledi.

Bu etkileyici performans, yirminci yüzyılda iyi bir şirketi mükemmel bir şirkete dönüştürmenin en iyi örneklerinden biridir. Buna karşın Darwin Smith hakkında bir şeyler bilen insanların sayısı, işletme yönetimi ve şirket tarihinin meraklıları dahil, parmakla gösterilecek kadar azdır. Büyük olasılıkla Smith de bunu istiyordu. Havalara girmeyi sevmeyen bir adam olan Smith, en çok su tesisatçılarıyla elektrikçilerin arkadaşlığından hoşlanıyor, yaz tatillerini Wisconsin'deki çiftliğinde at arabasının tepesinde etrafı dolaşarak, toprak belleyerek, çapa yaparak geçiriyordu.[3] Hiçbir zaman kahramanlığından ve ünlü yönetici pozisyonundan yararlanmaya çalışmadı.[4] Bir gazeteci yönetim tarzını tanımlamasını isteyince, J.C.Penney'den alınma ilk takımını giymiş bir köy delikanlısı gibi duran Smith, modası geçmiş siyah gölgeli gözlüklerinin ardından bakmış, bakmış uzun süren bir sessizliğin ardından da basitçe açıklamıştı: "Eksantrik".[5] Hakkında Wall Street Journal'da şöyle gösterişli bir haber bile çıkmamıştı.

Ama Darwin Smith'in öyle hımbıl, yumuşak biri olduğunu sandıysanız fena yanılmışsınız demektir. O çekingen hali ve caka satmayan duruşunun ardında son derece azimli ve sebatkâr, karar verdiği şeyi mutlaka yapan bir adam vardı. Indiana'lı fakir bir köylü çocuğu olarak büyümüştü. Gündüzleri International Harvester'da çalışırken akşamları da Indiana University'ye devam ediyordu. Bir gün bir iş kazası nedeniyle parmaklarından birinin ucu koptu. Ama ne o akşam okulunu, ne de ertesi gün işini aksattı. Biraz abartıyor olabiliriz ama kopan bir parmak ucunun mezuniyetini ertelemesine izin vermemişti. Full time çalışırken okumaya devam etti. Ve sonunda Harvard Law School'a girmeye hak kazandı.[6] Çok daha sonraları, CEO olduktan iki ay kadar sonra doktorlar Smith'e burun ve boğaz kanseri teşhisi koydular ve bir yıldan az ömrünün kaldığını söylediler. O da bu durumu yönetim kuruluna haber verdi ama onlara daha ölmediğini ve öyle kolay kolay ölmeye niyetli olmadığını söyledi. O tarihten sonra da tedavisi için haftada bir gün Wisconsin'den Houston'a gidip gelerek, çoğunu CEO olarak yaşadığı yirmi beş yıl boyunca kariyerinin gerektirdiği ağır çalışma programını sürdürdü.[7]

Smith, bu vahşi kararlılığı, özellikle de şirket tarihinin en önemli kararını, fabrikalarını satma kararını verirken ve genel olarak Kimberly-Clark'ı yeniden yapılandırırken de gösterdi.[8] Şirketin başına gelmesinden kısa süre sonra Smith ve ekibi, ana faaliyet alanları olan kaplanmış kağıt işinin, vasat bir iş olmaktan kurtulamayacağı sonucuna vardı. Bu işin getirisi azdı; üstelik bu sektörde rekabet de zayıftı.[9] Ama, eğer Kimberly-Clark kağıt tüketim ürünleri sektörüne girerse, Procter & Gamble gibi dünya çapındaki bir rakiple rekabet ederken ya mükemmelleşecek ya da yok olacaktı.

Darwin Smtih'den Önce

Kimberly-Clark, Yatırılan 1 $'ın Kümülatif Değeri

1951 – 1971

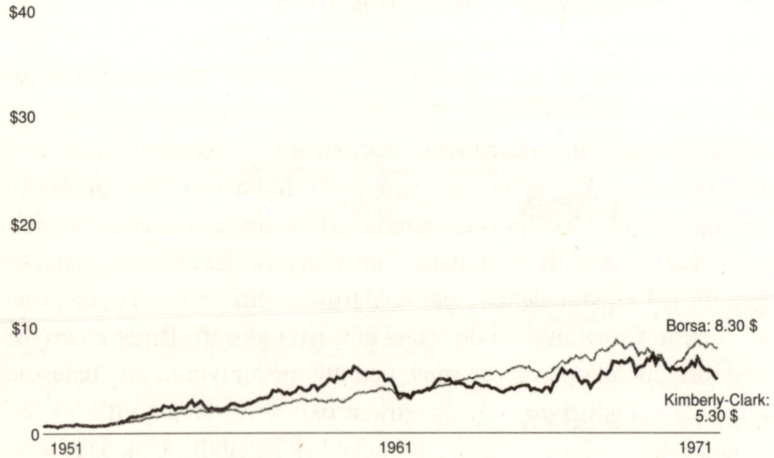

Darwin Smith Dönemi

Kimberly-Clark, Yatırılan 1 $'ın Kümülatif Değeri

1971 – 1991

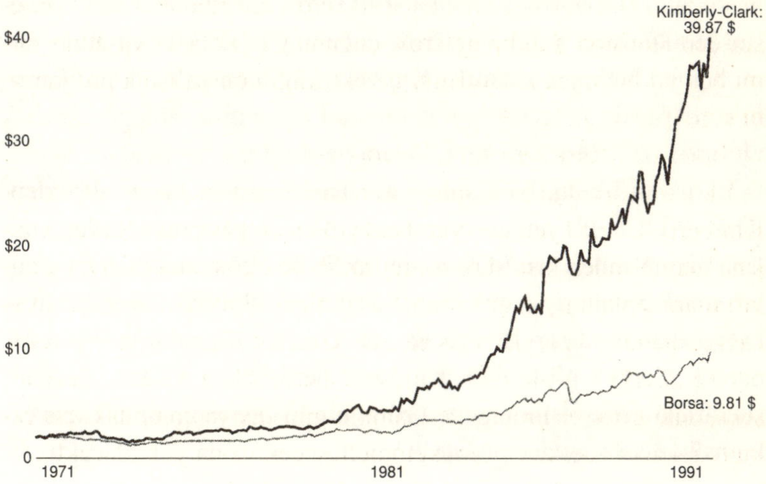

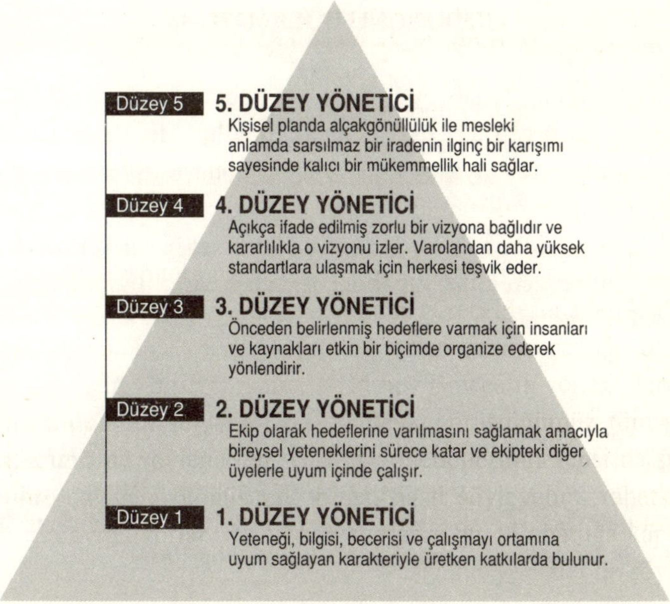

5. DÜZEY PİRAMİDİ

Böylece gemilerini yakan komutan gibi Smith de ya devlet başa, ya kuzgun leşe diyerek fabrikalarını satma kararını açıkladı. Yönetim kurulu üyelerinden biri, daha önce böyle yürekli bir hamle görmediğini söylüyordu. Smith, Kimberly, Wisconsin'deki fabrikasını bile satıp elde avuçta ne varsa tüketim ürünlerine, Huggies (bebek alt bezi) ve Kleenex gibi markalara yatırdı.[10]

Ekonomi basını, bu hamleyi aptalca bir hamle olarak değerlendirdi. Wall Street analistleri şirketin hisse senedi notunu düşürdüler.[11] Ama Smith, en ufak bir tereddüt bile göstermedi. Yirmi beş yıl sonra Kimberly-Clark, Scott Paper'ın sahibiydi ve sekiz ürün kategorisinin altısında Procter & Gamble'ı geçmişti.[12] Smith, emekli olurken gösterdiği inanılmaz performans hakkında sadece şunları söyledi: "İşimin gerektirdiği niteliklere sahip olmak için çalışmaktan asla vazgeçmedim."[13]

UMDUĞUNU BULAMAMAK

Darwin Smith, 5. Düzey Lider olarak adlandırdığımız lider tipinin klasik bir örneğidir: Kişisel alçakgönüllülükle mesleki iradesini birleştiren birey. İyiden mükemmele dönüşmüş tüm şirketlerin dümeninde geçiş dönemlerinde bu tür liderler olduğunu gördük. Smith gibi o liderler de bir şirketi mükemmel bir şirket haline getirmek için ne gerekirse yapabilecek vahşi kararlılığı gösteren, alçakgönüllü insanlardı.

> 5. Düzey Liderler, egolarının ihtiyaçlarını bireysel anlamda değil, daha geniş bir alana kanalize edip mükemmel bir şirket inşa ederek karşılıyorlar. Bu, onların egolarının olmadığı anlamına gelmiyor. Tersine inanılmaz ölçüde hırslılar. Ama bu hırs bireysel bir hırs değil, öncelikle kurumsal bir hırs.

5. Düzey tanımı, araştırmalarımızda gördüğümüz en yüksek yönetsel becerileri ifade eden bir tanım. (Yukarıdaki diyagrama bakınız.) Bu düzeye ulaşmak için 1. Düzey'den sırayla 5. Düzey'e kadar çıkılacak diye bir kural yok. Nitekim aşamalardan bazıları sonradan da yerine getirilebilir. Ancak kesin olan bir şey var ki, 5. Düzey'e gelmiş bir lider, aşağıdaki aşamalardaki beceri ve yeteneklerin hepsine sahip. Burada bütün bu düzeylerin hepsinin üzerinde durmayacağım. Çünkü 1 – 4. düzeyler, hem anlaşılması kolay hem de diğer yazarlar tarafından enine boyuna incelendiler. Kitabın bu bölümü, araştırmamızdaki karşılaştırma grubundaki şirketlerin liderleriyle iyiden mükemmele dönüşen şirketlerin liderlerini (yani 5. Düzey Liderlik özelliklerini) karşılaştırıp bu liderleri diğerlerinden ayırt eden şeyler üzerine yoğunlaşacak.

Ama öncelikle önemli bir konuya kısaca değinmek istiyorum. Biz, 5. Düzey Liderlik ya da ona benzeyen bir şeyin arayışı içinde değildik. Tersine ekibime tepe yöneticilerin rollerinin abartılmaması için açık talimat vermiştim. Amacım, günümüzde herkesin yaptığı gibi şirketlerle ilgili bütün gelişmelerde "lideri sayesinde" ya da "lideri yüzünden" kolaycılığına düşmemekti.

Bir benzetme yapmak gerekirse, "Her sorunun cevabı liderdedir" düşüncesi, fiziksel dünyayı bilimsel açıdan algılamamızı engelleyerek karanlık Ortaçağ'dan çıkmamızı geciktiren, "Her sorunun cevabı Tanrı'dadır" düşüncesinin modern halidir. 1500'lü yıllarda insanlar anlayamadıkları bütün olayları Tanrı'ya atfediyorlardı. Bu sene niye mahsul alamadık? Tanrı öyle istedi. Niye deprem oldu? Tanrı öyle buyurdu. Gezegenleri uzaydaki yerlerinde kim tutuyor? Tanrı. Aydınlanmayla birlikte fiziğe, kimyaya, biyolojiye vb. daha bilimsel bir bakış geldi. Tanrıtanımaz mı olduk? Hayır. Sadece evrenin nasıl çalıştığı hakkında daha derin bir kavrayışa sahip olduk. Benzer bir şekilde her şeyi "liderliğe" atfedersek, 1500'lü yılların insanlarından ne farkımız kalır? Cehaletimizi kabul etmiş oluruz. Elbette "lidertanımaz" olmamıza gerek yok çünkü lider önemlidir. Ama huzursuz huzursuz ellerimizi iki yana açıp "Soruların cevapları liderdedir" anlayışına döndüğümüz sürece, bir şirketi mükemmel yapan mekanizma hakkında daha derin ve bilimsel bir kavrayışa sahip olmaktan kendimizi alıkoyarız.

Bu yüzden projenin başından beri, sürekli, "Yöneticileri unutun" deyip durdum. Ama araştırma ekibi sürekli gelip, "Hayır yöneticileri unutamayız çünkü tutarlı ve sürekli olarak yöneticiler konusunda olağandışı durumlarla karşılaşıyoruz" diye ısrar ediyordu. Buna benim cevabım şöyle oluyordu: "İyi ama karşılaştırma grubu şirketlerinde de liderler var. Hem de mükemmel liderler. Arada ne fark var ki?" Bir ileri iki geri, tartışma kızışıyordu..

Sonunda, her zaman olması gerektiği gibi, eldeki veriler kazandı. İyiden mükemmele dönüşmüş şirketlerin liderlerinin hepsi, aynı kumaştan dokunmuştu. Lideri oldukları şirketin tüketim ürünleri şirketi mi, ağır sanayi şirketi mi; krizde mi, istikrarlı bir yapıda mı; hizmet şirketi mi, üretim şirketi mi olduğunun hiç önemi yoktu. Geçiş döneminin ne zaman yaşandığı ya da şirketin ne kadar büyük olduğuyla da ilgili değildi. İyiden mükemmele geçmiş tüm şirketlerde, geçiş dönemlerinde 5. Düzey liderler vardı. Ayrıca karşılaştırma grubu şirketlerinde 5. Düzey liderlik eksikliği, istikrarlı biçimde kendini hissettirmişti. 5. Düzey liderliğin geleneksel düşünce tarzına, özellikle de şirketleri dönüştürmek için kuvvetli kişiliklere sahip kadir-i mutlak kurtarıcılara ihtiyacımız olduğu düşüncesine tamamen karşıt olduğu düşünülünce, 5. Düzey'in ideolojik değil, ampirik bir bulgu olduğu not edilmelidir.

ALÇAKGÖNÜLLÜLÜK + İRADE = 5. DÜZEY

5. Düzey liderler, ikili bir yapıya sahiptir: ılımlı ama kararlı, alçakgönüllü ama korkusuz. Konuyu hemen kavramak için, ABD Başkanı Abraham Lincoln'u (Lincoln, ABD tarihindeki birkaç 5. Düzey başkandan biridir) düşünün. Lincoln egosunun, birinci ihtirası olarak kalıcı bir mükemmel millet yaratmak gibi daha büyük bir dava olan hedefinin önüne geçmesine asla izin vermedi. Ama onun ılımlılığını, çekingen karakterini ve alçakgönüllülüğünü yanlış anlayarak zayıflık belirtisi olarak yorumlayanların hatalarını an-

lamaları, 250 bin Güneyli ile Lincoln'ün kendisininki dahil 360 bin Kuzeyli'nin hayatına maloldu.[14]

Şirket yöneticileriyle Lincoln'u karşılaştırmak biraz zorlama kaçsa da hepsinin ortak özelliği, aynı ikili yapıya sahip olmaları. Örneğin 1975 - 1991 arası Gillette'nin CEO'su olan Colman Mockler'a bakalım. Mockler döneminde şirket mükemmelliğe ulaşmasına engel olabilecek üç önemli tehditle karşı karşıya kaldı. Bu tehditlerin ikisi, junk bond* borcunu kapatıp yeni hasmane alım (hostile takeover)* girişimlerini finanse etmek için şirketleri parçalayıp satmakla ün kazanmış ağzı purolu bir baskıncı (raider)† olan Ronald Perelman'ın yönetimindeki Revlon'dan gelen hasmane satın alma tehditleriydi.[15] Üçüncü tehdit ise, Gillette hisselerinin yüzde 5.9'unu aldıktan sonra, bir vekaletname savaşı başlatıp yönetim kuruluna egemen olmaya çalışan ve böylece şirketi en yüksek teklif veren alıcıya satarak kısa yoldan cebini doldurmak isteyen‡ yatırım şirketi Coniston Partners'ten geldi.[16] Eğer Gillette, Perelman'ın önerdiği fiyatı kabul etseydi, hissedarlar bir anda yüzde 44 kârı cebe indirebileceklerdi.[17] 116 milyon adet hissenin el değiştireceği toplam 2.3 milyar dolarlık bir anlaşma sonucunda şirket yöneticileri de ellerindeki şirket hisselerini satarak milyonlarca dolar nakit sahibi olabilecekler, ayrıca cömert tazminatlar (golden parachute)§ alabileceklerdi.[18]

---

* "Junk Bond": Getirisi yüksek ama çıkaran kurum fazla güvenilir olmadığı için riski de yüksek bir bono-ç.

* Hostile takeover: Hisse senetleri piyasada alınıp satılan şirketlerin hissedarlarına ulaşıp onları ikna ederek şirketin yönetim hakkı veren yüzdesinin ya da tamamının ele geçirilmesi içeren bir şirket alım yöntemi. Satın alınan şirketin yönetimdeki hissedarları ile yöneticileri bu girişimle uzlaşmaz, alıcıların yanında yer almaz ve direnirlerse, bu hasmane bir satın alma olur ve ciddi yönetim kurulu savaşlarına yol açar-ç.

† Raider: Hasmane alım yapan kişi, şirket yöneticilerinin karşı çıkmasına rağmen bu girişimde bulunduğu için bir tür kaleyi almak için içeridekileri ya kendisiyle anlaşmak ya da dışarı atmak için zorlayan, baskın veren kişi-ç.

‡ ABD'de hisseleri borsada işlem gören şirketlerin halka açıklık oranı büyük olduğu için şirket yönetimleri, kimi zaman yüzde 10-15 gibi blok hisse sahiplerinden oluşmaktadır. Bu durumda küçük bir hisse yüzdesine (bu örnekte yüzde 5.9) sahip olan hissedar, dağınık durumdaki küçük hisse sahiplerine ulaşıp yönetim kurulunda kendilerini temsil etmek için onlardan vekaletname alabilirse, şirketin yönetimini ele geçirebilir. Böyle bir girişim karşısında yönetimdeki hissedarların en önemli kozu, yönetimde olmanın avantajını kullanıp aynı silahla cevap vermektir-ç.

§ Golden parachute (altın paraşüt) : ABD'deki büyük şirketlerin tepe yöneticilerinin, özellikle de CEO'ların, emekli olurken ya da karşılıklı anlaşmayla şirketten ayrılırken "golden parachute" denen tazminatlar almak için yönetimle anlaşmaları, yaygın bir uygulama. Bu anlaşmalar, sadece nakit veya hisse senedi opsiyonu değil, lüks kulüplere uzun bir süre ya da ömür boyu üyelik, ev, araba, sekreterli bir büro, tatil, çocuklarının okul masrafı dahil her türlü masrafının karşılanması, hatta kimi durumlarda şirket uçağının kullanım hakkı gibi nakdi ve gayrınakdi ayrıcalık ve hakları da içerebiliyor. Amaç, yöneticilerin iktidar mevkiinden paraşütle inmesi yani yeni hayatına yumuşak geçiş yapması -ç.

Ancak Colman Mockler, hiç de azımsanmayacak bir servete kavuşma fırsatına sahip olmasına karşın Gillette'in gelecekte mükemmel bir şirkete dönüşmesi için buna karşı savaşmayı tercih etti. Her zaman nazik tavırlarıyla dikkat çeken sakin ve kararlı bir adam olan Mockler, camiada kibar, hatta aristokrat bir centilmen olarak tanınırdı. Ama onun vakarını zaaf olarak algılayanlar, sonunda feci bir yenilgiye uğradılar. Küçük hissedarların vekaletini almak için yapılan mücadelede Gillette tepe yöneticileri tek tek binlerce hissedara ulaşarak vekaletlerini aldılar ve savaşı kazandılar.

Şimdi, "İyi ama bu anlatılan olay, koltuklarına sıkı sıkı yapışmış bir yönetim ekibinin, hissedarların çıkarlarına aykırı şekilde kendi çıkarlarını korumak için giriştikleri bir mücadeleye benziyor" diyebilirsiniz. Böyle görünebilir ama iki önemli olguya dikkatinizi çekmek isterim.

Öncelikle Mockler ve ekibi, şirketin geleceğini radikal değişiklik içeren gelişmiş teknoloji kullanan ürünlere (sonradan Sensor ve Mach3 olarak tanınan ürünler) yaptıkları dev yatırımlara bağlamıştı. Eğer şirket satılsaydı, bu projelerin ya bütçesi kısılacak ya da tamamen vazgeçilecekti. Bu durumda kimse Sensor, Sensor for Women veya Mach3'le tıraş olamayacak ve milyonlarca insan sakallarına karşı daha çok acı dolu bir mücadele vermek durumunda kalacaktı.[19]

İkinci olarak bu şirket satınalma mücadelesinin olduğu zamanlarda, gelecekte müthiş kârlar vadeden Sensor, hisse fiyatına henüz yansımamıştı çünkü gizli yürütülen bir projeydi. Bu durumu bilen Mockler ve yönetim kurulu, hisselerin gelecekte o andaki fiyatın çok daha üzerinde değer kazanacağına inanıyor, baskıncıların önerdiği fiyattan bile daha primli olacağını düşünüyordu. Şirketi satmak, kısa vadeli al-satçıları (shareflipper)* mutlu edebilecek bir şeydi ama bu durumda uzun vadeli hissedarlara nasıl hesap vereceklerdi?

* Burada "shareflipper" ile "shareholder" arasında bir ayrım yapılıyor. Birinci tanım, o anda şirketin hisse senedine sahip olduğu için hissedar tanımı içine giren ama hisseyi kısa vadede para kazanmak için almış olanları ifade ediyor. İkinci tanım ise hisseyi daha kalıcı amaçlar için almış olan ve tabii ki para da kazanmak isteyen ama hissedarlığı daha çok şirkete sahip olmak ve onunla arasında uzun vadeli bir ilişki kurmak olarak yaşayanları ifade ediyor. Zaten "shareholder" (hissedar) kelimesinin kelime anlamı da "hisseyi elinde tutan" demek-ç.

Colman Mockler'in Zaferi

1976- 1996. 1$'ın Kümülatif Değeri

Gillette Hisse Değeri – Devir Önerisi – Borsa

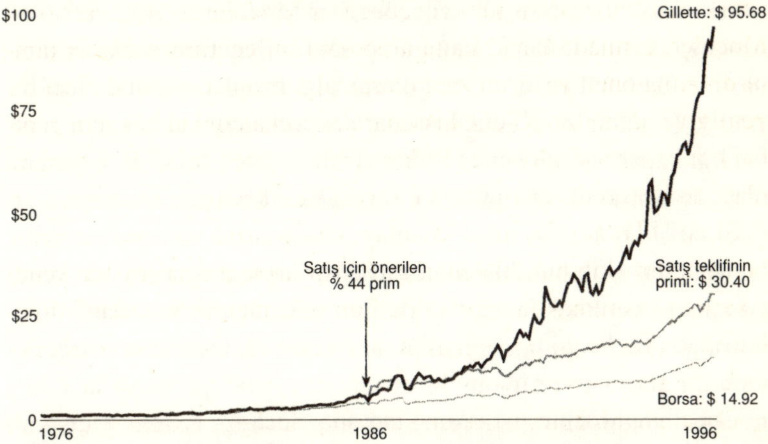

Bu grafikte, yatırımcının aşağıdaki senaryolarda ne kazanacağı gösterilmektedir:

1. Gillette'e yatırılan 1 $, 31 Aralık 1976'tan 31 Aralık 1996'ya kadar tutulmuştur.
2. Gillette'e yatırılan 1 $, 31 Aralık 1976'dan 31 Ekim 1986'ya kadar tutulmuş ve o tarihte % 44 primle Perelman'a satılmış, oradan gelen miktar da borsaya yatırılmıştır.
3. Borsaya yatırılan 1 $, 31 Aralık 1976'dan 31 Aralık 1996'ya kadar tutulmuştur.

Sonuç itibariyle Mockler ile yönetim kurulu, haklı çıktı. Eğer bir hissedar Perelman'ın 31 Ekim 1986'da önerdiği yüzde 44 primi kabul edip eline geçen parayı sonraki on yıl boyunca endeks düzeyinde bir yatırımla nemalandırsaydı, 1996 sonlarında Mockler ve Gillette ile beraber kazanmış olabileceği paraya göre üç kat daha az bir değere sahip olacaktı.[20] Mockler baskıncılarla uzlaşarak milyonlarca doları cebe atıp zevk-ü sefa içinde bir emeklilik hayatı yaşamak için şirketten ayrılsaydı, şirket, hissedarları ve müşterileri çok daha kötü muamele görecekti.

Ama maalesef Mockler bu çabasının keyfini tam olarak süremedi. 25 Ocak 1991 tarihinde Gillette yöneticileri, Forbes dergisinin yakında piyasaya çıkacak sayısının kapağını gördüler. Bir ressamın kapak için yaptığı resimde Mockler, bir dağın tepesinde elinde devasa bir traş bıçağıyla muzafferane bir poz vermiş, mağlubu da dağın eteklerinde yere serilmiş halde gösteriliyordu. Hemen basında görünmekten hoşlanmayan ve muhtemelen kapak için fotoğraf çektirmesi için gelen teklifi reddeden Mockler'a giderek resmi gösterip ona takıldılar, biraz gülüp söyleştiler. Onu şirketler dünyasının Barbar Conan'ı gibi gösteren bu resim hoşlarına gitmişti. Ancak 16 yıldır sürdürdüğü mücadelenin bu şekilde kamuya açıklandığı kapağı göreli henüz birkaç dakika geçmiş olan Mockler, bu olaydan sonra odasına gitti. Ve orada kalp krizi geçirerek yere yığıldı ve öldü.[21]

Mockler'ın iş başında ölmek isteyip istemediğini bilemeyeceğim ama kesinlikle eminim ki iki durumda da yönetici olarak yaklaşımında herhangi bir değişiklik olmayacaktı. Uysal karakteri, neye elini atarsa atsın mümkün olanın en iyisini yapmaya adanmış içsel bir yoğunluğu gizliyordu. Bu adanmışlığın nedeni, elde edeceği şeyler değildi. Sadece başka türlüsünü yapmayı tahayyül edemezdi. Kolay yolu seçmek ve inek gibi sağıp mükemmel bir şirket olma potansiyelini heba edecek kimselere şirketi vermek, Colman Mockler'ın değerler sistemine göre bir seçenek olamazdı. Tıpkı, barış istemesi halinde mükemmel bir millet yaratma fırsatını tamamen kaybedecek olan Lincoln gibi.

Şirket Tutkusu: Başarı İçin Halef Belirlemek

David Maxwell 1981 yılında Fannie Mae'nin başına CEO atandığında, şirket her işgünü 1 milyon Dolar zarar ediyordu. Ama sonraki dokuz yılda Maxwell onu, yüksek performans kültürüyle en iyi Wall Street şirketlerine meydan okuyan, günde 4 milyon dolarlık kazanan ve borsa ortalamasını 1'e 3.8 oranında geride bırakan bir şirkete dönüştürdü. Maxwell, eğer fazla uzun süre o koltuğu işgal ederse şirketin bundan kötü etkilenebileceği düşüncesiyle henüz oyunun zirvesindeyken emekli olduğunda, yerine en az kendisi kadar becerikli bir halef bıraktı: Jim Johnson. Kısa bir süre sonra, Fannie Mae'nin parlak performansının da etkisiyle 20 milyon dolara ulaşan Maxwell'in emeklilik ikramiyesi pakedi, Kongre'de (şirket hükümetten almış olduğu imtiyaz çerçevesinde faaliyet gösteriyordu) tartışma konusu oldu. Maxwell, halefine yazdığı bir mektupta bu tartışmanın Washington'da ters etkiler yaratıp şirketin geleceğini zora düşürecek bazı sonuçlar doğurabileceğini ifade ederek bu tartışmalara cevap verdi. Bunun ardından da şirketten henüz almamış olduğu 5.5 milyon dolarlık alacağının ödenmemesini, bu miktarın düşük gelir seviyelerindeki vatandaşların ev sahibi olması için kullanılmak amacıyla Fannie Mae vakfına katılmasını istedi.[22]

Darwin Smith ve Colman Mockler gibi David Maxwell de 5. Düzey liderlerin ana özelliklerinden birini gösteriyordu: kendi çıkarları ya da ünleri yerine şirketin başarısı konusunda kafa yormaları ve şirkete olan tutkuları. 5. Düzey liderler, şirketlerinin kendilerinden sonraki neslin daha da başarılı olmasını isterler. Hatta bu başarının temellerinin kendi dönemlerinde atıldığının insanlarca bilinmemesi, onları rahatsız etmez. Bir 5. Düzey liderin söylediği gibi, "Günün birinde köşemden dünyanın en mükemmel şirketlerinden birine bakıp, 'Ben de orada çalışmıştım' demek isterim."

Bunun tersine genellikle kendi ünleri ve kişisel mükemmellikleri için çalışan karşılaştırma grubu şirketlerinin liderleri, şirketlerini gelecek nesilde başarı kazanacak şekilde hazırlamayı genellikle beceremezler. Siz ayrıldıktan sonra orası batıp gidiyorsa, sizin ne kadar büyük olduğunuza daha ne kanıt gerekir ki?

> Karşılaştırma grubu şirketlerinin dörtte üçünde, yöneticilerin kendilerinden sonra başarısız olacak halefler veya zayıf halefler ya da her iki koşula da uyan halefler seçtiklerine tanık olduk.

Bu liderlerden bazılarında, "en büyük köpek" sendromu vardı; en büyük kaldıkları sürece, kulübedeki diğer köpekleri hiç önemsemiyorlardı. Hatta bu liderlerden birinin halef adaylarına, "VIII. Henry'nin karılarına davrandığı gibi" davrandığı söyleniyordu.[23]

Karanlıktan çıkıp bir anda Fortune dergisinin Amerika'nın En Çok Hayranlık Duyulan Şirketleri listesinde bir numaraya yükselen, sonra da kendini kurtarmak için Newell'e satılmak zorunda kalacak şekilde aynı hızla darmadağın olan Rubbermaid'e bakalım. Bu öykünün mimarı, ismi 1980'li yıllarda şirketin başarısıyla özdeşleşmiş olan, Stanley Gault adlı karizmatik ve parlak liderdi. Rubbermaid hakkında topladığımız 312 habere göre Gault, güçlü ve benmerkezci bir yönetici profili çiziyor. Bir haberde diktatör olduğu suçlamalarına şöyle cevap veriyor: "Evet ama iyi bir diktatörüm."[24] Şirketteki değişim konusunda bizzat kendi sözlerinden yapılan bir çalışmaya göre, ben zamirini ("Değişim başlattım", "Hedefleri belirledim ve anlattım") 44 kez kullanırken, biz zamirini sadece 16 kez kullanmış.[25] Gault'un, şirketine sağladığı başarıdan gurur duymaya hakkı vardı. Rubbermaid, onun liderliği altında birbirini izleyen üç aylık kırk dönem boyunca kazancını artırmıştı. Bu etkileyici bir başarıydı ve bu başarıyı gösteren kişi, saygı görmeyi hak ediyordu.

Ama – ve bu, asıl önemli şeydi – Gault, ardında, kendisi olmaksızın da mükemmel olmayı sürdürecek bir şirket bırakmadı. Seçtiği halef, bu görevini ancak bir yıl sürdürebildi. Ondan sonra gelense öyle sığ bir yönetim ekibiyle baş başa kalmıştı ki bir yandan ikinci adamını belirlemek için çalışırken bir yandan da geçici de olsa farklı dört görevi üstlenmesi gerekiyordu.[26] Gault'un halefleri kendilerini sadece yönetim boşluğuyla değil, sonuç itibariyle şirketi dizlerinin üzerine çökerten stratejik boşluklarla da karşı karşıya buldular.[27]

"Gault'tan sonra Rubbermaid çöktüğüne göre onun ne mükemmel bir lider olduğu belli olmuyor mu" da diyebilirsiniz. Kesinlikle! Gault gerçekten de büyük bir 4. Düzey liderdi. Belki de türünün son elli yılda gelen en büyüğüydü. Ama maalesef 5. Düzey bir lider değildi ve Rubbermaid'in parlak ve kısa bir süre boyunca iyiden mükemmele dönüşüp sonra yine aynı hızla mükemmellikten hiçliğe düşmesinin en önemli nedenlerinden biri de buydu.

Zorlayıcı Bir Tevazu

Karşılaştırma grubu şirketlerinin liderlerinin benmerkezci tarzlarına karşın, iyiden mükemmele dönüşmüş şirketlerin liderlerinin kendilerinden hiç bahsetmemesi bizi çok şaşırttı. Kendileriyle yaptığımız görüşmelerde şirketin durumu konusunda, şirketteki diğer yöneticilerin katkıları konusunda istediğimiz kadar konuşuyorlardı ama onların katkılarına gelince konuyu değiştiriyorlardı. Kendilerinden bahsetmeleri konusunda iyice sıkıştırıldıkları zaman da, "Umarım kendimi büyük işler yapmışım gibi anlatmamışımdır" türünde cümleler kullanıyorlardı. "Yönetim kurulu bu kadar iyi halefler seçememiş olsaydı, büyük ihtimalle şu anda sizinle konuşuyor olamayacaktım", veya "Demek size kendimi övüp durmuşum. O kadar değil canım. Etrafımızdaki bu muhteşem insanlar olmasa hiçbir şey yapamazdık" veya, "Bu şirkette benim işimi benden daha iyi yapacak en az bir düzine adam var" tarzı cümleleri de.

Bu laflar tevazu gösterisi değildi. İyiden mükemmele dönüşmüş şirketlerin liderleriyle çalışanlar veya onlar hakkında yazanların en sık kullandığı sıfatlar şöyleydi: sakin, alçakgönüllü, ılımlı, çekingen, utangaç, nazik, iyi huylu, başkalarını öven, geri planda kalmaktan hoşlanan, kendi hakkında söylenen ve yazılanlara inanmayan vs. Yönetim Kurulu üyesi Jim Hlavacek, Nucor'u iflastan kurtararak dünyanın gördüğü en başarılı çelik şirketlerinden biri haline getiren CEO Ken Iverson'u şöyle anlatıyor:

> Ken, inanılmaz alçakgönüllü bir adam. Hem yaptığı işi onun kadar iyi yapıp hem de onun kadar alçakgönüllü olan bir adam daha görmedim. Bir sürü büyük şirkette bir sürü CEO'nun yanında çalıştım. Bu söylediklerim, onun özel hayatı için de geçerli. O kadar sade bir adam ki... Yani köpeğini hep mahallesindeki veterinere götürür. Yıllardır aynı mütevazı evde yaşar. Park yerinin üstü açık olduğu için arabasının buz tutmuş camlarını temizlerken kredi kartını nasıl kırdığını anlatmıştı bir keresinde. Ben de ona dedim ki, "Sen de o zaman park yerinin üzerini kapattır". "Bir sürü masraf açacak-

sın başımıza şimdi. O kadarına değmez" diye cevap verdi. O kadar alçakgönüllü ve sade bir adamdı.[28]

Bu araştırmanın titiz standartlarını Fortune 500 şirketinin sadece 11'inin tutturduğu dikkate alınırsa bu 11 şirketin CEO'larının bazıları, yüzyılımızın görüp görebileceği en dikkate değer CEO'lar arasındadır. Ama elde ettikleri o inanılmaz başarılara karşın adları pek duyulmaz. George Cain, Alan Wrutzel, David Maxwell, Colman Mockler, Darwin Smith, Jim Herring, Lyle Everingham, Joe Cullman, Fred Allen, Cork Walgreen, Carl Reichardt. Bu olağanüstü yöneticilerin hangilerinin ismini duydunuz?

Araştırmada kullandığımız 5.979 haber ve yorumu sistematik biçimde sınıfladığımızda, iyiden mükemmele geçen şirketler hakkında, karşılaştırma grubu şirketlerine göre bir ya da iki kat daha az habere rastladık.[29] Ayrıca bu şirketlerin CEO'ları hakkında yazılmış haber sayısı da çok azdı.

Bu liderler, olağanüstü kahramanlar haline gelmek istemediler. Hiçbir zaman ulaşılmaz kişilikler olmayı, putlaştırılmayı istemediler. Onlar, sessiz ve sakin bir biçimde inanılmaz başarılara imza atan, sıradan görünüşlü insanlardı.

Oysa karşılaştırma grubundaki şirketlerin bazılarının liderleri, bunun tam tersi bir görüntü veriyor. Kimberly-Clark'ı karşılaştırdığımız şirket olan Scott Paper, Darwin Smith'ten çok farklı kumaştan dokunmuş bir CEO almıştı: Al Dunlap. Dunlap yumruklarını göğsüne vura vura elde ettiği başarıları dinleyenlere (bunların sayısı da pek fazla olmaz) anlatmaktan hoşlanan biriydi. Scott Paper'ın başına geleli 19 ay olmuşken Business Week'e şöyle övünüyordu: "Scott, diğer tüm rakiplerini gölgede bırakarak Amerikan iş tarihine tüm zamanların çabuk ve en büyük başarıyla kâra geçirilmiş şirketi olarak kaydedilecektir."[30]

Business Week'e göre Dunlap, şirkette çalıştığı 603 gün boyunca 100 milyon $ (gün başına 165 bin $ eder) tasarruf etti. Bunu da büyük ölçüde eleman çıkartarak, AR-GE bütçesini yarıya indirerek ve büyümeye hazır durumdaki şirketi satışa hazırlayarak yaptı.[31] Şirketi satıp milyonlarca dolarını cebe indirdikten sonra da, kendine "Çizgili Pijamalı Rambo" lakabını taktığı bir kitap yazdı. "Rambo filmlerini çok severim" diye yazıyordu. "Esas oğlanın hiç şansı yoktur ama sonunda hep o kazanır. Bu sefer kesin beynini dağıtacaklar dediğiniz türlü pozisyonlara düşer. Ama beyni hiç dağılmaz. Her şey sona erdikten sonra bütün kötü adamlardan kurtulur. Savaştan barış çıkartır. Ben de aynen böyle yapıyorum"[32] Darwin Smith o geri zekalı Rambo filmlerinden hoşlanıyor olabilir ama onun film bitikten sonra eve gidip de karısına, "Hayatım şu Rambo var ya, aynen bana benziyor" dediğini pek sanmıyorum.

Scott Paper olayı, araştırmamızdaki en dramatik vakalardan biriydi. Ama bu tür olaylar başka şirketlerde de yaşanıyor. Nitekim karşılaştırma grubumuzdaki şirketlerin üçte ikisinden fazlasında şirketin sonunu getiren ya da vasat halini sürdürmesine hizmet eden fazla gelişmiş egolarla karşılaştık.[33]

Bu duruma özellikle istikrarsız karşılaştırma şirketlerinde rastladık. Bu gruptaki şirketler yetenekli ama benmerkezci bir liderin önderliğinde performanslarında bir atılım yapıyor, ancak sonraki yıllarda düşüş yaşıyorlardı. Örneğin Lee Iacocca, Amerikan şirketler tarihinin en ünlü (ve bu ünü hak etmişti) operasyonlarından biriyle Chrysler'ı çöküşün eşiğinden geri çevirip kâra geçirmişti. Görev süresinin yarısına yakın bir noktada şirketin hisselerinin getirisi, borsayı 2.9 kat geçmişti. Ama ne olduysa ondan sonra oldu ve Iacocca tüm dikkatini, kendini Amerikan tarihinin en ünlü CEO'larından biri yapmaya yöneltti. Investor's Business Daily ile Wall Street Juornal, Iacocca'nın Today ve Larry King Live gibi talk-show'lara düzenli olarak katıldığının, seksenin üzerinde reklamda başrol oynadığının ve hatta ABD başkanlığına aday olma fikrinin bile cazibesine kapıldığının (bir keresinde, "Chrysler'ı yönetmek, ABD'yi yönetmekten çok daha zor. Ben olsam, ülkemizin ekonomisini altı ayda düze çıkarırım" demişti) ve otobiyografisinin reklamını yaptığının kayıtlarıyla dolu. Yedi milyon satan Iacocca adlı kitabı, onu rock yıldızı statüsüne çıkardı. Öyle ki bir keresinde Japonya'ya gittiğinde binlerce hayranı tarafından etrafı sarılmıştı.[34] Iacocca'nın kişisel değeri artmıştı ama görev süresinin ikinci yarısında Chrysler'ın hisse senedinin getirisi, borsa ortalamasının yüzde 31 altına düştü.

Iacocca sahneyi bırakıp krallığının avantajlarından mahrum kalmak da istemedi. Emekliliğini birçok kez erteledi. Artık Chrysler'da çalışanlar onun adındaki harflerin, "Sonsuza Kadar Chrysler'ın Başındayım" anlamına ("I Am Chairman of Chrysler Corporation Always" - Iacocca) geldiğini söyleyip dalga geçmeye başlamışlardı.[35] Sonunda emekli olduğunda yönetim kurulundan özel bir jet ile hisse senedi opsiyonlarının devam etmesini istedi.[36] Sonra da şirketleri ele geçirmekle ün kazanmış Kirk Kerkorian ile güçlerini birleştirip Chrysler'a hasmane bir satın alma girişiminde bulundu.[37]

Chrysler, Iacocca'nın emekli olmasından beş sene sonra kısa bir dönem eski parlak günlerine döndü ama şirketin zaafları alttan alta sürdüğü için sonunda Alman otomotiv şirketi Daimler-Benz'e satıldı.[38] Elbette Chrysler'ın çöküşü tamamen Iacocca'nın suçu değildir (en azından Almanlar'a satış kararını verenler, ondan bir sonraki yönetici kuşağıdır) ama bazı gerçekler ortadadır: Iacocca'nın 1980'lerdeki parlak başarıları kalıcı olmadı ve şirket, kalıcı bir mükemmel şirkete dönüşemedi.

Tereddütsüz Kararlılık... Yapılması Gerekeni Yapmak

5. Düzey liderliğin sadece tevazu ile sadelikten ibaret bir şey olduğunu sanmamak gerekir. Aynı ölçüde acımasız bir kararlılık ve şirketi mükemmel bir şirket haline getirmek için ne yapılması gerekiyorsa onu yapmaya yönelik, Stoacılık* düzeyine yakın azim, en az bu özellikler kadar gereklidir.

* Eza ve cefaya tahammül ahlakının kurucusu.

Araştırma ekibimiz, uzun süre boyunca iyiden mükemmele dönüştüren liderleri nasıl tanımlayabileceğini tartıştı. Başlangıçta, "kendini geri plana atan yönetici" ve "hizmet eden lider" gibi tanımlar üzerinde durduk. Ama ekip üyeleri bu tanımlara şiddetle karşı çıktı.

Anthony Chirikos, "Bu tanımlamalar doğru gelmiyor. Çünkü liderleri fazla zayıf veya uysal insanlar olarak gösteriyor. Ama Darwin Smith ile Colman Mockler'ın o kadar uysal olduklarını hiç sanmıyorum. Şirketlerini mükemmel bir şirket yapmak için ellerinden geleni ardına koymayacak insanlar onlar" dedi.

Eve Li de, "Neden onlara sadece, 5. Düzey liderler demiyoruz? Eğer onları 'kendini geri plana atan, hizmet eden' gibi sıfatlarla tanımlarsak, insanlar yanlış fikirlere kapılacaktır. İnsanların kavramı doğru anlamasını istiyorsak onlara madalyonun iki yüzünü de göstermeliyiz. Sadece tevazu tarafını gösterirsek, fikrin bütünü kaçar" yorumunu yaptı.

5. Düzey liderler, başarılı bir performansa ulaşma gibi tedavi edilemez bir hastalıktan muzdarip fanatiklerdir. Şirketlerini mükemmel bir şirket haline getirmek için gerekirse fabrikalarını da satabilir, öz kardeşlerini de işten kovabilirler.

George Cain, Abbot Laboratoires'in başına geçtiğinde şirket, ecza sanayinde alt sıralarda yer alan, yıllardır inek gibi erithromysin'i sağarak geçinen uyuşuk bir şirketti. Cain şirketi hemen harekete geçirip şahlandıracak, esin verici bir kişilik sahibi değildi. Ama çok daha güçlü bir şeyin sahibiydi: esin verici standartlar. Vasatlığın hiçbir türüne tahammül edemez ve iyinin yeterince iyi olduğunu düşünenlere karşı asla hoşgörü göstermezdi. Abbott'un vasatlığının en önemli nedenlerinden biriyle işe başladı: yakınlarını kayırma, onları işe alma, nepotizm. Yönetim kurulu ile yönetim ekibini yeniden yapılandırarak bulduğu en iyi insanları işe aldı. Artık şirkette aile bağları ve kıdem, önemli bir pozisyona gelmek için ölçüt olmaktan çıkmıştı. Eğer kendi sorumluluk alanı içinde sektörünüzün en iyi elemanı değilseniz, maaş bordronuza elveda demek zorunda kalacaktınız.[39]

Bu kadar keskin bir hamlenin, ancak dışarıdan bir yönetici tarafından gerçekleştirilebileceği düşünülür. Oysa Cain şirkette 18 yıl çalışmış kıdemli bir Abbott çalışanıydı ve ailedendi; önceki Abbott başkanının oğluydu. Birkaç yıl boyunca Cain ailesi tatil aylarında bir araya geldiğinde muhtemelen zor günler yaşamışlardır. ("Kusura bakma, seni işten atmak zorundaydım. Bir parça daha hindi ister misin?") Ama sonuç itibariyle aile üyeleri Cain'in yaptıklarından oldukça memnun kalmış olmalılar; çünkü 1974 – 2000 arasında hissedarlara borsa ortalamasının 4.5 katı gelir sağlayan bir mekanizmayı harekete geçirdi. Bu performans, sektörün süperstarları Merck ile Pfizer'ı hayli geride bırakmıştı.

Abbott'u karşılaştırdığımız şirket olan Upjohn'da da George Cain'le aynı dönemde aileden bir lider vardı. Ama Cain'in tersine Upjohn'un CEO'su şirketteki nepotizmin getirdiği vasatlığı kıracak azmi gösteremedi. Abbott'un önemli pozisyonları en iyi elemanlarla doldurduğu zamanlarda Upjohn, anahtar pozisyonlarda aileye mensup ikinci sınıf elemanlarla idare ediyordu.[40] Geçiş tarihine kadar hemen hemen özdeş hisse senedi grafiğine sahip özdeş şirketler olan bu iki şirketten Upjohn'ın hisseleri, sonraki 21 yıl boyunca Abbott'un yüzde 89 altında seyredecek ve 1995 yılında da Pharmacia'ya satılacaktı.

İlginçtir, Darwin Smith, Colman Mockler ve George Cain, içeriden yükselmiş kişilerdi. Stanley Gault, Al Dunlap ve Lee Iacocca ise davullar, zurnalar, borazanlar eşliğinde kurtarıcı olarak şirkete dışarıdan gelmişlerdi. Bu durum, araştırmamızın sistematik bir bulgusunu daha ortaya seriyor. Şirketin iyiden mükemmele dönüşmesi için dışarıdan birinin gelip ortalığı iyice bir sarsması gerekir düşüncesi, eldeki verilerle doğrulanmıyor. Tersine dışarıdan getirtilen high-profile bir "değişim görevlisinin" iyiden mükemmele kalıcı bir dönüşümle olan bağlantısı, negatif (Bakınız Ek 2.A).

İyiden mükemmele dönüşmüş 11 şirketten 10'unun CEO'ları, şirketin içinden geliyor. Bunların üçü ise, doğrudan şirketin sahibi ailelerden. Karşılaştırma grubundaki şirketlerde dışarıdan yöneticilerle çalışma oranı, diğerlerine göre altı kat fazla. Bu şirketler yine de kalıcı mükemmel sonuçlara ulaşamadılar.[41]

Şirketi değiştiren iradenin şirketin içinden gelmesine süper bir örnek, derbeder Walgreens şirketini, 1975 sonundan 1 Ocak 2000'e kadar borsa ortalama hisse getirisinin 15 katından fazla getiri sağlayan bir şirkete dönüştüren 3. Charles R. "Cork" Walgreen.[42] Şirketin gıda servisi alanındaki faaliyeti konusunda yönetim ekibiyle yıllarca süren diyalog ve tartışmalardan sonra, Cork yönetim ekibinin bir konuda netleştiğini hissetti: Şirketin geleceği gıda alanında değil, süpermarketlerdeydi (convenient drugstore)*. 1998 yılında Walgreen'in yerine CEO olan Dan Jorndt, sonraki aşamaları şöyle anlatıyor.

> Bir keresinde planlama komitesi toplantısında Cork, "Tamam artık. Çizgiyi çekiyorum. Beş yıl içinde restoran işinden tamamen çekilmiş olacağız" dedi. O zaman elimizde belki beş yüzden fazla restoran vardı. Toplantıda yere iğne düşse sesini duyacağız. Öyle sessizlik oldu. Devam etti: "Herkes aklına koysun. Takvim çalışmaya başladı..." Altı ay sonra bir sonraki toplantımızda birisi öylesine, restoran işinden çekilmek için daha beş yılımızın olduğunu söyledi. Cork öyle çok bağırıp çağıran bir adam değildi. Masaya hafifçe vurarak, "Hayır efendim, dört buçuk yılınız var. Beş yılınız var diye altı ay önce söylemiştim. Şimdi dört buçuk yılınız var" dedi. Ertesi günden başlayarak gerçekten de restoran işinden çekilmek için gereken adımlar atılmaya başlandı. Asla tereddüt etmezdi. Asla ikileme düşmez, bir şeyi asla ikinci defa düşünmezdi.[43]

* "Convenient drugstore". İçinde; bebek bezlerinden, kişisel bakım ürünlerine, doğal beslenme ürünlerinden, gıdaya, ev ve okul malzemelerinden elektronik aletlere kadar geniş bir yelpazede ürünlerin satıldığı süpermarket.-ç.

Kimberly-Clark'ta fabrikaları satan Darwin Smith gibi Cork Walgreen'in kararı da müthiş bir kararlılık gerektiriyordu. Restoranlar şirketin en büyük bölümü olduğundan değil (gerçi restoranlardan iyi kâr geliyordu). Burada asıl sorun duygusallıktı. Ne de olsa maltlı milkshake'i ilk bulan Walgreen ailesiydi ve aile, büyükbabalarından bu yana restoran işindeydi. Hatta bazı restoranlar, onun adından esin almıştı – Corky's adında bir restoran zinciri vardı. Ama önemli olan bu değildi. Walgreenler'in kaynaklarını dünyanın en iyisi olabilecekleri (süpermarket) alana yoğunlaştırmak gibi eskiden beri gelen başka aile gelenekleri de vardı. Ve Cork da bu geleneğe uyacaktı. Sükunetle, sebatla ve kararlılıkla.[44]

5. Düzey liderlerin sakin ve sebatkâr kişilikleri, kendini sadece restoranları satmak veya baskıncılara direnmek gibi büyük kararlarında değil, sabırlı, özenli ve ustalıkla çalışmak gibi kişisel tarzlarında da görülüyor. İkinci kuşak bir aile ferdi olarak ailesinin küçük şirketini alıp Circuit City'e dönüştüren Alan Wurtzel de bu özelliği mükemmelen almış. Kendisiyle Circuit City'i karşılaştırdığımız şirketin CEO'su arasındaki farkı sorduğumuzda şöyle özetledi: "Gösteri atıyla yük beygiri arasındaki fark. O gösteri atına benziyor. Bense daha çok yük beygirine."[45]

Pencere ve Ayna

Alan Wurtzel'in yük beygiri benzetmesi, iki olguyu da dikkate alınca inanılmaz bir benzetme oldu. Birincisi, Yale'den hukuk diploması var yani yük beygiri doğası, entelektüel bir eksiklik anlamına gelmiyor. İkincisi de yük beygiri yaklaşımı, elde edilen sonuçlar açısından en iyi gösteri için sahne oluşturuyor. Meseleyi şöyle koyalım: Eğer 1981'de, efsanevi Jack Welch'in başına geçtiği gün General Electric ile Circuit City hisse senetlerine 1'er Dolar yatırım yapsaydınız ve bu yatırımınızı 1 Ocak 2000'e kadar tutsaydınız, yatırımınız Circuit City'de altı kat fazla getiri sağlayacaktı.[46] Bir yük beygiri için hiç fena bir performans sayılmaz.

Bu mükemmel sonuçtan sonra Alan Wurtzel'in verdiği mükemmel kararlardan bahsedeceğini sanırsınız. Oysa şirketin bu dönüşümünde etken olan ilk beş faktörü sayması istendiğinde sürpriz bir cevap veriyor: İlk faktör şansmış: "Gayet iyi bir sektörde çalışıyorduk ve rüzgarı arkamıza almıştık."

Hemen bulundukları sektörlerin performans ortalamasını geride bırakan şirketleri seçtiğimizi belirterek ısrar ettik. Ayrıca Circuit City'i Silo ile karşılaştırıyorduk ve o da aynı sektörde yer alıyordu. Hatta belki de onun yelkenleri daha büyüktü. Tartışmayı birkaç dakika daha uzattık ancak Wurtzel, başarısını büyük ölçüde doğru zamanda doğru yerde bulunmasına bağladı. Bundan sonra yarattığı dönüşümün kalıcı olmasının nedenlerini sorduğumuzda, yine, "Aklıma gelen ilk etken, şans. Doğru halefimi bulduğum için şanslıydım" dedi.[47]

Şans. Ne garip bir faktör. Ama iyiden mükemmele dönüşen şirketlerin liderleri, söyleşilerimizde hep şanstan bahsettiler. Nucor'un yöneticilerinden biriyle yaptığımız bir söyleşide şirketin neden hep iyi kararlarla dolu bir sicili olduğunu sorduğumuzda, "Sanırım sadece şanslıydık" diye cevap verdi.[48] Philip Morris'in geçiş dönemi 5. Düzey lideri, 3. Joseph F. Cullman, şirketinin başarısından kendine pay çıkartmayı baştan reddederek mükemmel meslektaşlara, seleflere ve haleflere sahip olduğu için ne kadar şanslı olduğunu anlattı.[49] Hatta yazdığı kitabın (meslektaşlarının zorlamasıyla, şirket dışında yaygın olarak dağıtılmamak niyetiyle yazmış) adı bile I'm a Lucky Guy (Ne Şanslı Adamım). Kitap şöyle başlıyor: "Hayatımın başından beri şanslı bir adamım: muhteşem bir ailem, güçlü genlerim vardı. Aşkta şanslıydım, işte şanslıydım, Yale'de sınıf arkadaşım 1941 yılında benim istek formumu değiştirip Washington'a yolladığı ve Kuzey Atlantik'te bütün mürettebatıyla batan gemiden beni kurtardığı için şanslıydım, Deniz Kuvvetleri'ne girdiğim için şanslıydım. Şu anda da 58 yaşında ve hâlâ sağ olduğum için şanslıyım."[50]

Şans üzerinde bu kadar durulması ilkin bizi şaşırtmıştı. Netice itibariyle iyiden mükemmele dönüşen şirketlerin, karşılaştırma grubundaki şirketlerden daha şanslı (ve tam tersi, diğerlerinin onlara göre daha az şanslı) olduğuna dair bir veri yoktu elimizde. Sonra karşılaştırma grubu şirketlerinin yöneticilerinde, ötekilerin tersi bir kalıp dikkatimizi çekti: Birçok şey için kötü şansı suçluyorlar, sık sık içinde bulundukları olumsuz ortamdan yakınıyorlardı.

Bethlehem Steel'le Nucor'u karşılaştırın. İkisi de çelik sektöründe faaliyet gösteriyor ve farklılaştırması zor olan ürünler üretiyordu. İki şirket de ucuz ithal çelikten kaynaklanan tehditle karşı karşıyaydı. Ama iki şirketin yöneticilerinin, bu aynı ortama bakışları tamamen farklıydı. Bethlehem Steel'in CEO'su 1983 yılında şirketin sorunlarını anlatırken ithalatı suçluyordu: "Birinci, ikinci ve üçüncü sorunumuz, ithalat."[51] Ken Iverson ile Nucor'daki ekibi ise ithalatı tehdit değil bir nimet, bir şans olarak görüyordu ("Ne kadar şanslıyız değil mi? Çelik ağır bir şeydir ve çeliği gemilere koyup bütün okyanusu geçmek zorundalar ki bu da bize önemli bir avantaj sağlıyor!"). Iverson, Amerikan çelik sanayinin birinci, ikinci ve üçüncü sorunlarını ithalat değil, yönetim olarak görüyordu.[52] Bu konuda hükümetin çelikte korumayı kaldırmasını isteyecek kadar ileri gitti. 1977 yılında şaşkınlıktan ağızları açık kalmış bir grup çelik şirketi yöneticisine, çelik sanayindeki asıl sorunun yenilikleri takip edemeyen yöneticiler olduğunu söylemişti.[53]

Şans üzerinde bu kadar durulması, bizim pencere ve ayna adını verdiğimiz bir modeli ortaya çıkardı.

> Şirkette işler iyi giderse 5. Düzey liderler kendileri dışında bu başarıyı paylaştıracak faktör aramak için pencereden dışarı bakarlar. Özel bir insan ya da olay bulamazlarsa o zaman başarılarını şansa bağlarlar. Ama şirkette işler kötü gittiyse bu kez sorumluluğu paylaştırmak üzere aynaya bakarlar ve asla kötü şansı suçlamazlar.

Karşılaştırma grubu şirketlerindeki liderler ise tam tersini yaparlar. İşler kötü giderse suçlayacak birisini ya da bir olayı bulmak için pencereden dışarı bakar, işler iyi giderse de aynanın karşısında kurum kurum kurulurlar. Aslında ne pencere ne da ayna gerçeği tam olarak göstermez. Pencerenin dışındaki herkes içeriyi, 5. Düzey lideri işaret ederek, "Her şeyi yapan odur. Onun liderliği olmasaydı asla mükemmel bir şirket olamazdık" der. Ama 5. Düzey lider yine pencereden dışarıyı göstererek, "Bu başarıyı gerçekleştiren şu mükemmel insanlara ve şu talihe bakın. Ben ne şanslı adamım" der. İki taraf da haklıdır aslında. Ama 5. Düzey liderler asla bu gerçeği kabul etmez.

5. DÜZEY LİDER YETİŞTİRMEK

Bir süre önce üst düzey yöneticilerin bulunduğu bir meclisle 5. Düzey liderliğe ilişkin bulgularımı paylaşıyordum. Kısa bir süre önce şirketinin başına getirilen bir kadın yönetici elini kaldırıp şöyle dedi: "İyiden mükemmele dönüşen şirketlerin liderleri konusunda söylediklerinize inanıyorum. Ama bundan biraz da rahatsız oldum çünkü aynaya baktığımda biliyorum ki ben henüz, 5. Düzey değilim. Bu işi kabul etmemin en önemli nedeni, hırs. Şimdi siz bana, 5. Düzeye gelmeden bu şirketi mükemmel şirket yapamayacağımı mı söylüyorsunuz?"

"Şirketinizi mükemmel bir şirket haline getirmeniz için ille de 5. Düzey lider olmanız gerekip gerekmediğini bilmiyorum" diye cevap verdim. "Size elde ettiğimiz verileri açıklayayım: Fortune 500 listesine girmiş olan 1.435 şirketin sadece 11 tanesi araştırmamızın sıkı standartlarına uyuyordu. Bu 11 şirketin tümünde, geçiş döneminde, CEO dahil anahtar pozisyonlarda 5. Düzey liderler vardı." Bir süre sessizce oturdu. Odadaki herkesin sırası gelen soruyu sorması için zihniyle ona baskı yaptığını hissedebilirdiniz. Sonunda sordu: "5. Düzey liderlik öğrenilebilir mi?"

Özet: 5. Düzey Liderliğin İki Yönü

Mesleki İrade	Kişisel Tevazu
Süper sonuçlar ortaya koyar İyiden mükemmele geçişin katalizörüdür.	İnanılmaz bir tevazu gösterir, kamu önünde övgüden utanır. Asla kendini övmez.
Ne kadar zor olursa olsun en başarılı uzun vadeli sonuçları elde etmek için ne gerekiyorsa yapar. Bunun için tereddütsüz bir kararlılık ortaya koyar.	Sükunetle ve kararlılıkla hareket eder, esin verici karizmasıyla değil esin verici standartlarıyla motive eder.
Kalıcı bir mükemmel şirket inşa edecek standartları oluşturur. Asla daha azına razı olmaz.	Bütün hırsını kendine değil, şirketine kanalize eder. Kendinden sonra da başarının devamı hatta daha da artması için halefini yetiştirir.
Kötü sonuçların sorumluluğunu üstlenecek birini bulmak için pencereye değil aynaya bakar. Bunun için asla başka insanları, dış faktörleri veya kötü şansı suçlamaz.	Şirketi başarısının itibarını paylaştırmak için aynaya değil pencereden dışarı, diğer insanlara, dış faktörlere ve şansa bakar.

Hipotezime göre insanlar ikiye ayrılır: 5. Düzeyin tohumunu içinde taşıyanlar ve taşımayanlar. Taşımayanlar, milyon yıl da geçse kişi olarak kendilerinden daha büyük ve kalıcı bir şey yaratmak için egoist ihtiyaçlarına ket vurmayı öğrenemez. Onlara göre işleri, yaratılacak, oluşturulacak, inşa edilecek şeylerle değil, edinecekleri şeylerle (ün, servet, övgü, güç vs.) ilgilidir.

İlginçtir, insanları iktidar mevkilerine taşıyan özellik olan amaçlı ve hırslı olmaları, genellikle 5. Düzey liderlik için gereken tevazu ile çelişir. Bu ironik duruma bir de yönetim kurullarının, genellikle şirketin mükemmel bir şirket haline gelmesi için kadir-i mutlak bir yöneticiye teslim edilmesi gibi yanlış bir düşüncenin etkisi altında görev yapmakta olduklarını ekleyin. İşte 5. Düzey liderlerin kurumlarımızın başına bu kadar ender gelebilmelerinin nedeni.

5. Düzeyin tohumunu içinde taşıyanlar ise (bence diğerlerinden daha çokturlar) 5. Düzeye yükselme olasılığı olan insanlardan oluşur. Bu olasılık, belki gizlenmiştir veya gözden kaçmıştır ama oradadır. Doğru koşullar altında (kendi kendine bularak, bilinçli bir kişisel gelişim süreci sayesinde, bir usta, büyük bir öğretmen, ilgili bir aile, baştan geçen önemli bir olay, 5. Düzey bir yönetici veya bir sürü diğer faktör sayesinde) gelişmeye başlar.

Elde ettiğimiz verilere baktığımızda araştırmamızdaki bazı liderlerin, kendilerini daha ileri taşımış olması gereken bazı tecrübeler yaşadığını gördük. Darwin Smith, kanser tecrübesinden sonra o düzeye gelmişti. Joe Cullman, II. Dünya Savaşı'nda yaşadığı tecrübelerden, özellikle de kendisini batmaya mahkum o gemiden son dakikada kurtaran istek formunun değiştirilmesi olayından etkilenmiş.[54] 5. Düzey özellikleri, güçlü bir dini inancın ya da inançlardaki değişimlerin de eseri olabilir. Örneğin Colman Mockler, Harvard'da yüksek lisans yaparken Evengelist olmuş. Cutting Edge adlı kitaba göre Colman, bir araya getridiği bir grup Bostonlu tepe yöneticiyle sık sık kahvaltılarda buluşup dini değerlerin şirketlere nasıl taşınabileceği konusunda fikir alışverişinde bulunurmuş.[55] Çalışmamızdaki diğer liderler böylesi olaylar yaşamamış. Demek ki normal hayatlar yaşayıp 5. düzey liderlik aşamasına kadar bir şekilde gelmişler.

Kanıtlayamasam da potansiyel 5. Düzey liderlerin toplumumuzda hayli yaygın olduğuna inanıyorum. Bana göre sorun potansiyel 5. Düzey liderlerin azlığı değil. Ne aradığımızı bilirsek, etrafımızda bir yerlerde onları buluruz. Peki aradığımız ne? Olağanüstü sonuçlar elde edildiğini ama kimsenin bu sonuçların sağlayacağı itibarı kapmak için bir adım ileri çıkmadığını görürseniz, mutlaka oralarda bir yerlerde potansiyel bir 5. Düzey lider vardır.

Kendi kişisel gelişiminiz için size 5. Düzeye nasıl gelineceğine dair bir liste verebilmeyi çok isterdim. Ama inanılır bir listeyi destekleyen verilerimiz yok. 5. Düzey, bir şirketin iyiden mükemmele dönüşebilmesi için kara kutunun içindeki kilit bileşenlerden biri olarak, araştırmalarımız sırasında ortaya çıktı. Belki de o kara kutunun içinde başka bir kara kutu vardır: bir insanı 5. Düzeye yükseltecek kişisel gelişim süreci. O kara kutunun içinde ne olduğu konusunda spekülasyonda bulunabiliriz ama bunlar sadece spekülasyon olarak kalacaktır. Yani kısacası 5. Düzey tatminkâr, güçlü ve iyiden mükemmele en iyi geçişi sağlama konusunda belki de zorunlu bir fikirdir. "5. Düzeye Yükselmek İçin Yapılacak 10 Şey" tarzı bir liste, olayı önemsizleştirecekti.

Bana göre yapılacak en işi şey, iyiden mükemmele dönüşme sürecine dair keşfettiğimiz diğer kavramları da incelemektir. Çünkü 5. Düzey ile diğer bulgularımız arasında ortak bir yaşam ilişkisi bulduk. 5. Düzey özellikleriniz sizin diğer bulguları uygulamanızı sağlıyor, diğer bulguları uygulamak da sizi 5. Düzeye getiriyor. Şöyle düşünün: Kitabın bu bölümü 5. Düzeyin ne olduğunu, diğer bölümler ise 5. Düzey liderin ne yaptığını anlatıyor. Diğer kavramları da bilerek yapılan liderlik, doğru yöne gitmenizi sağlayacaktır. Böyle yapmanın sizi tam bir 5. Düzey lider yapacağını kimse garanti edemez ama en azından işe iyi bir yerden başlayacağınız söylenebilir.

Elbette insanların yüzde kaçında bu tohumun olduğunu ve yüzde kaçının o tohumu büyütebileceğini söyleyemeyiz. Hatta 5. Düzeyi keşfeden araştırmacılar olarak bizler bile günün birinde tam anlamıyla 5. Düzey olup olamayacağımızı bilmiyoruz. Ama bu bulgunun ortaya çıkmasında emeği geçen herkes, fikirden çok etkilendi. Darwin Smith, Colman Mockler, Alan Wurtzel ve diğer tüm 5. Düzey liderler, bizler için iyi birer örnek, amaçlanmaya değer bir model oldular. Oraya varalım ya da varamayalım, 5. Düzey olmak için çaba harcamaya değer. Çünkü insanoğlunda iyi olana dair tüm temel gerçekler gibi bu gerçeği bir sadece bir an gördüğümüz an, biliyoruz ki hem kendi hayatımız hem de elimizin dokunduğu herkesin hayatı çok daha güzel olacak.

Bölüm Özeti

5. DÜZEY LİDERLİK

ÖNEMLİ NOKTALAR

- İyiden mükemmele dönüşmüş bütün şirketlerin geçiş dönemlerinde 5. Düzey liderler vardı.
- "5. Düzey", en üstte 5. Düzey olmak üzere yöneticilik yetenek ve becerilerinin beş farklı aşamasını ifade ediyor.
- 5. Düzey liderler, mesleki irade ile kişisel tevazunun paradoksal bir karışımına sahipler. Hırslıdırlar. Ama bu hırs öncelikle kendilerine değil, şirketlerine yönelik bir hırstır.
- 5. Düzey liderler, şirketin kendilerinden sonraki dönemi için başarılı olabilecek, hatta kendisinden daha büyük başarı kazanabilecek için haleflerini seçerler. Oysa benmerkezci 4. Düzey liderler haleflerini başarısız olacak kişilerden seçerler.
- 5. Düzey liderler tevazu sahibi, kendilerini ön plana atmaktan hoşlanmayan ve geride durmayı tercih eden insanlar. Bunun tersine karşılaştırma grubundaki şirketlerin üçte ikisinin liderleri, şirketin batışına veya vasatlığının sürmesine katkıda bulunan doymaz bir egoya sahiptirler.
- 5 Düzey liderler, kalıcı sonuçlara ulaşma gibi tedavi kabul etmez bir hastalıktan muzdarip fanatiklerdir. Şirketleriniz mükemmel şirket haline getirecekse, yapılacak iş ne kadar büyük olursa olsun, verilecek karar ne kadar zor olursa olsun, ne gerekiyorsa onu yapma kararlılığındadırlar.
- 5. Düzey liderler sabır, özen ve ustalıkla çalışırlar. Gösteri atından çok yük beygirine benzerler.
- 5. Düzey liderler, başarının itibarını paylaşmak üzere kendisinden başka birilerini bulmak için pencereden dışarı bakarlar. İşler yolunda gitmediği zamansa aynaya bakarak kendilerini suçlar ve tüm sorumluluğu üstlenirler.

Karşılaştırma grubundaki CEO'lar ise genellikle tam tersini yapıyorlardı: Başarının itibarını paylaşmamak için aynaya, hayal kırıcı sonuçlarda ise suçlayacak birini bulmak için pencereden dışarıya bakıyorlardı.

- Yakın tarihin en zararlı trendlerinden biri, yönetim kurullarında göz kamaştırıcı, ünlü liderleri seçmek ve potansiyel 5. Düzey liderleri seçmemektir.
- İnanıyorum ki ne aradığımızı bilirsek etrafımızda 5. Düzey liderlerin eksik olmadığını göreceğiz. Ayrıca gelişerek 5. Düzey liderliğe ulaşacak birçok insan bulunmaktadır.

BEKLENMEDİK BULGULAR

- Şirkete dışarıdan gelen kadir-i mutlak, ünlü liderlerle şirketin iyiden mükemmele dönüşmesi arasında negatif bir bağıntı vardır. İyiden mükemmele geçen şirketlerin 11'inden 10'unun CEO'su şirket içinden yükselmiş kişilerdir. Karşılaştırma grubu şirketleri ise mükemmele ulaşmış şirketlerden 6 kat fazla dışarıdan gelen CEO'ları denemişlerdir.
- 5. Düzey liderler, başarılarının çoğunu kişisel özellikleri yerine şanslarına bağlarlar.
- Araştırmamızda 5. Düzey liderlik ya da ona benzer bir şey aramıyorduk. Ama elde ettiğimiz veriler yeterince ikna ediciydi. Bu bulgu, ideolojik değil ampirik bir bulgudur.

ÖNCE KİM ... SONRA NE

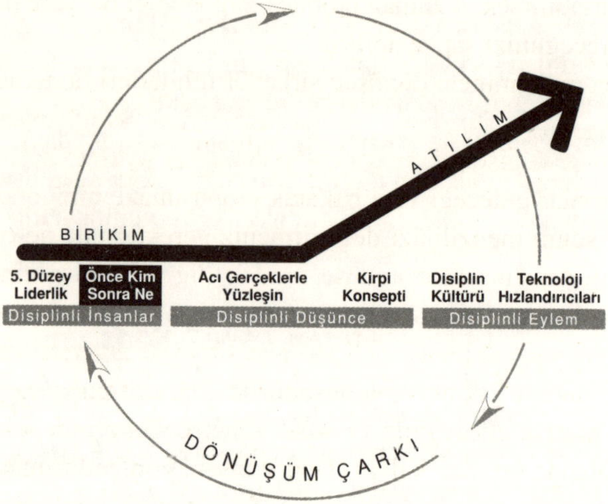

Kimseyi bekleyemediğimiz zamanlar yaşayacağız.
Ya otobüsün içindesinizdir, ya da dışında.

Ken Kesey,
Tom Wolfe'un The Electric Kool-Aid
Acid Test adlı eserinden[1]

Bu araştırma projesine başladığımızda iyi bir şirketi mükemmel bir şirkete dönüştürmek için yeni bir vizyon, yönelim ve strateji belirlemekle işe başlanması gerektiğini, sonra da bu stratejiye bağlı insanların işe alınacağını umuyorduk.

Ama tam tersi olduğu gördük.

Şirketlerini iyiden mükemmele taşıyan yöneticiler önce otobüsü nereye süreceklerini saptayıp sonra da doğru insanları otobüse almıyorlardı. Tersine, önce otobüse doğru insanları bindirip (yanlış insanları otobüsten indirip) sonra otobüsü nereye süreceklerine bakıyorlardı. Şöyle diyorlardı: "Bu otobüsü nereye süreceğimi tam olarak bilmiyorum. Ama şundan eminim: Eğer otobüse doğru insanları bindirip, yanlış insanları indirip herkesi oturması gereken yere oturtabilirsek, o zaman otobüsü mükemmel bir yere doğru nasıl götüreceğimizi saptayabiliriz."

İyiden mükemmele dönüşen şirketlerin liderleri üç temel gerçeğin farkındaydı. Birincisi, "ne" sorusu yerine "kim" sorusuyla işe başlarsanız, değişen dünyaya çok daha kolay ayak uydurabilirsiniz. Eğer insanlar gideceği yere bakarak otobüsünüze biniyorsa, on kilometre sonra menzilinizi değiştirmeniz gerektiğinde ne olur? Sorun çıkar. Ama insanlar otobüse, oradaki diğer insanlar için binmişse, menzil değiştirmek de çok kolay olur: "Benim için sorun yok, istediğiniz yere gidebiliriz. Nasıl olsa otobüse diğerleri de burada diye binmiştim." İkincisi otobüsünüzde doğru insanlar varsa, onları nasıl motive edeceğiniz ve nasıl yöneteceğiniz gibi sorunlar da büyük ölçüde ortadan kalkar. Doğru insan, yönlendirilmeye, harekete geçirilmeye gerek duymaz. İçinden gelen en iyi sonuçları elde etme ve mükemmel bir organizmanın parçası olma güdüsü onu zaten motive edecektir. Üçüncü olarak eğer elinizdeki insanlar yanlış insanlarsa, doğru yönü seçmiş olmanız hiç fark etmez, yine mükemmel bir şirket olamazsınız. Mükemmel insanlar olmaksızın mükemmel vizyonlar hayata geçemez.

Wells Fargo örneğine bakalım. Wells Fargo 15 yıllık görülmeye değer performansına 1983 yılında başladı. Ancak bu performansın temellerinin atıldığı yıllar, 1970'lere, CEO Dick Cooley'in sektörün en yetenekli yönetim ekibini (yatırımcı Warren Buffet'a göre en iyi ekip) toplamaya başladığı yıllara kadar gider.[2] Cooley, eninde sonunda bankacılık sektöründe büyük değişimlerin olacağını öngörüyordu ama bu değişimin ne tür bir değişim olacağını bilmiyormuş gibi davranıyordu. Bu yüzden değişime yönelik bir strateji oluşturmak yerine Cooley ve yönetim kurulu başkanı Ernie Arbuckle, şirketin damarlarına "bitmek tükenmek bilmez bir yetenekler serumu şırınga etmeye" başladılar. Nerede yetenekli birini görseler, ona verecekleri özel bir iş olmasa bile işe aldılar. "Geleceğinizi ancak böyle kurabilirsiniz" diyor, Cooley, "Değişim zamanı geldiğinde bunu ben anlayacak kadar zekice davranamazsam ekibim davranır. Ve ancak onlar bu değişime ayak uyduracak kadar esnek olabilir."[3]

Cooley'in bu yaklaşımının ne kadar öngörülü bir yaklaşım olduğu ortaya çıktı. Kimse bankacılıktaki deregülasyon ile şekillenen değişimin nerelere kadar uzanabileceğini tam anlamıyla öngöremedi. Ve zamanı geldiğinde hiçbir banka değişime Wells Fargo kadar iyi cevap veremedi. Bankacılık sektörünün hisse senedi ortalama getiri seviyesinin, borsa ortalmasının yüzde 59 altına düştüğü bir dönemde Wells Fargo borsanın üç katı getiri sağladı.[4]

1983'te CEO olarak şirketin başına atanan Carl Reichardt, bankanın bu başarısını büyük oranda etrafındaki insanlara atfetti. Bu insanların çoğu, ona Cooley'den kalmıştı.[5] Cooley'in ve kendisinin döneminde bankaya katılan yönetici ekip üyelerini saydığı zaman gözlcrimiz faltaşı gibi açıldı. O listedeki hemen bütün isimler daha sonra büyük bir şirketin başına geçmişti: Bill Aldinger, Household Finance'ın; Jack Grundhofer, U.S. Bancrorp'un; Frank Newman, Bankers Trust'ın; Bob Joss, Westpac Banking'in (Avustralya'daki en büyük bankalardan biri) başına. Bob Joss sonra da Stanford University Graduate Schol of Business'in başına geçti. Öyle elinizin altında çeşit olsun diye bulundurulabilecek bir ekibe benzemiyor, değil mi? Wells Fargo yönetim kurulunda 17 yıl boyunca aktif olarak görev yapan Arjay Miller, bankanın o dönemdeki yönetim ekibinin, Ford Motor Company'nin 1940'lı yılların sonundaki ünlü "Harika Çocuklar ekibine" benzediğini söyledi. Kendisi de o ekibin üyesi olan Miller, Ford'un başkanlığına kadar yükseldi.[6] Wells Fargo'nun yaklaşımı basitti: En iyi insanları alıyorsunuz ve sektörün en iyi yöneticileri olması için eğitiyorsunuz. Tabii ki bazılarının başka şirketlerin başına CEO olacağı gerçeğini de kabul etmeniz lazım.[7]

Bank of America'nın yaklaşımıysa tamamen farklıydı. Dick Cooley sistematik olarak bulabildiği en iyi insanları işe alırken Bank of America ise, Breaking the Bank adlı kitaba göre, "zayıf generaller, güçlü teğmenler" adı verilen bir modeli takip ediyordu.[8] Buna göre eğer kilit pozisyonlara güçlü generalleri getirirseniz, onların şirketteki rakiplerini kaçırırsınız. Ama oralara zayıf generalleri, yani yetenekli yöneticilerden ziyade koltuk boş kalmasın diye herhangi birini getirirseniz, güçlü teğmenler orayı terk etmek yerine etrafta bulunmayı tercih edecektir.

Zayıf generaller modeli, Bank of America'da, Wells Fargo'ya göre önemli oranda farklı bir ortam doğmasına neden oldu. Wells Fargo'nun ekibi sorulara en iyi cevapları bulmak için bir ekibin eşit düzeydeki üyeleri olarak göze göz, dişe diş tartışmalar yaparken Bank of America'nın zayıf generalleri yukarıdan talimat bekliyordu. Zayıf generaller modelini miras alan Sam Armacost, yönetim atmosferini şöyle anlatıyor: "İlk birkaç yönetim toplantısından çıktığımda sıkıntı içindeydim. İtiraz ne kelime, tek bir yorum bile gelmemişti. Hepsi de rüzgarın nereden eseceğini görmek için bekliyordu."[9]

Emekli bir Bank of America (BoA) yöneticisi 1970'lerdeki tepe yöneticileri, dominant bir CEO'nun dediklerini sessizce yapacak şekilde eğitilmiş "plastik elemanlar" olarak tanımlıyordu.[10] Ama 1980'lerde 1 milyar dolar kaybedince BoA işleri tersine çevirmek için güçlü generalleri işe almaya başladı. Peki o güçlü generalleri nerede buldu dersiniz? Caddenin hemen karşısındaki Wells Fargo'da. BoA o dönemde Wells Fargo'dan o kadar çok eleman aldı ki, oraya geçenler çalıştıkları yer sorulunca, "Wells of America" diye cevap veriyorlardı.[11] BoA ancak o noktadan sonra tırmanışa geçti ama biraz geç kalmıştı. 1973'ten 1988'e kadar Wells Fargo birikim aşamasından atılım aşamasına geçeren, BoA'nın elde ettiği sonuçlar borsa ortalamasını bile tutturamıyordu.

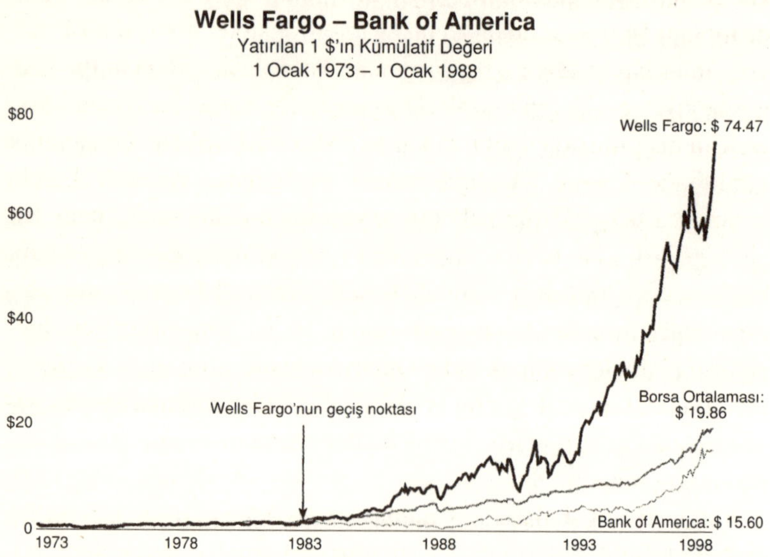

"İyi de bunda yeni bir şey yok ki. İyi yönetim sergilemişler. İyi elemanları işe almışlar, hepsi o. Bunda bu kadar büyütecek ne var?" diyebilirsiniz. Hatta bir dereceye kadar biz de bunu kabul ederiz. O eski moda iyi yönetim tanımına gayet iyi uyuyor. Ama iyiden mükemmele dönüşen şirketlerde öyle iki özellik var ki, onları tamamen farklı kılıyor.

Öncelikle bu bölümün konusu, sadece doğru ekibi toparlamak değil. Çünkü bunda yeni bir şey yok. Asıl mesele, önce doğru insanları otobüse bindirip (ve yanlış insanları otobüsten indirip) ondan sonra nereye gideceğinize karar vermeniz. İkinci asıl mesele de, iyi bir şirketi mükemmele dönüştürmek üzere insanlara dair karar verirken, tamamen katı olmanızın gerekmesi.

"Önce kim, sonra ne", anlaşılması çok kolay ama uygulaması çok zor bir fikir. Bu yüzden de çoğu şirket bunu doğru biçimde uygulayamıyor. Eleman alımına ilişkin kararlarda azami ölçüde dikkat gösterilmesi gerektiğini söylemek, kolaydır. Peki suyun dibinde toplam 56 milyar dolar kredisi varken ve şirket her işgünü 1 milyon dolar kaybederken, bu durumdan kurtulmak için yeni bir strateji belirlemeyi doğru insanları bulana kadar erteleyen David Maxwell'in disiplini, kaç CEO'da vardır? Maxwell, şirketin en karanlık günlerinde Fannie Mae'nin başına geçtiğinde, yönetim kurulu umarsızca şirketi kurtarmak için ne yapacağını öğrenmek istedi. Bir an önce harekete geçip direksiyonun başına oturması ve sürmeye başlaması yönündeki inanılmaz baskıya karşın Maxwell önce ekibine doğru insanları almaya odaklandı. İlk işi tüm şirket yetkilileriyle görüşmeler yapmak oldu. Onları karşısına alıp, şunu söylüyordu: "Bakın, bu iş çok zor bir iş olacak. Ne kadar zorlanacağınızı iyice anlamanızı istiyorum. Eğer bundan hoşlanmazsanız, kimse sizden nefret etmeyecektir."[12]

Maxwell bu çabalarıyla, şirkette sadece A sınıfı insanlara yer olduğunu, üstelik onların da A+'lık efor sarfetmeleri gerektiğini, bunu yapamayacakların otobüsten inmeleri gerektiğini ve şimdi inmeleri gerektiğini herkesin iyice anlamasını sağladı.[13] Çok kısa süre önce bütün hayatını altüst edip Maxwell'le çalışmak üzere Fannie Mae'ye giren bir yönetici ona, "Sizi dikkatle dinledim ve anladım. Ben dediğiniz şeyi yapmak istemiyorum" dedi. Sonra da işinden ayrılıp geldiği yere döndü.[14] Netice itibariyle 26 üst düzey yöneticinin 14'ü şirketten ayrıldı. Onların yerine finans sektörünün en iyi, en zeki ve en çalışkan elemanları alındı.[15] Aynı standart her düzeydeki yöneticiye uygulanarak tüm yönetim ekibinin kalibresi artırıldı. Sonuçta şirketteki her düzey yönetici, kendi kademesindekiler üzerinde müthiş bir baskı oluşturdu. Bu, önceleri eleman sirkülasyonunu çok artırdı.[16] Başarıya ulaşamayanlar şirketten dışlanıyordu. Şirket yöneticilerinden biri, "Sıkça kullandığımız bir söz vardı: 'Fannie Mae'de hiçbir şeyi saklayamazsın' derdik. Ya emrindeki ekibi iyi tanırdın ya da tanımazdın. Tanımıyorsan, şirkette barınamazdın."[17]

Wells Fargo ile Fannie Mae, "kim" sorusunun, "ne" sorusundan önce, yani vizyondan, stratejiden, taktiklerden, organizasyonel yapıdan ve teknolojiden önce geldiğini örnekler. Dick Cooley ile David Maxwell, "Bu şirketi ne tarafa götüreceğimi bilmiyorum ama eğer doğru insanları işe alır, onlara doğru sorular sorar ve onları şiddetli bir tartışmanın içine çekebilirsem, şirketi mükemmel bir şirket yapmak için hep beraber bir yol buluruz" derken, klasik bir 5. Düzey lider gibi hareket ettiler.

"BİR DAHİ, PEŞİNDE BİN YARDIMCISI" DEĞİL

Derin ve güçlü bir yönetim ekibi oluşturan iyiden mükemmele dönüşmüş şirketlerin tersine karşılaştırma grubundaki şirketlerin çoğunluğu, "bir dahi, peşinde bin yardımcısı" modelini takip ediyorlardı. Bu modelde şirket, olağanüstü bir bireyin yeteneklerini sergileyebileceği bir sahneye dönüşüyor. Bu durumda o heybetli deha, şirketin başarısının ardındaki en büyük itici güç, şirketin en önemli varlığı haline geliyor; şirkette kaldığı sürece. Dahilerin etraflarına bir yönetim ekibi topladıklarına pek rastlanmaz. Bunun basit bir nedeni vardır: İhtiyaçları olmaz. Aslında genellikle de istemezler. Eğer bir dahiyseniz, Wells Fargo'da olduğu gibi her biri başka bir yerde kendi gösterisini sahneye koyabilecek düzeyde bir yöneticiler topluluğuna ihtiyacınız olmaz. Tersine tek ihtiyacınız olan şey, sizin mükemmel fikirlerinizi hayata geçirmekten başka bir şey düşünmeyen bir askerler topluluğudur. Ama dahiler oradan ayrıldığında, yardımcılarının da genellikle ne yapacaklarını bilemedikleri görülür. Ya da daha kötüsü, cesur ve vizyon sahibiymiş gibi seleflerini taklit etmeye çalışırlar ama cin olmadan adam çarpmaya kalkanların sonu hüsrandır.

Eckerd Corporation, "ne yapması gerektiği" konusunda tam bir deha olan ama iş "kimle yapacağı" meselesine gelince sınıfta kalan bir liderin yükünü sırtında taşıyordu. Tanrının inanılmaz bir enerji (şirketini yönetirken bir yandan da Florida valiliği seçimlerine girdi), piyasanın ruhunu çözme konusunda babadan kalma bir yetenek ve kendi çıkarına anlaşmalar yapabilme becerisi bahşettiği Jack Eckerd, işe Wilmington, Delaware'deki iki dükkanla başlayıp ABD'nin güneydoğusunda her yana yayılmış binlerce dükkandan oluşan bir süpermarketler (drugstore) imparatorluğu kurmuştu. 1970 sonlarında Eckerd'in kazancı, Walgreens'le hemen hemen aynıydı ve sektörün en büyük firması yarışmasını Eckerd kazanacak gibi görünüyordu. Ama o sırada Jack Eckerd, politika tutkusunun peşinden koşarak senatörlüğe aday olup Washington'a gitti ve Ford yönetimine dahil oldu. Onun yol gösterici dehası olmadan uzun bir gerileme dönemine giren şirketini ise sonunda J.C. Penney satın aldı.[18]

Jack Eckerd ile Cork Walgreen arasındaki zıtlık, çok vurucudur. Eckerd, alınacak dükkanları, Walgreen ise alınacak insanları bulma konusunda tam bir dehaydı.[19] Eckerd hangi mevkide hangi tür dükkanın iyi iş yapacağını saptama konusunda yetenekliyken, Walgreen hangi elemanın hangi koltukta iyi iş çıkaracağını saptama konusunda yetenekliydi. Eckerd, her yöneticinin günün birinde mutlaka karşı karşıya kalacağı en zor karar olan halefini saptama konusunda feci şekilde yanılırken, Walgreen birden fazla parlak halef adayı belirlemişti ve yerine bir süperstar oturttu. Öyle ki o süperstar, Cork'tan bile daha iyi çıkabilir.[20] Bir yönetim ekibine sahip olmayan, onun yerine dehasına yardım edecek becerikli yardımcıları etrafına toplayan Eckerd'in tersine Walgreen, sektörün en iyi yönetim ekibini bir araya getirmişti. Eckerd Corporation'ın stratejisini yönlendiren temel mekanizma Jack Eckerd'in kafasındayken, Walgreens'in stratejisini çizen temel mekanizma, yetenekli yönetim ekibinin diyaloglarında ve paylaştıkları kavrayıştaydı.

"Bir dahi, peşinde bin yardımcı" modeli, özellikle, istikrarsız karşılaştırma grubu şirketlerinde geçerli. Bunun en klasik örneği, Teledyne'nin lideri, Sfenks adıyla bilinen, Henry Singleton. Singleton, sert kapitalist modeline uygun büyük bir işadamı olma hayaliyle, Teksas'taki bir çiftlikte büyüdü. MIT'den aldığı bir doktora derecesiyle silahlanmış olarak gidip Teledyne'i buldu.[21] Teledyne ismi, Yunanca'dan türetilmişti ve "belli bir mesafeden uygulanan kuvvet" demekti ki, o koca imparatorluğa kuvvet uygulayan tek kişinin Henry Singleton olduğu düşünülürse, gayet münasip bir isim.

5. DÜZEY + YÖNETİM EKİBİ (İyiden Mükemmel'e Dönüşen Şirketler)	"BİR DAHİ, PEŞİNDE BİN YARDIMCISI" (Karşılaştırma Grubu Şirketleri)
5. DÜZEY LİDER	**4. DÜZEY LİDER**
↓	↓
ÖNCE KİM Otobüse doğru insanları bindir. Süper bir yönetici ekip toparla.	**ÖNCE NE** Otobüsün menzilini saptamak için vizyon belirle. Oraya varmak için yol haritası çıkart.
↓	↓
SONRA NE Doğru koltuklara doğru insanlar oturduktan mükemmelliğe giden en iyi yolu bul.	**SONRA KİM** Vizyonunu hayata geçirmek için yetenekli "yardımcıları" işe al.

Singleton, altı yıl içinde küçük bir işletmeden, şirket satın alımları yoluyla Fortune 500 listesinin 293. sırasına yerleşen bir şirket yarattı.[22] On yıl içinde yüzden fazla şirket satın alarak madencilikten sigortacılığa kadar neredeyse tüm sektörlere yayılmış 130 kâr üretme merkezine sahip bir dev kurdu.[23] Sistem, şirketin tüm hareketli parçalarını bir arada tutan bir zamk gibi davranan Singleton sayesinde işliyordu. Bir keresinde şöyle dedi: "İşimi, şirketimin en çok yararına olacağını düşündüğüm şeyleri yapma özgürlüğü olarak tanımlıyorum".[24] 1978 yılında yayınlanan bir Forbes haberinde, "Şurası kesin ki Singleton tevazu ödülü almayacak. Ama onun etkileyici sicili karşısında kim huşu duymadan durabilir ki?" yazıyordu. Singleton yetmişli yaşlarına kadar şirketi yönetmeye devam etti ve daha aklında kendinden sonra kimin geleceği sorusu yoktu. Bütün şirket dehanızı sergilemeniz için bir sahneye dönüşmüşken neden halef meselesiyle canınızı sıkasınız ki? Dergideki haber, "eğer bu parlak resimde tek bir zaaf varsa" diye devam ediyordu, "o da şu: Teledyne, tek bir adamın düzenini yansıttığı için bir sistem sayılmaz."[25]

Teledyne Corporation
"Bir Dahi Peşinde Bin Yardımcı"
Kümülatif Hisse Getirisi Oranı Karşılaştırması
1 Ocak 1967 - 1 Ocak 1996

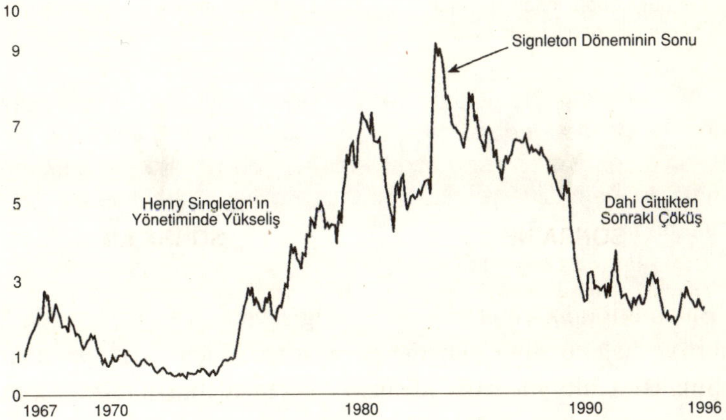

O zaaf ne feci bir zaafmış. Singleton 1980'lerin ortalarında günlük yönetsel işlerinden kendini çekmeye başlayınca her tarafa yayılmış imparatorluk sarsılmaya başladı. 1986 sonundan 1995'te Allegheny ile birleşene kadar Teledyne'nin kümülatif hisse getirisi, borsa ortalamasının yüzde 66 altına düştü. Singleton, büyük bir işadamı olma hayalini gerçekleştirmişti ama mükemmel bir şirket yaratma görevini başaramadı.

NE ÖDEDİĞİNİZ DEĞİL, KİME ÖDEDİĞİNİZ ÖNEMLİ

Şirketteki ücret teşvikleri (incentive), özellikle de yöneticilere yönelik teşviklerle iyiden mükemmele yönelik atılım arasında büyük oranlı bir bağıntı olmasını beklerdik. Yönetici ücretleri (hisse senedi opsiyonları ve büyük miktarları içeren ödeme paketleri, sıradan hale gelmiştir) bu kadar gündemdeyken biz de sanıyorduk ki ücret paketinin miktarı ve yapısı, bir şirketin iyiden mükemmele gitmesindeki en önemli unsurlardandır. Aksi takdirde yöneticilerin mükemmel sonuçlar elde etmesini nasıl sağlardınız? Beklentilerimizde feci halde yanılmışız.

Yöneticilerin ücret paketleriyle şirketin iyiden mükemmele dönüşmesi arasında sistematik hiç bir bağlantı bulamadık. Eldeki veriler, yöneticilerin ücretlendirme şeklinin şirketin mükemmele dönüşmesine yol açan bir etken olduğu düşüncesini doğrulamıyor.

Bulabildiğimiz ücret bilgilerini bilgisayara girip bu konuda bir kalıp ve bağıntı olup olmadığını araştırmak için 112 ayrı analiz yaptık. Bu konuya haftalar harcadık. Beş tepe yöneticiyle ilgili olarak sayısal analiz yapabileceğimiz tüm bilgileri (nakit-hisse oranı, uzun vadeli-kısa vadeli teşvikler oranı, ücret-prim oranı vs) inceledik. Bazı şirketler daha çok hisse opsiyonu tanırken diğerleri nakit veriyor. Bazı şirketlerde ücretler yüksek, bazılarında düşük. Bazıları yüksek oranda prim veriyor bazıları vermiyor. En önemlisi de iyiden mükemmele dönüşen şirketlerle karşılaştırma grubu şirketlerini karşılaştırdığımızda, ücret olarak hisse senedi kullanımı (ya da tersi), yüksek ücretler (ya da tersi), primler (ya da tersi), uzun vadeli teşvikler (ya da tersi) arasında, sistematik bir fark bulamadık. Bulduğumuz tek önemli fark, iyiden mükemmele dönüşen şirketlerin liderlerinin, geçiş tarihinden on yıl kadar sonra karşılaştırma grubu şirketlerinin, yani vasatlığa devam eden şirketlerin liderlerinden küçük bir miktar daha az toplam ücret alması![26]

Ama yöneticilere yapılan ödemelerin önemi yoktur diyemeyiz. Mantıklı ve orantılı olmak zorundasınız. (Colman Mockler, David Maxwell veya Darwin Smith'in ücretsiz çalışacağını hiç sanmıyorum.) Üstelik iyiden mükemmele dönüşen şirketler de bu konuya kafa yoruyorlar. Ama bir kez anlamlı bir mekanizma oturttunuz mu, yöneticilere yapılan ödemeler meselesi bir şirketi iyiden mükemmele dönüştürme çabası içinde ayırt edici bir değişken olmaktan çıkıyor.

Peki neden böyle oluyor? Esas olarak "önce kim" ilkesinin sonucu olarak: Önemli olan yöneticilerinize nasıl bir ödeme yaptığınızdan ziyade öncelikle hangi yöneticilerinizi tatmin etmeniz gerektiğidir. Eğer otobüsünüzde doğru insanlar varsa, şirketinizi mükemmel bir şirket haline getirmek için ellerinden geleni yapacaklardır. Bunu da "kazanacaklarını" düşünerek değil, daha azıyla yetinmeyi tahayyül edemedikleri için yapacaklardır. Onların kendi ahlak sistemleri şirketi mükemmelleştirmeyi gerektirir. Bu, onlar için nefes almak kadar doğaldır ve ücret paketleri bunu etkilemez. İyiden mükemmele dönüşen şirketler temel bir gerçeğin farkındadır: Doğru insanlar doğru şeyleri yapacak ve teşvik sistemine bakmadan mümkün olan en iyi sonuçları elde edeceklerdir.

Evet, teşvik sistemleri ve ücret paketleri önemlidir. Ama bu önem, iyiden mükemmele dönüşmüş şirketlerde farklı nedenlere dayanır. Ücret sisteminin amacı yanlış insanların doğru davranmalarını sağlamak değil, öncelikle doğru insanları şirkete kazandırmak, sonra da onları bünyede tutmak olmalıdır.

Tepe yönetim kademesinde olmayan elemanların ücretleri konusunu aynı dikkat ve özenle işleyemeyeceğiz. Çünkü tepe yöneticilerde olduğu gibi bu konuda sistematik bilgilere ulaşamadık. Ama kaynak belgelerden ve basında yer alan haberlerden çıkarabildiğimiz veriler, şirketin tüm kademelerinde aynı mantık geçerli olması gerektiğini söylüyor.[27]

Nucor, bu konuda parlak bir örnek. Nucor bütün ücret sistemini, bir çiftçiye çelik üretmeyi öğretebilirsiniz ama iş ahlakına sahip olmayan birine, çiftçiliğin iş ahlakını öğretemezsiniz düşüncesi üzerine kurdu. Böylece fabrikalarını Pittsburg ve Gary gibi geleneksel çelik şehirleri yerine Crawfordsville, Indiana; Norfolk Nebraska; Plymouth Utah gibi yerlere kurdu. Buraları, gece erken yatıp sabah erken kalkan ve yaygara yapmadan doğru işe giden köylülerle dolu şehirlerdi. "Hele şu inekleri bi sağıp da gelem" veya, "Öğleye kadar aha şu gördüğün tarlayı ekecem" gibi cümleler, kolaylıkla, "Hele şurdan bikaç çelik çıkarıp da gelem" ve, "Öğleye kadar kırh ton çelik dökecem" cümlelerine dönüşebilirdi. Nucor, bir fabrika kurduğunda bu iş ahlakını paylaşmayan insanları işten çıkardığı için ilk sene işe aldığı insanların yaklaşık yarısı gidebiliyordu. İkinci sene ise uzun vadeli bir yolculuğa çıkmak üzere doğru insanlar doğru yerlere oturdukları için eleman sirkülasyonu oranı çok aşağılara düşüyordu.[28]

En iyi işçileri cezbetmek ve tutmak için Nucor, dünyadaki tüm çelik şirketlerinden daha iyi ücret veriyordu. Ama ücret sistemi, ciddi bir ekip primi sistemi çerçevesinde oluşturulmuştu. Buna göre bir işçinin kazancının kimi zaman yüzde 50'den fazlası, 20-40 arası insanı kapsayan ekibinin başarısına bağlanmıştı.[29] Nucor işçileri gerekli hazırlıkları yapıp vardiya düdüğü çaldığı anda işlerine başlayabilmek için genellikle işe yarım saat erken gelirdi.[30] Bir Nucor yöneticisi, "Dünyanın en çalışkan çelik işçisi bizdedir. Beş işçi alır, on kişi gibi çalıştırır, sekiz kişilik ücret öderiz" demişti.[31]

Nucor'un sistemi tembelleri çalışkan işçiler haline getirmeyi amaçlamıyordu. Çalışkan insanların önlerinin açıldığı, tembel işçilerin de ya kendiliklerinden ya da enselerinden tutulduğu gibi otobüsün dışına atıldığı bir ortam yaratmayı hedefliyordu. Bir keresinde işçiler tembel bir ekip arkadaşlarını köşebent demiriyle fabrikanın dışına kadar kovalamışlardı.[32]

> Nucor, insanların sizin en önemli varlığınız olduğunu söyleyen o eski atasözünü reddetti. İyiden mükemmele dönüşüm sürecinde en önemli varlığınız insanlar değil, doğru insanlardır.

Nucor, önemli bir noktayı belirtiyor. İyiden mükemmele dönüşen şirketler, "doğru insan"ı belirlerken eğitiminden, pratik becerilerinden, uzmanlık alanlarından ve iş tecrübesinden ziyade kişilik özelliklerine bakıyor. Eğitim ya da uzmanlaşma da önemsiz değildir ama onlara göre bu tür şeyler öğrenilebilir şeylerdir. Oysa kişilik, iş ahlakı, zeka, taahhütlerine ve değerlerine bağlılık daha köklü özelliklerdir. Pitney Bowes'dan Dave Nassef'ın söylediği gibi:

> Orduda Deniz Piyadesiydim. Deniz Piyadelerinin insanın değer yargılarını oluşturan bir kurum olduğuna inanılır. Ama tam olarak böyle sayılmaz. Deniz Piyadeleri, değerlerini paylaşan insanları alıp misyonunu yerine getirebilecek niteliklere sahip bir asker haline getirene kadar eğitir. Bizim Pitney Bowes'deki yaklaşımımız da böyle. Bizde doğru şeyleri yapmak isteyen elemanların oranı, çoğu şirketten fazladır. Sadece iş tecrübesine bakmayız. Şunları bilmek isteriz: Kimdir? Neden odur? Onların kim olduğunu anlamak için hayatlarında verdikleri kararları niçin o şekilde verdiklerini sorarız. Bu sorulara verdikleri cevaplar, onların öz değerlerini kavramamızı sağlar.[33]

İyiden mükemmele dönüşmüş bir şirketin yöneticisi, işe aldığı en iyi elemanların, iş deneyimi olmayan ya da o sektörde yeterince tecrübe kazanmamış insanlar olduğunu söyledi. Bir keresinde II. Dünya Savaşı'nda iki kez esir düşüp ikisinde de kaçmayı başarmış bir kişiyi yönetici olarak işe almış. "Bunu yapabilen birinin iş hayatında da sorunlarla başa çıkabileceğini düşünmüştüm" diyor.[34]

ACIMASIZ DEĞİL, KATI

İyiden mükemmele dönüşen şirketler, çalışmak için zor yerler olarak görülebilir. Öyledirler de. Eğer bundan hoşlanmıyorsanız muhtemelen oralarda fazla çalışamazsınız. Ama bu şirketlerin kültürleri acımasız değildir, katıdır. Bu ikisinin arasındaki fark ise, kritik bir farktır.

Acımasız olmak, özellikle de zor zamanlarda sert ve kırıcı olmak veya mantıklı bir neden olmaksızın insanları işten kovmak demektir. Katı olmak ise her zaman ve her düzeyde, özellikle de üst yönetim düzeyinde belli standartları tutarlı bir biçimde uygulamak demektir. Katı olur ama acımasız olmazsanız etrafınıza toparladığınız en iyi elemanlar akıbetleri hakkında endişelenmek yerine işlerine konsantre olabilirler.

1986 yılında Wells Fargo, Crocker Bank'ı satın aldı. Planı, aşırı masrafları kısmaktı. Bu, normal bir şeydi çünkü yeniden yapılanma çağında bütün banka evliliklerinin en önemli amaçlarından biri, koruma altındaki bu aşırı şişmiş sektörde masrafları kısmaktı. Normal olmayan şey, Wells'in yönetim ekibini entegre etme yöntemi, daha açık söylemek gerekirse, Crocker'ın yönetim ekibinin çoğunu kendi bünyesine katmak için en ufak bir çaba bile göstermemesiydi.

Well Fargo yönetimi, daha başından itibaren Crocker'daki yönetim ekibinin otobüsteki yanlış adamlar olduğuna kanaat getirmişti. Crocker'dakiler, uzun zamandır eski tarz bankacı kültürüne ve bu kültürün getirdiği israfa alışmışlardı. Öyle ki sadece yöneticilere tahsis edilmiş, kendi şefi olan ve 500 bin dolarlık Çin porseleni yemek takımlarının bulunduğu, mermer döşeli yemek odaları vardı.[35] Yönetimin, üniversite yemekhanelerine servis veren bir şirket tarafından hazırlanan yemekler yediği sade ve süssüz bir şirket kültürünün tam tersi.[36] Wells Fargo, Crocker yöneticilerine şunu ima etti: "Bakın bu bir eşitlerin evliliği değil. Biz sizi satın aldık. Sizin şubelerinizi ve müşterilerinizi aldık. Sizi almadık." Hemen tüm tepe yöneticiler dahil Crocker yönetim ekibinin büyük çoğunluğu (1.600 kişi, daha ilk gün gitti) işten çıkartıldı.[37]

"Ee, tabii Wells'çiler kendi ekiplerini koruyor" denebilir. Ama bir de şunu düşünün: Kimi pozisyonlarda da Crocker'ın adamları daha iyi olduğu için Wells kendi elemanlarını kapının dışına koydu. İş yönetime geldiğinde Wells Fargo tutarlı ve katı standartlara sahipti. Bir futbol takımı gibiydiler; bulundukları pozisyona ya da kıdemlerine bakmadan kim başarılıysa o kazanıyordu. Bir Wells yöneticisi durumu şöyle özetliyor: "Başarılı insanları yüreklendirmenin tek yolu, başarısız insanları onların sırtına yüklememektir."[38]

Bu acımasızlık gibi görünebilir. Ama eldeki verilere göre ortalama bir Crocker yöneticisi, ortalama bir Wells yöneticisiyle aynı kaliteye sahip değildi ve Wells Fargo'nun başarıya odaklı kültürü içinde başarısız olacaktı. Eğer uzun vadede otobüsten ineceklerse neden kısa vadede bir sürü çile çeksinler? Wells Fargo yöneticilerinden biri bize şunları anlattı: "Hepimiz bunun bir birleşme değil satın alma olduğunu biliyorduk. Sağ elinle sol kulağını göstermenin, insanlara dolandıra dolandıra anlatmanın anlamı yoktu. Yapacağımız şeyi ilk gün yapmanın en iyisi olduğuna karar verdik. Operasyonu, hepsini toplayıp, 'Kusura bakma, sana artık burada yer yok" veya, 'Sen kalıyorsun. Şimdi endişelerini bir yana bırakıp çalışmaya başla' diyebileceğimiz bir şekilde planladık. Şirket kültürümüzü, bin kişinin işten atılması sonucu oluşacak bir ölüm atmosferine kurban edemezdik."[39]

İnsanları aylarca veya yıllarca bekletmek ve sonunda yine aynı şey olacaksa onların kendilerine başka bir yer bulabilecekleri değerli zamanlarını çalmak; işte acımasızlıktır budur. Oysa baştan beri her şeyi açık açık söylemek ve insanların başlarının çaresine bakmalarına izin vermek; bu katı davranmaktır.

Crocker, sindirilmesi o kadar kolay bir operasyon değildi. Binlerce kişinin işinden olduğunu görmek hiçbir zaman hoş bir duygu değildir. Ama bankacılıkta yeniden yapılanma döneminde yüz binlerce kişinin işsiz kaldığına tanık olduk. Bu durumda iki nokta vurgulanmalı. Birincisi, Walls Fargo, onu karşılaştığımız şirket olan Bank of America'ya göre daha az büyük tensikat yaptı.[40] İkincisi, tepe yönetiminin kıdemli üst düzey üyeleri dahil Wells Fargo üst düzey yöneticileri, yüzde bazında bakıldığında alt düzey çalışanlara göre birleşmeden daha çok etkilendi.[41] İyiden mükemmele dönüşen bir şirkette katı ilkeler, önce en büyük sorumluluğu üstlenenlerden, tepeden başlayarak uygulanır.

Eleman kararlarında katı davranmak, öncelikle tepe yönetime katı davranmak demektir. Aslında katı olmak kavramının akılsızca kullanılarak performansı artırmak bahanesiyle insanların gereksiz yere işten atılabileceğinden korkuyorum. Bunu yapanların, "Bu hiç de kolay bir şey değil ama katı olmak zorundayız" dediklerini duyar gibi oluyorum. Korkuyorum çünkü bu şekilde, sadece çalışkan ve iyi insanlar incitilmekle kalınmaz, eldeki verilere göre bu taktiğin kalıcı mükemmel sonuçlar üretmesi de olası değildir. İyiden mükemmele dönüşmüş şirketler, kafa sayısını budamak gibi taktikleri çok ender anlarda kullanır. Hele de bunu ana strateji olarak kullanan mükemmel şirket yoktur. Wells Fargo olayında bile şirket geçiş döneminde Bank of America'nın yarısı kadar tensikat yaptı.

İyiden mükemmele dönüşen 11 şirketin 6'sı atılım tarihinden önceki 10 yıldan 1998'e kadar sıfır tensikat yaptı. 4 şirket ise bu tarih aralığında bir ya da iki tensikat yaptı.

Karşılaştırma grubu şirketlerinde ise tensikata beş kez daha sık başvurulduğunu gördük. Hatta karşılaştırma grubu şirketlerinin bir kısmında, tensikat ve yeniden yapılandırma politikasının neredeyse kronik bir bağımlılık haline geldiğine tanık olduk.[42]

İyi bir şirketi mükemmel bir şirket haline getirmek için elinize bir balta alıp keyfinize göre çalışkan elemanlarınızın arasına girmek gerektiğini sanmak, ciddi bir hatadır. Bitmek tükenmek bilmez yeniden yapılanmalar ve akılsızca yapılmış tensikatlar, iyiden mükemmele geçiş modelinin bir parçası asla olmamıştır.

Nasıl Katı Olunur?

Acımasız olmadan katı olmasını bilmek üzerine yaptığımız araştırmalardan, üç pratik yöntem çıkardık.

Pratik Yöntem 1: Şüphe duyuyorsanız eleman almayın, doğru insanı aramaya devam edin.

Yönetim fiziğinin değişmez yasalarından birisi, "Packard Kanunu"dur. (Kanunu böyle adlandırdık çünkü kanunu ilk kez Hewlett-Packard Company'nin ortaklarından David Packard'dan öğrendik.)

Şöyle: Devamlı olarak hiçbir şirket, gelirlerini, şirketi büyütecek yeterli miktarda doğru insanı bulma ve bu artışı bünyesine yansıtma yeteneğinden fazla artıramaz. Bunu yapsa bile mükemmel bir şirket haline gelemez. Eğer gelirinizin artış oranı sürekli olarak elemanlarınızın artış oranından fazlaysa, mükemmel bir şirket haline gelemezsiniz.

Mükemmel şirketleri yaratanlar, mükemmel bir şirketin önündeki en önemli engelin piyasalar, teknoloji, rekabet veya şirketin ürünleri olmadığını bilirler. Mükemmel şirket için bunların hepsinin ötesinde bir şey gerekir: yeterli sayıda doğru insanı işe alma ve onları bünyede tutma yetisi.

Circuit City'nin tepe yöneticileri, Packard Kanunu'nu içgüdüsel biçimde anladılar. Birkaç yıl önce Christmas'tan bir gün sonra Santa Barbara'da arabayla giderken, Circuit City mağazasında bir farklılık dikkatimi çekti. Diğer mağazalar, müşterilerine hitap eden afişler ve ilanlar asmışlardı: "En iyi fiyat", "En iyi ürünler burada", "Mutlu Noel'ler" gibi. Ama bunlardan Circuit City'de yoktu. Orada tek bir ilan vardı: "Mükemmel elemanlara kapımız her zaman açıktır".

İlan, bana şirketin iyiden mükemmele dönüştüğü yıllarda başkan yardımcısı olan Walter Bruckart'la yaptığımız mülakatı hatırlattı. Kendisine vasat bir şirkettin mükemmel bir şirkete dönüşmesini sağlayan ilk beş faktörü sormuştuk. "Birincisi, insanlar. İkincisi, insanlar. Üçüncüsü, insanlar. Dördüncüsü, insanlar. Beşincisi insanlar. Bizim mükemmel bir şirket oluşumuzun en önemli nedeni, doğru insanları seçme disiplinine sahip olmamızdır" diye cevap verdi. Sonra da CEO'su Alan Wurtzel ile Circuit City'nin atağa geçtiği dönemde yaptığı bir konuşmayı aktardı: "'Alan, şu ya da bu pozisyonlara adam seçmeye çalışırken çok yoruluyorum. Sence hangi noktaya kadar taviz vermem lazım?' diye sordum. Hiç tereddütsüz, 'Taviz verme. Doğru insanları bulana kadar o boş pozisyonları idare etmenin bir yolunu buluruz' dedi."[43]

Circuit City'den Alan Wurtzel ile Silo'dan Sidney Cooper arasındaki önemli farklardan biri, ilk yıllarında Wurtzel'in doğru insanları bulmaya çalışırken, Cooper'ın mağaza açmak için doğru dükkanları bulmaya çalışmasıdır.[44] Wurtzel'in ilk hedefi, sektördeki en iyi ve en profesyonel yönetim ekibini bir araya getirmekti. Cooper'ın ilk hedefi ise mümkün olduğu kadar hızlı büyümekti. Circuit City şoförlerden başkan yardımcısına kadar her düzeyde en doğru insanları bir araya getirmekle uğraşırken, Silo ürünlere zarar vermeden evlere teslimat yapamayan şirket olarak nam salmaya başlamıştı.[45] Circuit City'den Dan Rexinger'e göre, "Sektörümüzde evlere en iyi teslimat yapan şoförler bizdeydi. Onlara derdik ki, 'Siz, Circuit City'nin müşterilere görünen yüzüsünüz. Verdiğimiz üniformaları giyeceksiniz. Traş olacaksınız. Pis kokmayacaksınız. Profesyonel insanlar olacaksınız.' Teslimat yaparken müşteriyle muhatap olma biçimimizdeki değişiklik, inanılmazdı. Şoförlerimizin nezaketlerini öven teşekkür notları alıyorduk."[46] Wurtzel döneminin ilk beş yılında Circuit City ile Silo esas olarak aynı stratejiye sahiplerdi; "ne" sorusuna aynı cevabı veriyorlardı. Ama Circuit City geçiş tarihinden sonraki 15 yıl içinde roket gibi fırlayıp borsa ortalama getiri düzeyini 18.5'e katlarken, Silo sonunda yabancı bir şirket tarafından alınana kadar ortalıkta dolanıp durdu.[47] Aynı strateji, farklı insanlar, farklı sonuçlar.

Pratik Yöntem 2: Birini işten çıkarma zamanının geldiğini nasıl hissedersiniz?

Bir elemanınızı yönetmek ihtiyacı hissettiğiniz an, o insanı işe alırken bir yanlışlık yapmışsınız demektir. En iyileri yönetmeye gerek yoktur. Yönlendirmek, öğretmek, yol göstermek, evet. Ama sıkı sıkıya yönetmek, hayır. Hep şu senaryoyu gördük veya dinledik: Otobüste yanlış biri var ve onun kim olduğunu biliyoruz. Biraz bekleriz, yapmamız gereken şeyi erteleriz, başka alternatifleriz deneriz, bir üçüncü, sonra bir dördüncü şans veririz, durumun değişeceğini umar, o kişiyi gereğince yönetmek için zamanımızı ve enerjimizi harcar, onun yetersizliklerini telafi etmek için küçük mekanizmalar oluştururuz. Ama durum iyiye gitmez. Eve gittiğimizde kafamızda (ya da evdekilerle konuşmalarımızda) hâlâ onun olduğunu görürüz. Daha da kötüsü, tek başına ona harcadığımız zaman ve enerji, doğru insanlara harcayabileceğimiz enerjiyi alıp götürür. O kişi kendi kendine karar verip gidene (çok rahatlarız) ya da sonunda biz harekete geçene (yine çok rahatlarız) kadar bu şekilde debelenip dururuz. Bu arada iyi insanlar, "Niye bu iş bu kadar uzun sürdü acaba?" diye meraklanırlar.

Yanlış insanların ortalıkta dolanmasına izin vermek, doğru insanlara yapılmış bir haksızlıktır. Çünkü kaçınılmaz olarak yanlış insanların yetersizliklerini onlar telafi edeceklerdir. Daha da kötüsü bu durum iyilerin kaçmasına neden olabilir. Başarıya odaklı elemanları motive eden şey, gösterdikleri performanstır ve güçlerinin bir kısmının taşıdıkları ekstra yüklere gittiğini görmek, sonunda onları rahatsız edecektir.

Harekete geçmek için gerekenden uzun süre beklemek, otobüsten inmesi gereken insanlara da haksızlıktır. Sonunda altından alınacak bir koltukta oturması için bir elemana izin verilen her dakika, tam olarak doldurabileceği başka bir yer bulması için kullanabileceği zamanın ondan çalınması demektir. Ve aslında eğer kendimize karşı dürüstsek biliriz ki harekete geçmek için uzun süre beklemenin o kişiyle ilgisi yoktur. Daha çok kendi huzurumuzla ilgilidir. Ya işini idare eder düzeyde yaptığı için onu atarak yerine başkasını almak zor olacaktır ve bu sorundan kaçınmak istiyoruzdur. Ya da tüm bu süreci tatsız ve stresli bir süreç olarak görürüz, stresten ve huzursuzluktan kurtulmak için bekleriz, bekleriz, bekleriz. Bu arada gerçekten iyiler, "Niye bu konuda bir şey yapmıyorlar? Ne zaman yapacaklar? Bu durum daha ne kadar böyle sürecek?" diye düşünürler.

Moddy's Company Information Reports'taki verileri kullanarak tepe yönetim kademelerindeki sirkülasyon kalıplarını inceleme fırsatı bulduk. Buna göre iyiden mükemmele dönüşmüş şirketlerle karşılaştırma grubu şirketleri arasında sirkülasyon ("churn": belli bir dönem içindeki sirkülasyon) miktarı açısından bir fark yok. Ama sirkülasyon kalıbı açısından bazı farklılıklar var.[48]

İyiden mükemmele dönüşmüş şirketler, tepe yönetim kademelerinde çift kutuplu bir sistem izliyorlar: İnsanlar ya otobüste uzun süre kalıyor, ya da baştan hemen aşağı iniyor. Başka bir deyişle iyiden mükemmele dönüşmüş şirketler daha çok sirkülasyona sahne olmuyor, daha iyi sirkülasyona sahne oluyor.

İyiden mükemmele dönüşen şirketlerin liderleri kolay yolu seçip, "bir sürü insanı işe alalım. Uyanlar devam eder, uymayanları atarız" şeklinde bir yönetim modeli izlemiyorlar. Onların yaklaşımı şöyle: "Bu işe zaman ayırıp katı bir A+ seçim yapalım. Eğer doğru karar vermişsek onları bünyemizde tutmak için elimizden geleni yaparız. Eğer yanlış karar vermişsek o zaman da bu gerçekle anında yüzleşelim ki biz kendi işimize bakalım, onlar da kendi işlerine baksın."

Ancak iyiden mükemmele dönüşen şirketlerin liderleri, karar vermek için acele etmezler. Otobüste yanlış bir insanın oturduğuna tam anlamıyla karar vermeden önce ciddi bir çaba gösterirler. Colman Mockler, Gillette'in başına geçtiğinde, ortalığı kasıp kavurmadı, hareket halindeki bir otobüsün camlarından kafasına göre milleti fırlatıp atmadı. Tersine ilk yıl çalışma zamanının yüzde 55'ini yönetim ekibini yeniden düzenlemeye ayırdı ve elli çalışma arkadaşının otuz sekizinin ya yerini değiştirdi, ya da işten çıkardı. Şöyle diyor: "Uygun insanı uygun yere koymak için harcanan her dakika, sonradan haftalara değer."[49] Benzer bir biçimde Circuit City'den Alan Wurtzel de bu bölümün taslağını okuduktan sonra bize yazdığı mektupta şu yorumda bulundu:

> "Otobüse doğru insanları almak" konusunda diğer şirketlerle yaptığınız karşılaştırmada tamamen haklısınız. Bunun yine en az öteki kadar önemli bir sonucu daha var. Otobüste kimin nerede oturması gerektiğine karar vermek için düşünmeye ve konuşmaya çok zaman harcadım. Bunu, "kare kutuları kare deliklere, yuvarlak kutuları yuvarlak deliklere koymak" diyorum... Çok iyi bir performans sergi-

leyemeyen dürüst ve yetenekli insanları işten çıkarmak yerine onlara bir, iki, hatta üç şans daha verip başka pozisyonlarda yeteneklerini ortaya koyup koymayacakları görmek, benim için çok önemli.

Bir elemanın sadece yanlış bir koltukta mı oturduğunu, yoksa otobüsten tamamen mi inmesi gerektiğini kesin olarak saptamak, biraz zaman alabilir. Ama yine de iyiden mükemmele dönüşen şirketlerin liderleri, birini işten çıkartmaları gereken an geldiğinde harekete geçiyorlar.

İyi ama bu anın geldiğini nasıl anlarsınız? İki soru bu konuda size yardım edebilir. Birincisi, eğer vereceğiniz karar bir işe adam alma kararıysa (yani, "Bu adamı işten atmam gerekir mi, gerekmez mi?" şeklinde bir karar değilse), o elemanı bir kez daha işe alır mıydınız diye kendinize sormak. İkincisi de o eleman gelip karşısına çok iyi bir fırsat çıktığını ve bunu kaçırmak istemediğini söyleyerek işten ayrılmak isteseydi feci şekilde hayal kırıklığına mı uğrayacağınızı yoksa, gizliden gizliye sevineceğinizi mi kendinize sormak.

Pratik Yöntem 3: En iyi elemanlarınızın önüne en büyük sorunlarını değil en iyi fırsatları koyun

1960'lı yılların başında R.J. Reynolds ile Philip Morris, gelirlerinin çok büyük bir kısmını yurtiçinden elde ediyorlardı. R.J. Reynolds'ın uluslararası operasyonlara yaklaşımı, "Eğer dünyanın bir köşesinde birileri Camel istiyorsa, bizi arasın" idi.[50] Philip Morris'teki Joe Cullman ise farklı düşünüyordu: O anda şirket gelirlerinin sadece yüzde birinden azını uluslararası piyasadan elde etmesine rağmen uzun vadeli büyüme için tek fırsatın bu piyasalarda yattığı inancındaydı.

Cullman uluslararası operasyonlarını geliştirme konusundaki "strateji" arayışını, parlak bir çözümle sona erdirdi: Cevabını bulduğu soru, "ne" değil, "kim"di. Bir numaralı adamı George Weissman'ı yurtiçi operasyonlarından çekip uluslararası operasyonların başına geçirdi. O zamanlar uluslararası operasyon demek, neredeyse hiçbir şey demekti. Küçük bir ihracat departmanı ile Venezüella, Avustralya ve Kanada'da debelenen küçük yatırımlar. Weissman'ın bir meslektaşı, "Joe, onu uluslararası operasyonların başına getirdiğinde çoğumuz Weissman'ın hata yapmış olabileceğini düşündük" dedi.[51] Weissman ise o konuda, "Kızağa mı çekilmiştim, kenara mı atılmıştım, yoksa ensemden tutulduğu gibi pencereden dışarı mı fırlatılmıştım, anlayamadım. Bir gün şirketin yüzde 99'unu ben yönetiyordum, ertesi günse sadece yüzde 1'ini.[52]

Ama yirmi yıl kadar sonra Forbes dergisinin de söyleyeceği gibi, Cullman'ın Weissman'ı şirketin en küçük departmanının başına geçirmesi, tam bir deha örneğiydi. Şehirli ve sofistike bir adam olan Weissman, Avrupa gibi pazarlarda şirketi geliştirmek için en mükemmel adaydı ve uluslararası operasyonları şirketin en hızlı gelişen kısmı haline getirdi. Weissman'ın yol göstericiliği altında Marlboro, ABD'de bir numara olmasından üç yıl önce, dünyada en çok satan sigara haline geldi.[53]

RJR - Philip Morris vakası, genel bir kalıbı gösteriyor. İyiden mükemmele dönüşen şirketler, en iyi elemanlarına en büyük sorunlarını değil, en iyi fırsatları sunma alışkanlığı geliştirmişler. Karşılaştırma grubundaki şirketlerde ise tam tersi bir eğim var. Onlar şu gerçeği kavrayamamışlar: sorunlarınızı çözerseniz iyi bir şirket olabilirsiniz ama kendinize yepyeni fırsatlar yaratmadan mükemmel bir şirket haline gelemezsiniz.

> Bu yöntemin önemli bir sonucu var: Sorunlarınızın hepsini birden çözmeye karar verirseniz, en iyi elemanlarınızın hepsini birden harcamayın. Bu, değişimin küçük sırlarından biridir. Eğer en iyilere her zaman sahip olacakları bir koltuk verirseniz, otobüsün yolunu değiştirmeniz halinde de sizi desteklemeleri ihtimali artacaktır.

Örneğin Darwin Smith, Kimberly-Clark'ın fabrikalarını sattığında şunu açıkça söylemişti: şirket kağıt işinden ayrılıyor olabilir ama iyi elemanlarından ayrılmayacak. "Elemanlarımızın çoğu, kağıt işinde yetişmişlerdi. Sonra bir anda tacımızın pırlantası satışa çıkarıldı. Herkes, "Şimdi bana ne olacak" derdine düştü" diye anlatıyor Dick Auchter, "İşte o anda Darwin şöyle dedi: 'Yetenekli bütün yöneticiler kalacak.'"[54] Hiç tecrübeleri olmamasına rağmen Smith bütün yönetici ekibini tüketim ürünleri sektöründe görevlendirdi.

Meslek hayatının büyük kısmında, Kimberly-Clark'ın kağıt üretim departmanında çalışmış üst düzey bir yönetici olan Dick Appert'le mülakat yaptık. Kariyerini yaptığı bölüm, şirketin tüketim ürünleri alanına yönelik büyük dönüşüm projesine kaynak sağlamak için satılmıştı. Ama o, şirketin nasıl bir dönüşüm sağladığını, kağıt fabrikalarını satma cesaretini nasıl gösterdiğini, kağıt işinden çıkarak tüketim ürünleri alanına girecek öngörüyü nasıl gösterdiğini ve Procter & Gamble'ı nasıl geride bıraktığını gururla ve heyecanla anlatıyordu. "Kağıt işinden çıkma kararına hiç itiraz etmedim. Kağıt fabrikalarını elden çıkardık ve bence bu kesinlikle doğruydu" diyor.[55] Biraz durun ve bunu düşünün. Doğru insanlar, mükemmel bir bütünün parçası olmak isterler. Dick Appert de meslek hayatının çoğunu geçirdiği departmanın kapatılması halinde şirketin mükemmel bir şirkete dönüşeceğini görmüştü.

Philip Morris ve Kimberly-Clark, "doğru insanlar" konusunda vurgulanması gereken son noktayı gösteriyor. İyiden mükemmele dönüşen bütün şirketlerdeki tepe yönetim kademesinde, özellikle de geçiş yıllarında 5. Düzey bir atmosfer olduğunu belirtmiştik. Bu şirketlerin hepsinde, yönetim ekibindeki herkes Darwin Smith ya da Colman Mockler gibi gelişimini tamamlamış bir 5. Düzey lider değildi belki ama, çekirdek ekibin bütün üyelerinin kişisel hırsları, kurumsal bir hırsa dönüşmüştü. Bu durum, ekip üyelerinin de 5. Düzey potansiyeline sahip olduklarına ya da en azından 5. Düzey liderlik tarzıyla uyumlu şekilde hareket etmeye yeterli olduklarına işaret eder.

"O zaman 5. Düzey bir yönetim ekibinin üyesi ile iyi bir asker arasındaki fark nedir?" diyebilirsiniz. 5. Düzey bir yönetim ekibi üyesi asla sorgulamadan otoriteye boyun eğmez. Ayrıca kendi egemenlik alanını dünyanın en iyisi haline getirecek kadar da güçlü, yetenekli ve hırslı bir liderdir. Ayrıca yönetici ekibin bütün üyelerinin bu güçlerini şirketi mükemmelleştirmek için ne gerekiyorsa yapmak üzere ortak bir havuzda diğer güçlerle bir araya getirmesi gerekir.

Aslında iyi bir şirketi mükemmel bir şirket haline getirmek için yapılması gerekenlerden biri, biraz paradoksaldır. Bir yandan en iyi cevapları bulmak için kimi zaman şiddetle kendi fikirlerini savunan ve sizinle (kimi zaman şiddetle) tartışan ama öte yandan da bir karar verildiği anda kendi dar çıkarlarını bir kenara koyup o kararın arkasında tüm gücüyle birleşen yöneticilere ihtiyacınız var.

Bir makalede Cullman dönemi hakkında şöyle yazılıyor: "Buradakiler hiçbir şeyi öyle kolayca kabul etmiyorlar. Astları ve üstleriyle, bütün o yetenekli insanlarla ölümüne tartışıyorlar. Ama artık bir karara varmak lazım geldiğinde, bir anda ortaya bir karar çıkıveriyor. İşte Philip Morris'i, Philip Morris yapan da bu."[56] Bir Philip Moris yöneticisi de, "Ne kadar tartışırlarsa tartışsınlar, bunu hep en iyi cevapları bulmak için yaparlardı. Sonunda herkes verilen kararın arkasında dururdu. Yapılan tartışmaların hiçbiri kendi çıkarımız için değil, şirketin çıkarı içindi" şeklinde konuşuyor.[57]

ÖNCE KİM, MÜKEMMEL ŞİRKETLER VE MÜKEMMEL BİR HAYAT

İyiden mükemmele nasıl dönüşüleceğine dair bulgularımızı anlatırken her zaman birisi çıkıp iyiden mükemmele geçişin kişisel bedeli meselesini ortaya atar. Yani mükemmel bir şirket yaratırken, aynı zamanda mükemmel bir hayat yaşamak da mümkün olabilir mi?

Evet.

Bunun sırrı, bu bölümde.

Hong Kong'da yapılan bir tepe yöneticileri konferansı sırasında, üst düzey bir Gillette yöneticisi ve eşiyle birlikte birkaç gün geçirdim. Bir keresinde konusu geldiğinde, Gillette'i mükemmel bir şirket haline getiren Colman Mockler'ın mükemmel bir hayat yaşayıp yaşamadığına ilişkin fikirlerin sordum. Bana anlattıklarına göre Mockler'ın hayatında üç şey varmış: ailesi, Harvard ve Gillette. 1980'li yılların o en karanlık ve en yoğun şirket ele geçirme günleri sırasında, Gillette'in uluslararası yapısına rağmen Mockler, hayatında bir denge tutturabilmiş. Ailesine ayırdığı vakti fazla azaltmamış. Akşamları ve haftasonları çok nadiren çalışmış. İbadetlerine aynen devam etmiş. Harvard'ın yönetim kurulundaki aktif görevini sürdürmüş.[58]

Bunu nasıl becerdiğini sorunca da, "O kadar zor olmadı. Etrafına doğru insanları topladığı, onları da doğru yerlere yerleştirdiği için gece gündüz işte olmasına gerek kalmadı. Colman'ın başarısının ve dengesinin bütün sırrı buradadır" cevabını verdi. Ayrıca Mockler'a en az işte rastladığı kadar nalburlarda rastladığını da ekledi. "Evde tamirat yapmak çok hoşuna giderdi. Bu şekilde rahatlardı" dedi. Karısı da, "Colman öldüğünde, cenaze töreninde etrafıma baktığımda oranın sevgiyle dolu olduğunu fark ettim. Öyle bir adamdı ki uyanık olduğu saatlerin neredeyse tamamını kendisini, yaptığı işleri ve birbirlerini seven insanlarla birlikte geçirmişti. Evde, işte, hayır işlerinde hep böyleydi" şeklinde konuştu.

Bu söylediklerinden sonra, kafamda bir şimşek çaktı. İyiden mükemmele dönüşmüş şirketlerin yönetim ekiplerini diğerlerinden ayıran bir şeyler vardı ve ben bunu tam olarak tanımlayamıyordum. Philip Morris'ten George Weissman'la yaptığımız mülakatı bitirirken, "Şirkette çalıştığınız yılları anlatırken sanki bir aşk hikayesi anlatıyor gibi davranıyorsunuz" yorumunu yapmıştım. Başını salladı ve, "Doğru. Karımdan sonra hayatımın tek aşkı şirketimdi. Bunu çoğu insanı anlayabileceğini sanmam ama meslektaşlarım anlayacaktır" demişti. Weissman ve Philip Morris'te çalışan birçok meslektaşı, emekli olduktan uzun süre sonra bile düzenli aralıklarla gittikleri Philip Morris'teki ofislerini boşaltmamışlardı. Philip Morris'in genel merkez binasındaki bir koridor, çalışanlar arasında "eski sihirbazlar salonu" adını almıştır.[59] Burası, Weissman, Cullman, Maxwell ve diğerlerinin, beraberce zaman geçirmekten hoşlandıkları için geldikleri ofislerinin olduğu koridordur. Benzer şekilde Kimberly-Clark'tan Dick Appert de, "Orada geçirdiğim 41 yıl boyunca kimse bana kötü bir laf etmemiştir. Oraya girdiğim gün için Tanrıya şükrediyorum. Etrafımda hep harika insanlar vardı. Birbirini takdir eden, iyi insanlar" diyordu.[60]

İyiden mükemmele dönüşen şirketlerin ekip elemanları hayat boyu arkadaş kalmaya eğimlidir. Çoğu, yıllarca, on yıllarca beraber çalıştıktan sonra hâlâ yakın görüşmeye devam ediyor. Onların geçiş döneminden bahsettiğini görmek çok hoş. Ne kadar kötü günler yaşamış, ne kadar zor görevler yerine getirmiş olursa olsunlar, belli ki çok eğlenmişler! Hepsi birbirinin arkadaşlığından hâlâ çok hoşlanıyor ve tekrar buluşacakları günü sabırsızlıkla bekliyor. Bu şirketlerin yönetim ekiplerinde yer alanların çoğu, o yılları hayatlarının zirvesi olarak tanımlıyor. Yaşadıkları tecrübe, karşılıklı saygıdan çok öteye geçmiş, kalıcı bir dostluk ilişkisine dönüşmüş.

"Önce kim" fikrine bir ek yapmak gerekirse, bu ek, mükemmel bir şirketle mükemmel bir hayat arasındaki yakın bağıntı olabilir. Hayatta ne başarmış olursak olalım, eğer ömrümüzün çoğunu sevdiğimiz ve saygı duyduğumuz insanlarla birlikte geçirmiyorsak, mükemmel bir hayatımız olamaz. Ama ömrümüzün çoğunu sevdiğimiz ve saygı duyduğumuz insanlarla, yani aynı otobüste beraber yolculuk etmekten büyük keyif alacağımız, bizi asla hayal kırıklığına uğratmayacak insanlarla birlikte geçirirsek, otobüs nereye giderse gitsin, mutlaka mükemmel bir hayatımız olacaktır. Kendisiyle görüştüğümüz insanlar yaptıkları şeyden çok keyif almışlardı, çünkü onu beraberce yaptıkları insanları sevmişlerdi.

Bölüm Özeti

ÖNCE KİM ... SONRA NE

ÖNEMLİ NOKTALAR

- İyiden mükemmele dönüşen şirketlerin liderleri, önce doğru insanları otobüse bindirerek (ve yanlış insanları otobüsten indirerek) geçiş dönemine başlamış, otobüsü nereye doğru süreceklerine bundan sonra karar vermişlerdir.
- Bu bölümün anafikri, sadece doğru insanları ekibe katmaktan ibaret değildir. Buna göre "kim" sorusu, "ne" sorusundan (vizyondan, stratejiden, organizasyon yapısından ve taktiklerden) önce cevaplanmalıdır. Önce kim, sonra ne ilkesi tutarlılıkla ve gevşemeyen bir katılıkla uygulanmalıdır.
- Karşılaştırma grubu şirketleri, genel olarak, "bir dahi, peşinde bin yardımcı" modelini takip ederler. Buna göre başta bir dahi vardır ve o dahi, belirlediği vizyonu hayata geçirme konusunda kendisine yardım edecek "yardımcıları" etrafına toplar. Dahi şirketten ayrılınca bu model çöker.
- İyiden mükemmele dönüşmüş şirketlerin liderleri, eleman kararlarında acımasız değil, katı davranırlar. Elemanların performansını arttırmak için tensikatlara ve şirketteki yeniden yapılandırma politikalarına bel bağlamazlar. Oysa karşılaştırma grubu şirketleri, tensikatları çok daha büyük ölçüde kullanır.
- Eleman konusunda karar verirken katı davranmayı sağlayacak üç pratik yöntem belirledik:
  1. Şüphe duyuyorsanız eleman almayın, doğru insanı aramaya devam edin. (Mantıksal sonuç: Bir şirketin büyümesi, şirketi büyütecek doğru insanları cezbetme yeteneğiyle sınırlıdır.)

2. Birini işten çıkarmanız gerektiğini fark ettiğiniz anda, harekete geçin. (Mantıksal sonuç: Önce kimsenin yanlış koltukta oturmadığından emin olun.)
3. En iyi elemanlarınızın önüne en büyük sorunlarınızı değil, en iyi fırsatlarınızı koyun. (Mantıksal sonuç: Sorunlarınızın hepsini birden çözmeye karar verirseniz, en iyi elemanlarınızın hepsini birden harcamayın.)

- İyiden mükemmele dönüşen şirketlerin yönetim ekibi, en iyi cevapları bulmak için şiddetle tartışan, ama bir kez karar verildikten sonra da dar çıkarlara bakmaksızın o kararın ardında birlik olan insanlardan oluşur.

BEKLENMEDİK BULGULAR

- Yöneticilere yapılan ücret ve ücret kabilinden diğer ödemelerle bir şirketin iyiden mükemmele geçişi arasında sistematik bir ilişki bulamadık. Şirket yöneticilerine yapılan ödemelerin amacı, yanlış insanları doğru şeyi yapmaları için "motive" etmek değil, öncelikle doğru insanları şirket bünyesine almak ve orada tutmaktır.
- "En önemli varlığınız, sahip olduğunuz insanlardır" diyen o eski söz, yanlıştır. En önemli varlığınız sahip olduğunuz insanlar değil, doğru insanlardır.
- "Doğru insan", uzmanlık bilgileri, becerileri ve tecrübesinden ziyade, karakter özelliklerine ve içsel becerilerine bakılarak seçilmelidir.

Bölüm 4

ACI GERÇEKLERLE YÜZLEŞİN
(Ama İnancınızı Kaybetmeyin)

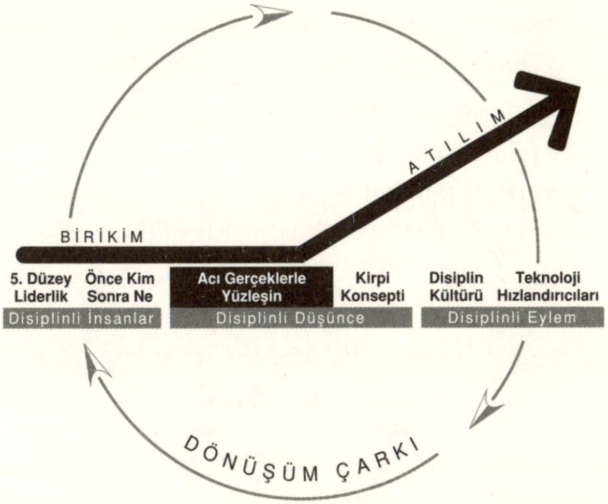

Liderlerin yapabileceği en kötü hata, kısa süre sonra yok olup gidecek umutlara bel bağlamaktır.

- Winston S. Churchill,
The Hinge of Fate[1]

1950'li yılların başlarında A&P olarak da bilinen Great Atlantic and Pacific Company, dünyanın en büyük perakendecisi ve ABD'nin en büyük şirketiydi. Sadece General Motors yıllık satışlarda onu geçebiliyordu[2]. Kroger ise A&P'nin yarısına bile erişemeyen büyüklüğüyle çok önemli olmayan ve piyasa getiri ortalamasını ancak tutturan bir bakkaliye zinciriydi.

Kroger, A&P, Borsa

Yatırılan 1 $'ın Kümülatif Değeri

1959 – 1973

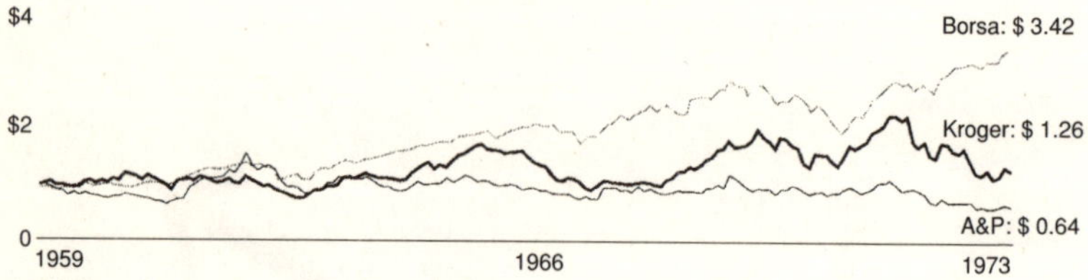

Notlar:

1. Kroger'ın geçiş noktası 1973'de yaşandı.
2. Grafik, 1 Ocak 1959 tarihinde yapılar 1 $'lık yatırımı gösteriyor.
3. 1 Ocak 1973 tarihine kadar kümülatif getiri, temettüler yeniden yatırılmış.

Kroger, A&P, Borsa

Yatırılan 1 $'ın Kümülatif Değeri

1973 – 1998

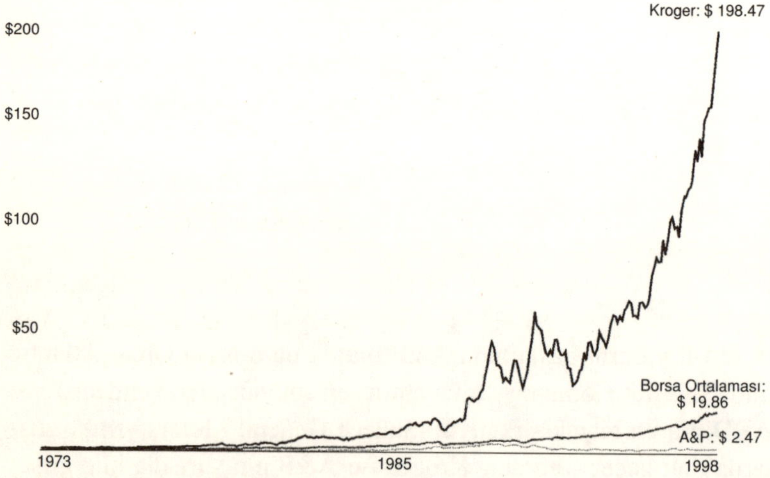

Notlar:

1. Kroger'ın geçiş noktası 1973'de yaşandı.
2. Grafik, 1 Ocak 1959 tarihinde yapılar 1 $'lık yatırımı gösteriyor.
3. 1 Ocak 1973 tarihine kadar kümülatif getiri, temettüler yeniden yatırılmış.

Sonra, 1960’larda, Kroger mükemmel bir şirk
temellerini atarken, A&P sendelemeye başladı. 19
kadar iki şirket de piyasa getiri ortalamasının altında ro-
ger, A&P’nin bir gömlek üzerindeydi. Ondan sonra da iki şirketin yolları tamamen ayrıldı. Sonraki yirmi beş yılda Kroger’ın kümülatif hisse senedi getirisi, borsa ortalamasının 10, A&P’nin getirisinin 80 katı oldu.

A&P gibi güçlü bir şirket, nasıl bu kadar kötü duruma düşebilirdi? A&P, iki dünya savaşı ve bir depresyonun Amerikalılar’a tutumluluk aşıladığı yüzyılın ilk yarısı için mükemmel bir modeldi: küçük bakkallar, ucuz ve bol miktarda satış yapıyordu. Ama aynı yüzyılın zengin ve cömert ikinci yarısında, Amerikalılar değişti. Daha büyük, daha güzel dükkanlar; dükkanlarda daha çok çeşit arar oldular. Bakkalda taze pişmiş ekmek, çiçek, sağlıklı gıdalar, ilaçlar, taze sebze meyve, kırk beş çeşit mısır ve buğday gevreği, on çeşit süt olmasını istiyorlardı. Beş değişik çeşit Brüksel lahanası, farklı farklı protein tozu karışımları ve sağlıklı Çin otları bulunmasını arzu ediyorlardı. Alışveriş ederken bir de bankacılık işlemlerini ve yıllık grip aşılarını aradan çıkartmak istiyorlardı. Kısacası, artık istedikleri şey bakkal değil, çatılarının altında binbir türlü ürün dışında, binlerce arabalık park yeri, ucuz fiyatlar, temiz bir alışveriş alanı ve sayılamayacak kadar çok kasa bulunduran, tepesinde kocaman bir “S” harfi bulunan süpermarketlerdi.

Biliyorum, şimdi diyeceksiniz ki, “Eee, ne var bunda? A&P’nin öyküsü, belli bir zaman için pazara hakim olan yaşlı bir şirketin öyküsü. Ama dünya değişiyor ve daha genç, değişen değişen şartlara daha iyi ayak uydurarak müşterilerine istediklerini veren rakipleri, yaşlı şirketi geride bırakıyor. Bu öyküde ilginç bir şey yok ki.”
İşte size ilginç yan: 1970’lere doğru Kroger da A&P de yaşlı şirketlerdi (Kroger 82, A&P 111 yaşında); ikisinin de neredeyse tüm varlıkları geleneksel bakkaliyelere yatırılmıştı; ikisi de ABD’nin ana gelişme alanları dışındaki bölgelerde daha çok kök salmıştı; iki şirket de etraflarındaki dünyanın nasıl değişmekte olduğu bilgisine sahipti. Ama bu iki şirketten sadece bir tanesi hayatın acı gerçekleriy-

le doğrudan yüzyüze gelip tüm sistemini değiştirirken diğeri kafasını kuma gömmeyi tercih etti.

1958 yılında Forbes dergisi A&P'yi, yaşlı bir prensin mutlak hakimiyeti altındaki "Münzeviler Krallığı" olarak sundu.[3] A&P hanedanlığını kuran Hartford biraderler'in halefi Ralph Burger, en büyük önemi, iki şeyin geçmişteki gibi kalmasına veriyordu: aile vakfına giden temettülerde bir azalma olmaması ve Hartford biraderler'in şaşaalı dönemlerinin devam etmesi. A&P yöneticilerinden birine göre, "Burger kendini John Hartford'un yeniden dünyaya gelmiş hali olarak görüyor, hatta her sabah aynı onun gibi Hartford'ların serasından aldığı bir çiçeği ceketinin yakasına takıyordu. John Hartford'un hoşlanabileceğini düşündüğü şeyleri yapmaktan, bütün muhalefete rağmen vazgeçmiyordu."[4] Burger şirketin kararlarını, "Bay Hartford olsaydı ne yapardı" diye düşünerek alıyor ve, "Ortada yüz yıllık bir başarı var" lafını ağzından düşürmüyordu.[5] Bu sayede John Hartford, çoktan ölmüş olmasına karşın neredeyse yirmi yıl daha yönetim kuruluna egemen olmaya devam etti.[6]

Geçmişteki modeli ile değişen dünya arasındaki uyumsuzluk giderek daha çok ortaya çıkmaya başladıkça A&P de o gerçeğe karşı giderek daha da güçlenen bir savunma politikası geliştirdi. Hatta bir keresinde The Golden Key adlı bir market açıp yeni yöntemlerle işleterek müşterilerin ne tür beklentiler içinde olduklarını öğrenmeye çalıştı.[7] Mağazada A&P'nin ürünleri satılmıyordu. Market yönetimine geniş yetkiler tanınmış, onlar da mağazada yeni bölümler açmışlardı. Golden Key, modern bir süpermarket olmaya doğru gidiyordu. Müşteriler de bundan hoşlanmıştı. Pazar paylarını neden kaybettikleri ve bu konuda ne yapabilecekleri sorularının cevabı, şirket yöneticilerinin tam da burunlarının dibinde cevabını buluyordu.

Peki The Golden Key'e ne yaptılar?

Ortaya çıkan cevaplardan hoşlanmadıkları için, kapattılar.[8]

Sonra da sorunlarını bir hamlede halledecek çözümler arayışıyla o stratejiden bu stratejiye atlayıp durdular. Kampanyalara, programlara başlayıp bıraktılar, geçici modalara heves edip yarıda kestiler, CEO'lar aldılar, CEO'lar attılar, sonra da o attıklarını tekrar aldılar. Pazar paylarını artırmak için, sektörün gözlemcilerinden birinin dediği gibi, "düşman yararlanmasın diye bütün mahsulü yakma" politikasıyla radikal bir fiyat indirme stratejisi izlediler. Ama asla şu basit gerçeklikle, müşterilerin ucuz fiyattan ziyade farklı mağazalar isteği gerçeğiyle yüzyüze gelemediler.[9] Fiyatların düşürülmesi, maliyetlerin de düşürülmesi zorunluluğunu doğurdu. Böylece daha kasvetli mağazalar ve daha düşük düzeyli bir servis düzeyi ortaya çıktı. Bunun sonucunda müşterilerin bir kısmı daha rakiplere kaydı. Bunun üzerine kâr marjı azaldığı için daha kirli dükkanlar ve daha da kötü servis düzeyi geldi. "Bir süre sonra pislikler yığılmaya başladı" diye anlatıyor eski bir A&P yetkilisi, "kirli demek az kalırdı, dükkanların ortasında pislik dağları oluşmuştu."[10]

Bu arada Kroger'da tam tersi bir süreç işlemekteydi. Kroger de 1960'lı yıllarda superstore konseptini test etmek için bazı denemeler yapmıştı.[11] 1970 yılında şirketin yönetim kademesi, şu sonuca vardı: Şirketin varlıklarının yüzde 100'e yakın bir kısmını oluşturan eski usül bakkaliyelerin devri bir süre sonra bitecek. Ancak A&P'nin tersine Kroger bu acı gerçekle yüzleşti ve kararının gereklerini yerine getirdi.

Kroger'ın yükselişi, basit ve doğrudan bir yükseliş oldu. Şirketin geçiş döneminin CEO'ları Lyle Everingham ile Jim Herring, kendileriyle yaptığımız mülakatlarda çok nazik ve yardımseverdiler ama sorularımız onları bir parça sinirlendirdi. Onlara göre her şey çok basitti. Everingham, geçiş döneminin en önemli beş faktörüne birden yüze kadar not vermesini istediğimizde, şöyle dedi: "Bence bu soru kafa karıştırıcı bir soru. Yaptığımız şey sadece şuydu: En ince detayına kadar araştırdık. Ortaya çıkan veriler çok net ve açıktı. Geleceğin mağaza tipi, süpermarketlerdi. Ayrıca araştırmalarımızdan elde ettiğimiz bir sonuç daha vardı ki, alanınızda ya bir ya da iki numara olacaktınız, ya da o alandan çekilecektiniz.* Elbette

* Unutulmaması gerekir ki bu fikrin ortaya çıktığı yıllar, 1970'li yılların başları yani, "ya bir numara, ya iki numara olacaksın ya da ortadan çekileceksin" fikrinin genel bir geçerlilik kazandığı zamanın on yıl öncesi. İyiden mükemmele dönüşen bütün diğer şirketler gibi Kroger da elindeki verileri dikkate alarak fikirlerini geliştirdi. Yoksa başkalarınca belirlenen trendlere, modalara kapılmadı. İlginçtir, "ya bir numara, ya iki numara" fikri, moda olmadan yıllarca önce bile iyiden mükemmele dönüşen şirketlerin yarıdan fazlasında vardı.

ilk zamanlar bazı kuşkular doğdu. Ama eldeki verilere baktığınızda, yapmanız gereken şey konusundaki tüm kuşkular dağılıyordu. Biz de onu yaptık."[12]

Kroger hayatın yeni gerçeklerine uymayan bütün dükkanların ya kendisini veya yerini değiştirme veya elden çıkarma kararı aldı. Ayrıca bölge olarak da değişime ayak uyduramayacak yerlerden çekilecekti. Dükkan dükkan, mahalle mahalle, şehir şehir, eyalet eyalet bütün sistemlerini altüst ettiler. Nihayet 1990'lı yılların başlarında tüm mekanizma yeni sisteme göre değiştirilmişti ve Kroger, Amerika'nın bir numaralı süpermarket zinciri olma yolunda sağlam adımlarla ilerliyordu. Bu noktaya, 1999 yılında ulaştı.[13] Bu arada A&P'nin dükkanlarının yarısı hâlâ 1950'li yılların tarzını yansıtan dükkanlardı. Bir zamanların en güçlü Amerikan kurumlarından birinden geride kalanları gösterir gibi hüzünle müşterilerine hizmet vermeyi sürdürüyorlardı.[14]

GERÇEKLER, RÜYALARDAN İYİDİR

Araştırmamızın ağırlıklı temalarından biri, şirketlerin atılım yapmalarını sağlayan sonuçların, özenle, sebatla gerçekleştirilmiş ve üstüste gelerek belli birikim sağlayan bir dizi iyi kararla gelmiş olduğu. Elbette iyiden mükemmel dönüşen şirketlerin aldığı her karar mükemmel değildi. Ancak genel olarak iyi kararlarının kötü kararlardan çok daha fazla olduğu ve karşılaştırma grubundaki şirketlere oranla çok daha fazla iyi karar verdikleri söylenebilir. Daha da önemlisi, Kroger'ın neredeyse bütün varlıklarını yeni bir konsepte yatırma kararı gibi büyük kararları, isabetli çıkmış.

Bu durum insanın aklına bir soru getirebilir. Acaba biz zaten tesadüfen doğru kararları vermiş olan şirketleri mi araştırmıştık? Yoksa onların haklı çıkma olasılıklarını artıran ayırt edici bir yönleri mi vardı? Sonuçta anlaşılıyor ki ciddi biçimde ayırt edici bir süreçleri vardı.

İyiden mükemmele dönen şirketler, ayırt edici iki disiplinli düşünce biçimi sergiliyorlar. İlki, ve bu bölümün başlığını oluşturan düşünce, bu süreci bütünüyle hayatın acı gerçekleri ışığında ele almaları. (İkinci ve önümüzdeki bölümün konusunu oluşturan ikinci düşünce ise, tüm kararları için basit ama yeterince öngörülü bir referanslar sistemi oluşturmuş olmaları.) Kroger örneğinde olduğu gibi dürüstçe, sebatla ve özenle o anın gerçeğini belirlemeye çalıştığınız zaman zaten doğru kararlar kendiliğinden geliyor. Her zaman değil belki, ama genellikle bu böyle. Ve bütün kararlar doğru çıkmasa bile kesin bir şey var: acı gerçeklerle yüzleşmeden kesinlikle bir dizi doğru karar veremezsiniz. Mükemmel şirketler, bu ilkeye uygun hareket ederken karşılaştırma grubundaki şirketler bu ilkeye uygun hareket etmiyor.

Addressograph ile Pitney Bowes'a bakalım. Keskin bir ayrılışla birbirinin tam tersi yönlere gittikleri andan hemen öncesine kadar bu iki şirket kadar birbirine benzer şirketler bulmak, neredeyse imkansızdı. 1973 yılına kadar gelirleri, kârları, eleman sayıları, hatta stok takip kartları bile benzerdi. Her iki şirket de hemen hemen aynı müşteri tabanı üzerinden pazarda tekele yakın bir pozisyon elde etmişlerdi (Bowes postametrede, Addressograph adresleme makinesinde) ve her iki şirket de çok kısa bir süre içinde bu pozisyonlarını kaybetme tehdidiyle karşı karşıyaydı.[15] 2000 yılına gelindiğinde, Pitney Bowes 4 milyar dolardan fazla gelir ve 30 bin personele kadar büyümüşken, Addressograph, 100 milyon dolardan az geliri ve 670 personeliyle geçmişin hazin bir kalıntısı görünümündeydi.[16] Hissedarlar açısından bakıldığında Bowes, Addressograph'ı 3581'e 1 oranında geçmişti (evet, yanlış görmediniz, üçbinbeşyüzseksenbir kat daha iyiydi).

1976 yılında Addressograph'ın başına Roy Ash adında karizmatik ve vizyon sahibi bir CEO getirildi. Kendine, "şirket sürüleri yetiştiricisi (conglomerateur*)" adını takan Ash, daha önce satın aldığı bir dizi şirketi aynı çatı altında bir araya toplayarak Litton'ı yarat-

* conglomerate: Özellikle 20. yüzyılın son çeyreğine kadar yaygın olan şirket türü. Birbirleriyle sinerji yaratıp yaratmayacağına dikkat etmeksizin, farklı iş alanlarındaki farklı şirketlere sahip olup bunları tek bir çatı altında toplamak; şirketler sürüsü, şirketler grubu-ç.

mıştı. Ancak Litton, bir süredir sallantıdaydı. Fortune'a göre, Addressograph'ı kullanarak liderlik yeteneklerini tekrar ispatlamanın peşindeydi.[17]

Ash, yeni gelişmekte olan ofis otomasyonu alanında IBM, Xerox ve Kodak gibi şirketlerle başa çıkmayı hedefleyen bir strateji çizmişti. O zamana kadar sadece zarflara adres basma makineleri alanında hakimiyet kurmuş bir şirket için bu, cüretkâr bir stratejiydi.[18] Cüretli bir strateji, elbette yanlış bir şey değildi ancak Ash bu Donkişotvari maceraya kendini öylesine kaptırmıştı ki, Business Week'e göre planının başarısızlığa mahkum olduğuna ve sonunda kendisiyle birlikte şirketini de batıracağına ilişkin giderek güçlenen kanıtlara gözlerini kapamıştı.[19] Kârlı sektörlerden nakit sağmak üzerinde ısrarla dururken şirketin asıl faaliyet alanını zayıflatmış, bu arada da başarı şansı düşük olan alanlarda kumar oynamaktan kaçınmamıştı.[20]

Sonraları görevden alındıktan ve şirket iflasa başvurduktan (şirket sonradan durumunu düzeltti) sonra bile Ash, "Birkaç çarpışmayı kaybettik ama savaşı kazanıyoruz" diyerek hâlâ gerçekle yüzleşmeyi reddetiğini ortaya koydu.[21] Oysa Addressograph savaşı kazanacak halde değildi ve o zamanlar şirkettekiler bunu iyi biliyordu. Ama yine de çok geç oluncaya kadar acı gerçek, büyük oranda gizli kaldı.[22] Şirketin birçok kilit çalışanı, tepe yönetimin gerçeklerle yüzleşme konusundaki yeteneksizliğinden dolayı hayal kırıklığına uğrayarak ayrılmıştı.[23]

Belki Ash'a, şirketini yüksek noktalara çıkartmaya çalışan vizyon sahibi bir yönetici olarak da bakabiliriz. (Üstelik doğruyu söylemek gerekirse şirketin yönetim kurulu, planlarını tamamen uygulamasına fırsat bırakmadan kendisini işten atmıştı.)[24] Ancak o zamanlarda yazılan birçok ciddi makale ve haberden de anlaşılacağı üzere Ash, kendi vizyonuyla uyuşmayan gerçeklere gözlerini kapamıştı.

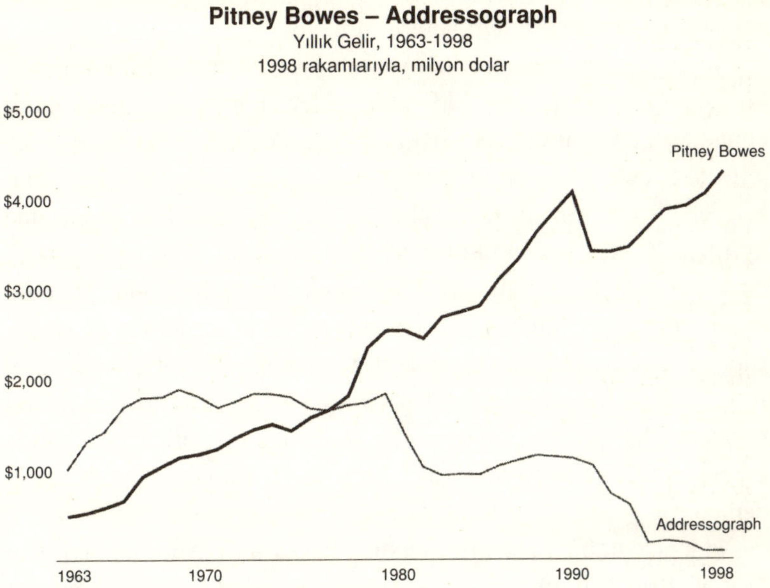

> Mükemmelliği hedefleyen bir vizyona sahip olmak yanlış değil. Netice itibariyle iyiden mükemmele dönüşen tüm şirketlerin amacı buydu. Ama karşılaştırma grubundaki şirketlerin tersine mükemmel şirketler, mükemmelliğe giden yolu hayatın acı gerçekleri ışığında sürekli gözden geçiriyorlardı.

"Taşı kaldırıp altındaki rahatsız edici şeyleri gördüğünüzde taşı yerine koyup gidebilirsiniz ya da, orada göreceklerinizden korkacağınızı bilseniz bile, 'Benim işim bu, taşları çevirip çevirip altlarına bakmam lazım' diyebilirsiniz."[25] Pitney Bowes'ın yöneticilerinden Fred Purdue'nin söylediği bu cümleyi, görüştüğümüz tüm şirket yöneticileri de söyleyebilir. Bowes yöneticilerinin hepsi de şirketlerinin pozisyonu konusunda biraz, nasıl söyleyelim, rahatsız ve obsesif davranıyorlar. Bir yöneticiye göre bu, "Rahatlığa kapılmaya asla izin vermeyen bir kültür".[26] Başka bir yönetici de şöyle diyor: "Biz biraz rahatsız tipleriz. Ne kadar büyük bir başarı sağlarsak sağlayalım, bizim için yeterli olmuyor."[27]

Pitney'de yeni yıla girerken yapılan ilk yönetim kurulu toplantıları, tipik olarak, geçmiş yılda elde edilen (her zaman mükemmel) sonuçların konuşulduğu 15 dakikayla başlardı. Sonraki iki saat ise gelecekte elde edilmesi muhtemel mükemmel sonuçlara engel olabilecek, "kayaların altındaki rahatsız edici şeylerin" konuşulmasına ayrılırdı.[28] Satış grubunun toplantıları ise, tipik, "en büyük biziz" tarzı sırt sıvazlama toplantılarından çok farklıydı: Bütün yönetim ekibi, müşteriyle birebir görüşen satış ekibinin sorularına ve eleştirilerine karşı açıktı.[29] Şirkette uzun zamandır yerleşen geleneğe göre insanların bir araya gelip üst düzey yöneticilere taşın altındaki rahatsız edici şeyleri göstermesine ve, "Şuna bir bakın! Bu konuda bir şeyler düşünseniz iyi olacak" demesine fırsat veren forumlar düzenlenirdi.[30]

Addressograph vakası ise, tersine, başka bir hayati noktayı gösteriyor. Roy Ash gibi güçlü ve karizmatik liderler, kolayca bir şirketin hareketlerinin arkasındaki de facto güç konumuna gelebilir. Araştırmamız boyunca öyle karşılaştırma grubu şirketleri gördük ki, tepedeki yönetici şirketi müthiş bir kudretle yönetiyor ya da insanların kafalarına bazı korkular sokuyor. Bu durumda alttakiler hayatın gerçekliği ve bu gerçekliğin şirketi nasıl etkileyeceğinden çok, lider konusunda (ne diyecek, ne yapacak, ne düşünecek) kafa yormaya başlıyorlar. Geçen bölümde anlattığımız Bank of America'yı hatırlayın. İnsanlar nasıl da CEO'dan işaret almadan en ufak bir yorum bile yapmıyorlardı. Çalışanların, tepe yönetimin düşündüklerinden çok taşların altındaki rahatsız edici şeyler konusunda kafa yorduğu Pitney Bowes gibi, Wells Fargo gibi şirketlerde bu tür bir duruma rastlamıyoruz.

Elemanlarının, hayatın gerçeklerini esas almak yerine kendini esas almalarına izin veren bir lider, vasatlığa, hatta daha kötüsüne prim veriyor demektir. Bu husus, daha az karizmatik yöneticilerin karizmatik yöneticilere göre uzun vadede neden daha başarılı olduklarını açıklayan ana nedenlerden biridir.

Eğer güçlü ve karizmatik bir kişiliğiniz varsa, bunun bir varlık olduğu kadar bir yükümlülük olduğunu da düşünebilirsiniz. Çalışanlarınız acı gerçekleri filtreleyerek sizden gizliyorsa, ezici kişiliğiniz nedeniyle muhtemel sorunların tohumları ekiliyor demektir. Karizma sahibi olmanızın getirdiği yükümlülüklerle başa çıkabilirsiniz ama bunun için bilinçli ve dikkatli olmanız gerekir.

Winston Churchill güçlü kişiliğinin getirdiği dezavantajları görmüş ve II. Dünya Savaşı boyunca bu dezavantajlardan kaçınmasını bilmişti. Bildiğiniz gibi bütün dünya İngiltere'nin ne zaman teslim olacağını düşünürken Churchill, ülkesinin savaştan zaferle çıkacağına sarsılmaz bir inanç beslemişti. Savaşın en karanlık günlerinde neredeyse bütün Avrupa ve Kuzey Afrika Nazi işgali altındayken, ABD bu savaştan uzak durmaya çalışıyorken ve Hitler henüz tek cephede savaşıyorken (daha Rusya'ya girmemişti) Churchill şöyle demişti: "Hitler'i ve Nazi rejimine dair tüm izleri yok etmeye kararlıyız. Hiçbir şey bizi bu kararımızdan döndüremez. Hiçbir şey! Asla barış görüşmesine oturmayacağız. Asla Hitler'le ya da çetesiyle müzakere yapmayacağız. Onlarla karada savaşacağız. Onlarla denizde savaşacağız. Onlarla havada savaşacağız. Tanrı'nın da yardımıyla gölgelerini dünyadan silene kadar savaşacağız."[31]

Bu kararlı ve cesur inançla silahlanmış olan Churchill, hiçbir zaman acı gerçeklerle yüzleşmekten geri kalmadı. Bir korkusu vardı, o da güçlü ve hiddetli kişiliği nedeniyle etrafındakilerin kötü haberleri en acı haliyle ona ulaşmaktan çekinmesi. Bu yüzden de daha savaşın başlarında, normal kumanda zincirinin dışında kalan bir İstatistik Ofisi kurdu. Ofisin ana görevi, Churchill'i sürekli güncellenen ve hiçbir filtreden geçirilmeyen bilgilerle, yani en acı gerçeklerle sürekli beslemekti.[32] Bu özel birimden sürekli gerçekleri, sadece ve sadece gerçekleri istedi. Nazi tankları Avrupa'dan temizlendikçe Churchill yatağa yattığında şöyle diyordu: "Neşeli rüyalara hiç ihtiyacım yok. Gerçekler, rüyalardan daha iyidir."[33]

GERÇEĞİN SÖYLENEBİLDİĞİ BİR ORTAM

"Acı gerçeklerle insanları nasıl motive edebilirsiniz ki? Motivasyon, zorlayıcı bir vizyondan kaynaklanmaz mı?" diye kendi kendinize sorabilirsiniz. Şaşırtıcı ama, cevap, "hayır". Bunun nedeni vizyonun önemsiz olması değil, insanları motive etmek için harcayacağınız enerjinin boşa harcanmış enerji olmasıdır. Bu kitabın en önemli savlarından biri, kitapta belirtilen bulgular başarıyla uygulandığında, insanları "motive" etmek için zaman ve enerji harcamaya gerek kalmayacağıdır. Eğer otobüsünüze doğru insanları almışsanız zaten onlar kendi kendilerini motive edeceklerdir. O zaman da sorulması gereken soru şu olacaktır: "Elinizdeki insanları demotive etmekten kaçınmak için nasıl bir yönetim tarzı izlemelisiniz?" İnsanları demotive etmek için yapabileceğiniz en önemli şeylerden biri, kısa sürede boşa çıkacak umutlar vermektir.

Evet, liderlik vizyon demektir. Ama aynı zamanda liderlik, gerçeklerin duyulabildiği bir ortam yaratmayı ve acı gerçekleriyle yüzleşmeyi de gerektirir. "Buyrun sıra sizde" diye konuşma şansı verilmesi ile o söylenenlerin duyulması fırsatı sunulması arasında, dağlar kadar fark vardır. Mükemmel lider bu farkı anlar ve öncelikle insanların seslerinin, nihai olarak da gerçeklerin duyulduğu bir kültür yaratır..

Gerçeklerin duyulduğu bir ortamı nasıl yaratırsınız? Bu konuda dört temel tutum öneriyoruz:

1. Cevaplarla değil, sorularla yönetin.
   1973 yılında, babasının ardından CEO olarak şirketin başına geçmesinden bir yıl sonra, Alan Wurtzel'in şirketi iflasın eşiğindeydi. Kredi sözleşmelerindeki yükümlülükleri yerine getirememe durumuyla karşı karşıyaydı. Adı o zamanlar Wards olan şirket, belli bir birleştirici konsept olmadan her türlü elektronik aygıt ve hi-fi malzemeleri satan bir mağazalar zinciriydi. Sonraki on yıl içinde Alan Wurtzel ve ekibi şirketin

kaderini değiştirdiler ve Circuit City konseptini ortaya koydular. Böylece inanılmaz ölçüde hayranlık uyandırıcı bir başarının temellerini atarak 1982'deki geçiş tarihinden 1 Ocak 2000 tarihine kadar borsa ortalamasının 22 katı hisse getirisi elde eden bir şirket yarattılar.

Alan Wurtzel, iflasın eşiğinden başladığı ve yıldızların arasında bitirdiği bu uzun yolculuğa çıkarken şirketi nereye götüreceği sorusuna iyi bir cevap bulmuştu: "Bilmiyorum." Addressograph'tan Roy Ash'ın tersine Wurtzel, cevapları bildiğini iddia etmeyi reddetmişti. Onun yerine otobüse doğru insanları aldı ve cevaplarla değil, sorularla işe başladı. Yönetim kurulu üyelerinden biri, "Alan tam bir kıvılcım gibiydi. En iyi soruları bulup sormasını çok iyi bilirdi. Kurulda mükemmel tartışmalarımız oldu. Herkesin söylenenleri dinleyip sonra da hep beraber yemeğe çıktığı o emme basma tulumba toplantılara hiç benzemezdi" diyor.[34] Wurtzel, yönetim kurulu üyelerine, onların kendisine sorduğundan daha çok soru soran az sayıdaki CEO'dan biridir.

Wurtzel, yönetim ekibine de aynı şeyi yaptı. Sorularıyla sürekli insanları teşvik etti, kışkırttı, araştırmaya sevketti. Her aşamada gerçeklere ve olası sonuçlarına ilişkin kafasındaki resim iyice berraklaşana kadar sormaya devam etti. "Artık bana savcı diyorlardı. O kadar çok soruşturuyordum. İnatçı bir buldog gibi bir şeyi iyice anlayana kadar sürekli sorardım: Neden, neden, neden".

İyiden mükemmele dönüşen diğer şirketlerin liderleri de Wurtzel gibi bir tür Sokrates usülü yönetim ilkesini benimsemişlerdi. Üstelik soruları tek bir amaç için soruyorlardı: İnsanları manipüle etmek ("Bu konuda benimle aynı şeyi düşünüyorsun, değil mi?") için, ya da suçlamak için ("İşleri siz mi karıştırdınız?") değil, sadece anlamak için soruyorlardı.

Mükemmel liderler, müdürleriyle ve elemanlarıyla yaptıkları gündemsiz ve belli bir samimiyet havası içinde yapılan toplantıları çok iyi kullanırlar. Böylesi toplantılara şöyle

Bir şirketi iyiden mükemmele taşımak, bütün cevapları bilmek ve herkesi bu peygambervari vizyona motive etmeye çalışmak demek değildir. Tersine gerçeği henüz cevapları bulacak ölçüde anlamamış olduğunuzu kabul edecek alçakgönüllüğü göstererek, en iyi cevapları ortaya çıkaracak soruları sormak demektir.

başlarlar: "Anlatın bakalım, aklınızdaki nedir?" "Şu işi bana bir izah edebilir misiniz?" "Buradan bir zararımız olur mu?" Bu tür gündemsiz toplantılar, mevcut gerçeklerin ortaya çıkmasına vesile olabilir.

2. İnsanlarla tartışın, onlarla diyaloğa girin; üzerlerinde baskı kurmayın

1965 yılında Nucor'dan daha zor durumda bir şirket bulmak kolay değildi. Şirketin sadece bir iştiraki para kazanıyor, diğer tüm iştirakler para yiyordu. Gurur duyacakları bir şirket kültürü yoktu. Şirketin gittiği belli bir yön yoktu. İflasa doğru sürükleniyordu. O zamanlar Nucor, radyasyon ölçmek için kullanılan Radyoaktif Işıltı Aygıtı (evet, gerçekten de bu ismi vermişlerdi) dahil, nükleer enerji ürünleriyle olan ilgisi nedeniyle, resmen Nuclear Corporation of America olarak biliniyordu. Yarı iletkenler, az bulunur madenler, elektrostatik ofis makineleri ve çatı kirişleri gibi birbiriyle ilgisi olmayan alanlarda faaliyet gösteren bir dizi şirket aldı. 1965 yılındaki geçiş tarihinin başlarında Nucor, bir kilo bile çelik üretmiyor ve tabii ki çelikten beş kuruş para kazanmıyordu. 30 yıl sonra ise dünyanın en büyük 4 çelik üreticisi arasında yer alıyor,[35] 1999 yılında Amerikan çelik şirketlerinin hepsinden fazla kâr ediyordu.[36]

Nucor, berbat durumdaki Nuclear Corporation of America'dan, Amerika'nın en iyi çelik şirketi haline nasıl geldi? Öncelikle çatı ürünleri şirketinin genel müdürü olan 5. Düzey lider Ken Iverson, CEO'luğa getirildi. Sonra Iverson otobüse Sam Siegel (bir meslektaşı onu, "dünyanın en iyi para sihirbazı" diye tanımlıyor) ve operasyon dahisi David Aycock gibi doğru insanları alarak iyi bir takım oluşturdu.[37]

Sonra ne oldu?

Alan Wurtzel gibi Ken Iverson da mükemmel bir şirket oluşturmak istiyor ve bunun için yola "cevaplarla" çıkmayı reddediyordu. Tersine kimi zaman öfkeli tartışma toplantılarının Sokratesvari yöneticisi (moderator) rolünü benimsemişti. "Bir dizi yönetim toplantısı düzenledik. Benim rolüm de toplantıda yöneticilik yapmaktı. Tam bir kaos vardı. Saatlerce bir konu üzerine tartıştıktan sonra ancak bir sonuca varabiliyorduk... Bazen hava öyle gerilirdi ki insanlar birbirlerinin üzerine bile yürürdü. Bağırırlardı. Ellerini kollarını sallar, masalara yumruk atarlar. Yüzleri kıpkırmızı olur, damarları şişerdi" diyor.[38]

Iverson'ın asistanı, o yıllarda hep tekrarlanan bir sahne anlatıyor. Yönetim ekibindeki bazı kişiler hızla Iverson'ın ofisine dalmışlar, birbirlerine bağırıp çağırmışlar ama sonuçta odadan çıktıklarında hepsi de aynı fikirdelermiş.[39] Tartış tartış, nükleer ürün üreten şirketi sat. Tartış tartış, çelik çatı kirişleri üzerine yoğunlaşma kararı al. Tartış tartış, kendi çeliğini üretme kararı al. Tartış tartış, küçük bir çelik tesisi kur. Tartış tartış, ikinci tesisi kur. Kendisiyle görüştüğümüz tüm Nucor yöneticileri, "şirket stratejisinin çekişmeler ve tartışmalar aracılığıyla" netleşip geliştiğini söylüyor.[40]

İyiden mükemmele dönüşmüş bütün şirketler, Nucor örneğinde olduğu gibi yoğun bir diyalog eğilimi taşıyor. Bu tür şirketlerle yaptığımız mülakatlarda veya haklarında yazılmış haber ve makalelerde "gergin tartışmalar", "hararetli münakaşalar" türünden lafları çok gördük. Bu şirketlerdeki tartışma toplantıları, önceden zaten verilmiş bir kararı onamak için oraya toplananlara, "buyrun efendim, sıra sizde" diye söz verildiği yapmacık toplantılar olmamış. Tersine insanların en iyi cevabın peşinde koştuğu hararetli bilimsel tartışmalara benzer toplantılar olmuş.

3. Kimseyi suçlamadan otopsi yapın.

1978 yılında Philip Morris, Seven-Up Company'i satın aldı. 8 yıl sonra zararına sattı.[41] Maddi zarar, Philip Morris'in büyüklüğüyle karşılaştırıldığında fazla büyük değildi ama yöneticilerin değerli zamanlarından yüzlerce saat bu iş için boşa harcanmıştı.

Philip Morris yöneticileriyle yaptığımız mülakatlarda bu yenilgiyi nasıl sahiplendiklerini ve açıkça konuşmayı başardıklarını görerek hayretler içinde kaldık. Bu büyük hatayı gizlemek yerine neredeyse terapik bir güdüyle üzerinde konuşmayı yeğliyorlardı. Joe Cullman, I'm a Lucky Guy adlı kitabında 7UP felaketine beş sayfa ayırıyor ve aldığı kararın ne kadar hatalı olduğu gerçeğini gizlemiyor. Beş sayfada olayın, sonuçlarının ve ondan çıkarılan derslerin bir tür klinik analizini yapıyor.

7UP vakasının otopsisi için yüzlerce, binlerce insan/saat harcandı. Ama üzerinde bu kadar konuşmalarına, tüm detayıyla analiz etmelerine karşın parmakların dönüp işte suçlu diye işaret ettiği kimse olmadı. Bunun tek istisnası var: Aynanın karşısında durarak kendini işaret eden Joe Cullman. "Açıkça ortaya çıkmıştır ki bu plan, Joe Cullman'ın işe yaramayan planlarından biridir" diye yazdı.[42] Daha da ileri giderek zamanında bu işe karşı çıkanları daha iyi dinlemiş olsaydı bu felaketin önlenebileceğini söyledi. Dahası, o zaman doğru tutum almış olanları, geleceği kendisinden daha iyi görebilmiş olanları tek tek isim vererek onurlandırdı.

Liderlerin kendi sicillerini temiz tutmak, imajlarını bozmamak için her şeyi yaptıkları, iyi işler yapıldığında meslektaşlarına rağmen bunun kendi vizyonlarının eseri olduğunu ileri sürüp, hata yapıldığında başkalarını suçladıkları bir dönemde Cullman gibi birine rastlamak insana iyi geliyor. Diyor ki: "Bu yanlış kararın bütün sorumluluğu benimdir. Hatamız sonucunda ödediğimiz maliyetten çıkarılabilecek tüm derslerin çıkarılması konusunda ise, sorumluluğumuz ortaktır."

Otopsilerinizi kimseyi suçlamadan yaparsanız, gerçeğin duyulabileceği bir ortam yaratmak doğrultusunda büyük adımlar atabilirsiniz. Otobüsünüzde doğru insanlar varsa zaten kimseyi suçlamanıza gerek kalmaz. Sadece anlamak ve öğrenmek için araştırmaya ihtiyaç hissedersiniz.

4. Kırmızı bayrak mekanizmaları oluşturun.

Bilgi çağında yaşıyoruz. Yani daha çok ve daha iyi bilginin size avantaj getireceğinin varsayıldığı bir çağda. Ama yükselen ve düşen şirketlere bakarsanız, elinde az bilgi var diye çöken bir şirkete pek rastlamazsınız.

Bethlehem Steel yöneticileri, yıllardır Nucor gibi küçük çelik tesislerine sahip şirketlerden kendilerine yönelen tehdidin farkındaydılar. Ama günün birinde uyanıp da pazarın büyük kısmının ellerinden alındığını görene kadar bu konuyla pek ilgilenmediler.[43]

Upjohn'ın elinde, yakında piyasaya süreceği ürünlerin beklenen sonuçları vermeyebileceği, hatta daha da kötü karşılanabileceği yolunda bir sürü bilgi vardı. Ama bunları görmezden geldi. Örneğin Halcion konusunda şirket içinden biri Newsweek'e şöyle demişti: "Halcion'la ilgili güvenlik endişelerinin görmezden gelmek, şirket politikası haline gelmişti." Başka bir seferde de Upjohn eleştiri alınca, kendi hatalarıyla yüzleşmek yerine basında aleyhine kampanya açıldığını iddia etmişti.[44]

Bank of America yöneticilerinin elinde, deregülasyon döneminin gerçekleri hakkında bir sürü bilgi vardı ama bu gerçeklerin önemli sonuçlarıyla yüzleşmeyi başaramadılar: yeniden yapılanmakta olan, serbestleşen, kuralların kalmadığı bir ortamda bankacılık da artık bir meta haline gelecek, eski avantajları ortadan kalkacak ve önceki soylu bankacılık gelenekleri sonsuza dek yok olacaktı. Banka, 1.8 milyar dolar kaybedene kadar bu gerçeği tamamen kabul edemedi. Oysa selefi tarafından aşırı gerçekçi olarak tanımlanan Wells Fargo'nun başındaki Carl Reichardt, önündeki kuralsız dönemin acı gerçeklerini hemen fark etti.[45] Kusura bakmayın sevgili bankacı arkadaşlar ama artık bankacılar olarak kalamayız. Bundan böyle en az McDonald's kadar maliyetlerine ve verimine önem vermesi gereken işadamları olmak zorundayız.

Mükemmel şirketlerin karşılaştırma grubu şirketlerine göre daha çok bilgiye sahip olduklarına dair tek bir ipucu bulamadık. Bütün şirketler bilgiye ulaşma olanakları konusunda eşit konumdaydılar. O halde mesele bilgiye ulaşmak değil, o bilgiyi, gözardı edilemeyecek bilgiye dönüştürmek meselesidir.

Bunu yapmanın en iyi yollarından biri, kırmızı bayrak mekanizmaları oluşturmaktır. Bu konuyu, kendi yaşadığım bir örnekle açacağım. Stanford Business School'da vaka analizi yöntemiyle ders verirken, tüm öğrencilerime 8.5 x 11 cm. boyutlarında kırmızı bir kağıt verdim. Verirken de şunları söyledim: "Bu kağıt, bu dönemde sizin kırmızı bayrağınız olacak. Bu bayrağı kaldırdığınız zaman sınıf durup sizi dinleyecek. Bayrağınızı ne zaman ve nasıl kullanacağınız tamamen size bağlı. İsterseniz bir gözleminizi söylemek, isterseniz bir analiz yapmak, isterseniz benimle görüş ayrılığınızı açıklamak, konuk CEO'lardan birini eleştirmek, bir başka öğrenciye cevap vermek, soru sormak vs. için kullanabilirsiniz. Bayrağınızı kullandığınız için herhangi bir cezaya çarptırılmayacaksınız. Bayrağınızı sadece bu dönem kullanabilirsiniz. Başka bir öğrenciye vermek veya satmak yasaktır."

Kırmızı bayrakların nasıl kullanılacağını hiç tahmin edemiyordum. Bir keresinde bir öğrenci bayrağını kaldırıp şöyle dedi: "Hocam, bence bugün dersiniz çok verimsiz geçiyor. Çok fazla soru sorarak bizi yönlendiriyor ve bağımsız düşüncelerimizi bastırıyorsunuz. İzin verirseniz biraz da biz düşünelim." Yani sorularımla sınıfın bir şeyler öğrenmesini engellediğim gibi acı bir gerçekle, kırmızı bayrak sayesinde yüzyüze geldim. Dönem sonunda yapacağım bir anket de aynı bilgiyi bana verebilirdi. Ama kırmızı bayrak sayesinde, yani anında ve herkesin önünde o bilgi, hatalarımı asla gözardı edemeyeceğim bir hale geldi.

Kırmızı bayrak mekanizması fikrini bana, şirketi Graniterock'ta eksik ödeme adında güçlü bir mekanizma yaratan Bruce Woolpert verdi. Eksik ödeme, almış olduğu ürün veya hizmetten ne ölçüde tatmin olduğuna ilişkin öznel değerlendirmesi sonucunda, önüne konan faturayı ödeyip ödemeyeceği veya ne kadarını ödeyeceği kararını tamamen müşteriye bırakan bir sistem. Bir indirim ya da taksit mekanizması değil. Müşteri, ürünü şirkete geri vermek ya da herhangi bir izin almak için Graniterock'u aramak zorunda da değil. Yapacağı şey sadece faturada belirtilen kalemlerden birini işaretleyip onun karşısındaki rakamı faturadan düşerek kalan tutarı göndermek. Woolpert'e bunun nedenini sorduğumda şöyle cevapladı: "Müşteri anketlerinden bir sürü bilgiler alıyoruz ama her zaman bu bilgileri bir şekilde açıklayabiliriz. Eksik ödeme sistemindeyse, bu bilgiyi artık gözardı edemeyiz. Genellikle müşteriyi tamamen kaybedene kadar onu rahatsız eden şeyleri tam olarak bilemeyiz. Eksik ödeme sistemi, müşteriyi kaybetmeden harekete geçmemizi ve ne gerekiyorsa yapmamızı sağlayan bir erken uyarı sistemi."

Açık olmak gerekirse mükemmel şirketlerde bu eksik ödeme sistemi kadar güçlü ve canlı bir kırmızı bayrak mekanizmasına rastlamadık. Araştırma asistanım Lane Hornung'un uyarısı sonucunda bu fikirden burada bahsetmeyi uygun gördüm. Başka bir projede şirketlerdeki çeşitli mekanizmaları sistematik olarak araştırıp karşılaştırma konusunda bana yardım eden asistanım, eğer 5. Düzey liderseniz kırmızı bayrak mekanizmalarına zaten ihtiyaç olmadığı görüşünde. Ama henüz o aşamaya ulaşmamışsanız veya karizmanızın yükünden musdaripseniz, bilgiye gözardı edemeyeceğiniz bir ağırlık vermek ve gerçeğin söylenebileceği bir ortam yaratmak açısından kırmızı bayrak mekanizmaları çok işinize yarayabilir.*

---

* Bu tür mekanizmalarla ilgili daha eksiksiz bir tartışma için bkz: "Turning Goals into Results: The Power of Catalytic Mechanisms", Harvard Business Review, Temmuz-Ağustos, 1999.

ACI GERÇEKLERİN ORTASINDA İNANCINI KAYBETMEMEK

Procter & Gamble 1960'lı yılların sonunda kağıt bazlı tüketim ürünleri pazarını işgal ettiğinde Scott Paper (o zamanlar liderdi) hiçbir mücadele vermeden ikinci plana çekilerek faaliyet alanlarını çeşitlendirmenin yollarını aramaya başladı.[46] Bir analist, "Şirketin 1971 yılında analistler için düzenlediği toplantı, hayatımda katıldığım en depresif toplantılardan biriydi. Yönetim tam anlamıyla havlu atmıştı ve 'İşimiz bitti' diyordu" şeklinde konuşuyor.[47] Bir zamanların mağrur şirketi artık, "Eh ne yapalım en iyilerin karşısında biz de böyle olduk" diyor ve, "Bizden de kötü durumda olanlar var" diye teselli buluyordu.[48] Kaybettiklerini kazanmak için nasıl bir atak yapabileceğine bakmak ve harekete geçmek yerine Scott, sadece elindekileri korumanın telaşına düşmüştü. Pazarın tepesini P&G'ye bırakan şirket, B kategorisinde saklanırsa mahallesini işgal etmiş olan canavarın kendisini rahat bırakacağını sanıyordu.[49]

Oysa Kimberly-Clark, P&G ile rekabete girmeyi bir yük değil, bir değer olarak algıladı. Darwin Smith ve ekibi en iyiyle yarışma düşüncesiyle coşmuştu. Bunu Kimberly-Clark'ı en iyi şirket yapma ve her kademedeki şirket elemanlarının rekabetçi yanını teşvik etme fırsatı olarak görüyorlardı. Bir toplantıda Smith ayağa kalktı ve, "Şimdi herkesi bir dakikalığına saygı duruşuna davet ediyorum" dedi. Herkes Darwin'in ne yapmak istediğini anlamak için etrafına bakıyordu. Biri mi ölmüştü? Bir anlık kafa karışıklığından sonra herkes ayağa kalktı ve sessizce gözlerni ayakkabılarına çevirdi. Biraz süre geçtikten sonra Smith bakışlarını gruba çevirip üzgün bir sesle, "P&G içindi" diye açıkladı.

Şirket çılgına dönmüştü. Olayı yaşayan yönetim kurulu üyesi Blair White, "Yönetim kademesinden en alt kademeye kadar şirketin içindeki herkes bir anda havaya girmişti. Goliath'a saldıracaktık!" diye anlatıyor.[50] Smith'in halefi Wayne Sanders, daha sonra bize şirketin en iyiyle rekabete girmesinin ne kadar büyük bir yarar sağladığını şöyle anlatacaktı: "P&G'den daha iyi bir rakip bulabilir miydik? Hayır. Böyle diyorum çünkü onlara büyük saygı duyuyoruz. Bizden daha büyükler. Çok becerikliler. Pazarlamada mükemmeller. Diğer tüm rakiplerini ezip geçtiler. Bir tek bizi yenemediler. İşte bize gurur veren şeylerden biri bu."[51]

Scott Paper ile Kimberly Clark'ın P&G'ye gösterdiği farklı tepkiler bizi hayati bir noktaya getiriyor. Acı gerçeklerle karşılaşan mükemmel şirketlerin morali bozulup kendilerini daha zayıf hissetmiyor. Tersine kendini güçlü ve zorluklarla başa çıkma yeteneğine sahip şirketler olarak görüyor. Zorluklarla karşılaştıklarında bir coşku hali devreye giriyor ve, "Teslim olmak yok. Biraz zaman alabilir ama sonunda kazanmanın yolunu bulacağız" diyorlar.

Kroger'dan Robert Aders, şirketin bütün sistemini değiştirmek gibi 20 yıl sürecek zorlu bir göreve girişen Kroger'lıların psikolojisini aktararak bu duyguyu hoş biçimde özetliyor: "Yaptığımız şeyin Churchillvari bir havası vardı. Yaşamak için çok güçlü bir irademiz vardı. Diyorduk ki, biz Kroger'ız, Kroger her zaman buradaydı, biz gittikten sonra da burada olacak ve tanrının da yardımıyla mücadelemizi kazanacağız. Yüz yıl bile sürse yüz yıl dayanacağız."[52]

Çalışmamız boyunca, International Committe for the Study of Victimization (Mağdur Araştırmaları Uluslararası Komitesi)'ın yaptığı cesur araştırmaları hatırladık. Bu araştırmalar, kanser hastaları, savaş esirleri, kaza kurbanları gibi büyük zorluklar atlatarak yaşamaya devam eden insanlar üzerinde yapılıyor. Bulgulara göre bu insanlar genellikle üç kategoriye ayrılıyor: olaydan sonra cesareti kalıcı olarak kırılanlar, eski hayatına normal olarak dönenler ve yaşadıkları olayı, kendilerini güçlendiren bir tecrübe olarak görenler.[53] İyiden mükemmele dönüşen şirketler, üçüncü kategorideki "cesaret faktörü" sahibi insanlara benziyor.

Fannie Mae 1980'li yıllarda geçiş sürecine başladığında hemen hemen kimse başarılı olacağına ve mükemmele ulaşacağına ihtimal vermiyordu. Mae'nin portföyünde, kendine para kaybettiren 56 milyar dolarlık kredi vardı. Uzun vadeli ipotekli konut kredisi* portföyünden aldığı yüzde 9 faize karşın, kendi arzettiği kağıtlara yüzde 15 faiz ödüyordu. Aradaki farkı 56 milyar dolarla çarparsanız, ne kadar büyük bir negatif rakam bulacağınızı tahmin edersiniz. Üstelik imtiyaz sözleşmesine göre Mae'nin ürün çeşitlendirmesi yapması ve konut kredisi finansmanı işinden başka bir alana girmesi de yasaktı. Herkes Mae'nin kaderinin tamamen faiz oranlarındaki gidişata mahkum olduğunu (faizler yükselirse batacak, düşerse çıkacak), ancak hükümetin faizleri düşürecek bir şeyler yapması halinde şirketin başarılı olacağını düşünüyordu.[54] Bir analist, "Tek umutları bu" diyordu.[55]

Ama David Maxwell ile etrafına yeni topladığı ekibinin görüşü böyle değildi. İnançlarını kaybetmemişlerdi. Mülakatlarımızda amaçlarının sadece hayatta kalmak değil, mükemmel bir şirkete dönüşerek herkesi geçmek olduğunu dile getiriyorlardı. Evet, faiz oranları arasındaki fark acı bir gerçekti ama sihirle ortadan kalkacak değildi. Fannie Mae'nin tek şansı, uzun vadeli konut kredisi faiz oranı riskini çevirebilmek için dünyanın en iyi sermaye piyasası oyuncusu olmaktı. Maxwell ve ekibi hemen işe koyularak şirketi faiz oranlarına çok daha az bağımlı hale getirebilecek sofistike konut kredisi finansman enstrümanları bulmak dahil, yeni bir iş modeli oluşturmaya başladılar. Analistlerin çoğu bu çabayla dalga geçti. Biri, "Size zarar ettiren 56 milyar dolar krediniz varsa yeni programlardan bahsetmek şaka gibi bir şey" derken, bir başkası, "Bu program, Chrysler'ın hava taşımacılığına başlayacağını söylemesi gibi bir şey (o sıralar Chrysler iflastan kurtulmak için hükümetten yardım istiyordu)" diyordu.[56]

David Maxwell'le mülakatımı bitirdikten sonra o karanlık günlerde menfi konuşanlarla nasıl başa çıktıklarını sordum. "İçimizde böyle bir şey olmadı. Elbette aptalca bir sürü şeyi yapmaktan vazgeçip bir dizi yeni finansal enstrümanlar bulmamız gerekiyordu. Ama hiçbir zaman başarısızlık olasılığına takılmadık. İçinde bu-

* Çoğunluklu 10 yıldan uzun vadeli, ipotek teminatlı ve aylık sabit ödemeli konut kredisi, "mortgage"-ç.

lunduğumuz felaketi, Fannie Mae'yi mükemmel bir şirkete dönüştürmek için bir fırsat olarak kullandık" dedi.[57]

Kendi aramızdaki araştırma toplantılarından birinde ekibimizin üyelerinden biri, Fannie Mae'yi, başrolünü Lee Majors'ın oynadığı, bir zamanların sevilen TV dizisi 6 Milyon Dolarlık Adam'a benzettiğini söyledi. Dizi, bir ay aracını çölde test ederken ciddi bir kaza geçiren bir astronotu anlatıyordu. Doktorlar, vücuduna atom enerjisiyle çalışan bir göz ve mekanik eklemler yerleştirerek astronotu süper bir insana çevirmişlerdi.[58] Aynı şekilde David Maxwell ile ekibi de yaralanmış, ölmek üzere olan Fannie Mae'nin durumunu sadece şirketi yeniden yapılandırmak için bir gerekçe olarak kullanmakla yetinmemiş, bu durumu bir fırsat bilip çok daha güçlü ve dayanıklı bir şirket yaratmışlardı. Günbegün, ay be ay, yıl be yıl, risk yönetimi çerçevesinde tüm şirketi yeniden inşa etmiş ve sonuç itibariyle 15 yıl boyunca borsa ortalamasının 8 kat üzerinde bir hisse getirisi sağlayarak Fannie Mae'yi Wall Street'teki diğer tüm şirketlerle aşık atabilecek bir şirkete dönüştürmüşlerdi.

STOCKDALE PARADOKSU

Fannie Mae gibi zorlu bir krizi, iyiden mükemmele dönüşen şirketlerin yarısından azı yaşadı. Ama bu şirketlerin hepsi şu ya da bu şekilde mükemmele ulaşma yolunda ciddi zorluklarla karşılaştılar. Gillette, satınalma savaşında; Nucor, ithal rekabetinde; Wells Fargo, deregülasyon döneminde; Pitney Bowes, tekel konumunu yitirdiğinde; Abbott, çok miktarda ürününü, Kroger ise mağazalarının neredeyse tamamını değiştirmek zorunda kaldığında, vs. Bun olayların hepsinde yönetim ekipleri, güçlü bir ikili psikoloji içinde olaylara müdahale ettiler. Bir yandan acı gerçekleri şikayet etmeden kabullendiler. Öte yandan da oyunun sonunda kazanacaklarına ve o andaki zorluklara karşın mükemmel bir şirket yaratacaklarına inançları hiç sarsılmadı. Bu ikileme, Stockdale Paradoksu adını veriyoruz.

Paradoksun ismi, Vietnam savaşının en hararetli günlerinde "Hanoi Hilton" adı verilen savaş esirleri kampında kalan en yüksek rütbeli ABD'li subay olan Amiral Jim Stockdale'a atfen verilmiştir. Kampta kaldığı 1965-1973 yılları arasında yirmiden fazla kez işkenceden geçirilen Stockdale, savaş esirlerine tanınan haklardan yararlanamadı. Ne serbest bırakılacağı tarih belliydi ne de ailesine ve sevdiklerine tekrar kavuşup kavuşamayacağı. Ayrıca kamptaki askerlere komuta etmek gibi bir yükü sırtlanmıştı. Bir yandan onların morallerini çökertmeden hayatta kalabilecekleri bir ortam sağlamak amacıyla elinden geleni yapmaya çalışıyor, diğer yandan da esirleri propaganda için kullanmaya çalışan düşmanlarının bu girişimlerine karşı mücadele yürütüyordu. Bir keresinde "iyi muamele gören esir" olarak filmini çekmesinler diye görünüşünü bozmak amacıyla tabure ayağıyla kendini dövüp traş bıçağıyla kendini kesmişti. Karısına gönderdiği mektuplarda gizli bilgiler veriyordu ve bunun keşfedilmesi halinde sonucun işkence, hatta belki de ölüm olacağının bilincindeydi. İnsanların işkenceye direnmesini sağlayan kurallar koydu. (Buna göre kimse işkenceye sonuna kadar direnemezdi. Bu yüzden aşamalı bir sistem getirdi. İşkenceye başlandıktan x dakika sonra bazı bilgiler verirdiniz. Bu sayede biraz daha direnmek için zaman kazanırdınız.) Ayrıca esir alanların yaratmaya çalıştığı tecrit atmosferini engellemek için kamptaki esirlerin duvara vurarak birbirleriyle haberleşmesini sağlayacak bir sistem buldu. (Buna göre iki tık a harfine, tık-es-tık-tık b harfine, tık-tık-es-tık c harfine vs. denk geliyordu.) Stockdale'in vurularak yaralanmasının üçüncü yıldönümüne denk gelen bir gün, kamp yönetiminin sessizlik uyarısı yaptığı bir anda, esirler kampın orta avlusunu ellerindeki bezli sopalarla temizlerken çıkan seslerden yararlanarak aynı alfabeyle "Seni seviyoruz Stockdale" yazmışlardı. Serbest bırakıldıktan sonra bahriye tarihinde havacılara verilen onur madalyasıyla birlikte Kongre Onur Madalyası takan ilk üç yıldızlı oldu.[59]

Stockdale ile neden zaman geçirmek istediğimi sanırım anlamışsınızdır. Öğrencilerimden biri tezini, ofisimin bulunduğu caddenin hemen karşısındaki Hoover Institute'da Stoacı filozoflar üzerine çalışma yürüten Stockdale üzerine yapmıştı. Stockdale ikimizi öğle yemeğine davet etti. Bu görüşmeye hazırlanmak amacıyla karısıyla birlikte yazdığı In Love and War adlı kitabı okudum. Kitap, amiral ile eşinin ayrı geçirdikleri sekiz yılı kendi açılarından kronolojik sırayla anlatıyordu. Bir bölümünü amiral, sonraki bölümünü eşinin yazdığı, birbirini izleyen bölümlerden oluşuyordu.

Kitabı okudukça giderek daha çok bunaldığımı hissettim. Yaşadıkları korkunçtu. Kaderinin belirsizliği, düşmanlarının acımasızlığı korkunçtu. Ve bir anda şunu hissettim: "Bu anda burada, sıcak ve rahat ofisimde oturup güzel bir Cumartesi günü penceremden dışarıya, Stanford'un güzel kampüsüne bakıyorum. Elimdekini okurken bunalıyorum. Üstelik sonucunu bildiğim halde. Serbest bırakıldığını, karısına kavuştuğunu, ulusal bir kahraman olduğunu ve ömrünün son yıllarını bu güzel kampüste felsefe okuyarak geçirdiğini biliyorum. Eğer bu koşullarda bile benim için bunaltıcı oluyorsa, o oradayken ve üstelik sonucunu da bilmiyorken bununla başa çıkmayı nasıl başardı?

Bunu ona sorduğumda, "Asla inancımı kaybetmedim. Sadece oradan kurtulacağımdan değil, aynı zamanda o yaşadıklarımı hayatımın en önemli ve hiçbir şeye değişmeyeceğim tecrübesi haline getireceğimden asla şüpheye düşmedim" şeklinde cevap verdi.

* * *

Bir süre hiç konuşamadım. Fakültenin kulübüne doğru yürüyorduk. Gördüğü işkenceler nedeniyle bacağı hiç iyileşemeyecek derecede sakatlanan Stockdale, topallaya topallaya yanımda yürüyordu. Yaklaşık yüz metrelik sessiz yürüyüşten sonra nihayet konuşabildim: "Peki kamptan kimler sağlıklı çıkamadı?"

"Çok kolay. İyimserler."

"İyimserler mi? Anlamıyorum." Yüz metre önce söylediklerini düşününce aklım tamamen karışmıştı.

"Elbette iyimserler. Çünkü onlar şöyle diyordu: 'Noele kadar buradan kurtuluruz:' Noel gelip geçiyor ama onlar kalıyordu. Bu sefer, 'Paskalya'ya kadar kurtuluruz' diyorlardı. Paskalya gelip geçiyor, yine orada kalıyorlardı. Bu sefer, Şükran Günü'nü bekliyorlardı. Sonra tekrar Noel. Sonunda hayal kırıklığı içinde ölüp gidiyorlardı."

Tekrar uzun bir sessizlik. Biraz daha yürüdük. Sonra birden bana döndü ve şöyle dedi: "Bu çok önemli bir derstir. Sonunda başaracağına dair inancını asla kaybetmemelisin. Kaybedersen ayakta kalamazsın. Ama bir yandan da o an içinde bulunduğun durumun ortaya koyduğu acı gerçekler neyse, onlarla yüzyüze gelmek için gereken disipline de sahip olacaksın."

Bugüne kadar da aklımda iyimserleri sürekli uyaran Stockdale'in görüntüsü aklımdan hiç gitmedi: "Noel'e kadar çıkmıyoruz. Bunu kabul edin!"

* * *

Amiral Stockdale ile yaptığım bu konuşma, kişisel gelişimim üzerinde derin bir etki bıraktı. Hayat adil değildir. Kimi zaman bize kıyak geçer kimi zaman başkalarına. Hepimiz hayal kırıklıkları, bizi çökerten olaylar yaşarız. İşlerimiz ters gider. Şöyle bir baktığınızda bunlar için belli bir neden, suçlayacak belli bir kişi de bulamayabilirsiniz. Hastalanabilir, kaza geçirebilir, yaralanabilir, sevdiğiniz birini kaybedebilir, siyasi bir karışıklık içinde durumunuz bozulabilir, Vietnam'da vurulup sekiz yıl boyunca bir esir kampında kalabilirsiniz. İnsanları birbirinden ayıran şey, Stocdale'in öğrettiğine göre, zorluklarla karşılaşıp karşılaşmamak değil, hayatın getirdiği kaçınılmaz zorluklarla nasıl başa çıktıklarıdır. Hayat mücadelesinde Stockdale Paradoksunun (sonunda başaracağına inancınız kaybetmeyin ve o anki gerçekliğinizin en acı gerçekleriyle yüzleşin) verdiği ders, zorlukları aşmak zayıflatmaz, tersine güçlendirir dersi, sadece bana değil bu dersi alıp hayata geçirmeye çalışan herkese güç veriyor.

Stockdale Paradoksu

Zorluklara takılmadan sonunda mücadeleden galip çıkacağınıza inancınızı kaybetmeyin.	VE aynı zamanda	Ne kadar acı olsalar da hayatın gerçekleriyle yüzleşin.

Stockdale ile yaptığım konuşmayı mükemmel şirketler üzerinde yürüttüğüm araştırmanın bir parçası olarak değil, kendime ait bir tecrübe olarak gördüm. Ama araştırmamızın sonuçları ortaya çıktıkça bu tecrübeyi daha sık hatırlar oldum. Bir gün toplantı sırasında ekibime anlattım. Ben sustuktan sonra bir süre sessizlik oldu. "Herhalde benim araştırmadan koptuğumu düşünüyorlardır" diye içimde geçiriyordum.

Sonra ekibin sakin yaradılışlı ve düşünceli üyesi Duffy konuştu. A&P – Kroger analizini o yapmıştı. "İşte bu tam da benim kafamda evirip çevirdiğim şey. A&P ile Kroger arasındaki farkı arayıp duruyordum. Fark işte bu. Kroger, Stockdale'e benziyor. A&P ise Noel'e kadar kamptan çıkacaklarını sanan iyimserlere."

Sonra hepsi de kendi şirket çiftlerinde benzer şeyleri gören diğer ekip üyeleri konuşmaya katıldılar. Her ikisi de deregülasyon dönemini yaşayan Wells Fargo – Bank of America, her ikisi de Procter and Gamble'ın müthiş rekabetini yaşayan Kimberly Clark – Scott Paper, her ikisi de tekel konumlarını kaybeden Pitney Bowes – Addressograph, her ikisi de ithalattan kaynaklanan rekabeti yaşayan Nucor ile Bethlehem Steel, vs. Hepsi de aynı paradoksal psikolojik kalıba uyuyordu. Bu paradoksa, Stockdale Paradoksu adını verdik.

Stockdale Paradoksu, ister sadece kendinin, isterse başkalarının lideri olsun, liderlik yaparak mükemmelliğe ulaşan herkesin ortak imzası. Churchill o imzayı II. Dünya Savaşı'nda attı. Amiral Stockdale, paradoksu, kendinden önceki Viktor Frankl gibi, esir kampında yaşadı. Ve bizim iyiden mükemmele dönüşen şirketlerimiz, her ne kadar hür dünyanın koruyucusu ya da esir kampında kalanların kurtarıcısı olma iddiasında bulunamasalar da, hepsi Stockdale Paradoksu'nu tecrübe etti. İçinde bulundukları ortam ne kadar korkunç, içine hapsoldukları vasatlık ne kadar şevk kırıcı olursa olsun hayatta kalacaklarına ve mükemmel bir şirket olarak bu mücadeleden galip çıkacaklarına olan inançlarını kaybetmediler. Aynı zamanda o an karşılarına çıkan en acı gerçeklerle yüzleşecek disiplini de gösterdiler.

Araştırmamızda genel olarak bulguladığımız gibi mükemmelliğin ana unsurları çok basit ve düzdür. Mükemmel liderler, bütün o gürültü patırtının içinden en büyük etkiye sahip şeyleri bulup çıkartmasını bilirler. Bunu yapabilirler çünkü onlar Stockdale Paradoksunun iki tarafını da yaşayıp bir tarafın diğerini gölgelemesini engellerler. Eğer siz de bu ikili kalıbı uygulayabilirseniz arka arkaya iyi kararlar verme şansınızı inanılmaz ölçüde artıracak ve bu süreç sonunda gerçekten iyi seçimler yapabilecek derin bir öngörüye sahip olur konuma geleceksiniz. Bu temel ve birleştirici konuma bir kez geldiniz mi şirketinize atılım yaptıracak kalıcı bir geçiş sürecine çok yaklaşmış olacaksınız. Şimdi de bu konuma nasıl gelinir, ona bakalım.

Bölüm Özeti

ACI GERÇEKLERLE YÜZLEŞİN (AMA İNANCINIZI KAYBETMEYİN)

ÖNEMLİ NOKTALAR

- İyiden mükemmele dönüşen tüm şirketler, mükemmelliğe giden yolu, o anki acı gerçekleriyle yüzleşerek bulmuşlardır.
- İçinde bulunduğunuz konumun gerçeklerini belirlemek için dürüstçe, özenle ve sebatla işe koyulursanız, genellikle doğru kararlar kendiliğinden gelir. Acı gerçeklerle dürüst biçimde yüzleşmeksizin iyi kararlar almak imkansızdır.
- Mükemmel olmak isteyen bir şirketin birinci görevi, öncelikle elemanlarının söylediklerinin duyulduğu, sonra da gerçeklerin işitildiği bir kültür oluşturmaktır. Böyle bir kültür oluşturmanın dört koşulu vardır:
  1. Cevaplarla değil sorularla yönetin.
  2. İnsanlarla tartışın, onlarla diyalog kurun; baskı kurmayın.
  3. Kimseyi suçlamadan otopsi yapın.
  4. Elinizdeki bilgiye, gözardı edilemeyeceği bir ağırlık kazandıracak kırmızı bayrak mekanizmaları kurun.
- İyiden mükemmele dönüşen şirketler de karşılaştırma grubundaki şirketler kadar zor günler yaşamış ancak bu zorluklara farklı tepki vermişlerdir. Gerçeklerle yüzleşmiş ve yollarına devam etmişlerdir. Sonuç olarak da yaşadıkları zor günlerden güçlenerek çıkmışlardır.
- İyiden mükemmele ulaşmak için gereken ana psikolojilerden biri, Stockdale Paradoksudur: O andaki zorluklar ne olursa olsun sonunda mücadeleden galip çıkacağınıza inancınızı kaybetmeyin VE aynı zamanda ne olursa olsun, içinde bulunduğunuz konumun acı gerçekleriyle yüzleşmesini bilin.

BEKLENMEDİK BULGULAR

- Karizmanız, bir varlık olabileceği gibi, lider kişiliğinizin ağırlığı karşısında insanların acı gerçekleri size getirmekten çekinmelerini sağlıyorsa, yük haline de gelebilir.
- Liderlik sadece vizyonla başlamaz. İnsanların acı gerçeklerle yüzleşmelerini ve bu gerçeklerin olası sonuçlarına karşı harekete geçmelerini sağlamakla başlar.
- İnsanları "motive" etmek için zaman ve enerji harcamak, boşa harcamaktır. Sorulması gereken asıl soru, "İnsanları nasıl motive ederiz" değildir. Eğer elinizde doğru insanlar varsa onlar zaten motivasyon sahibidirler. Mesele, onları demotive etmemektir. İnsanları demotive etmenin birinci yolu ise acı gerçekleri gözardı etmektir.

KİRPİ KONSEPTİ
(Üç Çemberde Sadelik)

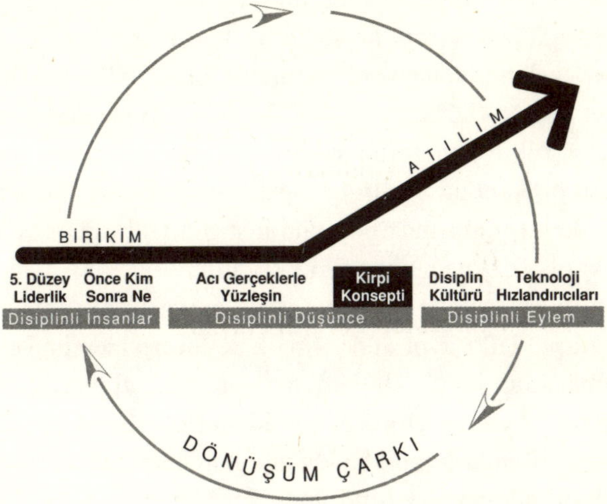

Kendini bil.

- Delphoi katibi,
Platon aracığılıyla[1]

Kirpi misiniz, tilki mi?

Isaiah Berlin, ünlü denemesi Kirpi ve Tilki'de, eski Yunan mesellerine dayanarak insanları kirpilerle tilkiler şeklinde ikiye ayırır: "Tilkinin bir sürü numarası vardır ama kirpinin bir tek büyük numarası vardır."[2] Tilki, karmaşık stratejiler geliştirerek kirpiye sinsice saldırılar düzenleyebilecek zeki bir hayvandır. Kirpinin yuvasının etrafında dolanıp durarak saldıracak en uygun anı kollar. Hızlıdır, güzeldir, parlaktır, ayağına çabuktur, beceriklidir. Yani kazanacağı kesin gibidir. Oysa kirpi neye benzediği belli olmayan, garip, çirkin bir yaratıktır. Bütün gün sallana sallana yemek arayıp yuvasını kollamaktan başka yapacak işi yoktur.

Tilki, izlerin kesiştiği yerde sessizce bekler. Kendi işinden başka bir şeyle meşgul olmayan kirpi, yolda görünür. "Tamam işte şimdi yakaladım seniii!" diye düşünür tilki. Hızla fırlar avına doğru. Tehlikeyi sezen küçük kirpi ona şöyle bir bakar ve, "Hey allahım, hiç öğrenmeyecek mi bu hayvan!" Sonra da kapanıp her tarafından sivri okların çıktığı küçük bir top haline gelir. Avına doğru hızla gelmekte olan tilki bunu görüp saldırısını erteler. Ormana doğru geri çekilirken bir sonraki saldırının planlarını kurmaya başlamıştır bile. Tilki ile kirpi arasında bu oyun her gün tekrarlanır ve tilki çok daha zeki olsa da oyunu hep kirpi kazanır.

Berlin, bu meselden insanları ikiye ayıracak bir anlam çıkarır: tilki ve kirpi. Tilki aynı anda birçok şeyin peşindedir ve dünyayı tüm karmaşıklığı içinde algılar. Ona göre tilki, algılarını tek ve bütünlüklü bir vizyon geliştirecek şekilde birleştiremediği için, "dağınıktır ve aynı anda birçok kademede harekete geçer." Oysa kirpi, karmaşık bir dünyayı tek bir örgütleyici ilke, her şeye yön veren ve her şeyi birleştiren bir kavram etrafında ele alır. Dünya ne kadar karmaşık olursa olsun tüm tehditleri ve açmazları basit fikirlere (kirpi fikri) dönüştürür. Kirpi için kirpi fikriyle bağlantılı olmayan hiçbir şeyin anlamı yoktur.

University of Princeton hocalarından Marvin Bressler, uzun konuşmalarımızdan birinde kirpinin gücüne işaret etti: "En etkili kişileri, kendileri kadar akıllı olanlardan ayıran şeyin ne olduğunu merak ediyor musunuz? Kirpiler. Freud ve bilinçaltı, Darwin ve doğal seleksiyon, Marx ve sınıf savaşı, Einstein ve görelilik, Adam Smith ve emeğin bölünmesi; hepsi kirpidir. Karmaşık bir dünyayı alıp basite indirgemişlerdir. En büyük izi bırakanların arkasında, geriden onlara, 'İyi fikir aslında, ama çok ileri gidiyorsun" diyen binlerce insan vardı."[3]

Kirpi, aptal değildir. Tam tersine derinlikli bir algılamanın, ancak basitlik sayesinde olabileceğini kavramıştır. $e=mc^2$ kadar basit ne olabilir? İd, ego ve süperego şeklinde bölünmüş bir bilinçaltı kadar basit ne olabilir? Adam Smith'in topluiğne fabrikası ve "görünmez el"i kadar zarif ne olabilir? Hayır, kirpiler sadece basit şeyleri görebilen ahmaklar değildir. Karmaşık şeyleri basite indirgemelerini sağlayarak onların altındaki kalıpları görmelerini sağlayan delici ve derin bir algılama biçimleri vardır. En temel şeyleri algılayıp diğer her şeyi boşverirler.

Peki, tilkiler ve kirpiler hakkındaki bu kadar lafın iyiden mükemmele dönüşen şirketlerle ne ilgisi var? Çok ilgisi var.

Mükemmel şirketleri yaratanlar, şu ya da bu ölçüde kirpidir. Şirketlerinde Kirpi Konsepti dediğimiz şeyi oluşturmak için kendi kişiliklerinden gelen kirpiliği kullanmışlardır. Karşılaştırma grubundaki şirketleri yönetenler ise Kirpi Konseptinin sağladığı berraklık avantajından yararlanamayan, dağınık ve tutarsız insanlardır.

Walgreens – Eckerd vakasına bakalım. Walgreens'in 1975'ten 2000'e kadar kümülatif hisse senedi getirisinde borsa ortalamasını 15'e katlayarak GE, Merck, Coca Cola ve Intel gibi mükemmel şirketleri nasıl geçtiğini hatırlayalım. Bu performans, adı bile bilinmeyen (hatta bazılarına göre sıkıcı) bir şirket için ciddi bir performanstır. Cork Walgreen'le mülakatımız sırasında bu olağanüstü sonuçları nasıl elde ettiklerini anlamak için sürekli sorular sordum. Sonunda biraz da kızarak, "Yahu o kadar da karmaşık bir şey değil. Konsepti bir kez anladık mı kafadan dalıyorduk" dedi.[4]

Peki konsept neydi? Sadece şu: müşteri başına kârlılığı en yüksek, en iyi süpermarketler (convenient drugstore). O kadar. Walgreens'in Intel'i; GE'yi, Coca-Cola'yı, Merck'i geçtiği atılım stratejisi işte bu.

Tam da klasik kirpi tarzına uygun bir şekilde Walgreens bu basit konsepti alıp fanatik bir tutarlılıkla uyguladı. Sistematik bir program uygulayarak yeri iyi olmayan dükkanları değiştirdi. Bunun için de müşterilerin caddenin bir köşesinden girip öteki köşesinden çıkabileceği köşe dükkanları tercih etti. Kârlı bir Walgreens dükkanının yakınlarında bir köşebaşı dükkan açıldığı anda, şirket bu kârlı dükkanını kapatıp (bu ona 1 milyon dolara malolsa bile) köşebaşında yeni bir dükkan açıyordu.[5] Walgreens, arabadan alışveriş edilebilen eczaneler konusunda da öncülük yaptı ve müşteriler fikri tutunca binlercesini açtı. Şehirlerde, her müşteri en fazla birkaç blok yürüyerek bir Walgreens dükkanına ulaşabilmelidir ilkesi gereğince, dükkanlarını birbirine oldukça yakın yerlerde açtı.[6] Örneğin Walgreens'in, San Francisco merkezinde bir mil çaplı bir daire içinde tam dokuz dükkanı var. Dokuz dükkan![7] Biraz daha yakından bakarsanız bazı şehirlerde Walgreens dükkanlarının en az Seattle'daki Starbucks kafeler kadar yoğun olduğunu görürsünüz.

Walgreens daha sonra elverişli dükkan konseptiyle müşteri başına kârlılık ilkesi arasında bir bağlantı kurdu. Dükkanların kümeler halinde açılması (bir millik dairede dokuz dükkan!) yerel olarak ölçek ekonomisinin kullanımına, böylece daha çok müşteriye ulaşıp daha fazla nakit üreterek daha fazla dükkan açılmasına ve tekrar daha çok müşteriye ulaşmasına neden oldu. Bir saatte fotoğraf çekimi gibi yüksek kâr marjlı işleri de katınca müşteri başına kârını daha da artırdı. Daha iyi dükkanlar daha çok müşteri çekti. Böylece kârı artmış dükkanlara daha çok müşteri gelince geometrik ölçüde artan gelirle daha da çok dükkanlar açtı. Dükkan dükkan, blok blok, şehir şehir, bölge bölge, bu inanılmaz ölçüde basit fikri kullanan Walgreens, giderek daha çok kirpileşti.

O anki modaya göre şirket yönetenlerle, parlak vizyon sahipleriyle, fütüristlerle, korku tacirleriyle, motivasyon gurularıyla ve bunun gibi bir sürü tiple dolu bir dünyada tek bir konsepti alıp onu hayal gücü ve mükemmellikle yöneterek bu kadar büyük bir başarıya imza atan bir şirketin bulunması ne güzel. Perakendecilikte (convenient drugstore) dünyanın en iyisi olmak ve müşteri başına kârını sürekli artırmak. Bundan daha düz, daha açık ne olabilir?

Peki eğer her şey bu kadar düz ve açıksa, neden Eckerd bunu göremedi? Walgreens sadece iyi dükkan/küme dükkan konseptini uygulayabileceği şehirlere odaklanmış durumdayken Eckerd'de bü-

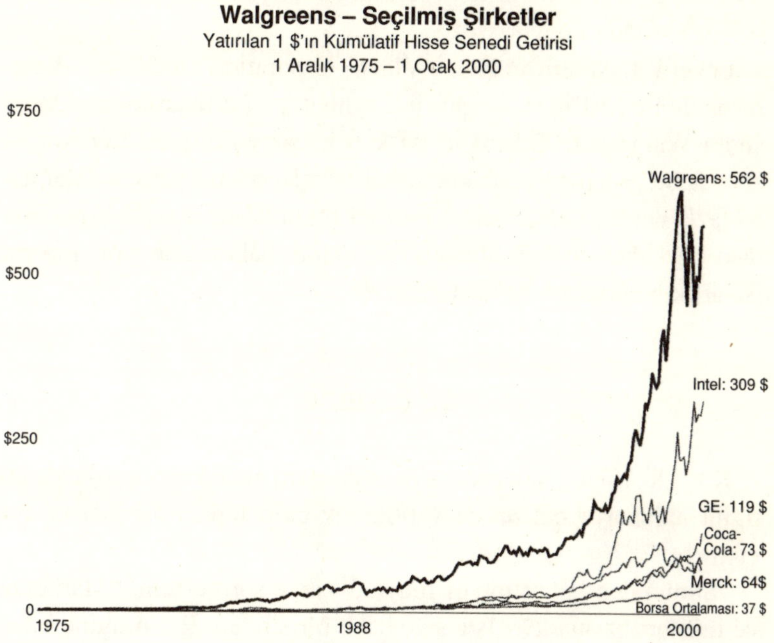

yümek için buna benzer tutarlı bir konsept göremedik. Eckerd'in yöneticileri dükkan kümelerini satın alma fırsatlarını hiç kaçırmadılar (şurada 42 dükkan, burada 36 dükkan) ama bunları birbirine bağlayan bir ana temaları yoktu.

Walgreens yöneticileri kârlı bir büyümenin ancak Kirpi Konseptine uymayan ne varsa kesip atmakla sağlanabileceğini anladıkları zamanlarda, Eckerd yöneticileri sadece büyümüş olmak için büyümeye çalışıyorlardı. 1980'lerin başında Walgreens bakkaliye kavramını fanatikçe sürdürürken Eckerd, American Home Video Corporation'ı alarak video pazarına girdi. 1981 yılında Eckerd'in CEO'su Forbes'a, "Bazılarına göre ne kadar safsak o kadar iyiyiz demektir. Ama ben büyüme istiyorum ve video pazarı da, market zincirlerinin tersine, büyümeye aday tek pazar."[8] Eckerd'in video hamlesi 31 milyon dolarlık bir zarar doğurduktan sonra Tandy'e satıldı. Onlarsa şirketi defter değerinin 72 milyon dolar altına aldıkları için havalara uçuyorlardı.[9]

Eckerd'in American Home Video Corporation'ı aldığı yıl, Walgreens ile Eckerd'in yıllık gelirleri aynıydı (1.7 milyar dolar). On yıl sonra Walgreens, Eckerd'in iki katı kadar yıllık gelir sağlıyordu. Ayrıca bu geçen on yılda kümülatif olarak ondan 1 milyar dolar daha fazla net kâr sağlamıştı. Yirmi yıl sonra Walgreens, çalışmamızdaki en kalıcı dönüşümlerden biri olarak hâlâ tırmanıyor. Eckerd ise artık bağımsız bir şirket değil.[10]

ÜÇ ÇEMBER

Kirpi Konsepti, Walgreens'in muhteşem getirilerini nasıl elde ettiğini anlamaya çalışırken yaptığımız ekip toplantılarında ortaya çıktı.

"Stratejiden bahsetmiyor muyuz?" diye sormuştum. "Marketler ve müşteri başına kâr. İşte size basit bir strateji. Bunu ilginç kılan nedir?"

İkisi arasındaki farkı analiz etmeye çalışan Jenni Cooper, "İyi ama Eckerd'in de bir stratejisi vardı" dedi, "demek ki mesele sadece bir stratejiye sahip olmak değil." Jenni haklıydı. Tek başına strateji, mükemmel şirketleri diğerlerinden ayıran unsur değildi. Bütün şirketlerin stratejik planları vardı ve karşılaştırma grubundaki şirketlerin iyiden mükemmele dönüşmüş şirketlere göre bu işe daha az para ve enerji ayırdıklarına dair bir kanıtımız da yoktu.

"Demek ki iyi strateji ve kötü stratejiden bahsediyoruz".

Herkes bir an durdu. Sonra, Leigh Wilbanks konuştu: "Stratejilerin inanılmaz basitliği beni en çok etkileyen şey. Yani, elinde sadece süpermarket konsepti olan Kroger'a veya kağıt bazlı tüketim ürünlerine yönelen Kimberley-Clark'a ya da bakkal dükkanlarıyla Walgreens'e bakın. Hepsi de çok basit fikirler aslında."

Bütün ekip üyeleri üzerinde çalıştıkları şirketler hakkında benzer sözlerle sıraya girdiler. İşte o zaman anlaşıldı ki iyiden mükemmele dönüşen tüm şirketler tüm kararlarının nirengi noktası olarak aldıkları son derece basit bir konsept çerçevesinde hareket ediyorlardı. Atılım yapmalarını sağlayan da bu yaklaşımlarıydı. Bu arada karşılaştırma grubu şirketlerinin kafaları ise Eckerd gibi karmaşık stratejilerle karışmıştı. "Demek ki" diye söze girdim, "basitlik yeter diyorsunuz. Ama bana göre bir şeyin basit olması doğru olduğunu göstermez. Dünya, basit ama yanlış fikirler uygulayıp batan şirketlerle dolu".

Bunun üzerine iyiden mükemmele dönüşen şirketlerde olan ve karşılaştırma grubu şirketlerinde olmayan konseptleri sistematik olarak incelemeye karar verdik. Birkaç aylık çalışmadan, değerlendirmeden, bazı fikirler ortaya atıp bazı fikirleri eleme aşamasından sonra Kirpi Konseptinin bütün mükemmel şirketlerde olduğunu, yani öyle tesadüfi bir fikir olmadığını gördük.

İyide mükemmele dönüşen şirketler ile karşılaştırma grubu şirketleri arasındaki temel stratejik ayrım, iki ana farktan kaynaklanıyor. Birincisi, mükemmel şirketler stratejilerini üç anahtar boyut çerçevesinde edindikleri derin bir kavrayış üzerine kuruyorlar (biz bunlara üç çember diyoruz). İkincisi, mükemmel şirketler bu kavrayışlarını, tüm faaliyetlerine yön veren basit ve berrak bir konsepte, Kirpi Konseptine dönüştürüyorlar.

Daha açık bir anlatımla Kirpi Konsepti, aşağıdaki üç çemberin kesişme noktasının derin biçimde kavranmasından kaynaklanan basit ve berraklaşmış bir konsepttir:

1. Dünyanın en iyisi olduğunuz alan ne? (ve en az onun kadar önemli olan, dünyanın en iyisi olamayacağınız alan ne). Bu ayırdedici standart, esas faaliyet alanı (core competence)* yaklaşımının çok daha ötesine kadar gider. Yeterli olduğunuz bir alanın olması, o alanda dünyanın en iyisi olduğunuz anlamına gelmez. Hatta tam tersi, en iyisi olduğunuz alan, o ana dek hiç ilgilenmediğiniz bir alan olabilir.

* Core competence: Şirketin rekabet gücüne sahip olduğu esas faaliyet alanı-ç.

2. Motorunuzu döndüren şey ne? İyiden mükemmele dönüşmüş tüm şirketler, en etkin biçimde kalıcı ve güçlü nakit akışının nasıl sağlanacağına ilişkin derin bir öngörü sahibidirler. Bu öngörü, onların içlerine işlemiştir. Özel olarak keşfettikleri tek bir ölçüt, x başına kâr, bu şirketlerin ekonomileri üzerinde en büyük etki yapan ölçüttür. (Sosyal alanlarda bu ölçüt, x başına nakit akışı olabilir.)
3. En derin tutkuyla bağlı olduğunuz şey ne? İyiden mükemmele dönüşen şirketler, tutkularını canlandıran alanlarda faaliyet göstermekten hoşlanırlar. Buradaki ana fikir tutkuları yapay bir şekilde canlandırmak değil, sizi tutkuyla dolduran şeyi keşfetmektir.

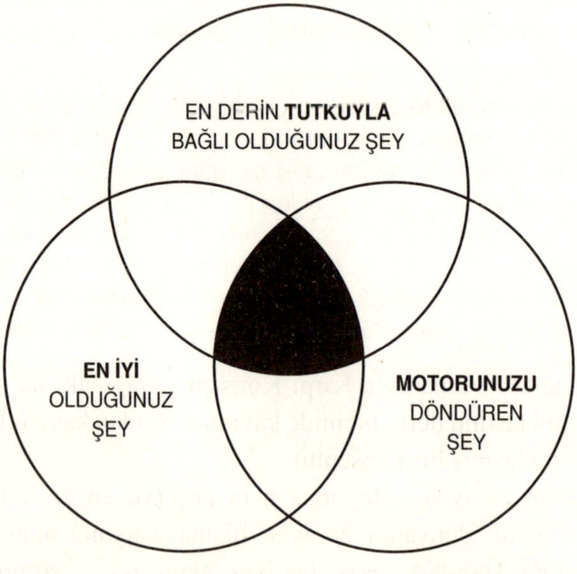

KİRPİ KONSEPTİNİN ÜÇ ÇEMBERİ

Varsayalım ki aşağıdaki üç ölçüte uyan bir iş hayatınız olsun istiyorsunuz. Birincisi, genetik olarak ya da Tanrı vergisi bir yetenekle belli bir işe ilginiz var ve bu işte dünyanın en iyilerinden biri olabilirsiniz. ("Bu işi yapmak için doğmuşum.") İkincisi, o işi yapmak için iyi ücret alıyorsunuz. ("Bunu yaparken bir de para mı alacağım? Rüya mı görüyorum?") Üçüncüsü tutkun olduğunuz işi yapıyorsunuz ve o işi yapmayı seviyorsunuz. ("Her sabah işe gitmek için yanıp tutuşuyorum. Yaptığım işe inanıyorum.") Eğer bu üç çemberin kesişim noktasını bulabilirseniz ve bu kesişim noktasını, hayattaki seçimlerinizi yönlendiren basit, berrak bir konsepte tercüme edebilirseniz, kendi Kirpi Konseptinizi buldunuz demektir.

Gelişmiş bir Kirpi Konseptine sahip olmak için üç çemberin üçüne de ihtiyacınız var. Örneğin, hiçbir zaman en iyisi olamayacağınız bir işten iyi para kazanmışsanız, başarılı bir şirket kurabilirsiniz ama mükemmel bir şirket kuramazsınız. En iyisi olduğunuz işe tutkun değilseniz, zirvede uzun süre kalamazsınız. Veya tutkun olduğunuz işi yapıyorsanız ama o işi yapanların en iyisi değilseniz ya da o iş ekonomik açıdan rasyonel değilse, iyi eğlenirsiniz ama mükemmel bir şirket oluşturamazsınız.

EN İYİSİ OLDUĞUNUZ (VE OLMADIĞINIZ) ŞEYİ ANLAMAK

"Bildikleri bir işe yapışıyorlar. Sonra da egolarının değil becerilerinin söylediği gibi yapıyorlar."[11] Bankacılık sektörüne ilişkin çekincelerine rağmen Wells Fargo'ya 290 milyon dolar yatıran Waren Buffet, böyle yazmıştı.[12] Kendi Kirpi Konseptini berraklaştırana kadar Wells Fargo, global bir banka olmaya çalıştı. Bir tür mini Citicorp olmak istedi ama vasat bir banka oldu. Sonra, ilkin Dick Cooley, ardından da Carl Reichardt'la birlikte Wells Fargo tepe yöneticileri kendi kendilerine bazı sorular sordular: Diğer şirketlerden daha iyi yapabileceğimiz şey ve aynı derecede önemli olmak üzere, daha iyi yapamayacağımız şey nedir? Eğer yaptığımız şeyi en iyi yapan biz değilsek, o halde neden onu yapmaya uğraşıyoruz?

Egolarını bir yana koyan Wells Fargo ekibi, uluslararası operasyonlarını neredeyse tamamen tasfiye etti. Global bankacılığı Citicorp'tan iyi yapamayacaklarını kabul etmişlerdi.[13] Sonra da en iyisi olabilecekleri alana döndüler: ABD'nin batı yakasına odaklanarak bankayı bir şirket gibi işletmeye başladılar. İşte Wells Fargo'yu vasat bir Citicorp olmaktan çıkarıp dünyanın en iyi performanslarından birini sergileyen banka yapan şey, bu oldu.

Bu geçiş sırasında Wells Fargo'nun başında bulunan Carl Reichardt, mükemmel bir kirpi olduğunu kanıtladı. Alışıldık bankacılık kurallarının son bulduğu deregülasyon fırtınasına Bank of America'daki meslektaşları, tutuculukla devrimcilik arası panik bir duyguyla tepki verip sofistike modeller ve zaman israfı ilişki grupları oluşturan değişim guruları kiralarken o, her şeyi kendi esaslarına indirgeyecek ölçüde basitleştiriyordu.[14] "Yaptığımız iş, uzay bilimi değildi ne de olsa, basit bir iş yapıyorduk ve yapmamız gereken şey bu sadeliği korumaktı" diyordu kendisiyle yaptığımız mülakatta. "Bu o kadar açıktı ki bu konuda konuşmak bile bize saçma geliyordu. Piyasanın belli bir otorite tarafından düzenlenmediği rekabetçi bir sektörde faaliyet gösteren ortalama bir işadamı bile mal bulmuş Mağrıbi gibi bu düşüncenin üzerine atlardı."[15]

Reichardt sürekli, "Modesto'da da en az Tokyo'da kazanabileceğimiz kadar para kazanabiliriz" diye uyararak, durmaksızın elemanlarını kirpi konseptine odaklanmış halde tutmaya devam etti.[16] Onunla çalışanlar, sadelik konusundaki dehasına hayrandır. "Eğer Carl bir kule atlama sporcusu olsaydı, öyle beşli ters burgu hareketi falan yapmazdı. Dünyanın en iyi kuğu dalışını tekrar tekrar yaparak onda mükemmelleşirdi" diyorlar.[17]

Wells Fargo'cular bu Kirpi Konsepti üzerinde o kadar yoğunlaştılar ki, artık yönetim ekibinin kendi sözleriyle, bu onların 'mantra'sı oldu. Kendileriyle yaptığımız tüm mülakatlarda, sanki ağız birliği etmişler gibi tüm Fargo'cular aynı şeyi tekrarladılar: "Hiç de karmaşık değil. Sadece yaptığımız şeyleri iyice gözden geçirdik ve egolarımızı tatmin edebileceğimiz ama herkesten iyi yapamayacağımız işler yerine diğerlerinden daha iyi yapabileceğimiz şeyleri yapmaya karar verdik."

Böylece bu bölümün en önemli noktalarından birine geliyoruz: Kirpi Konsepti, en iyi olma hedefi, en iyi olma stratejisi, en iyi olma planı, en iyi olma niyeti değildir. En iyisi olabileceğiniz şeyi kavramaktır. Aradaki bu fark, hayati bir farktır.

Bütün şirketler belli bir işte en iyi olmak isterler. Ama gerçekten de belli bir işte en iyi olabileceklerini ve aynı derecede önemli olmak kaydıyla en iyi olamayacaklarını gören, bu konuda egosundan sıyrılmış berrak bir kavrayış geliştirebilen şirket, çok azdır. İyiden mükemmele dönüşen şirketlerle karşılaştırma grubu şirketleri arasındaki en önemli farklılıklardan biri, budur.

Abbott Laboratories ile Upjohn arasındaki farka bakalım. 1964 yılı itibariyle iki şirket, gelir, kâr ve ürün gamı açısından neredeyse aynıydı. Her ikisinin de ana iş alanı ecza sanayi, özel olarak da antibiyotik ilaçlardı. İkisi de aile işletmesiydi. İkisi de diğer ecza firmalarının gerisinde kalmışlardı. Ama sonra, 1974 yılında Abbott öyle bir atılım gerçekleştirdi ki sonraki 15 yıl boyunca kümülatif borsa getiri ortalamasının 4, Upjohn'un 5.5 katı getiri elde etti. İki şirket arasındaki farklardan biri Abbott'un bir Kirpi Konsepti geliştirerek en iyi olduğu alanı keşfetmesi, Upjohn'ın ise bunu yapmamasıydı.

Abbott, işe önce acı gerçeklerle yüzleşerek başladı. 1964 itibariyle Abbott, en iyi ecza şirketi olma şansını yitirmişti. 1940'lı ve 1950'li yıllarda şirket, sürekli nakit sağdığı Eritromycin adlı ilacın getirisiyle tembel tembel otururken Merck ise Harvard ve Berkeley'i bile geride bırakacak araştırma laboratuarları kurmuştu. George Cain, 1964'te fark etti ki, Merck'in araştırmadaki hızına yetişmeye çalışmak, lise öğrencisi amatör bir beyzbolcunun Dallas Cowboys takımına girmeye çalışmasına benzeyecekti.

Abbott, bütün tarihi boyunca ecza sanayiinde yer almasına karşın, o tarih itibariyle en iyi ilaç şirketi olma vizyonuna sahip olacak durumda değildi. Bu yüzden de 5. Düzey bir lider tarafından yönetilen ve Stockdale Paradoksunun inanç yanını (Mükemmel bir şirket olmamızı sağlayacak bir yol mutlaka vardır ve biz onu mutlaka bulacağız!) kullanan şirket, hangi işte en iyi olduğunu araştırmaya başladı. 1967 yılında, kilit önemde bir kavrayışa ulaştılar: En iyi ilaç şirketi olma şansını çoktan kaybettik ama hasta bakım alanında maliyetleri düşürecek ürünler konusunda uzmanlaşabiliriz. Bunun ardından da ameliyattan sonra hastanede yatan hastaların bir an önce sağlıklarına kavuşmalarını sağlayacak besleyici ürünler ve teşhis aygıtları (hasta bakım maliyetini azaltmanın en iyi yollarından biri, hastaya doğru teşhis konulmasıdır) üretmek için çalışmaya başladılar. Abbott bu alanlarda uzmanlaştı ve sonunda da bu alanlarda açık arayla dünyanın en iyi şirketi oldu.[18]

Upjohn ise asla acı gerçekle yüzleşemedi ve günün birinde Merck'i geçebileceği yanılsamasıyla yaşamaya devam etti.[19] Sonra, ilaç sanayisindeki lider şirketlerin iyice arkasına düştükçe plastik ve kimya sanayi gibi en iyisi olamayacağı alanlara doğru kaydı. Daha da gerilerde kaldıkça, pastanın büyük dilimlerini artık asla yiyemeyecek kadar küçük olduğunu unutup tekrar ilaç sanayine döndü.[20] AR-GE 'ye Abbott'un neredeyse iki katı kadar yatırım yapmasına karşın Abbott'un yarısı kadar kâr ediyordu. 1995 yılında satın alındı.[21]

Abbott-Upjohn karşılaştırması, "esas faaliyet alanı" yaklaşımıyla Kirpi Konsepti arasındaki farkı aydınlatıyor. Belli bir süre, belki de yıllarca, on yıllarca bir alanda faaliyet göstermeniz, yani o alanı esas faaliyet alanı olarak belirlemeniz, o alanın en iyisi olduğunuz anlamına gelmez. Eğer esas faaliyet alanınızda dünyanın en iyisi değilseniz, o zaman o alan sizin Kirpi Konseptinizin temelini oluşturamaz.

Şurası açık ki Kirpi Konsepti ile esas faaliyet alanı yaklaşımı aynı şey değildir. Bir alanda yeterlilik sahibi olabilirsiniz ama bu, ille de o alanın en iyisi olacağınız anlamına gelmez. Varsayalım ki bir öğrenci lisede matematik dersinden iyi notlar alıyor ve üniversite sınavında da matematikten birçok soru cevaplıyor. Bu, onun ille matematikçi olacağı anlamına mı gelir? Hayır. Varsayalım ki öğrencimiz üniversitede matematik bölümüne gidiyor, A almayı sürdürüyor. Bu arada dünyaya matematik okumak için gelmiş, genlerinde matematik taşıyan öğrencilerle tanışıyor. Yaşadığı birkaç tecrübeden sonra şöyle diyebilir: "Okulda final sınavından ancak üç saatte çıkabildim. Oysa yarım saatte kağıdı verip bir de A+ alanlar var. Adamların beyni tamamen farklı çalışıyor. Ben iyi bir matematikçi olabilirim ama anladım ki asla en iyi matematikçi olamayacağım." Öğrencimiz, sürekli kendisine, "Ama sen iyi matematikçisin" diyen ailesi ile arkadaşlarından matematiği bırakmaması yönünde baskı görebilir. Aynı onun gibi birçok insan da asla mükemmel ve en iyi olamayacakları alanlarda kariyer yapmak durumunda kalmaktadır. Yeterli olmanın lanetini yaşayan ve bir Kirpi Konseptine sahip olmayanlar, yaptıkları işte mükemmelliği yakalayamaz.

Kirpi Konsepti, keskin bir mükemmellik standardı gerektirir. Konsept, belli bir alanda mükemmelliği yakalamaya değil, şirketinizin hangi alanın en iyisi olma potansiyeline sahip bulunduğunu kavramaya ve o alana sıkı sıkıya yapışmaya yöneliktir. Upjohn gibi karşılaştırma grubumuzdaki diğer şirketler de "iyi" oldukları, ama asla en iyisi olamayacakları işlere girmiş, hatta daha da kötüsü kolay kâr peşinde en üst mertebeye yükselmeyi akıllarından bile geçiremeyecekleri alanlara dalmışlardır. Para kazanmış olabilirler ama mükemmel şirket olamadılar.

İyiden mükemmele gitmek, yeterliliğin lanetini aşmayı gerektirir. İyiden mükemmele dönüşmek isteyen şirketler, şu düşünceyi dile getirecek disipline sahip olmalıdır: "Şu alanda iyi olmamız, bu sektörden para kazanmamız, tek başına o alanın en iyisi olabileceğimiz anlamına gelmez." İyiden mükemmele dönüşen şirketler, iyi olduğunuz bir alanda faaliyet göstermenin, sizi sadece iyi yapacağını anlamışlardır. Oysa mükemmelliğe götüren tek bir yol vardır, o da diğer tüm şirketlerden daha iyi olabileceğiniz alanlara odaklanmaktır.

İyiden mükemmele giden her şirket, bu ilkeyi derinden anlamış ve kaynaklarını en iyi olabilecekleri birkaç alana tahsis ederek geleceklerini bu ilkeye göre şekillendirmişlerdir (aşağıdaki tabloya bakınız). Karşılaştırma grubumuzdaki şirketler ise bu kavrayışa pek ulaşamazlar.

İYİDEN MÜKEMMELE ULAŞAN ŞİRKETLER VE KİRPİ KONSEPTİNİN "DÜNYANIN EN İYİSİ" ÇEMBERİ

Bu tablo, iyiden mükemmele giden şirketlerin kazandığı ve onların bu geçişlerinin temelini oluşturan kavrayışı gösteriyor. Dikkat: Tablo, şirketlerin geçişe başladıklarında hangi alanda dünyanın en iyisi olduklarını göstermiyor (zaten çoğu o an hiçbir alanda en iyi değildi). Hangi alanda dünyanın en iyisi olabileceklerini keşfettiklerini gösteriyor.

Abbott Laboratories: Hasta bakım maliyetlerini düşüren bir ürün gamı yaratma konusunda en iyi şirket olabileceğini anladı.	**Notlar:** O sıralarda gelirlerinin yüzde 99'unu ilaçlardan kazanmasına karşın Abbott, gerçekle yüzleşerek en iyi ilaç firması olamayacağını gördü.[22] Konsantrasyonunu, düşük maliyetli hasta bakım ürünleri, hastane gıdaları, teşhis aygıtları ve hastane malzemelerine yöneltti.
Circuit City: Büyük kalem mallar perakendeciliği alanında 4-T modelini (tüketici hizmeti, tüketici tercihi, tasarruf, tüketici tatmini) en iyi uygulayan şirket olabileceğini anladı.	**Notlar:** Büyük kalem malların McDonald's'ı olabileceğini ve uzaktan kontrol yöntemiyle coğrafi olarak dağılmış bir sistemi yürütebileceğini gördü. Şirketin farklılığı 4-T modelinin kendisinde değil, bunun tutarlı ve üstün bir biçimde uygulanmasındadır.

Fannie Mae: Konut kredisi (mortgage) alanında en iyi sermaye piyasası oyuncusu olabileceğini anladı.	**Notlar:** Kritik kavrayışı, 1- En az Wall Street'tekiler kadar iyi bir sermaye piyasası oyuncusu olabileceğini, 2- Konut kredisiyle ilgili alanlarda eşsiz risk analizi beceri geliştirebileceğini öngörmesiydi.
Gillette: Üst düzey üretim teknolojisi gerektiren günlük ihtiyaçlardan önemli markalar yaratma konusunda en başarılı şirket olabileceğini anladı.	**Notlar:** Çok farklı iki becerinin alışılmadık bir kombinasyonuna sahip olduğunu gördü. 1- düşük maliyetli ve süper yüksek toleranslı ürünler (yani traş bıçağı) üretme becerisi, 2- global tüketici markası yaratma (traş bıçağının ve diş fırçalarının "Coca Cola'sı olma) becerisi.
Kimberly-Clark: Kağıt bazlı tüketim ürünlerinde dünya lideri olabileceğini anladı.	**Notlar:** Kağıt bazlı ürünlerde "kategori canavarı" markalar (Kleenex gibi marka isminin ürün ismi sanıldığı markalar) yaratma konusunda müthiş bir yetenek sahibi olduğunu anladı.
Kroger: Yenilikçi süpermarketler yaratma konusunda en başarılı şirket olabileceğini anladı.	**Notlar:** Kroger zaten yenilikçik konusunda hep iyiydi. Bu becerisini, yenilikçi ve kârlı birçok "mini-dükkanın" bir [illegible] altında bir araya geldiği [illegible] yapının nasıl kurulabi[illegible] sorusuna uyguladı.

Nucor: Kültür ve teknolojiyi bir araya getirerek düşük maliyetli çelik üretme konusunda en iyi olabileceğini anladı.	**Notlar:** İki alanda müthiş bir beceri sahibi olduğunu anladı: 1- Bir performans kültürü yaratmak. 2- Yeni üretim teknolojilerine ileri görüşlü yatırımlar yapmak. Bu iki özelliğini birlikte kullanarak ABD'nin en ucuz çeliğini üretmeyi başardı.
Philip Morris: Sigarada ve sonra da diğer tüketim ürünlerinde marka sadakati yaratma konusunda en iyi olabileceğini anladı.	**Notlar:** Philip Morris, daha geçiş sürecinin başlarında dünyanın en iyi sigara şirketi olabileceğini gördü. Sonraları tütün dışı alanlara yöneldiyse de (bir tür savunma eylemi olarak bütün sigara firmaları aynı şeyi yapmıştır) markasının gücünü oluşturan "günahkâr" ürünler alanına (bira, tütün, çikolata, kahve) yakın durmayı tercih etti:
Pitney Bowes: Üst düzey iç ofis (back office) ekipmanı gerektiren enformasyon iletimi alanında dünyanın en iyi şirketi olabileceğini anladı.	**Notlar:** Postametrelerden öteye nasıl gideceği meselesiyle boğuşan Bowes, sahip olduğu avantajlar konusunda iki şeyi anlamıştı: 1- Posta şirketi değil, onu da içeren daha geniş bir şirketti (enformasyon iletimi) ve 2- Şirketlerin müşterilerle muhatap olmayan elemanlarına gereken aletleri, makineleri sağlama konusunda avantaj sahibiydi.

Walgreens: İlaçtan, kişisel bakım ürünlerine, ev okul malzemelerinden gıdaya, çok geniş yelpazede ürünlerin satıldığı süpermarketlerde (convenient drugstore) en iyi olabileceğini anladı.	**Notlar:** Walgreens, sadece bir bakkal değil, insanlara kolaylık da sağlayan bir konsept sahibi olması gerektiğini düşündü. Sistematik olarak insanlara en elverişli mekanları bulmaya çalıştı: birbirine yakın birçok dükkan açarak bakkal kümeleri oluşturmak ve arabadan inmeden alışveriş yapılan eczanelere öncülük etmek. Ayrıca dünya çapındaki tüm Walgreens dükkanlarını birbirine bağlayarak devasa bir "köşebaşı mağazası" oluşturmak için bilgisayar ve internet teknolojilerine büyük yatırımlar yaptı.
Wells Fargo: ABD'nin batı yakasını seçerek o bölgede bir bankayı , şirket gibi işletme konusunda en iyi olabileceğini anladı.	**Notlar:** Wells, iki önemli kavrayış geliştirdi. Birincisi, bankaların çoğu, kendilerini bankacı gibi görür, bankacı gibi davranır ve bankacı kültürünü korurlardı. Wells ise kendini bankacılık alanında faaliyet gösteren bir şirket olarak gördü. "Bankayı, şirket gibi yönet" ve "Bankayı kendi işin gibi yönet", Wells'in iki mantra'sıydı. İkinci olarak Wells, dünyanın en iyi global bankası olamayacağını ama ABD'nin batı yakasındaki en iyi banka olabileceğini anladı.

EKONOMİK MOTORUNUZU TANIMAK – ÖLÇÜTÜNÜZ NEDİR?

İyiden mükemmele dönüşmüş şirketlerin hiç de harika olmayan sektörlerde harika sonuçlar elde ettiğine sıkça rastlanır. Wells Fargo'nun borsa getiri ortalamasını 4'e katladığı zamanlarda bankacılık sektörü, toplam getiri açısından tüm sektörler arasında en alttaki dörtte bir içindeydi. Daha da etkileyicisi, Pitney Bowes ile Nucor en alttaki yüzde 5'lik sektörlerde faaliyet gösteriyorken borsa ortalamasını beşe katlamışlardı. Mükemmel şirketlerden sadece biri mükemmel bir sektörde (en üst yüzde 10'luk bir sektörde) bulunmanın keyfini sürüyordu. Bu şirketlerin beşi iyi sektörlerde, beşi ise ya kötü ya da feci sektörlerde faaliyet gösteriyordu. (Sektörlerin analizi için bakınız Ek 5.A)

Çalışmamız büyük bir açıklıkla ortaya koyuyor ki mükemmel bir şirket olmak için mükemmel bir sektörde faaliyet göstermek gerekmiyor. Mükemmel şirketlerin hepsi de, içinde bulundukları sektörün koşulları ne olursa olsun gayet iyi işleyen bir ekonomik motor yarattılar. Bunu yapabildiler çünkü o sektör hakkında derin bir kavrayış geliştirebildiler.

Bu kitap, bir mikro iktisat kitabı değil. Her şirket ve her sektörün kendi ekonomik realiteleri vardır ve bu realiteleri burada sayacak değilim. Ana husus şudur: mükemmel şirketlerin her biri ekonomik motorlarının kilit noktaları konusunda derin bir kavrayış geliştirmiş ve sistemlerini bu kavrayış doğrultusunda kurmuşlardır.

Bu cümleden yola çıkarak tüm mükemmel şirketlerin özellikle tek bir "ekonomik ölçüte" sahip oldukları dikkatimizi çekmiştir. Bu kavramı, aşağıdaki soru çerçevesinde düşünün: Eğer zaman içinde artmasını sağlamanız gereken sadece tek bir oran (mesela x başına kâr, veya sosyal sektörlerde x başına nakit akışı) seçmek durumunda olsaydınız, ekonomik motorunuza en mükemmel ve en kalıcı etkiyi hangi x yapardı? Bu sorunun, bir organizasyonu, ekonomisinin iç işleyişine dair derin bir kavrayışa götürdüğünü öğrenmiş bulunuyoruz.

Walgreens'in dükkan başına kâr ölçütünden müşteri başına kâr ölçütüne nasıl geçtiğini hatırlayalım. Açacağı dükkanlar için uygun mekanlar oldukça pahalıydı ama müşteri başına kârı artıran Walgreens, hem müşterilerinin kolayca ulaşabileceği dükkanlar açtı (bir millik alanda dokuz dükkan) hem de aynı anda tüm sistem içinde kârlılığın artmasını sağladı. Standart ölçüt olan dükkan başına kâr ölçütü, müşterisi için elverişli olma anlayışına ters düşebilirdi. Çünkü dükkan başına kârını artırmanın en iyi yolu, belli bir semtteki dükkan sayısını azaltmak ve dükkanları daha ucuz mekanlarda açmaktır. Ancak bu, müşterinin istediği anda kendisine ulaşmasını zorlaştıracak bir yol olurdu.

Wells Fargo'ya bakalım. Bankacılık piyasasındaki deregülasyon sonucunda bankacılığın sadece fiyat üzerinden rekabet yapılan bir hizmete dönüşeceği gerçeğiyle yüzleşti. Artık standart bankacılık ölçütleri olan kredi başına kârlılık, mevduat başına kârlılık gibi kıstaslar geçerliliğini yitirecekti. Wells, bunların yerine yeni bir ölçüt buldu: çalışan başına kârlılık. Bu mantığı takiben Wells Fargo, sistemini eleman sayısı mümkün olduğunca azaltılmış şubeler ve ATM'ler üzerine kuran ilk banka haline geldi.

Kullanılan ölçüt kimi zaman net olmayabilir. Önemli olan, ekonomik modelinizi derinden kavramanızı sağlayacak bir ölçüt olmasıdır.

Örneğin Fannie Mae konut kredisi (mortgage) başına değil de konut kredisi risk düzeyine göre kârlılık ölçütünü benimsedi. Konut kredisi başına kârlılık, çok açık ve net bir ölçüt olurdu. Oysa bu ölçüt, gayet başarılı bir şekilde derin bir kavrayışa neden oldu. Fannie Mae'nin şirket ekonomisinin asıl motoru, konut kredisi paketlerinde yükümlülüğün yerine getirilmemesi riskini, diğer herkesten çok daha iyi anlama becerisidir. Böylece o riski sigortalayarak ve riskin spread'ini yöneterek ayrıca para kazanabildi. Basit, derin ve çok açık olmayan bir ölçüt. Ama doğru bir ölçüt.

Nucor da, fiyat üzerinden acımasız bir rekabetin sürdüğü çelik piyasasında, çeliğin tonu başına kârlılık ölçütünü benimsedi. İlk bakışta personel başına kâr ya da sabit maliyet birimi başına kâr ölçütünün daha uygun olabileceğini düşünebilirsiniz. Ama Nucor'cular biliyordu ki şirket ekonomisinin motoru, güçlü bir iş ahlakı kültürü ile gelişmiş üretim teknolojisinin birlikte hakim olmasıydı. Eleman başına kâr ya da sabit maliyet birimi başına kâr ölçütü, çeliğin tonu başına kâr ölçütü kadar şirketin motoruna uygun düşmeyecekti.

İlle de tek bir ölçüt mü kullanmanız gerekiyor? Hayır ama tek bir ölçüt bulmaya çalışırsanız, üç ya da dört ölçütle işleri karıştırmak yerine şirketinizin iç işleyişini daha iyi kavrayabilirsiniz. Bu ölçüt meselesi, şirket ekonominizin motorunu çalıştıran mekanizmayı iyi kavramanızı sağlar. Araştırmamızda bu ölçüt ya da ortak payda meselesi ortaya çıkınca, konuyu şirketlerin yöneticileriyle tartıştık. Bu meselenin her zaman yoğun bir tartışmaya neden olduğunu gördük. Tek bir ölçüt bulmayı başaramayan ya da bunun gerekli olduğunu reddeden yöneticilerin bile konunun tartışılması sonucunda şirketlerini daha iyi kavradıklarına tanık olduk. Zaten asıl mesele de bir ölçüt olsun diye ölçüt bulmak değil, güçlü ve kalıcı bir şirket ekonomisi yaratmanızı sağlamak için şirketin iç işleyişini daha iyi kavrayacak bir mekanizma bulmaktı.

EKONOMİK ÖLÇÜT

Bu tabloda geçiş yılları boyunca iyiden mükemmele dönüşen şirketlerin uyguladığı ekonomik ölçüt gösterilmektedir.

Abbott: Eleman başına	**Anahtar kavrayış:** Ürün gamı başına kârlılık ölçütünden eleman başına kârlılığa geçiş, hasta bakımı maliyetlerini düşürecek ürünler üretme fikrine iyi uydu.

Circuit City: Coğrafi bölge başına	**Anahtar kavrayış:** Mağaza başına kâr ölçütünden buna geçiş, yerel ölçek ekonomisinin ürünüydü. Mağaza başına kârlılık da önemliydi ama mağazaların bölge bölge gruplanması, Circuit'in Silo'yu geçmesini sağlayacak bir kavrayış kazandırdı.
Fannie Mae: Konut kredisi risk düzeyi başına	**Anahtar kavrayış:** Kredi başına kârlılıktan kredi disk düzeyi başına ölçütüne geçiş, faiz riskini yöneterek faiz oranlarının seyrine bağımlılığın azaltılabileceği kavrayışını yansıtıyordu.
Gillette: Müşteri başına	**Anahtar kavrayış:** Bölüm başına kârlılıktan bu ölçüte geçiş, bir müşterinin tek bir ürün alarak (örneğin Mach 3, kullanılıp atılmayan tıraş bıçağı) şirkete sağladığı yüksek kârlılıkla tekrar tekrar aldığı ürünlerin (kullanılıp atılan tıraş bıçakları kaseti) yarattığı ekonomik gücün birleştirilmesinin yansıması.
Kimberly-Clark: Tüketim ürünleri markası başına	**Anahtar kavrayış:** Sabit varlıklardan (fabrikalar) tüketim ürünleri markası başına kârlılık ölçütüne geçiş, iyi günlere de kötü günlere de cevap verebilecek daha esnek bir yapı sağlayacaktı.

Kroger: Yerel nüfus başına	**Anahtar kavrayış:** Dükkan başına kârlılıktan bölgedeki nüfus başına kârlılık ölçütüne geçiş, bakkaliye işinin ekonomik motorunun yerel pazarda elde edilen pay olduğu kavrayışının yansımasıydı. Eğer yerel pazarda bir ya da iki numara olamıyorsanız, oyunu bırakmak daha iyiydi.
Nucor: Çeliğin tonu başına	**Anahtar kavrayış:** Bölüm başına kârlılık ölçütünden çeliğin tonu başına kârlılılk ölçütüne geçiş sonucunda üretim hacmine odaklanmak yerine yüksek verimli üretim kültürüyle küçük fabrikalardaki üretim teknolojisinin bileşimiydi.
Philip Morris: Global marka başına	**Anahtar kavrayış:** Satış bölgesi başına kârlılıktan bu ölçüte geçiş, mükemmelliğe götüren asıl unsurun uluslararası çapta güçlü markalar (Coca Cola gibi) yaratma olduğu kavrayışının ürünüydü.
Pitney Bowes: Müşteri başına	**Anahtar kavrayış:** Postametre başına kârlılıktan bu ölçüte geçiş, şirketin postametreleri bir sıçrama tahtası olarak kullanarak müşterilerine üst düzey ofis ekipmanları sağlama noktasına gelmesi fikrinin yansımasıydı.

Walgreens: Müşteri başına	**Anahtar kavrayış:** Dükkan başına kârlılıktan bu ölçüte geçiş, müşterilere kolaylık sağlayan (ve pahalı) dükkanlarla kalıcı bir şirket ekonomisi arasındaki simbiyotik ilişkinin yansımasıydı.
Wells Fargo: Eleman başına	**Anahtar kavrayış:** Kredi başına kârlılıktan bu ölçüte geçiş, piyasadaki deregülasyon döneminin acı gerçeklerinin ürünüydü: çünkü artık bankacılık da bir meta haline gelmişti.

İyiden mükemmele giden bütün şirketler anahtar bir ekonomik ölçüt keşfetmişken (bakınız yukarıdaki tablo) karşılaştırma grubumuzdaki şirketler çoğunlukla bunu yapamadılar. Karşılaştırma grubundaki şirketler arasında sadece bir tanesinin kendi ekonomisinin iç işleyişini kavrayabildiğini gördük. Hasbro, bir kerelik başarılı ürünler yerine G.I. Joe ve Monopol gibi klasik oyunlar ve oyuncaklar portföyüyle uzun vadeli bir nakit akışı sağlayabileceği kavrayışı sayesinde yükseldi.[23] Hasbro, Kirpi Konseptinin üç çemberinin hepsini de kavrayan tek karşılaştırma grubu şirketiydi. Denenmiş ve tutulmuş oyuncakları satın alarak yenileyip tekrar ve tam zamanında piyasaya sunmak yoluyla yarattığı marka başına kârlılığı artırma konusunda dünyanın en iyisi oldu. Çalışanları da yaptıkları işe tutkunlardı. Üç çemberi de sistematik olarak kullanan Hasbro, çalışmamızdaki en iyi karşılaştırma grubu şirketiydi ve bunu da Kirpi Konseptine borçluydu.

Ancak Hasbro'nun yapmış olduğu geçiş, kalıcı olmadı çünkü CEO'su Stephen Hassenfeld'in ölümünden sonra üç çemberi uygulama disiplininden ayrıldı. Hasbro vakasından alacağımız bir ders var. Burada belirtilen fikirleri başarıyla uyguladıktan bir süre sonra onları uygulamaktan vazgeçerseniz, geriye gidiyorsunuz. Mükemmel bir şirketken iyi bir şirkete hatta daha da kötüsüne dönüşebilirsiniz. Mükemmel olarak kalmanın tek yolu, sizi mükemmel yapan temel ilkeleri uygulamaya devam etmektir.

TUTKUNUZU ANLAMAK

Philip Morris yöneticileriyle mülakatımızda bizi şaşırtan bir hararetle, tutkuyla karşı karşıya kaldık. Bölüm 3'te George Weissman'ın şirketine nasıl bir aşkla bağlı olduğunu, onu geçen tek tutkusunun eşi olduğunu söylediğini görmüştük. "Günahkâr" bir ürün gamında bile (Marlboro sigarası, Miller birası, yüzde 67 oranında yağ barındıran Velveeta, Maxwell House kahvesi, çikolata tiryakileri için Toblerone gibi) işlerine tutkuyla bağlı olduklarını gördük. Philip Morris yöneticilerinin çoğu, kendi ürünlerinin tiryakisiydi. 1979 yılında Philip Morris'in başkan yardımcısı ve sıkı bir sigara tiryakisi olan Ross Millhiser, "Sigarayı seviyorum. Hayatı yaşamaya değer kılan şeylerden birisi sigara" demişti.[24]

Philip Morris çalışanları açık ki şirketlerini seviyorlar ve yaptıkları işe tutkuyla bağlılar. Marlboro reklamlarındaki yalnız ve güçlü kovboy gibi hissediyorlar kendilerini. "Sigara içme hakkımız var ve bu hakkı sonuna kadar koruyacağız!" diyorlar. Daha önce bu şirkette yaptığım bir çalışmada yönetim kurulu üyelerinden biri bana, "Philip Morris'in yönetim kurulunda olmayı seviyorum. Çok özel bir şeyin parçası olduğumu hissediyorum" demiş ve sigarasından derin bir nefes çekmişti.[25]

"Tabii ki sigara şirketinin yöneticisi kendini böyle savunacak. Tabii ki öyle hissettiğini söyleyecek. Yoksa geceleri rahat uyuyabilir mi?" diyebilirsiniz. Unutulmamalıdır ki R.J. Reynolds da sigara işindeydi ve toplumun baskısı altındaydı. Ama R.J.Reynolds sigara alanından uzakta büyüyebileceği bir alan bulmak için uğraşıp durdu. En iyisi oldukları, tutkun oldukları alanı unuttu. Oysa Philip Morris'çiler sigara işine daha da sıkı sarıldılar çünkü o işi seviyorlardı. R.J.Reynolds'çılar ise sigara işini sadece para kazanabilecekleri bir alan olarak gördüler. Barbarlar Kapıda adlı kitapta canlı biçimde anlatıldığı gibi, R.J.Reynolds yöneticileri kendilerini zenginleştirecek şekilde borçlanarak şirket satın almak (leveraged buyout)* dışında her şeye tutkularını kaybetmişlerdi.[26]

Mükemmel şirketler, "Evet beyler, şimdi de işimize tutkuyla bağlanıyoruz" demiyorlar. Tamamen tersini diyorlar: Tutkun olduğumuz işi yapmalıyız. Kimberly-Clark yöneticileri kağıt bazlı tüketim ürünleri alanına geçtiler çünkü o alanda iş yapma tutkuları vardı. Bir yönetici bize şöyle demişti: "Geleneksel kağıt sektörü de fena değildi aslında ama çocuk bezinin karizması o sektörde yoktu." Stratejik bir çerçevenin unsuru olarak "tutku" gibi belirsiz bir kavram ortaya atmamız garip gelebilir. Ama iyiden mükemmele giden tüm şirketlerde tutku, Kirpi Konseptinin ayrılmaz bir parçası. Tutkuyu siz yaratamazsınız. İnsanların tutkulu olmasını sağlayamazsınız. Yapabileceğiniz tek şey, sizin ve etrafınızdakilerin tutkusunu canlandıran şeyi keşfetmektir.

> Mükemmel şirketler, "Evet beyler, şimdi de işimize tutkuyla bağlanıyoruz" demiyorlar. Tamamen tersini diyorlar: Tutkun olduğumuz işi yapmalıyız. Kimberly-Clark yöneticileri kağıt bazlı tüketim ürünleri alanına geçtiler çünkü o alanda iş yapma tutkuları vardı. Bir yönetici bize şöyle demişti: "Geleneksel kağıt sektörü de fena değildi aslında ama çocuk bezinin karizması o sektörde yoktu."[27]

Gillette yöneticileri kullanılıp atılan tıraş bıçaklarında fiyat rekabetine girecek yerde daha gösterişli ve pahalı tıraş bıçakları yapma kararını, büyük ölçüde ucuz tıraş bıçaklarından fazla heyecan duymadıkları için almışlardı. 1996 yılında bir gazeteci, Gillette'in

* Leveraged buyout: Bir kısmını kendi kaynaklarından ama esas büyük kısmını başka kaynaklardan sağlayarak şirket satın alma yöntemi. Genellikle iyi bir nakit akışı olan şirketleri almak için çeşitli finans kurumlarından oluşturulan bir konsorsiyumdan alınan krediyle şirketin yönetim hakkı sağlanacak miktarda hissesi satın alınır. Yönetime geldikten sonra borcu ödemek için alınan şirketin kaynakları kullanılır. Ayrıca borcu ödemek için şirketi parçalar halinde satmak da sık kullanılan bir yöntemdir-ç..

CEO'su hakkında, "Zeien, insanın ancak bir Boeing ya da Hughes mühendisinden bekleyebileceği bir teknik ustalıkta tıraş sistemlerinden bahsediyor" diye yazmıştı.[28] Gillette, Kirpi Konseptine sıkı sıkıya bağlıyken kendi alanının en iyisi oldu. Bir Wall Street muhabiri, ürettikleri deodoranttan tutkuyla bahsetmeyen en iyi işletme okullarından birinden mezun olmuş bir bayan adayın Gillette tarafından işe alınmadığını anlatırken, "Gillette'in ürünlerine tutkun olmayanlar orada işe girmek için başvurmasın" diye yazıyordu.[29]

Belki siz de bir deodoranta tutkun olamazsınız. Belki size göre de ilaçlara, marketlere, sigaraya, postametreye tutkun olmak anlamsız bir şeydir. Bir bankayı McDonald's kadar etkin biçimde işletmekten bahseden veya bebek bezinin karizmasından dem vuran birinin ne tür biri olabileceğini siz de anlamamış olabilirsiniz. Netice itibariyle bunlar pek de önemli sayılmaz. Önemli olan, bu insanların yaptıkları işe tutkuları ve bunun samimi ve derin bir tutku olması.

Elbette bundan zorunlu olarak her işe sırf o işi yaptığınız için tutkun olmanız gerekir (olabilirsiniz de) anlamı çıkmaz. Şirketin amaç ve hedefleri için de tutku beslenebilir. Örneğin Fannie Mae'nin çalışanları uzun vadeli konut kredilerini piyasadaki diğer menkul kıymetlere dönüştüren mekanik sürece tutkun olmayabilirler. Onları gerçekten motive eden şey, sınıfı, ırkı, içinde bulunduğu konum ne olursa olsun bütün Amerikalılar'ın Amerikan rüyasını hayata geçirmelerine yardım etmektir. Fannie Mae'ye 1983 yılında, şirketin en karanlık döneminde katılan Linda Knight bize, "Bu, herhangi bir şirketin zor duruma düşmesine benzemiyordu. Bu şirket, Amerikalılar'ın ev sahibi olma rüyalarını gerçek kılan şirketti. Bu, para kazanmanın çok daha ötesinde bir şeydi. Şirketin zor durumdan kurtulmasını, yaşamasını ve güçlenmesini bu kadar derinden arzulamamızın nedeni buydu" dedi.[30] Başka bir Fannie Mae yöneticisi de durumu şöyle özetlemişti: "Kendimizi, Amerika'nın toplumsal dokusunu güçlendiren anahtar mekanizmalardan biri olarak görüyorum. Zor bir hayat yaşamalarına karşın kendi evlerine sahip oldukları için sistemden kopmayan insanların oturduğu mahallelerden geçip işe gittiğimde, şarj olmuş gibi hissediyorum."

LAFTA DEĞİL, GERÇEKTEN ANLAMAK

Araştırma ekibi olarak bir konuda konuşurken kendimizi "kirpi öncesi" ve "kirpi sonrası" aşamalar arasındaki farktan bahsederken bulduğumuz olurdu. Kirpi öncesi aşama, sis içinde yürümeye benziyordu. Uzun bir yolda yürüyorsunuz ama etrafı çok net göremiyorsunuz. Yavaş ve dikkatli yürümeniz gerekiyor. Sonra Kirpi Konseptiyle birlikte bir anda yolunuz berraklaşıyor, sis kalkıyor kilometreler boyunca her şeyi görebiliyorsunuz. O andan itibaren attığınız her adıma çok büyük bir dikkat göstermeniz gerekmiyor. Adımlarınızı sürüyerek yürürken geniş adımlarla yürümeye, sonra da koşmaya başlıyorsunuz. Kirpi sonrası aşamadaysa siz koştukça yollar ayaklarınızın altından yumuşakça kayıp gidiyor. Karşılaştığınız kavşaklar, anında verdiğiniz kararlarla bir anda geride kalıyor. Karşılaştırma grubumuzdaki şirketler hakkındaki en çarpıcı şey, onca değişim programına, onca karizmatik lidere, başarıyı anlatan onca çılgın jest ve mimiklere rağmen, sisin içinden bir türlü çıkamamaları. Koşmaya çalıştıklarında sis içinde yoldaki kavşaklarda yanlış kararlar veriyorlar. Bu sefer geri dönmeleri gerekiyor. Veya tamamen yoldan çıkıp ağaçların arasına dalıyor sonra da bir dere yatağına düşüp kalıyorlar. (Ama emin olun bunu da hızla yapıyorlar.)

Mükemmel şirketlere son derece basit ve berrak görünen dünya, karşılaştırma grubundaki şirketlere inanılmaz ölçüde karmaşık ve puslu görünüyor. Neden? İki nedeni var. Birincisi, karşılaştırma grubundaki şirketler asla doğru soruları, yani üç çemberin esinlediği soruları sormuyorlar. İkincisi, bu şirketler hedeflerini ve stratejilerini belli bir kavrayış üzerine kurmaktan ziyade, kuru sıkı laflar üzerine kuruyorlar.

Bu durumu bize en açık biçimde gösteren şey, karşılaştırma grubundaki şirketlerin ne kadar akılsızca büyüme peşinde koştuklarıdır: Bu şirketlerin üçte ikisinden fazlası, belli bir Kirpi Konseptinden yararlanmadan büyümeye yönelik ciddi bir tutku sergiliyor.[31]

"Biz, bedeli ne olursa olsun büyümeye yönelen bir şirketiz" veya, "Şu büyüklüğe ulaşmak, bizim için başarıya eşdeğerdir" türünden cümleler, bu şirketlerdeki durumu açıklıyor. Bunun tersine mükemmel şirketlerin hiçbiri büyümeye bu kadar tutkuyla yaklaşmıyor. Ama yine de kafalarını tamamen büyümeye takan karşılaştırma grubu şirketlerine göre çok daha kalıcı ve kârlı bir büyüme sağlıyorlar.

Great Western ile Fannie Mae'ye bakalım. Wall Street Transcript, "Great Western, hantal bir kene gibi. Nereye doğru büyüyebilirse, oraya doğru büyümek istiyor" diye yazıyordu.[32] Şirket finans alanına, leasing'e, sigortacılığa girdi ama bir yandan da konut inşa ediyor ve kendini kaptırmış bir şekilde yeni şirketler satın alarak büyüyordu.[33] Daha büyük! Daha da büyük! 1985 yılında Great Western'in CEO'su topladığı analistlere, "Bizi nasıl adlandıracağınızı düşünmeyin. Banka da diyebilirsiniz, sigortacı da, zebra da" şeklinde konuşuyordu.[34]

Bu söz, uzun vadeli konut kredisiyle ilgili sermaye piyasası oyuncuları arasında en iyi olmak, hatta konut kredisini tüm sermaye piyasalarına açma konusunda Goldman Sachs veya Salomon Brothers'dan bile iyi olmak isteyen Fannie Mae'nin basit, berrak algılamasının tam tersi bir anlayışı yansıtıyor. Mae, iş modelini konut kredisi satmak yerine risk yönetimi üzerine kurarak güçlü bir ekonomik motor yarattı. Sonra da bu motoru büyük bir tutkuyla sürdürdü çünkü konut sahipliğiyle demokrasi arasında bir bağlantı kuruyordu.

1984 yılına kadar iki şirketin hisse senedi grafiği, birbirinin hemen hemen aynısıydı. 1984 yılında, yani kendi Kirpi Konseptini berraklaştırdıktan bir yıl sonra Fannie Mae yukarı doğru patlarken Geat Western ortalarda amaçsızca dolanmaya devam ediyordu. Ta ki 1997 yılında biri onu satın alana kadar. Fannie Mae sadece büyümeye değil, kendi basit konseptine odaklanarak 1984 yılındaki geçiş döneminden 1996 yılına kadar gelirlerini üçe katladı. Büyümek için çırpınan Great Western ise, 1997'de bağımsız bir şirket olarak ortadan kalkana dek gelirlerini sadece yüzde 25 oranında artırabilmişti.

Faniie Mae ile Great Western vakası önemli bir noktayı vurguluyor: "Büyüme" bir Kirpi Konsepti değildir. Tersine eğer doğru bir Kirpi Konseptiniz varsa ve kararlarınız da bu konseptle tutarlıysa öyle bir momentum yakalarsınız ki o andan sonra büyümek için ne yapmalı değil, fazla hızlı büyümemek için ne yapmalı diye düşünürsünüz.

Kirpi Konsepti, iyiden mükemmele giden yoldaki dönemeç noktalarından biridir. Çoğu durumda Kirpi Konseptini birkaç yıl içinde geçiş tarihi izler. Ayrıca Kirpi Konsepti, bu kitapta anlatılan şeylerin hepsine eklenmiş durumdadır. Önümüzdeki bölümlerde daha açık anlaşılacağı üzere disiplinli eylem, yani disiplinli insanlar ve disiplinli düşünceden sonra gelen üçüncü grup, sadece Kirpi Konsepti çerçevesinde bir anlam ifade eder.

Hayati önemine karşın (ya da daha doğrusu hayati önemi nedeniyle) belli bir Kirpi Konsepti bulmak için bazı ufak tefek girişimlerde bulunmayı yeterli görmek, müthiş bir yanılgı olur. Öyle iki gün şirkette dolaşıp, elinize geçen üç beş belgeyi inceleyip birkaç toplantı düzenleyerek şirketiniz ve işiniz hakkında derin bir kavrayışa ulaşamazsınız. Belki de ulaşırsınız ama ulaştığınız konsept büyük olasılıkla doğru olmaz. Böyle yaparsanız, Einstein'e şu lafı söyletmiş olursunuz: "Evet, artık büyük bir bilim adamı olmanın zamanı geldi. Haftasonu Four Seasons oteline kapanıp eldeki belgelere bakarak evrenin sırlarını çözelim bakalım." Bir şey böyle kavranmaz. Einstein, görelilik teorisini ortaya koymak için tam on yıl boyunca sisin içinde dolanıp durdu. Ve bilirsiniz, Einstein zeki bir adamdı.[35]

İyiden mükemmele dönüşen şirketlerin kendi Kirpi Konseptlerini bulmaları, ortalama dört yıl sürmüştür. Bilimsel bir kavrayışa benzer şekilde Kirpi Konsepti de karmaşık bir dünyayı sadeleştirip karar vermeyi kolaylaştırır. Konseptiniz basittir ve çok berraktır ama o konsepti bulmak inanılmaz ölçüde zor ve zaman alıcı bir süreçtir. Unutmayın, Kirpi Konseptinizi elde etmek, bir olay değil, tekrar eden bir süreçtir.

Fannie Mae - Great Western
Yatırılan 1 $'ın Kümülatif Getirisi
1970 – 1984

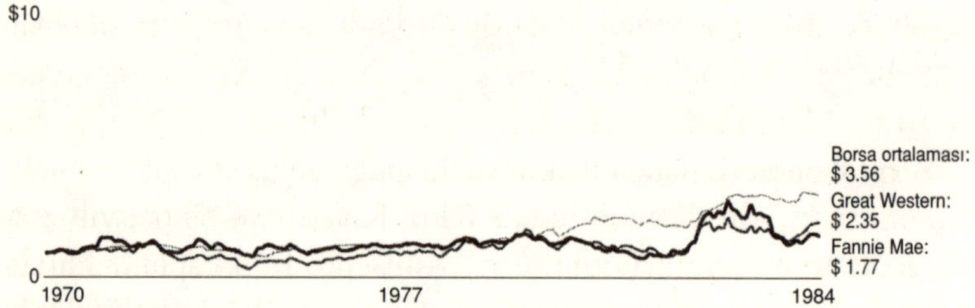

Notlar:
1. 31 Aralık 1970 günü yatırılmış 1 $'ın kümülatif değerini gösterir.
2. Temettüler tekrar yatırılmıştır.

Fannie Mae - Great Western
Yatırılan 1 $'ın Kümülatif Getirisi
1984 - 2000

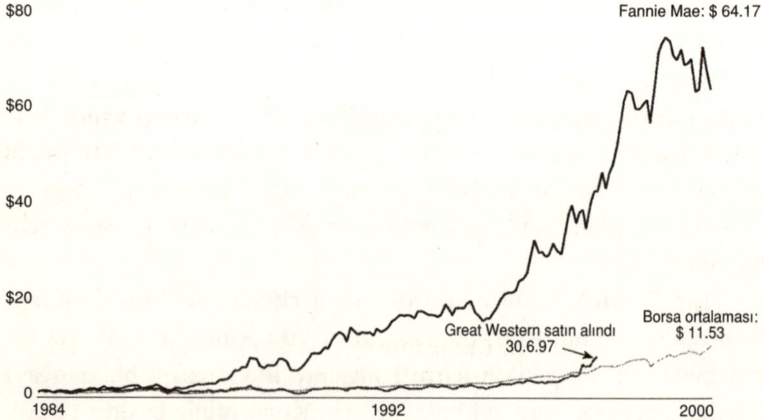

Notlar:
1. Fannie Mae, geçiş tarihini 1984'te yaşadı.
2. 31 Aralık 1984 günü yatırılan 1 $'ın kümülatif değeri.
3. Temettüler tekrar yatırılmıştır.

Bu sürecin temeli, acı gerçeklerle yüzleşmiş ve üç çemberin esinlediği soruları kendi kendine sormuş doğru insanları sokacağınız yoğun bir tartışma ve diyalog dönemidir. Üç çemberin soruları şunlardır: Hangi konuda başarılı olduğumuzu değil, hangi konuda dünyanın en iyisi olabileceğimizi gerçekten anladık mı? Ekonomik ölçütümüz de dahil olmak üzere, şirket ekonomimizin motorunu yürüten şeyi gerçekten anladık mı? Tutkularımızı canlandıran şeyin ne olduğunu gerçekten anladık mı?

Bu süreci ilerletmek için Konsey diye adlandırdığımız bir enstrümandan yararlanılabilir. Konsey, şirketin karşı karşıya olduğu hayati konular ve kararlar hakkında üç çemberin esinlediği bir zaman içinde tekrarlanan bir tartışma ve diyalog ortamına katılan doğru insanlardan oluşur. (Aşağıdaki "Konsey'in Özellikleri" bölümüne bakınız.)

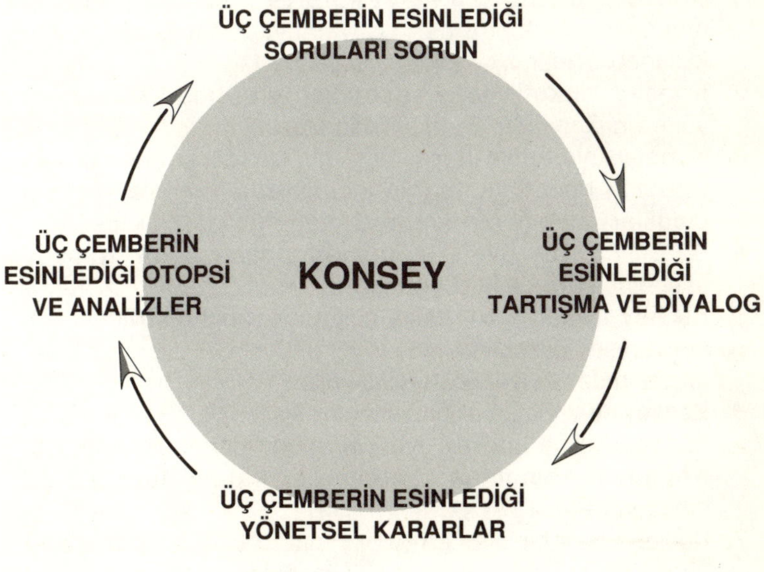

KİRPİ KONSEPTİNİ BULMAK
TEKRAR EDEN BİR SÜREÇ

"Kirpi Konseptimizi nasıl bulacağız" diye soran olursa yukarıdaki diyagramı işaret edip şöyle derim: "Konseyi kurun ve bir model olarak kullanın. Doğru soruları sorun, hararetli tartışmalara girin, kararlar alın, elde ettiğiniz sonuçlara otopsi yapın ve öğrenin. Bunların hepsi, o üç çemberde vardır. Anlama, kavrama döngüsünü izlemeye devam edin".

Eğer, "Kirpi Konseptimizi bulma sürecini nasıl hızlandırabiliriz" diye soran olursa, şöyle cevap veririm: "Verili zaman içinde yukarıda çizilen döngüyü daha çok kez katedin." Üç çemberin yönlendirmesi eşliğinde döngüyü yeteri kadar katederseniz, Kirpi Konseptinizi geliştirmek için gereken derin kavrayışa ulaşırsınız. Elbette bu bir gecede olmaz. Ama mutlaka olacaktır.

Konseyin Özellikleri

1. Konsey, şirketinizin karşı karşıya bulunduğu önemli meseleler hakkında derin bir anlayışa sahip olmak için kullanabileceğiniz bir enstrümandır.
2. Konsey, şirketin tepe yöneticisi tarafından kurulur ve yönetilir. Genellikle 5 -12 kişiden oluşur.
3. Konsey üyelerinin hepsi belli bir kavrayışı aramak için tartışma becerisine sahip insanlardır. Amaçları, sahip oldukları avantajları korumak veya geliştirmek değildir.
4. Bütün Konsey üyeleri, istisnasız diğer bütün Konsey üyelerine saygıda kusur etmezler.
5. Konsey üyeleri farklı bakış açılarına sahip olabilir. Ancak her Konsey üyesi, şirketin bir yönünü iyi tanır ve/veya nasıl bir ortamda faaliyet gösterdiğini bilir.
6. Konsey'de yönetim ekibinin önemli kişileri yer almalıdır ama her yöneticinin Konsey üyesi olmasına gerek olmadığı gibi Konsey'in tamamen yönetim ekibinden oluşması da mecburi değildir.
7. Konsey, belli bir olay için toplanmış, o olay bittikten sonra dağılacak geçici bir organ değil, kalıcı bir organdır.
8. Konsey, en çok haftada bir, en az da üç ayda bir periyodik olarak toplanır.

9. Konsensüs sonucu alınan kararların genellikle zekice kararlar olmadığı bilindiğinden Konsey'de konsensüs aranmaz. Nihai kararın sorumluluğu tepe yöneticiye aittir.
10. Konsey şirketin resmi birimleri arasında yer almaz. Organizasyon şeması içinde gösterilmez, resmi şirket evraklarında zikredilmez.
11. Konsey'e birçok isim verilebilir. Mükemmel şirketlerde Konsey'e, Uzun Vadeli Gelişim Komitesi, Kurumsal Ürün Komitesi, Stratejik Düşünce Grubu veya Yöneticiler Konseyi gibi isimler veriliyor.

Tüm şirketlerin keşfedilecek bir Kirpi Konseptleri var mıdır? Gü-nün birinde şöyle bir silkinip acımasız bir dürüstlükle etrafınıza bakar ve, "En iyi olduğumuz hiçbir alan yok. Hiç olmadı da" derseniz ne olacak? İşte bütün bu kitabın en heyecan verici yanlarından biri buradadır. Ele aldığımız mükemmel şirketlerin çoğu, dünyanın en iyisi olmadıkları, buna yönelik bir ışık da göstermedikleri bir dönem yaşamış. Stockdale Paradoksu ("En iyisi olduğumuz bir iş mutlaka vardır ve biz onu bulacağız." Ayrıca en iyisi olamayacağımız alanlar konusunda gerçekle yüzleşmeye hazırız ve kendimizi kandırmayacağız.") ile harekete geçen bütün mükemmel şirketler, sürecin başlaması ne kadar acı verici olursa olsun, Kirpi Konseptlerini aramaya başlamış.

Siz de kendi konseptinizi ararken unutmayın ki mükemmel şirketlerin Kirpi Konseptlerini bulması, karşılaştırma grubundaki şirketlerdeki gibi cahil cesaretiyle, kendini gaza getirerek ortaya atılan bir fikrin beğenilmesi gibi olmadı. "Evet arkadaşlar, en iyisi olduğumuz alan şudur" dendi ama bu laf bir gerçeğin kabulü, gök mavidir ya da çimen yeşildir gibi göz önündeki bir olgunun dile getirilmesiydi. Doğru Kirpi Konseptinizi bulduğunuzda, bir Mozart konçertosunun icra edildiği salonun sessizliği içinde konçerto bittikten sonra bir an için havada asılı kalan notalardan birinin o biricik, berrak, mükemmel tınısı gibi, gerçekliğin sakin tınısına sahip olduğunu göreceksiniz. Fazla laf etmeye ihtiyaç olmayacak; o sakin gerçeklik, kendi adına konuşacak.

Aklıma derin kavrayışla kuru sıkı laf arasındaki farkı açıklayacak bir olay geldi. Bu, benim kendi ailemle yaşadığım bir olaydı. Eşim Joanne, 1980'li yılların başlarında maraton ve triatlon yarışmalarına katılmaya başlamıştı. Tecrübe kazandıkça (daha iyi dereceler) başarı duygusunu daha yakından hissetmeye başladı. Bir gün dünyanın en iyi bayan triatloncularıyla yarıştı ve yüzmesi zayıf olduğu için iyi yüzenlerin metrelerce arkasında kalmasına ve hiç de aerodinamik olmayan bir bisikletle uzun bir yokuş çıkmasına rağmen ilk ona girmeyi başardı.

Birkaç hafta sonra oturmuş kahvaltımızı ediyorduk. Gazetesinden başını kaldırdı ve sakin bir sesle, "Ironman'i kazanabilirim" dedi. Triatlonda dünya şampiyonası demek olan Ironman, okyanusta geçen 2.4 millik yüzme yarışı, 112 millik bisiklet yarışı ve hemen ardından Hawai'nin lavlarla dolu Kona sahilinde koşulacak 26.2 millik bir maratondan oluşuyordu.

"Yarışa katılmak için işimden ayrılmam, okulumu bırakmam (en iyi iş idaresi okullarından birine gidiyordu) ve bütün vaktimi antrenmanlarıma vermem lazım. Ama..."

Sözlerinde hiçbir abartma yoktu; heyecan yaratmaya, dikkat çekmeye çalışmıyor ve bir şey rica etmiyordu. Beni ikna etmeye de çalışmıyordu. Sadece üzerinde bir süre düşündükten sonra kavradığı bir gerçeği, duvarların beyaz olduğu gerçeğini dile getirirken olduğu gibi abartısız bir şekilde dile getirmişti. Yarışı kazanma konusunda son derece tutkuluydu. Bunun için gerekli genleri vardı. Ve yarışı kazanırsa parası da olacaktı. Ironman'ı kazanma hedefi, onun Kirpi Konseptiydi.

Böylece bu işe girmeye karar verdi. İşini bıraktı. Okulunu bıraktı. 'Fabrikalarını' sattı! (Allahtan beni de 'otobüsten' atmadı.) Üç yıl sonra, 1985 yılının sıcak bir Ekim günü bitiş çizgisini en önde geçti. Dünya şampiyonu olmuştu. Joanne yarışmaya karar verdiğinde, dünyanın en iyi bayan triatloncusu olup olamayacağını bilmiyordu. Ama kavramıştı ki, bunu yapabilirdi, bu olasılıklar dahilindeydi, kendini kandırmıyordu. İşte bütün fark, buradaydı. Bu fark öyle bir fark ki, iyiden mükemmele ulaşmak isteyenlerin mutlaka anlaması, anlamayanların ise asla mükemmele ulaşamayacakları bir fark.

Bölüm Özeti

KİRPİ KONSEPTİ
(Üç Çemberde Sadelik)

ÖNEMLİ NOKTALAR

- İyiden mükemmele ulaşmak için birbiriyle kesişen üç çemberin kesişim noktasını, basit ve berrak bir konsepte (Kirpi Konsepti) tercüme etmek gerekir:

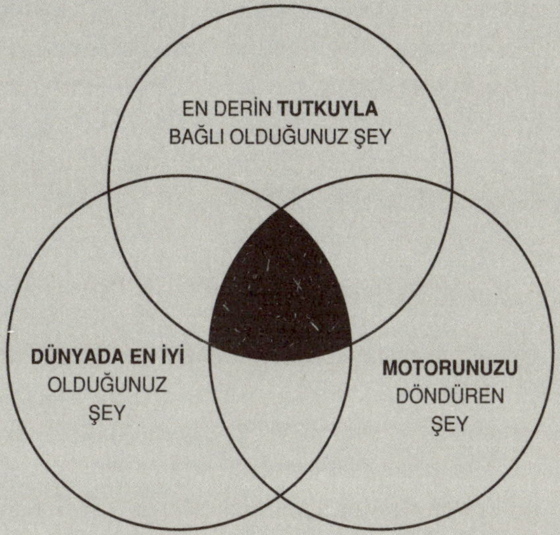

KİRPİ KONSEPTİNİN ÜÇ ÇEMBERİ

- Kilit nokta, şirketinizin hangi konuda dünyanın en iyisi olabileceğini ve eşit derecede önemli olmak üzere hangi alanda dünyanın en iyisi olamayacağını anlamak. (Hangi konuda en iyi olmak istediğini görmek değil.) Kirpi Konsepti bir hedef, strateji veya niyet değil, bir kavrayıştır.
- Eğer esas faaliyet alanınızda dünyanın en iyisi değilseniz, esas faaliyet alanınız Kirpi Konseptinizin temelini oluşturamaz.

- "Dünyanın en iyisi" anlayışı, esas faaliyet alanındaki yeterlilik yaklaşımına göre çok daha sert bir standarttır. Yeterli olabilirsiniz ama dünyanın en iyisi olabilecek potansiyeliniz olmayabilir. Aynı şekilde dünyanın en iyisi olabileceğiniz başka alanlar olabilir ve siz şu anda o alanda yeterli olmayabilirsiniz.
- Şirket ekonominizin motorunu döndüren şeyi kavramak için, en büyük etkiye sahip tek bir ölçüt (x başına kârlılık ya da sosyal sektör için x başına nakit akışı) bulmanız gerekir.
- İyiden mükemmele ulaşan şirketler hedeflerini ve stratejilerini belli bir kavrayış ve algı üzerine, karşılaştırma grubundaki şirketler ise boş laflar ve heyecan verici cümleler üzerine otururlar.
- Kirpi Konseptinizi bulmak, tekrar eden bir süreçtir. Konsey, bu süreçte faydalı bir araç olabilir.

BEKLENMEDİK BULGULAR

- İyiden mükemmele ulaşan şirketler, "bir tek büyük şey" bilen ve ona sıkı sıkıya yapışan basit ve hantal kirpiye benzer. Karşılaştırma grubundaki şirketler ise zeki, becerikli, hızlı, birçok şey bilen ama belli bir tutarlılığa sahip olmayan tilkiye benzer.
- İyiden mükemmele dönüşen şirketlerin Kirpi Konseptini bulması, ortalama dört yıl almıştır.
- Kendi başına strateji, mükemmel şirketlerle karşılaştırma grubu şirketlerini birbirinden ayıran bir kavram değildir. İki şirket grubunun da stratejileri vardır ve mükemmel şirketlerin diğerlerine göre stratejik planlamaya daha çok zaman harcadığına ilişkin en ufak bir kanıt yoktur.
- Kalıcı mükemmel sonuçlara ulaşmak için mükemmel bir sektörde faaliyet göstermenize gerek yok. İçinde bulunduğu sektör ne kadar kötü olursa olsun, bütün mükemmel şirketler süper gelirler elde etmenin yolunu bulmuşlardır.

DİSİPLİN KÜLTÜRÜ

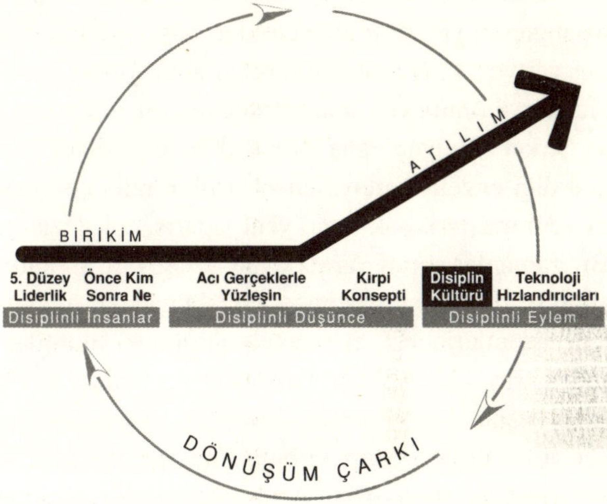

Özgürlük, öykünün sadece bir bölümü, gerçeğin yarısıdır… Doğu sahilindeki Özgürlük Anıtı yerine Batı sahilinde bir Sorumluluk Anıtı dikmemizi, işte bunun için öneniyorum.

- Viktor E. Frankl,
Man's Search for Meaning[1]

George Rathman ve ortağı, biyoteknoloji şirketi Amgen'i 1980'de kurdular. Kemoterapi ve diyaliz hastalarına yönelik kan ürünleri üreten Amgen, sonraki yirmi yılda zorluklarla mücadele eden yeni kurulmuş bir şirketten, 6.400 kişi çalıştıran, 3.2 milyar dolarlık bir deve dönüştü.[2] Rathman'ın liderliği altında istikrarlı bir büyüme ve kârlılık sağladı. O kadar istikrarlı bir büyüme sağladı ki hisselerini piyasaya arz ettiği 1983 yılından 2000 yılına kadar hisse senedinin fiyatı 150 kattan fazla arttı. Amgen'in arzında 7.000

Dolar'lık hisse senedi almış olan bir yatırımcının 2000 yılında 1 milyon doları var demekti ki bu da borsa ortalama getirisinin 13 katı bir getiriydi.

Başarılı başlangıçlar, genellikle başarılı biçimde sürmüyor. Çünkü bu başlangıçları yapanlar elde ettikleri başarı ve büyümeye yanlış tepkiler veriyorlar. Girişimcinin başarısının yakıtı, yaratıcılıktır, hayal gücüdür, bilinmeyen sulara yolculuktur, vizyon sahibi bir coşkudur. Şirket büyüyüp daha karmaşık hale geldikçe kendi başarısının getirdiği engeller ortaya çıkar: artık etrafta çok fazla insan, çok fazla yeni müşteri, çok fazla yeni sipariş, çok fazla yeni ürün vardır. Bir zamanlar sorun yaratmayan her şey, artık karmaşık bir yığın haline gelmiş, hantallaşmıştır. Planlamadaki, muhasebedeki, otomasyon sistemlerindeki, eleman alımlarındaki sıkıntılar, gerginliklere neden olur. Müşterilerle, nakit akışıyla ve iş teslimleriyle ilgili sorunlar başlar.

Buna cevaben birileri çıkıp, ki bu birileri genellikle yönetim kurulundan birileridir, şöyle der: "Artık büyümemizin zamanı geldi. Buraya profesyonel yöneticileri getirmemiz lazım." Şirket başlar yüksek lisansını, doktorasını yapmış elemanları, başka şirketlerde büyük başarı kazanmış yöneticileri toplamaya. Bir anda her yerden süreçler, prosedürler, kontrol listeleri fışkırmaya başlar. Bir zamanlar herkesin birbirine eşit olduğu yere, hiyerarşi girer. Kumanda zincirleri ortaya çıkar. Kimin kimin astı, kimin kimin üstü olduğu netleştirilir ve özel ayrıcalıklarla donatılmış bir yönetici sınıf ortaya çıkar. "Biz" ve "onlar" gibi ayrımlar doğar.

Profesyonel yöneticiler sonuçta karmaşayı önlerler, kaostan bir düzen çıkartırlar ama aynı zamanda şirketin yaratıcı girişimci ruhunu da öldürürler. Şirketi kuranlar söylenmeye başlar: "Artık şirketten hiç keyif alamıyorum. Eskiden ne güzel, bir şeyi istediğimiz zaman o olurdu. Şimdi bir sürü aptal form doldurmam, bir sürü acayip talimatı yerine getirmem lazım. En kötüsü de o anlamsız toplantılarda inanılmaz vakit kaybediyorum." Giderek egemen olan bürokrasi ve hiyerarşiden rahatsız olarak yavaş yavaş ortadan kaybolmaya başlayan yaratıcı insanlar gibi, şirketin yaratıcı sihri de yok olmaya başlar. O heyecanlı başlangıç, artık hiçbir özelliği olmayan, diğer şirketlerden farklılığı kalmayan bir şirkete dönüşür. Vasatlık kanseri, içten içe büyümektedir.

George Rathman, işte bu girişimci ruhun ölümü spiraline düşmedi. Bürokrasinin hedefinin, yetersizliği ve disiplinsizliği cezalandırmak olduğunu sezdi. Oysa elinizde doğru insanlar varsa zaten böyle sorunlarınız olmazdı. Çoğu şirket bürokratik kural ve mekanizmalarını, az sayıdaki yanlış insanı yönetmek için oluşturur. Ama bunun karşılığında doğru insanları uzaklaştırmış, böylece yanlış insanların sayısı artmış, bunun sonucunda disiplinsizliği cezalandırmak için bürokrasinin artması gerekmiş, bu yüzden doğru insanların sayısı daha da azalmış ve bu böyle devam etmiştir. Rathmann, bu çıkmazdan bir çıkış yolu olduğunu sezdi: Bürokrasi ve hiyerarşiden kaçının ve bir disiplin kültürü oluşturun. İki unsuru, yani disiplin kültürüyle girişim ruhunu bir araya getirebilirseniz, süper bir performansa ve kalıcı başarılara yol açacak simyayı buldunuz demektir.

Yaratıcı Disiplin Matrisi

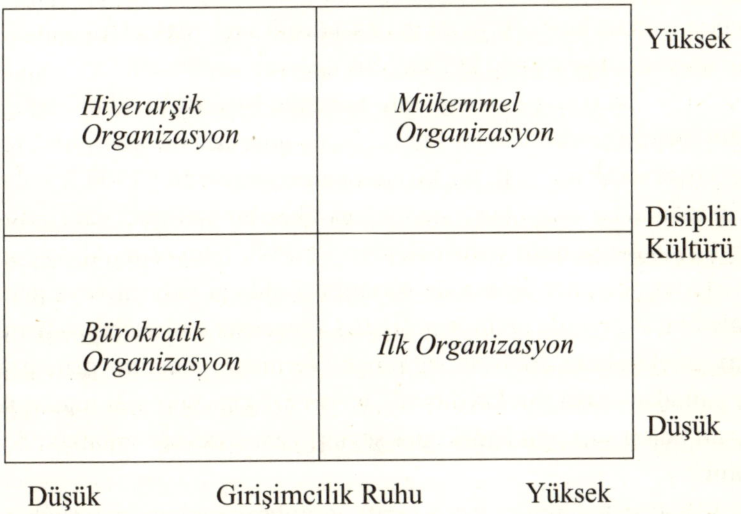

Bu bölüme iyiden mükemmele ulaşmış şirketlerden biri yerine neden bir biyoteknoloji girişimcisiyle başladık? Çünkü Rathmann, Amgen'i kurmadan önce kendisine başarıyı sağlayan şeylerin çoğunu Abbott Laboratories'de öğrendi:

> Abbott'ta öğrendiğim şey, o yıl için hedeflerinizi belirlediğiniz anda, onları bir yere yazmaktı. Böylece yıl içinde planlarınızı değiştirebilirdiniz ama kendinizi değerlendireceğiniz şeyi asla değiştiremezdiniz. Yılın sonunda, yıl başında gerçekleştireceğinizi söylediğiniz şeylere bakınca çok sinirlenirdiniz. Çünkü o yazdığınız şeyleri değiştirme şansınız yok. Öyle değil de şöyle demek istediğinizi söyleyip hedeflerinizi yenileyerek kendinizi iyi hissetme şansınız yok. Bu yüzden de o yıl neler başarmış olduğunuza bakamıyorsunuz bile. Ne kadar acımasız olursa olsun odaklandığınız tek ölçüt, yapacağınızı söylediğiniz şeylerle yaptığınız şeylerin birbirini tutup tutmadığı. İşte bu disiplini Abbott'ta öğrenip Amgen'e taşıdım[3]

Abbott'un bu disiplin yaklaşımının başlangıcı, 1968 yılına kadar götürülebilir. O tarihte şirkete Bernard H. Semler adında dikkat çekici bir finansman yetkilisi almışlardı. Semler işinin sadece muhasebeyi yoluna koymak ya da mali kontrolü sağlamak olduğunu düşünmüyor, daha ziyade kültürel bir değişim sağlayabilecek mekanizmalar icat etmeye çalışıyordu. Sorumlu Muhasebe adını verdiği yeni bir muhasebe sistemi kurdu. Buna göre her bir gelir, maliyet ve yatırım kalemi, belli bir kişiye zimmetleniyordu.[4] 1960'lı yıllar için radikal bir fikir olan sistemin ana fikri, bir yatırımcı para yatırdığı girişimciyi nasıl gelişmelerden sorumlu tutuyorsa, Abbott'un müdürlerinden her birinin de sorumlusu olduğu yatırım veya gelir kalemini o gayretle takip etmesiydi. Geleneksel muhasebe yöntemleri gerekçesinin arkasına sığınmak, verimsiz yönetimi gizlemek için oradan oraya fon kaydırmak, başarısızlıktan sorumlu tutulacak birini bulup suçu yüklemek gibi şeyler, yeni sistemde mümkün değildi.[5]

Abbott sisteminin en güzel tarafı, insanların şevkini ortaya çıkarmasında değil, yaratıcılık ve girişim ruhunu serbest bırakmak için o şevkin ve disiplinin kullanılmasındaydı. Rathmann, "Abbott çok disiplinli bir organizasyon oluşturdu fakat bu disiplin, geleneksel disiplinden farklıydı. Hem mali disiplin sağlamıştı hem de yaratıcı düşüncenin aykırılığını mümkün kılmıştı. Yaratıcılığın ortaya çıkması için mali disiplini kullanıyorduk" diyor.[6] Abbott, yönetim maliyetinin satışlara oranını, açık arayla sektöründeki en düşük düzeye çekmişti ve aynı zamanda gelirlerinin yüzde 65'ini, satışa sunulduğu yıldan önceki dört yılda geliştirilen yeni ürünlerden sağlayarak, 3M gibi bir yeni ürün icat makinesi yaratmıştı.[7]

Bu yaratıcı ikilik, Abbott'un geçiş döneminde şirket kültürünün her zerresine sinmişti. Girişimci insanları işe alıyor ve hedeflerine ulaşabilmeleri için onları elini serbest bırakıyordu. Şirketteki her bir çalışan da Abbott'un sistemine tamamıyla bağlı kalıyor ve hedeflerinin yerine getirilmesinin tüm sorumluluğunu üstleniyordu. Yani özgürdüler ama bir sistem içinde özgürdüler. Girişim ruhunu, esneklikle birleştirmişlerdi. (Bir Abbott yöneticisi şöyle diyordu: "Planlama, paha biçilmez bir şeydir ama planlar beş para etmez kağıtlardır".)[8] Abbott bir de üç çember sınavından geçemeyen fikirlere hayır demesini biliyordu. Yaracılığı teşvik eden şirket, düşük maliyetli hasta bakımı sağlamayı amaçlayan Kirpi Konseptine fanatik bir bağlılık sergilemekten asla vazgeçmiyordu.

Abbott araştırması, çalışmamızını ana bulgularından birine işaret ediyor: disiplin kültürü. Doğası gereği kültür, kolay tartışılacak ve üç çemberde olduğu gibi net biçimde ortaya konulacak bir başlık değildir. Bu bölümün ana fikri şu cümlede özetlenebilir: Öyle bir kültür yaratın ki içinde Kirpi Konseptinizle tam bir tutarlılık halinde ve üç çember çerçevesinde disiplinli eylemler gerçekleştiren insanlar yaratsın.

Bunun anlamı şudur:

1. Özgürlük ve sorumluluk kavramları etrafında bir kültür yaratın. Bu kültürün bir çerçevesi olsun.
2. Kültürün içini sorumluluklarını tam anlamıyla yerine getirmek isteyen öz disiplinli insanlarla doldurun.

3. Disiplin kültürüyle diktatörlüğü karıştırmayın.
4. Kirpi Konseptinize sıkı sıkıya yapışın. Üç çemberin kesişim noktası, sizin kutsal alanınız olsun. "Yapılmaktan vazgeçilecekler" listesi oluşturmanız ve sisteminize yabancı her şeyi sistematik olarak devre dışı bırakmanız da aynı derecede önemlidir.

BELLİ SINIRLAR DAHİLİNDE ÖZGÜRLÜK (VE SORUMLULUK)

Bir pilot düşünün. Binlerce düğmenin, karmaşık aygıtların arasında, 84 milyon dolarlık bir makinenin tepesinde oturmaktadır. Yolcular sırayla merdivenleri çıkıp bavullarını baş üstlerindeki bagajlara yerleştirir, hostesler herkesi yerine oturtmaya çalışırken o da uçuş öncesi kontrol listesine bakar. Sistematik olarak her bir kalemin üzerinde durur.

Kalkış öncesinde kuleyle temasa geçer ve hangi piste çıkacağı, hangi yolu kullanacağı, hangi yöne kalkacağı konularında verilen talimatlara göre hareket eder. Kalkış iznini almadan asla kalkmaz. Kalkıştan sonra da kuleyle temasını kesmez ve hava trafik sisteminin sıkı sınırları dışına çıkmaz.

Diyelim ki ineceği yere yaklaşırken bir fırtınaya yakalanır. Rüzgar, uçağın kanatlarını aşağı yukarı sallamaktadır. Yolcular pencereden yeri değil, kapkara bulutları ve hızlı yağmur damlalarını görmektedir. Hostes, "Bayanlar baylar, lütfen yerlerinize oturup kemerlerinizi bağlayın ve koltuklarınızı dik duruma getirin. Kısa süre içinde inmiş olacağız" diye anonsunu yapar.

Rüzgarın uçağın kanatlarını sallamasıyla ve şimşeklerin görüntüsüyle sinirleri bozulan acemi uçak yolcuları, "Umarım fazla erken inmeyiz" diye düşünürken, tecrübeli yolcular gazete okumakta, koltuk komşularıyla sohbet etmekte ve indiklerinde yapacakları toplantılara hazırlanmaktadırlar. Akıllarında tek düşünce vardır: "Daha önce de böyle fırtınalar gördüm. Güvenli değilse pilot inmez zaten."

Güvenli olduğunu düşünen pilot inmeye başlar. Tekerlekler açılır. 100 tonluk ağırlığı ve saatte 200 kilometreyi geçen hızıyla uçak piste tekerlek koyacakken bir anda motorlar tekrar gürülder. Yolcular koltuklarına yapışır ve uçak tekrar yükselmeye başlar. Havada büyük bir daire çizerek tekrar piste doğru ilerler. O sırada hoparlörün cızırtısı duyulur. Pilot, "Sayın yolcular, ters rüzgar nedeniyle inişi pas geçtik. Bir kez daha deneyeceğiz" anonsunu yapar. İkinci denemede rüzgar yatışmıştır ve uçak salimen yere iner.

Şimdi biraz geri gidip düşünelim. Pilot, çok sıkı bir sistem içinde hareket etmektedir. Sistem dışına çıkamaz. (Pilotun şöyle bir anons yapmasını herhalde istemezsiniz: "Sayın yolcular bir yönetim kitabında yeni okudum, yeni moda yönetim anlayışı gereğince yaratıcılığa olanak tanınıyormuş. Daha serbest davranabiliyor, aklınıza gelen fikirleri deneyebiliyormuşsunuz. Şimdi ben de bu modaya uyup biraz heyecanlı bir uçuş gerçekleştireceğim".) Ama, havaalanı müsait değilse başka bir havaalanına inmek gibi en kritik kararları veren, yine odur. Sistemin kuralları ne kadar sıkı olursa olsun tam orta yerde duran bir gerçek vardır: uçağın sorumluluğu ve yolcuların güvenliği bütünüyle pilota aittir.

Burada anlatmaya çalıştığım şey, şirketlerin de hava trafik sistemi gibi sistemlere sahip olması gerektiği değil. Netice itibariyle bir şirketin sistemi başarısız olursa yüzlerce insan çelik yığınları içinde ateş topları gibi can vermez. Uçakta size berbat ikram yapmış olabilirler ama yere tek parça halinde ineceğinize eminsinizdir. Bu benzetmede söylenmek istenen şudur: İyiden mükemmele dönüşmüş şirketlerin içine baktığımızda, aynı pilotlarda olduğu gibi gelişmiş bir sistemin oluşturduğu belli bir çerçeve dahilinde özgürlüğe ve sorumluluğa yer verildiğini görürüz.

> Mükemmel şirketler net sınırları olan tutarlı bir sistem yaratmışlar ve bu sistem içinde insanlara özgürlük ve sorumluluk vermişlerdir. Yönetilmesine gerek olmayan, öz disiplinli insanları işe almış ve onları değil sistemi yönetmişlerdir.

Circuit City'den Bill Rivas, "Mağazalarımızı uzaktan nasıl yönetebildiğimizi açıklayan şey, işte bu" diyor. "Mükemmel bir sistem içinde tam sorumluluğa sahip mükemmel mağaza müdürleri. Bir yönetim sisteminiz ile bu sisteme inanan ve sistemi işletmek için ne gerekiyorsa yapan insanlarınız olmalı. Ve o sistem içinde sorumluluklarıyla uyumlu bir manevra alanına sahip mağaza müdürleri."[9] Restoranlar arasında McDonald's neyse (belki en heyecan verici performansa sahip şirket değil ama en tutarlı olanı), Circuit City de elektronik eşya perakendeciliği alanında odur. Circuit, mağazalarına bilgisayar ve video player gibi kalemleri de eklemeye karar verdiğinde, sistem zaman içinde daha da gelişti (aynı McDonald's'ın Egg McMuffins'i de hizmetine eklediği zaman olduğu gibi). Ama herhangi bir zaman içinde herkes sistemin kuralları çerçevesi içinde hareket ediyordu. Bill Zierden, "Bizimle diğerleri arasındaki ana farklılıklardan biri de bu. Onlar sistemlerini işletemiyorlardı, biz işletebiliyorduk. Büyük bir tutarlılık içinde ülkenin her yanındaki mağazalarımızda aynı şeyi yapıyorduk" diyor.[10] Circuit City'nin 1980'li yılların başında nasıl uçuşa geçip sonraki 15 yıl borsa ortalama getirisini 18'e katladığını açıklayan şey, işte bu.

Aslında bu kitabın büyük kısmının, bir disiplin kültürü yaratmayla ilgili olduğu söylenebilir. Her şey, disiplinli insanlarla başlar. Geçiş dönemi, yanlış insanları disiplin altına alarak değil, otobüse öz disiplini olan insanları alarak başlar. Sonra sıra disiplinli düşünceye gelir. Acı gerçeklerle yüzleşebilmek ve bu arada mükemmellik yolunda ilerleme inancıdan sapmamak için disipline ihtiyacınız vardır. En önemlisi de Kirpi Konseptinizi keşfedebilmek için araştırmaya devam etmek üzere disiplin gerekir. Ve son olarak disiplinli eyleme, yani bu bölümün konusuna geliriz. Bu sıralama, önemlidir. Karşılaştırma grubundaki şirketler genellikle hemen disiplinli eylem aşamasına atlamaya çalışırlar. Ama öz disiplinli insanlarınız olmadan disiplinli eylemin kalıcı olmasına imkan yoktur. Disiplinli düşünce olmadan disiplinli eyleme atlamak ise, felakete davetiye çıkartmaktır.

Aslında disiplin kendi başına mükemmel sonuçlara ulaşmanızı

sağlamaz. Tarihte mükemmel disipline sahip organizasyonların, büyük bir titizlik ve özenle oluşturulmuş sıralar halinde felaketlere doğru yürüdüklerine çok tanık olduk. Burada esas husus, önce öz disiplinli insanlara gayet katı bir düşünce aşılamaktır. Ancak ondan sonra Kirpi Konsepti etrafında oluşturulmuş tutarlı bir sistem çerçevesinde disiplinli eyleme geçilebilir.

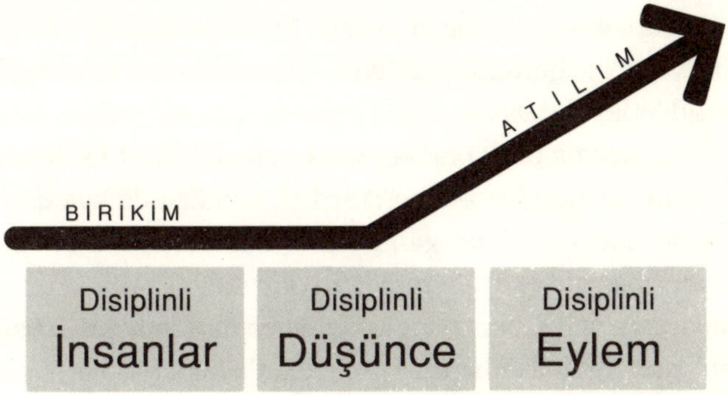

PEYNİRİ YIKAMAK

Araştırmamız boyunca, disiplinli, sıkı, kararlı, itinalı, kesin, sistemli, metodik, çalışkan, talepkâr, tutarlı, yoğunlaşmış, sorumlu, hesap soran gibi birçok sözcüğün sürekli kullanıldığını görmek, bizi çok etkiledi. Mükemmel şirketler hakkında yazılmış haber ve yorumlara, kaynak olarak kullandığımız belgelere ve bu şirketlerin yöneticileriyle yapılmış mülakatlara serpiştirilmiş olan bu kelimeler, karşılaştırma grubu şirketlerine ilişkin kaynaklarda yok. Demek ki mükemmel şirketlerdeki insanlar sorumluluklarını yerine getirme konusunda fanatik denilebilecek bir aşırılığa kaçmışlar.

Buna "peyniri yıkama" faktörü adını verdik. Terimin kaynağı, Hawaii Ironman triatlon yarışını tam altı kez kazanan disiplinli ve dünya klasında bir atlet olan Dave Scott. Scott yarışmaya hazırlanırken günde ortalama 75 mil bisiklet sürüyor, 20 kilometre yüzüyor ve 17 mil koşuyor. Her Allahın günü. Dave Scott, zayıflamaya çalışmıyor. Ama az yağlı ve bol karbonhidratlı bir diyetin kendisine enerji vereceğini düşünüyor. Bu yüzden de yarışmaya hazırlanırken günde en az 5 bin kalori yakan Dave Scott, peynirini yıkayarak yağını azaltıyor. Scott'ın Ironman'ı kazanmak için peyniri yıkamasının gerektiği konusunda en ufak bir kanıt yok. Ama zaten mesele de bu değil. Mesele şu ki Scott peynirini yıkayarak kendisini birazcık daha güçlü kılacağını düşündüğü küçücük bir adım atıyor. İnanılmaz disiplin gerektiren bir programı oluşturmak için atılması gereken bir sürü küçük adıma ek, küçük bir adım daha atıyor. Aklıma Scott'ın şöyle bir görüntüsü geliyor: Ironman'de okyanusta 2.4 mil yüzüp şiddetli rüzgarların etkisi altında 112 mil bisiklet bindikten sonra 100 derece sıcaklığındaki, kurumuş lavlarla dolu Kona sahilinde 26 millik maratonunu koşarken bir yandan da kendi kendine söyleniyor. Diyor ki, "Her gün peynir yıkamak zorunda kalmamla karşılaştırılırsa, gayet iyi durumda sayılırım."

Bunun saçma bir benzetme olduğunun farkındayım. Ama mükemmel şirketler bir anlamda Dave Scott'a benziyorlar. İyi bir şirketken mükemmel bir şirkete nasıl dönüşülebileceğine ilişkin soruların cevabı, özenle seçilmiş alanlarda en iyi olmak için ne gerekiyorsa onu yapabilecek bir disiplinin sağlanması. Sonra da oradan devam ederek sürekli gelişmeye yönelinmesi.

> Herkes en iyi olmak ister. Ama hangi alanda en iyi olabileceğini, egosunu işin içine katmadan keşfedecek disipline ve bu potansiyeli gerçekleştirmek için gerekeni yapacak iradeye herkes sahip değildir. Bu şirketlerde peyniri yıkayacak irade yoktur.

Wells Fargo ile Bank of America'ya bakalım. Carl Reichardt, Wells'in piyasadaki deregülasyon döneminden daha zayıf değil, daha güçlü bir şirket olarak çıkacağından asla şüpheye düşmedi. Mükemmel bir şirket olmanın anahtarının parlak yeni stratejilerde değil, yüz yıllık bankacılık zihniyetinin sistem dışına atılması konusunda sarsılmaz bir kararlılık göstermekte olduğunu gördü. "Bankacılıkta bir sürü işe yaramaz alışkanlık ve uygulama var. Onlardan kurtulmak için parlak değil, kararlı olmak lazım."[11] Reichardt, en tepeden net bir sesle şunları söyledi: Biz en yukarıda oturup keyif çatarken aşağıdakilerin canı çıksın demeyeceğiz. Önce kendi peynirimizi yıkayacağız ve bu işe üst yönetim kademesinden başlayacağız. Wells Fargo'nun tarihi boyunca en kârlı yıllarından birini yaşamasına bakmadan yöneticilerin ücretlerini iki yıl dondurdu.[12] Yönetici yemekhanesini kapatıp yöneticilere mütevazı bir yemek fabrikasından yemek getirtmeye başladı.[13] Yönetici asansörünü kapattı, şirket jetlerini sattı, hatta sulaması fazla masraflı oluyor diye yönetim katına bitki konulmasını bile yasakladı.[14] Yönetim katından ücretsiz kahve servisini kaldırdı. Yöneticilere yılbaşı çamı gönderilmesi uygulamasına son verdi.[15] Kendisine gösterişli ciltler içinde sunulan raporları, "Siz olsanız kendi paranızı böyle harcar mıydınız?" Bir cildin bir rapora ne katkısı olur ki?" diye geri gönderdi.[16] Diğer yöneticilerle beraber toplantıdayken eski püskü, içinden süngerleri çıkan bir koltukta otururdu. Hatta bir habere göre, kimi zaman para harcanmasına yönelik projeler ve öneriler sunanları dinlerken, elini koltuğun içine sokup o süngerlerle oynardı. Tabii bu şekilde, "şunu yapalım, bunu yapalım diyen bir sürü proje, kendiliğinden öldü."[17]

Caddenin hemen karşısındaki Bank of America binasında da yöneticiler aynı piyasada aynı deregülasyon gerçeğiyle yüzyüzeydi ve işe yaramaz bir sürü alışkanlık ve uygulamadan kurtulmak istiyorlardı. Ama Wells'in aksine BoA yetkililerinde önce kendi peynirlerini yıkayacak disiplin yoktu. San Francisco şehir merkezindeki aşırı lüks bir gökdelendeki yönetim karargahını elden çıkarmıyorlardı. Breaking the Bank adlı kitapta, BoA'nın CEO odası şöyle anlatılıyor: "Golden Gate'den Bay köprüsüne kadar San Francisco körfezini tamamen gören bir manzaraya açılan yerden tavana kadar pencerelerin içinde, doğu halılarıyla dolu kuzeydoğu cepheli geniş bir oda ile o odaya bağlı büyük bir toplantı odası".[18] (Yöneticilerin koltuklarından dışarı taşmış süngerlerden hiç haber yok.) Asansör, fanilerin çalıştığı katlara uğramadan, yönetim katından sessizce zemine iniyor. CEO odasındaki büyük boşluk, pencereleri olduğundan büyük gösteriyor ve insana yukarıdan dünyayı yöneten tanrıların dünyasında bulunduğu hissini uyandıran bir sis içinde yüzdüğü duygusunu veriyor.[19] Hayat bu kadar güzelken, neden peynirimizi yıkayalım ki?

1980'li yılların ortalarındaki üç yıl boyunca 1.8 milyar dolar kaybeden BoA, ancak sonunda deregülasyon dönemine uyum sağlamak için atılması gereken adımları attı. (Bunu da büyük ölçüde Wells'in yöneticilerini işe aldıktan sonra yaptı.)[20] Ama en karanlık günlerinde bile BoA, yöneticilerini gerçek dünyanın üzerine çıkaran ayrıcalıklardan tam olarak kurtaramadı. Krizin en yoğun döneminde yönetim kurulu toplantılarından birinde bir üye, "Şirket uçağını satalım" diye anlamlı bir öneride bulundu ama diğer kurul üyeleri onu dinleyip bir sonraki maddeye geçtiler.[21]

DİKTATÖR DEĞİL, KÜLTÜR

Bu bölümü kitaba neredeyse almıyorduk. Mükemmel şirketler, Wells Fargo-Bank of America örneğinde olduğu gibi karşılaştırma grubundaki şirketlere göre daha disiplinliydiler. Ama öte yandan geçici performans gösteren karşılaştırma şirketleri de aynı disiplini göstermişlerdi.

Şirketlerdeki liderlik kültürünü araştıran Eric Hagen, "Bana göre disiplin meselesi, kitapta bulgu olarak işlenebilecek bir kavram değil" dedi. "Şurası çok açık ki geçici performans gösteren karşılaştırma grubu şirketlerinin CEO'ları, şirkete müthiş bir disiplin getiriyorlar ve böylece de o mükemmel sonuçlara ulaşıyorlar. Demek ki disiplin, ayırt edici değişkenlerden biri olmak için gereken özelliklere sahip değil."

Konu ilgimizi çekmişti. Biraz daha araştırmaya karar verdik. Eric daha derin bir analiz yaptı. Elde edilen verileri inceledikçe gördük ki görünüşte pek bir fark olmamasına rağmen disipline yaklaşım konusunda iki şirket türü arasında ciddi bir farklılık vardı.

Mükemmel şirketlerdeki 5. Düzey liderler kalıcı bir disiplin kültürü yaratmışlardı. Ama Geçici performans gösteren şirketlerdeki 4. Düzey liderler ise, tamamen zorla şirkette kendi kişisel disiplinlerini sağlamışlardı.

Burrroughs'un başına 1964 yılında geçen Ray MacDonald örneğine bakalım. Başarılı ama zor bir adam olan MacDoland, personelin konuşmalarını, esprilerini bile kontrol ediyor ve kendisi kadar zeki olmayanları (ki etrafında bunlardan çok vardı) eleştiriyordu. İşlerini kişiliğinin zorlayıcı gücüyle ve camiada, "MacDonald mengenesi" adı verilen bir baskı türü kullanarak yaptırıyordu.[22] MacDonald, onun döneminde etkileyici sonuçlar elde etti. Şirketin başına geçtiği 1964 yılında şirkete yatırılan her dolar, 1977 sonu itibariyle borsa ortalamasından 6.6 kat daha fazla getiri sağlamıştı.[23] Ama şirkette, kendisinden sonra kalacak bir disiplin kültürü oluşmamıştı. MacDonald emekli olduktan sonra o zamana kadar ona yardakçılık yapanlar karar almakta zorlandılar ve şirket, Business Week'e göre "hiçbir şey yapamaz hale" geldi.[24] Burroughs sonra da uzun bir gerileme dönemine girdi. Öyle ki MacDonald çağının sonundan 2000 yılına kadar hisse senedinin kümülatif getirisi, borsa ortalamasının yüzde 93 altındaydı.

Stanley Gault'un liderliği altındaki Rubbermaid'de de benzer bir öyküye rastladık. Bölüm 2'de Gault'un kendisini diktatörlükle suçlayanlara, "Evet ama iyi bir diktatörüm" diye cevap verdiğini söylemiştik. Gault, Rubbermaid'e sıkı bir disiplin getirmişti: sıkı bir planlama ve rakip analizleri, sistematik piyasa araştırmaları, etkin maliyet kontrolü gibi. Hatta bir analist, "Burası inanılmaz disiplinli bir şirket" diye yazmıştı.[25] Gault sabahları saat ta 6.30'da işe gelip günde sekiz saat çalışır ve diğer yöneticilerin de aynı şeyi yapmalarını beklerdi.[26]

Şirketin baş disiplin sağlayıcısı olan Gault, aynı zamanda şirketin bir numaralı kalite kontrol mekanizması olarak hizmet veriyordu. Bir keresinde Manhattan'da yürürken sokaktaki tozları süpürüp Rubbermaid malı bir faraşa toplamak isteyen bir kapıcının söylenip

BURROUGHS ŞİRKETİ, KLASİK BİR İSTİKRARSIZ GEÇİŞ ÖRNEĞİ

Borsa ortalamasına göre kümülatif hisse senedi getirisi oranı
Ray MacDonald döneminin başı itibariyle 1.0 olarak hesaplanmıştır.

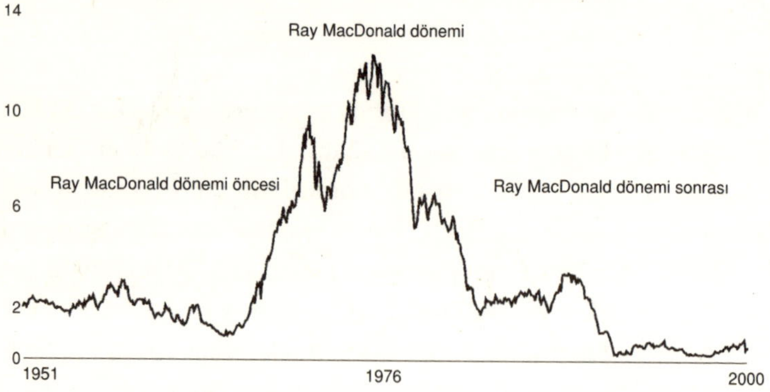

küfrettiğini işitmiş. Bunun hikayesini Fortune'a anlatan Richard Gates, "Stanley hemen oraya gidip adamın neden söylenip durduğunu anlamak için onu sorguya çekmiş" diye anlatıyor. Sonunda faraşın tozları toplamak için fazla kalın olduğunu anlayan Gault, hemen mühendislerine talimat vererek ürünü yeniden tasarlamalarını istemiş. Gault, "Kalite konusunda tam bir baş belasıyım" diyordu. Operasyondan sorumlu başkan yardımcısı da onu doğruluyordu: "Kalitede bir sorun çıkarsa küplere biner."[27]

Rubbermaid onun diktatörlüğü altında hızlı bir yükseliş yaşadı ama o ayrıldıktan sonra da aynı hızla düştü. Gault'un liderliği altında Rubbermaid, borsa ortalamasını 1'e 3.6 oranında geçmişti. Gault'tan sonra ise Newell tarafından satın alınmadan önce borsa ortalamasının ancak yüzde 59'una ulaşabiliyordu.

Disiplin getiren lider sendromunun en güzel örneklerinden biri, Business Week'te, "Diktatör" olarak anılan Chrysler'in Lee Iacocca'sı.[28] Chrysler'in başına 1979'da geçen Iacocca, şirketi şekle şemale sokmak için kendi ezici kişiliğinden yararlandı. Iacocca, şirketteki ilk günleri hakkında şöyle yazıyor: "Şirketin anarşi içinde olduğunu anlamıştım. Gereken şey, bir doz düzen ve disiplindi.

Rubbermaid Corporation, Klasik Bir İstikrarsız Geçiş Örneği

Kümülatif Hisse Senedi Getirisinin borsa ortalamasına oranı

Stanley Gault döneminin başlangıcı 1.0 olarak hesaplanmıştır

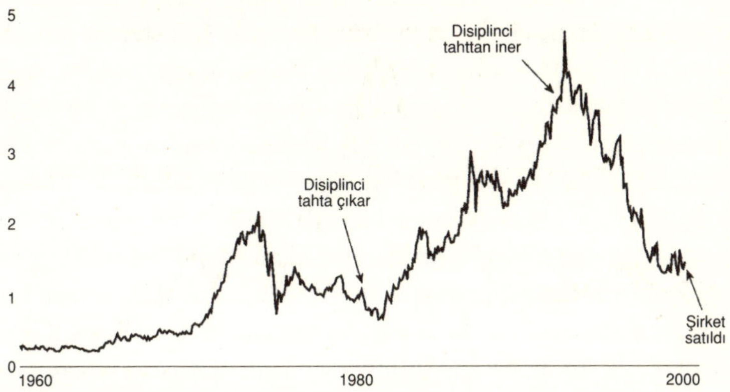

Ve hemen gerekiyordu."[29] İlk yılında yönetim kademesini tamamen elden geçirdi, sıkı mali kontroller getirdi, kalite kontrol önlemlerini artırdı ve tasarrufta bulunmak için büyük tensikatlara gitti.[30] "Kendimi savaştaki bir doktor gibi hissediyordum... Elimizde kalanı kurtarmak için radikal bir ameliyat gerekiyordu."[31] Sendikalarla görüşürken şöyle diyordu: "Bana yardım etmezseniz, kafanızı uçururum. Yarın sabah iflas ilan ettim mi hepiniz işsiz kalırsınız."[32] Iacocca, büyük bir başarı sağladı ve Chrysler, şirketler tarihin en ünlü şirket kurtarma operasyonlarından biri oldu.

Ancak görev döneminin ortalarında Iaccoca'nın konsantrasyonu dağıldı ve şirket yeniden gerilemeye başladı. Wall Street Journal, "Bay Iacocca Özgürlük Anıtı'nı yenileme faaliyetlerine başkanlık etti, vergi indirimi konusundaki meclis komisyonlarında görev aldı, ikinci kitabını yazdı, köşeyazarlığına başladı, İtalyan tarzı bir villa alıp kendi zeytinyağı ve şarabını üretti... Bazılarına göre Chrysler'in mevcut sorunlarının nedeni de işte tüm bunların onun dikkatini dağıtması... Dikkati dağıldı mı dağılmadı mı bilemeyiz ama bildiğimiz bir şey varsa, o da bir halk kahramanı olmanın talepkâr bir görev olduğu."[33]

Ulusal kahraman olarak kariyer yapmasından daha da kötüsü, Iacocca'nın, Chrysler'in en iyi olabileceği alanda kalmasını sağlayacak disiplini gösterememesi nedeniyle, başka alanlara girilmesidir. 1985 yılında cazibeli havacılık işine daldı. Başka CEO'lar bir Gulfstream jet uçağıyla yetinirken, Iacocca, Gulfsteram şirketini satın aldı.[34] Bundan sonra 1980'lerde İtalyan araba üreticisi Maserati ile oldukça maliyetli ve netice itibariyle başarısız bir evlilik gerçekleştirdi. Chrysler'ın emekli yöneticilerinden biri, "Iacocca'nın İtalyanlar'a zaafı vardı" diyor. Business Week de, "Toskana'da mütevazı bir mülkü olan Iaccoca, bütün ticari gerçekleri gözardı ederek İtalyanlar'la birleşmeye karar verdi" şeklinde yorum yapıyor.[35] Bazılarına göre şirketin Maserati macerası 200 milyon dolara malolmuştu. Forbes'a göre bu rakam, "fiyatı yüksek, üretim hacmi düşük bir araba için inanılmaz ölçüde büyük bir rakam. Netice itibariyle birkaç bin arabadan fazlası zaten üretilmeyecekti."[36]

Görev süresin ilk yarısında, Iacocca dikkat çekici sonuçlar elde ederek iflasın eşiğinden kurtardığı şirketine borsa ortalama getirisinin yaklaşık üç katı getiri sağladı.[37] Görev süresinin ikinci yarısındaysa şirket borsa ortalama getiri düzeyinin yüzde 31 altına düştü ve yine iflas noktasına geldi. Bir Chrysler yöneticisi, "Açık kalp ameliyatı geçirdikten sonra birkaç yıl içinde yine eski sağlıksız hayat tarzına dönüş yapan kalp hastalarına benziyoruz" diye yazacaktı.[38]

Yukarıdaki vakalar, istikrarsız performans gösteren bütün şirketlerde karşılaştığımız bir modeli ortaya koyuyor: Diktatör bir disiplinciyle birlikte dikkat çekici bir yükselişten sonra diktatörün bir disiplin kültürü kurmadan ayrılması ya da disiplinini kaybederek üç çemberin dışına çıkması sonucunda yine dikkat çekici bir gerileme. Evet, mükemmel sonuçlar elde etmek için disiplin şart ama üç çemberi kavramadan eyleme geçmek, kalıcı mükemmel sonuçlara yol açmıyor.

KİRPİ KONSEPTİNE FANATİK BAĞLILIK

Yaklaşık kırk yıl boyunca Pitney Bowes tekel konumunun sağladığı yumuşacık ve sıcacık kozanın içinde yaşamını sürdürdü. ABD Postanesi ile olan yakın ilişkileri ve postametreler konusundaki patentleri sayesinde piyasanın yüzde 100'üne hakimdi.[39] 1950 itibariyle ABD'den postalanan tüm mektupların yaklaşık yarısı, Pitney'in makinelerinden geçiyordu.[40] Brüt kâr marjı yüzde 80'i bile geçen, rakibi bulunmayan, devasa bir piyasaya hitap eden ve daralması mümkün olmayan bir alanın hakimi olan Pitney, bu özellikleriyle mükemmel bir şirketten ziyade tekelci bir şirketti.

Ama sonra, tekelci kozasından çıkmak zorunda kalan tüm şirketlerde olduğu gibi, Pitney de gerilemeye başladı. Önce Pitney'in sahip olduğu patentleri rakiplerine, üstelik ücret almadan kullandırmasını gerektiren bir kararname yayınlandı.[41] Altı yıl içinde Pitney'e 16 rakip çıktı.[42] Ayağının altındaki dünyanın kayıp gittiğini gören şirket, bir cinnet haliyle iş alanlarını çeşitlendirme çabasına girerek kötü sonuçlanan bir sürü şirket alımlarına para saçtı. Bunlar arasında o sıralar hissedarların elindeki toplam hisse değerinin yüzde 54'ünü oluşturan 70 milyon dolarlık bir bilgisayar perakendecisi de vardı. 1973 yılında tarihinde Pitney ilk kez zarar etti. Şirketin hali, tekelci konumunu kaybedince rekabetin acımasız gerçeğiyle yüzyüze kalarak çöken diğer şirketlerin haline benzemeye başlamıştı.

Ama neyse ki Fred Allen adlı 5. Düzey bir lider gelip Pitney'in dünyadaki rolünü derinden kavramak amacıyla zor sorular sormaya başladı. Böylece Pitney kendini bir postametre şirketi olarak görmekten vazgeçti ve daha geniş bir "iletişim" kavramı çerçevesinde diğer şirketlere elektronik aygıtlar ve makineler sağlayarak hizmet etme konusunda dünyanın en iyisi olabileceğini kavradı. Bunlar arasında yer alan gelişmiş teknolojili faks ve fotokopi makineleri sayesinde şirket, müşteri başına kârlılık ölçütünü yakaladı, geniş bir satış ve servis ağı kurdu.

Allen ile halefi George Harvey, iş alanlarını çeşitlendirme işini belli bir disipline soktu. Örneğin Pitney bu çabalar sonucunda tam bir para matbaası konumunda olan büyük şirketlere yönelik teknolojik faks makinesi piyasasında yüzde 45 pay sahibi oldu.[43] Harvey, mektupları damgalayıp gönderen bir posta işlemci olan Paragon örneğinde olduğu gibi, yeni teknolojilere ve ürünlere yatırım yapmak amacıyla sistematik bir süreç oluşturdu. 1980'li yıllarda Pitney, gelirlerinin yarısını önceki üç yılda piyasaya yeni sürdüğü ürünlerden kazanır hale gelmişti.[44] Şirket daha sonra faks makinesi gibi, şirketlerin müşterilerle teması olmayan birimlerinin kullandığı makineleri internete bağlamanın da öncülüğünü yaparak iş alanlarını disiplinli biçimde çeşitlendirme konusunda bir fırsatı daha değerlendirecekti. Burada asıl husus, çeşitlendirme ve yeniliklerin üç çemberin içinde kalmasıdır.

Hisse senedi getirisi 1973'teki en karanlık günlerinde borsa ortalamasının yüzde 77 altına düşen Pitney Bowes, o tarihten sonra durumu tersine çevirdi ve 1999 itibariyle hisse getirisini borsa ortalamasının 11 katına çıkardı. 1973 – 2000 arasında Pitney, Coca Cola, 3M, Johnson&Johnson, Merck, Motorola, Procter&Gamble, Hewlett-Packard, Walt Disney ve hatta General Electric'i geride bıraktı. Tekelci kozasından çıktıktan sonra bu düzeyde sonuçlar elde eden başka bir şirket biliyor musunuz? AT&T yapamadı. Xerox da yapamadı. Hatta IBM bile yapamadı.

Pitney Bowes, bir şirket üç çemberin içinde kalma disiplinini yitirirse ve o disiplini tekrar kazanırsa ne olabileceğini çok iyi özetliyor.

> İyiden mükemmele dönüşen şirketler, basit bir mantra'yı en iyi şekilde izlerler: "Kirpi Konseptimize uymayan hiçbir şeyi yapmayacağız. Onunla ilgisi olmayan iş alanlarına girmeyeceğiz. Onunla ilgisi olmayan şirketleri almayacağız. Onunla ilgisi olmayan ortaklıklar ve joint venture'lar kurmayacağız. Uymuyorsa, yapmayacağız. Nokta."

Karşılaştırma grubundaki hemen tüm şirketlerin çöküşlerinde ise, bunun tersine üç çemberin içinde kalmak için gereken disiplinin yitirildiğini gördük. Bu şirketler ya üç çemberlerini anlamalarını sağlayacak disiplini gösteremiyorlardı ya da üç çemberin içinde kalmayı sağlayacak disipline sahip değillerdi.

R.J.Reynolds, buna klasik bir örnektir. 1960'lara kadar şirket, ülkenin en iyi tütün şirketi olmak gibi net ve basit bir kavrama sahipti ve en azından yirmi beş yıldır da bu konumdaydı.[45] 1964 yılında Sağlık Bakanlığı sigaranın kanserle bağlantısı olduğunu açıklayan bir rapor yayınlayınca Reynolds, koruyucu bir önlem olarak iş alanlarını tütünden uzaklaşacak şekilde çeşitlendirmeye çalıştı. Elbette o zamanlar Philip Morris dahil bütün sigara şirketleri aynı nedenlerle sigara dışındaki alanlara girmeye çalışıyordu. Ama Reynolds'ın üç çemberi dışındaki faaliyetleri artık mantıksız bir noktaya gelmişti.

Reynolds, 1970 yılında toplam varlıklarının neredeyse üçte birini bir petrol şirketiyle bir konteyner taşımacılık şirketi (Sea-Land ve Aminoil) almak için harcadı. Fikir, kendi çıkardığı petrolü taşıyarak para kazanmaktı.[46] Tamam, fena fikir sayılmaz ama Reynolds'ın Kirpi Konseptiyle ne alakası var? Bu, disipline hiç uymayan bir satın alımdı ve kısmen de Sea-Land'ın kurucusunun Reynolds'ın başkanıyla yakın arkadaş olması nedeniyle gerçekleşmişti.[47]

Sea-Land'e 2 milyar dolar daha yatırınca toplam yatırım, neredeyse hissedarların elindeki menkul kıymet miktarı kadar bir miktara ulaşmıştı.[48] Sonunda yıllar boyu sigaradan çektiği paralarla batık gemileri yüzdürmeye çalışan RJR, başarısızlığını kabul ederek Sea-Land'ı sattı.[49] Reynolds'ın torunlarından biri şöyle yakınıyordu: "Bizim çocuklar tütün ürünleri üretme ve satma konusunda dünyanın en iyileri. Ama gemilerden ya da petrol işinden ne anlarlar? İflas etmeleri mesele değil de ceplerinden tomar tomar para sarkan kasaba delikanlıları gibi görünüyorlar, ona yanıyorum."[50]

Adil olmak gerekirse Philip Morris de 7UP örneğinde görüldüğü üzere alan çeşitlendirmesi konusunda tam başarılı sayılmaz. Ama RJR'ın tam tersine Philip Morris 1964 raporuna tepki verirken disiplinini kaybetmedi. Kirpi Konseptini bırakmak yerine, fazla sağlıklı olmayan tüketim ürünleri alanında (tütün, bira, alkolsüz içecekler, kahve, çikolata, işlenmiş peynir vs) dünya çapında markalar üretmek olarak yeniden belirledi. Her iki şirketin de aynı tehdit ve fırsatlarla karşılaşmasına rağmen 1964 tarihli rapordan sonra ikisinin yollarının bu kadar ayrılmasının en önemli nedenlerinden biri, Philip Morris'in üç çemberin içinde kalma disiplini göstermesiydi. 1964'ten R.J.Reynolds'ın satın alınarak iş hayatından çekildiği 1989 yılına kadar Philip Morris'e yatırılan 1 Dolar, RJR'a yatırılan 1 Dolar'a göre 4 kat getiri sağlıyordu.

Kirpi Konseptini bulacak disipline çok az şirket sahiptir. O konsept içinde tutarlı biçimde kalma disiplini gösteren şirket sayısı, bundan daha da azdır. Basit bir paradoksu gözden kaçırırlar: Şirket üç çemberin içinde kalacak disiplini ne kadar çok gösterirse, büyüme için o kadar çok cazip fırsat yakalar. Mükemmel bir şirket az yediği için açlıktan değil, elinde çok fırsat olduğu ve çok yediği için hazımsızlıktan ölür. Tehdidi yaratan şey fırsatların az olması değil, seçimlerin iyi yapılmamasıdır.

Büyük fırsatlara, "Teşekkür ederim ama hayır" demek, disiplinli olmayı gerektirir. "Hayatta bir kez yakalanacak bir fırsat" denilen şeyden, eğer üç çembere uymuyorsa uzak durmak gerekir.

Kirpi Konseptiyle fanatik tutarlılık kavramı, sadece stratejik faaliyetlerle ilgili bir şey değildir. Bir organizasyon kurmak ve yönetmekle ilgili her şeye uyarlanabilir. Nucor, çelik üretmek için gereken kültür ve teknolojiye hakim olup onları kullanmak şeklindeki Kirpi Konseptiyle başarıyı yakaladı. Nucor'un konseptinin ana parçalarından biri, sınıf ayrımından uzak, eşitlikçi bir meritokrasi (bilgi ve beceri açısından buna layık olanların iktidarda bulunduğu sistem-ç.) aracılığıyla, işçilerin çıkarlarının hissedarlar ve yöneticilerin çıkarlarıyla ilişkilendirilmesiydi. Ken Iverson, 1998 tarihli kitabı Plain Talk'ta şöyle yazıyordu:

> Eşitsizlik, birçok şirkette dal budak sarmıştır. "Biz" ve "onlar" ayrımını kurumsallaştıran ve meşrulaştıran hiyerarşik eşitsizlikten bahsediyorum... Şirket hiyerarşisinin tepesindekiler, kendilerine ayrıcalık üstüne ayrıcalık tanır, bu ayrıcalıkları gerçek çalışanların gözüne sokar, sonra da yönetimin maliyetleri düşürüp kârı artırmak için or-

tak ruhu harekete geçirme girişimlerinden işçilerin neden hiç etkilenmediğini merak edip dururlar... Sürekli olarak aynı hiyerarşi tarafından bastırılan çalışanları motive etmek için hiyerarşinin tepesindekilerce harcanan milyonlarca doları gördükçe hayretler içinde kalıyorum.[51]

Ken Iverson, mülakatımız sırasında Nucor'un başarısının, oldukça basit olan temel konseptini, o konsepte uyumlu disiplinli eylemlere dönüştürmesinde yattığını söyledi. Şirket, kendisini Fortune 500 şirketleri arasına sokan 3.5 milyar dolarlık büyüklüğe sadece dört yönetim kademesiyle ve bir dişçinin muayenehanesinden pek de büyük olmayan kiralık bir ofiste çalışan 25 kişilik yönetim ekibiyle (yöneticisinden finansmancısına, sekreterine hepsi bu kadar) geldi.[52] Ofisin, bir tuvalet girişinden büyük olmayan lobisini, ucuz ama zevkli mobilyalar süslüyor. Şirketin yemek odası yok. Yöneticiler, yemeğe gelen ziyaretçilerini sokağın karşısındaki Phil's Dinner adlı sandviç restoranında ağırlıyor.[53]

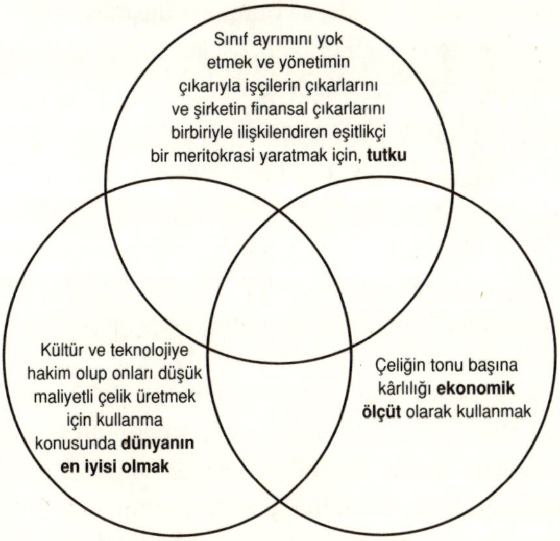

NUCOR'UN ÜÇ ÇEMBERİ
1970 – 1995

Şirketteki yöneticiler, işçilerden daha fazla ayrıcalığa sahip değildi. Hatta onların ayrıcalığı daha azdı. Örneğin yöneticiler dışındaki tüm işçiler, liseyi bitirmiş çocuklarının eğitimlerine devam etmeleri için harcanmak üzere çocuk başına dört yıl boyunca yılda 2.000 Dolar'a kadar yardım alabilirlerdi.[54] Bir keresinde bir adam gelip Marvin Pohlman'a, "Benim 9 çocuğum var. Şimdi siz bana çocuklarım liseyi bitirip de üniversiteye giderse dört yıl boyunca para mı ödeyeceksiniz?" diye sordu. Pohlman, ödeyeceğini söyledi. Sonrasını Pohlman'dan dinleyelim: "Adam o anda yere çöktü ve ağlamaya başladı. Bunu asla unutmayacağım."[55]

Nucor, kârlı bir yıl geçirdiyse, şirketteki herkes kârlı bir yıl geçirirdi. Öyle yıllarda Nucor çalışanları öyle iyi para alırdı ki bir keresinde bir kadın kocasına, "Nucor'dan atılırsan seni boşarım" demişti.[56] Ama Nucor kötü bir yıl geçirirse çalışanları da en tepeden en alta kadar kötü bir yıl geçirirdi. Ancak tepedekiler bundan diğerlerinden daha çok etkilenirdi. Örneğin 1982 resesyonu sırasında işçilerin maaşı yüzde 25, büro çalışanların maaşı yüzde 60 düşerken tepe yönetimin maaşları yüzde 75 oranında düşmüştü.[57]

Nucor uzun vadede çoğu organizasyona en büyük zararı veren sınıf farklılıklarını belli bir düzeyde tutmak için olağanüstü adımlar attı. Şirketin yıllık raporlarında sadece tepe ve orta düzey yöneticilerin adları değil, 7 bin çalışanın hepsinin isimleri yazılırdı.[58] Güvenlik müfettişleri ve ziyaretçiler dışında herkes, aynı renk baret giyerdi. Baret rengi konusu biraz küçük bir konu gibi görünebilir ama şirkette sorun yaratmıştı. Bazı formenler özel renkli baretlerin kendilerini hiyerarşik olarak yüksek konumda gösterdiğini ve bir süre sonra arabalarının arka rafına yerleştirebilecekleri bir statü sembolüne dönüştüğünü söyleyerek şikayette bulunmuştu. Nucor hemen bir dizi forum düzenleyerek çalışanların şirketteki statü ve otoritelerinin pozisyonlarından değil liderlik yeteneklerinden kaynaklandığını açıkça belirtmişti. Eğer bu sizin hoşunuza gitmiyorsa, yani sınıf ayrımı yapılmasından yanaysanız, Nucor sizin için doğru yer değildi.[59]

Nucor'un muayenehane büyüklüğündeki yönetim merkezine karşılık Bethlehem Steel yönetim kademesini yerleştirmek için 21 katlı bir gökdelen inşa etti. Sonra da ek masrafta bulunarak binanın haç gibi görünmesini sağlayacak bir tadilat yaptı. Aslında bu durum, köşe odasız yaşayamayan başkan yardımcılarının sayısının çokluğunun göstgesiydi. Bir Bethlehem yöneticisi, "Başkan yardımcılarının camlarının iki cepheye bakması gerekirdi. Haç tasarımını bu yüzden yaptık" diye anlatıyor.[60] John Strohmeyer de Crisis in Bethlehem adlı kitabında şirketin uçak filosunun bulunduğunu, bu uçakların yönetici çocuklarının okullarına götürülmesinde ve haftasonu kaçamaklarında bile kullanıldığını yazıyor. Kitaba göre 18 delikli bir golf sahası ile bir country club, şirketten akan paralarla ihya edilmiş. Kitapta, kulüpteki duş sırasının bile şirketteki hiyerarşiye göre belirlendiği anlatılıyor.[61]

Netice itibariyle Bethlehem yöneticileri, kendilerini elit statüsüne çıkaran bir sınıf sisteminin devam etmesini, faaliyetlerinin amacı haline getirmiş. Şirket 1970 ve 1980'li yıllarda esas olarak ithalat ve teknoloji yüzünden gerilemedi. Bethlehem'in gerilemesinin en önemli nedeni, çalışanların müşterilerine, rakiplerine veya dış dünyadaki değişimlere değil, şirket içindeki girift sosyal hiyerarşinin pazarlığını yapmaya odaklanmasıydı.

1966 yılından (birikim aşamasının başı) 1999'a kadar, yani ardarda gelen 34 yıl boyunca Bethlehem kâr etti. Ama o 34 yıldan sonra yaptığı zararlar kârların kat kat üzerine çıktı ve şirketin kümülatif kârlılığını sıfırın altına düşürdü. 1990'lı yıllar itibariyle Nucor'un kârlılığı tek tek bütün yıllarda Bethlehem'i geçti. Yüzyılın sonunda ise, bundan sadece on yıl kadar önce Bethlehem'in üçte biri büyüklüğünde olan Nucor'un toplam gelirleri, sonunda Bethlehem'i geçmişti.[62] En şaşırtıcı olanı, Nucor'un çalışan başına 5 yıllık ortalama kârı Bethlehem'in on katıydı.[63] Yatırımcı açısındansa Nucor'a yatırılan 1 Dolar'ın getirisi, Bethlehem'e yatırılan 1 Dolar'ın getirisini 200'e katlamıştı.

Adil olmak gerekirse Bethlehem, Nucor'un karşılaşmadığı bir sorunla karşılaşmıştı: şirkete sağlam biçimde yerleşmiş sendikalarla anlaşamamışlardı. Nucor'da ise sendika yoktu. Üstelik işçileriyle arası da gayet iyiydi. Sendika yöneticileri bir keresinde Nucor'un fabrikalarından birine gelmişlerdi. Ama işçiler yönetime o kadar bağlıydı ki sendikacıları, bağırıp çağıran ve üzerlerine yürüyen işçilerden, yöneticiler kurtarmıştı.[64]

Sendika meselesi, kritik bir soruyu gündeme getirir: Öncelikle Nucor'un işçileriyle olan ilişkisi neden daha iyiydi? Çünkü Ken Iverson ve ekibinin basit ve net bir Kirpi Konsepti vardı: işçilerin çıkarlarıyla yöneticilerin çıkarları birbiriyle ilişkiliydi. Ayrıca bu ekip, şirketi bu konsepte göre dönüştürme konusunda en aşırı uçlara kadar gitmeye hazırdı. Biraz fanatik denilebilir ama mükemmel sonuçlar elde etmek için Kirpi Konseptinde tutarlılık fikrine fanatik bir bağlılık gerekiyor.

"YAPMAKTAN VAZGEÇİLECEK ŞEYLER" LİSTESİ HAZIRLAMAYA BAŞLAYIN

"Yapılacak şeyler" listeniz vardır.

Peki, "yapmaktan vazgeçilecekler" listeniz var mı?

Hepimiz meşgul ama disiplinsiz bir ömür süreriz. Her zaman giderek uzayan bir yapılacaklar listemiz vardır. Hep bir şeyler yaparak, yaparak, yaparak hayatımıza anlam kazandırmaya çalışırız. Ama bu pek işe yaramaz. Şirketleri iyiden mükemmele taşıyanlar ise en az "yapılacaklar" listesi kadar "yapılmaktan vazgeçilecekler" listesinden faydalanırlar. Bu sayede de ilgisiz bir sürü ıvır zıvırı hayatlarından atarlar.

Darwin Smith, Kimberly-Clark'ın başına geçtiğinde, "yapılmaktan vazgeçilecekler" listesinden mükemmel biçimde faydalandı. Wall Street'te yıllık kâr tahmini oyununun, insanların kısa vadeye gereğinden fazla odaklanmasını sağladığını görünce, vazgeçti: "Bir değerlendirme yapınca, her yıl gelecekteki gelirlerimizi tahmin etmenin hissedarlarımıza bir şey kazandırmayacağını gördüm. Artık bunu yapmayacağız."[65] Şirketteki unvanların sınıf farklılıklarına ve bürokratik kademeleşmeye yol açtığını görünce, unvanları kaldırdı. Buna göre şirket dışı dünyanın talebi olmayan unvanlar, kullanılmayacaktı. Ona göre kademeler, bürokrasinin doğal sonucuydu. Bu kademelerden gayet basit ve zarif bir mekanizmayla kurtuldu: sizinle aynı derecede olanları, sorumluluklarınızı yerine getirmek için en az 15 kişinin size bağlı olması gerektiğine ikna edemiyorsanız, size kimse bağlı olmayacaktı.[66] (Bu mekanizmayı 1970'lerde, yani böyle şeyler moda olmadan çok önceleri kurduğunu unutmayın.) Kimberly-Clark'ın kendini bir kağıt şirketi değil de tüketim ürünleri şirketi olarak görmesini sağlamak için kağıtla ilgili tüm sanayi ve ticaret odalarından şirketi çekmişti.[67]

İyiden mükemmele giden şirketler "yapmaktan vazgeç" disiplinini, belli bir bütçe mekanizması aracılığıyla kurumsallaştırdılar. Bir an durup düşünün: Bütçenin amacı nedir? Çoğunluk, bütçenin amacının çeşitli faaliyetlere ne kadar tahsisat ayrılacağını göstermek veya maliyetleri yönetmek ya da ikisini birden gerçekleştirmek olduğunu söyler. Mükemmel bir şirkete göre bu cevapların ikisi de yanlıştır.

İyiden mükemmele doğru bir dönüşümde bütçe, hangi alanların tamamen fonlanacağına, hangilerinin ise kesinlikle fonlanmayacağına karar veren disiplindir. Yani bütçe, her faaliyetin alacağı tahsisatı göstermez, hangi faaliyetlerin Kirpi Konseptiyle uyum içinde olup tamamen destekleneceğini, hangi faaliyetlerinse tamamen tasfiye edileceğini gösterir.

Kimberly Clark'ın yaptığı şey sadece fonları kağıt işinden alıp tüketim ürünlerine tahsis etmek değildi. Kağıt işini tamamen tasfiye etti, fabrikaları sattı ve tüm parasını gelişmekte olan tüketim ürünlerine yatırdı.

Bir kağıt şirketinin yöneticileriyle ilginç bir konuşma yapmıştım. Mükemmel olmasa da iyi bir şirketti ve Kimberly tüketim ürünlerine geçmeden önce onun rakibiydi. Kimberly hakkında ne düşündüklerini sordum. "Kimberly'nin yaptığı adil değildi" dediler.

"Adil değil mi?" Şaşırmıştım.

"Elbette çok daha başarılı bir şirket oldular. Fabrikalarını satıp tüketim ürünlerine geçen biz olsaydık, biz de mükemmel bir şirket olurduk. Ama biz kağıt işine çok para yatırmıştık ve bırakamazdık."

Mükemmel şirketlere bakarsanız kaynaklarını bir ya da birkaç alana yönlendirme konusunda hatırı sayılır bir cesaret sergilediklerini görürsünüz. Üç çemberlerini anladıkları anda paralarını saklamıyorlar. A&P eski dükkanlarının güvenliğine yapışıp kalmışken Kroger'ın supermarket fikrini hayata geçirmek için tüm sistemini altüst ettiğini hatırlayalım. Upjohn, dünyanın en iyisi olma şansı bulunmadığı halde esas faaliyet alanı olan ilaç üretimine yapışıp kalmışken Abbott'un teşhis aygıtları ve hastane bakım ürünlerinde bir numara olmak için kaynaklarının büyük kısmını koyduğunu hatırlayalım. Walgreens'in kârlı gıda servis işinden çıkıp bütün konsantrasyonunu en iyi bakkallara verdiğini unutmayalım. Gillette'i ve Sensor'u, Nucor'u ve küçük fabrikaları, Kimberly-Clark'ı ve bütün kaynaklarını tüketim ürünlerine yatırmak için fabrikaları satmasını hatırlayalım. Onların hepsi de bir kere Kirpi Konseptini anladıktan sonra dev yatırımlara girme cesaretine sahipti.

Eğer doğrusunu bulmuşsanız, en iyi yatırım stratejisi, fazla çeşitlenmemiş bir şirketler portföydür. Şaka gibi gelebilir ama iyiden mükemmele giden şirketlerin yaklaşımı budur. "Doğrusunu bulmak"ın anlamı, Kirpi Konseptini bulmaktır. "Fazla çeşitlenmemiş" demekse, üç çembere tamamen oturan şeylere yatırım yapıp diğer her şeyden kurtulmaktır.

Burada anahtar nokta, "doğrusunu bulmuşsanız" cümlesindedir. Peki, doğrusunu bulup bulmadığınızı nasıl anlayacaksınız? Şirketleri araştırırken öğrendik ki eğer tüm parçalar yerine oturuyorsa, "doğrusunu bulmak" o kadar da zor değilmiş. Eğer otobüse doğru insanları alan 5. Düzey bir lideriniz varsa, eğer acı gerçeklerle yüzleşiyorsanız, eğer doğruların söylenebileceği bir ortam yaratabilmişseniz, eğer bir Konseyiniz varsa ve üç çember içinde çalışıyorsanız, eğer tüm kararlarınız temelinde basit ve net Kirpi Konseptiniz yatıyorsa, eğer tüm bunları yerine getiriyorsanız, büyük olasılıkla büyük kararlarınızda doğruyu bulmuşsunuz demektir.Şimdi soru şudur: Bir kez doğruyu bulduysanız, doğruyu yapmanızı ve en az bunun kadar önemli olan, yanlış şeyleri yapmaktan vazgeçmenizi sağlayacak disipline sahip misiniz?

Bölüm Özeti

DİSİPLİN KÜLTÜRÜ

ÖNEMLİ NOKTALAR

- Kalıcı mükemmel sonuçlar, ancak üç çemberle tutarlı disiplinli eylemler yapan öz disiplinli insanlarla dolu bir disiplin kültüründe mümkündür.
- Bürokratik kültür, otobüste yanlış insanların bulunmasından kaynaklanan yetersizlik ve disiplinsizliği cezalandırır. Eğer otobüse doğru insanları alıp yanlış insanları atarsanız, bürokrasiyi güçlendirmek zorunda kalmazsınız.
- Bir disiplin kültürü, ikili bir yapıya sahiptir. Bir yandan sisteme bağlı insanlar isterken öte yandan o sistem çerçevesinde insanlara özgürlük ve esneklik verir.
- Disiplin kültürü, sadece eylemlerle ilgili değildir. Disiplinli düşünceye sahip disiplinli insanları, disiplinli eyleme geçirmekle ilgilidir.
- İyiden mükemmele giden şirketler, dışarıdan bakıldığında cansız ve sıkıcı görülebilir. Ama yakından bakıldığında büyük bir sebat ve şaşırtıcı bir gayret sergileyen insanlarla dolu oldukları görülür (kendi peynirlerini yıkayan insanlar).
- Disiplin kültürüyle disiplinci diktatörü karıştırmayın. Bu ikisi çok farklı kavramlardır; birisi çok işlevli, diğer işlevsiz. Kişiliğinin gücüne dayanarak şirkete disiplin getiren kurtarıcılar, kalıcı sonuçlar elde edemezler.
- Kalıcı sonuçlar elde etmek için gösterilmesi gereken disiplin, Kirpi Konseptine fanatik bağlılık ve üç çemberin dışındaki fırsatları, elinin tersiyle itme disiplinidir.

BEKLENMEDİK BULGULAR

- Bir organizasyon ne kadar çok üç çember içinde kalacak disiplini gösteriyorsa, önüne o kadar çok büyüme fırsatı çıkar.
- "Hayatta bir kere çıkacak fırsat" diye anılan fırsatlar, üç çembere oturmuyorsa, gözardı edilmelidir. Mükemmel bir şirketin karşısına bu tür fırsatlardan çok çıkar.
- Mükemmel bir şirkette bütçe, her faaliyetin alacağı tahsisatı göstermez, hangi faaliyetlerin Kirpi Konseptiyle uyum içinde olup tamamen destekleneceğini, hangi faaliyetlerinse hiç finanse edilmeyeceğini gösterir.
- "Yapılmaktan vazgeçilenler" listesi, "yapılacaklar" listesinden daha önemlidir.

Bölüm 7

TEKNOLOJİ HIZLANDIRICILARI

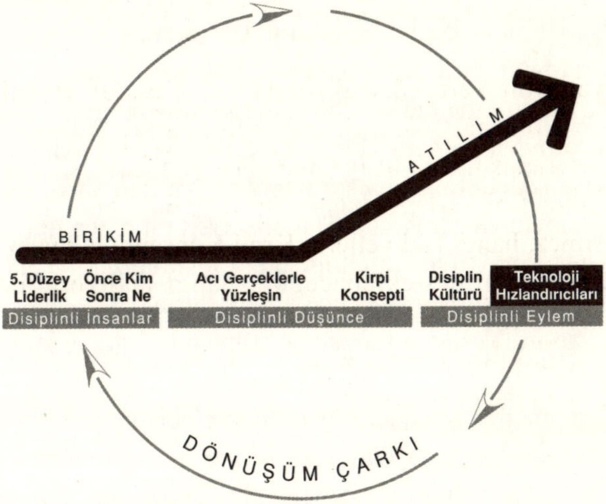

İnsanların çoğu düşünmek yerine ölmeyi tercih eder.
Çoğu da öyle yapar.

- Bertrand Russell[1]

28 Temmuz 1999 tarihinde ilk sanal mağazalardan biri olan drugstore.com, hisselerini halka arzetti. Açılış çanından itibaren saniyeler içinde hissenin fiyatı üçe katlanıp 65 dolara çıktı. Dört hafta sonra hissenin kapanış fiyatı 69 dolara yükselerek 3.5 milyar dolarlık bir piyasa fiyatı oluşturacaktı. Ürünlerini satmaya başlayalı dokuz ay olmuş, 500'den az çalışanı olan, yatırımcıya yıllarca, belki de on yıllarca temettü umudu vermeyen ve tek bir dolar kâr etmeden önce milyonlarca dolar zarar etmeyi göze almış yeni bir şirket için oldukça iyi bir arz.[2]

İnsanlar bu olağandışı durumu haklı görebilmek için nasıl bir mantık kullandılar? "Yeni teknoloji her şeyi değiştirecek" mantığını. Bütün o gurular, "İnternet, ticaret hayatında büyük bir devrim yaratacak" şarkısını söyleyip durdular. Girişimciler, "İşte size büyük internet fırsatı: Sakın kaçırmayın, acele edin, ne kadar pahalı olursa olsun orada yerinizi alın ve kazanın" diye haykırdılar.

Mükemmel bir şirket kurmanın modası geçmiş ve acayip bir şey olarak görüldüğü, tarih boyunca eşine pek rastlanmamış bir döneme girdik. Günün mantra'sı, "bir anda varolmak" oldu. Çevrenize internet üzerinden herhangi bir iş kurduğunuzu söylediğiniz anda, bingo, hisse senetlerinizi halka arzediyor ve zengin oluyorsunuz. Kâr etmiş olmanıza gerek yok. Hatta işleyen bir tezgahınızın olmasına bile gerek yok. Ortaya çıkıp "Yeni teknoloji!", "Yeni ekonomi!" diye bağırıp milyonları cebe atmak dururken neden şirketinize atılım yaptırmak için uğraşasınız, işleyen bir model kurmak için debelenip durasınız ki?

Bazı girişimciler şirketlerinin nasıl bir performans göstereceği konusunda insanları ikna etme zahmetine bile katlanmadan halka arz yaptılar. 2000 yılının Mart ayında hisse senetlerini arz eden bir şirketin sadece bir web sayfası ve bir iş planı vardı, o kadar. O girişimci Industry Standart gazetesine verdiği mülakatta, doğru dürüst bir iş kurmadan halka arzın garip görünebileceğini söyledi ama yine de bir geliri, çalışanları, müşterileri, doğru dürüst bir şirketi yokken 7-9 dolar arasında 1.1 milyon hisse senedini halka arzetmekten geri kalmamıştı.[3] Mantık böyle işliyordu.

Bu cinnet halinin zirvesi, drugstore.com'un Walgreens'in en büyük rakibi olduğunu açıklamasıydı. Walgreens, sanal mağazaların istilasından biraz zarar görmüş, drugstore.com'un halka arzedildiği günlerde hisse senetleri yüzde 40 oranında değer kaybetmişti. Forbes, 1999 yılının Ekim ayında şöyle yazıyordu: "Görünüşe göre yatırımcılar, gelirinin 1.4 katı fiyatla satılan Walgreens hisseleri yerine gelirinin 398 katına satılan drugstore.com hisselerinin yarışı kazanacağını düşünüyor."[4] Analistler, Walgreens'in hisse senedi değerini düşük gösteriyor, şirketin piyasa değerinin 15 milyar doları, buharlaşıyordu.[5]

Walgreens, bu cinnete nasıl karşılık verdi?

Dan Jorndt, internet konusundaki yaklaşımlarını Forbes'a "Biz önce emekleyen, sonra yürüyen ve koşan bir şirketiz" diye anlattı. Yani kafası kesilmiş tavuklar gibi tepki vereceklerine Walgreens yöneticileri o dönem için alışılandan farklı bir şey yaptılar. Biraz durup kafalarını kullanmak istediler. Biraz düşünmeye karar verdiler!

Meselenin üzerine önce emekleyerek gittiler. Bir web sitesinin kendi Kirpi Konseptleri çerçevesinde ne tür etkilerinin olabileceğine ilişkin yoğun bir iç tartışma yaşadılar. "İnterneti, Kirpi Konseptimize nasıl bağlayabiliriz? İnterneti bizim ekonomik ölçütümüz olan müşteri başına nakit akışıyla nasıl ilişkilendirebiliriz? İnternetin, dünyadaki diğer tüm şirketlerden daha iyi yaptığımız ve tutkunu olduğumuz şeyi yaparken bize güç vermesini nasıl sağlayabiliriz?" diye sordular. Bu arada Stockdale Paradoksu'nu da yaşıyorlardı: "Mükemmel bir şirket olarak internet dünyasında da yaşarız ama yine de internetin acı gerçekleriyle yüzleşmemiz gerekir." Walgreens yöneticilerinden biri şirket tarihindeki bu ilgi çekici dönem hakkında hoş bir hikaye anlattı. İnternet gurularından biri, Walgreens hakkında, "Zavallı Walgreens. İnternet dünyası için fazla büyük ve hantal. Artık onların zamanı geçti" demiş. Bu laflardan müthiş rahatsız olan Walgreens'çiler, buna bir açıklamayla cevap vermeyi hiç düşünmemişler. Yöneticilerden biri, "Bırakın da sakin sakin işimize bakalım. Kısa zamanda hanyayı konyayı görürler" demiş.

Walgreens, sonra yürümeye başladı ve interneti kendi sofistike envanter ve dağıtım sistemlerine entegre etmenin yolunu buldu. İnternete bağlanıp istek formunu doldurduktan sonra arabanıza atlayıp en yakın Walgreens mağazasına gittiğinizde, sizi bekleyen siparişinizi alıp yola devam edebilecektiniz. İsterseniz siparişiniz size gönderilecekti. Bu yöntemde boş laflar, bağırış-çağırış, abartı yoktu. Sakin kafayla konu araştırılmış ve kavranmıştı. Şimdi de atılması gereken adımlar, sakin ve ihtiyatlı biçimde atılıyordu.

Son aşama, koşma aşamasıydı. Welgreens, en az o dot.com şirketlerinin çoğununki kadar sofistike ve iyi tasarlanmış bir internet sitesi yaptı. 2000 yılının Ekim ayında bu bölümü kaleme almadan hemen önce, Walgreens.com'a girdik. Site, kullanımı kolay ve en az o günlerin e-ticaret şampiyonu Amazon.com kadar güvenilir ve iyi düşünülmüş bir teslimat sistemine sahipti. Forbes'ın haberinden tam bir yıl sonra Walgreens internete hakim olup ivmesini hızlandırarak durdurulamaz bir hıza çıkarmayı öğrenmişti. Şirket, kalıcı büyümesini desteklemek üzere yeni elemanlar alacağını web sitesinden duyuruyordu. 1999 yılında gerilediği noktadan itibaren bir yıl içinde hisse senedinin değeri neredeyse ikiye katlanmıştı.

Ya drugsrote.com? Büyük zararlar yapmaya devam edince, tasarruf için büyük bir tensikata gitti. Bir sene önce zirvedeyken hisse senedinin fiyatı, bu yazının kaleme alındığı ana göre 26 kat yüksekti. Başlangıç değerinin hemen hepsini kaybetti.[6] Walgreens önce emekleyip sonra yürümeye ve koşmaya başlarken, drugstore.com koşup koşup yerde sürünme aşamasına geçmişti.

Drugstore.com da belki mükemmel bir şirkete dönüşmek için bir model keşfedebilir. Ama mükemmel bir şirket olsa bile bunun nedeni o abartı, o boş loflar, o mantıksız borsa olmayacak. Ancak teknolojiyi, üç çember anlayışıyla uyumlu bir konsepte uygulamanın yöntemini bulursa mükemmel bir şirket olabilir.

TEKNOLOJİ VE KİRPİ KONSEPTİ

"İnternet cinneti bir balondu ve patladı. Ne olmuş yani. O balonun söneceğini zaten herkes biliyordu. Buradan mükemmel şirket konusunda nasıl bir ders çıkabilir ki?" diyebilirsiniz.

Bu bölümün konusu, sadece internet balonunun özellikleri değil. Balonlar şişerler ve patlarlar. Demiryollarında da aynı şey oldu. Radyoda, bilgisayarda, internette hep aynı şey oldu. Ve şu anda öngöremediğimiz yeni teknolojiler çıkınca yine aynı şey olacak.

Ama mükemmel şirketler, bütün bu değişimlere adapte oldular ve hayatlarını sürdürdüler. Aslında son yüz yılın en mükemmel şirketleri (Wal-Mart'tan Procter&Gamble'a, Kimberly-Clark'a,

Merck'e, Abbott'a kadar), elektrik olsun, televizyon veya internet olsun, birkaç nesil teknolojik değişimde ayakta kalmasını bildiler. Uyum sağlamayı başardılar. Yine başaracaklardır.

> Teknolojinin kışkırttığı değişim, yeni bir şey değil. Sorulması gereken soru, teknolojinin rolü nedir değil, iyiden mükemmele dönüşen şirketler teknoloji konusunda nasıl farklı düşünüyor olmalıdır.

Walgreens'in eninde sonunda interneti keşfedeceğini öngörebilirdik. Şirketin tarihi, diğer şirketler daha neyin ne olduğunu anlamadan yaptığı dev teknoloji yatırımlarıyla dolu. 1980'lerin başında Intercom adında bir sistemin öncülüğünü yapıyordu. Fikir basitti. Tüm Walgreens dükkanlarını elektronik ortamda birbirine bağlayıp müşteri bilgilerini merkezi bir kaynağa göndererek her bir Walgreens dükkanını müşterinin yerel dükkanına dönüştürmek.

Bu fikir bugünün standartlarına göre biraz sıradan görünebilir ama 1970'lerin sonunda sektörde kimsenin elinde böyle bir teknoloji yoktu. Walgreens, 100 milyon doları kendi uydu sistemi dahil olmak üzere Intercom'a toplam 400 milyon doların üzerinde para yatırdı.[7] "Walgreens Dünya Üssü diye anılan Intercom'un merkezini ziyaret etmek, NASA'yı gezmek gibiydi" diye yazıyor bir gazete.[8] Walgreens'in teknik kadrosu, her şeyi kendisi yapıyor, dışarıdan hizmet almıyordu.[9] Burada da kalmadılar. Şirket, bilgisayarlı envanter kontrolü yapmaya, gelişmiş depo izleme sistemleri kurmaya başladı. İnternet, zaten çıktıkları bir yolda atılmış ek bir adımdı sadece.

Walgreens gelişmiş teknolojiyi sadece kullanmış olmak için veya diğerlerinden geride kalmamak için kullanmadı. Tersine teknolojiyi, atılım aşamasına geçtikten sonra ivmesini hızlandıracak bir araç olarak gördü ve müşteri başına kârı arttırmayı hedefleyen Kirpi Konsepti'yle ilişkilendirdi. İlginçtir, 1990'lı yılların sonlarında Walgreens'in Enformasyon Sistemleri Yetkilisi bir teknoloji gurusu değil, eczacılık okumuş biriydi.[10] Bir konuda çok netlerdi: Kirpi Konseptlerini teknoloji yönlendirmeyecek, tersine teknolojiyi Kirpi Konsepti yönlendirecekti.

Walgreens vakası genel bir şablonu gösterir. Bütün mükemmel şirketler ileri teknolojiyi kullanır. Ama sırf teknoloji kullanmak için kullanmazlar. Özenle seçilmiş teknolojilerin uygulanmasında öncülük yaparlar. Her mükemmel şirket teknoloji kullanımı konusunda öncü olmuş. Öncü oldukları teknolojiler ise çok farklı olabilir. (Bakınız aşağıdaki tablo.)

Örneğin barkod okuyucuları kullanımında öncü olan Kroger, bu sayede satışlarıyla envanter yönetimi arasında doğrudan bağ kurdu. Bu teknoloji, A&P'yi geçmesine yardımcı oldu. Heyecan verici bir şey olarak görülmeyebilir (envanter, okurların pek ilgilendiği bir alan değildir genellikle) ama bir de şöyle düşünün: depoya giriyorsunuz ve kutu kutu sütler, bir kenara istiflenmiş elmalar yerine daha matbaadan yeni çıkmış, kokusu üzerinde yeşil yeşil dolarların tavana kadar dizilmiş oluğunu görüyorsunuz. İşte envanteri böyle görmeniz lazım. Ambalajlanmış tek bir havuç bile havuç değil, paradır. Ama o para, siz havucu satana kadar orada öyle boş boş durmaktadır.

Kroger'ın o eski, kasvetli ve küçük dükkanlarını, güzel görünümlü, büyük ve aydınlık marketlerle değiştirmesine bir daha bakalım. Bunun için toplam 9 milyar dolarlık bir yatırım gerekiyordu. Düşünsenize, düşük kâr marjlı gıda marketlerinden çekilmesi gereken 9 milyar dolar. Üstelik Kroger otuz yıl boyunca her yıl, ortalama olarak yıllık kârının iki katından fazlası kadar sermaye harcaması yapmıştı.[11] Daha da ilginci 1988 yılında şirketi ele geçirmek isteyen baskıncılarla mücadele ederken hisse başına 40 dolar junk bond artı 8 dolarlık tahvil borcu üstlenmesine rağmen, bu nakit yoğun revizyonu 1980'lerde ve 1990'larda aynen sürdürdü.[12] Bütün dükkanlarını modernize etti, müşterilerinin alışveriş deneyimlerini iyileştirdi, satışa sunulan ürün sayısında radikal bir artış yaptı ve milyarlarca dolar borç ödedi. Yani biraz önce bahsettiğimiz depolarda boş boş duran taze yeşil banknotlar, barkod okuyucu sistemin, sihirbazlara yakışır bir ustalıkla kullanılması sayesinde, Kroger'ın şapkadan bir değil, iki değil, tam üç tavşan çıkarmasını sağlayan en önemli unsur arasında yerini alıyordu.

Teknolojinin uygulanması konusunda Gillette de öncülük yaptı. Ama onun teknoloji hızlandırıcıları, büyük ölçüde üretim teknolojisiydi. Milyarlarca (gerçekten de milyarlarca) düşük maliyetli, esnek tıraş bıçağı üretmek için gereken teknolojiyi düşünsenize. Bir Gillette tıraş bıçağı aldığımızda onun mükemmel çalışmasını ve tıraş başına maliyetinin az olmasını bekleriz. Örneğin Gillette, Sensor'ı yaratmak için tasarım ve araştırma geliştirmeye tam 200 milyon dolar yatırdı. Bu yatırım sonucunda tam 29 patent aldılar.[13] Şirket normalde kalp ritmi düzenleyicileri gibi çok pahalı ve sofistike yerlerde kullanılan bir teknoloji olan lazer kaynağı teknolojisini, tıraş bıçaklarına kullandı.[14] Gillette'in tıraş sistemlerinin özelliği, başka kimsede bulunmayan eşsiz ve Gillette'in mülkü olan teknolojisindedir. Şirket bu teknolojisini, formülünü silahlı muhafızların beklediği kasalarda saklayan Coca-Cola gibi saklar.[15]

MÜKEMMEL ŞİRKETLERDE TEKNOLOJİ HIZLANDIRICILARI

Şirket	**Geçiş Döneminde Kirpi Konseptiyle İlişkili Teknoloji Hızlandırıcısı**
Abbott	Çalışan başına kâr olarak belirlenen ekonomik ölçütü artırmak için bilgisayar teknolojisinin uygulanmasına öncülük etti. İlaç sanayinde AR&GE lideri değildir. O alanı, farklı bir Kirpi Konseptine sahip Merck, Pfizer ve diğerlerine bıraktı.

Circuit City	Sofistike satış noktası ve envanter takip teknolojileri konusunda öncülük etti. (Büyük kalem perakendeciliğinin McDonald's'ı olma konsepti ile ilişkili.) Coğrafi olarak birbirinden çok uzak noktalardaki mağazalarını tam bir tutarlılıkla yönetebiliyor.
Fannie Mae	Konut kredisi (mortgage) riskini daha doğru analiz ederek risk düzeyine göre kârlılığı artıran bilgisayar analizleri ve sofistike algoritmaların öncüsü oldu. Daha "akıllı" risk analizi, düşük gelir düzeyindeki insanların da ev sahibi olmasını kolaylaştırdı.
Gillette	Tam bir tutarlılık içinde milyarlarca tıraş bıçağı üretmek amacıyla sofistike bir üretim teknolojisi kullanma konusunda öncülük etti. Bu teknolojisini, formülünü silahlı muhafızların beklediği kasalarda saklayan Coca-Cola gibi koruyor.
Kimberly-Clark	Özellikle örülü olmayan malzemelerde ürün mükemmelliği konusundaki tutkusunu tatmin etmek için üretim süreci teknolojisinin uygulanması konusunda öncülük yaptı. Sofistike AR&GE laboratuarları kurdu. "Üzerlerinden ısı ve nem ölçüm cihazları sarkan bebekler ortalıkta emekliyordu".
Kroger	Bilgisayar ve enformasyon teknolojisini marketlerinin sürekli modernizasyonuna yönelik kullanmada öncülük etti. Barkod okuyucularını nakit döngüsüne ciddi biçimde entegre eden ilk şirket oldu ve bu sayede mağaza revizyon programı için gereken fonları temin etti.

Nucor	En gelişmiş küçük çelik fabrikası üretimi teknolojisi konusunda öncülük etti. En ileri teknoloji neredeyse, onu oradan almakla ünlendi. Başkaları bu tür yatırımları riskli görürken Nucor, yeni teknolojilere net varlığının yüzde 50'sini yatırabilecek bir şirketti.
Pitney Bowes	Gelişmiş teknolojiyi postaneye soktu. Önce bunu mekanik postametrelerle yaptı. Sonra da sofistike ofis aygıtları üretmek için elektroniğe, yazılıma, iletişime ve internet mühendisliğine ciddi yatırım yaptı. 1980'li yıllarda basit postametre teknolojisini yeniden keşfetmek için büyük AR&GE yatırımları yaptı.
Walgreens	Dükkanın bulunduğu mahallenin özelliklerine göre biçimlenmiş drugstore konseptiyle ilişkilendirilmiş bilgisayar ve uydu iletişim teknolojileri kullanma konusunda öncülük yaptı. Tüm dükkanları dev bir ağ şeklinde birbirine bağlamak için bir uydu sistemi kurdu. Sistemin merkezini gezmek, NASA'yı ziyaret etmek gibiydi. Sektöründekilerin en az on yıl önündeydi.
Wells Fargo	Çalışan başına kârlılığı artırabilecek teknolojilerin uygulanması konusunda öncülük yaptı. Telefonla 24 saat bankacılık konusundaki ilk liderlerden. ATM makinelerini ilk kullananlardan, ATM'de fon alım satımı konunda ilk, internet bankacılığı konusunda öncü. Kredi verirken daha iyi risk analizi yapmak için karmaşık matematik sistemler geliştirdi.

İvme yaratıcısı değil, hızlandırıcısı olarak teknoloji

David Maxwell'in ardından Jim Johnson, Fannie Mae'nin başına geçince şirkette denetim yaptırmak için bir danışmanlık firmasıyla anlaştı. Danışman Bill Kelv,

1'in Taş Devri'ni, 4'ün ise son teknolojiyi gösterdiği bir notlama sistemi kullanarak şirkete not verdi. Fanie Mae, 4 üzerinden 2 aldı. Bunun üzerine, "önce kim" ilkesi gereğince, şirketi ileri taşıması için Kelvie'yi işe aldılar.[16] Kelvie geldiğinde şirket teknoloji kullanımı açısından Wall Street'in on yıl gerisinde kalmıştı.

Sonraki beş yıl içinde Kelvie, şirketin notunu 2'den 3.8'e çıkardı.[17] O ve ekibi 300'den fazla bilgisayar programı yaptı. Bunların arasında 600 milyar dolarlık konut kredisi portföyünü kontrol eden sofistike analiz programları, 60 milyon adet gayrimenkulün kayıtlı olduğu on-line veri programları gibi bürokrasiyi azaltan programlar da vardı. Kelvie, "Teknolojiyi işimizin tüm noktalarına taşıdık. Ev sahibi olma maliyetini azaltan bir sistem kurduk. Bizim sistemimizi kullanan kreditörler, kredi onay süresini otuz günden otuz dakikaya indirebiliyor. Bu maliyetlere de yansıyor ve kredi başına maliyet 1.000 dolar düşüyor" dedi.[18]

Unutulmamalıdır ki Fannie Mae, geçiş dönemine 1981 yılında, David Maxwell'in gelişiyle başlamıştı. Ama yine de şirket 1990'ların başında teknoloji kullanımı konusunda diğerlerinden geride kalmıştı. Evet, teknoloji Fannie Mae açısından merkezi öneme sahipti ama ancak kendi Kirpi Konseptini bulduktan ve atılım aşamasına geldikten sonra. Teknoloji, şirket liderlerinin, "ikinci rüzgar" dediği hızlandırıcı faktörün merkezinde yer alıyordu.[19] Aynı durum, Kroger, Walgreens, Gillette ve tüm diğer mükemmel şirketler için de geçerliydi. Geçiş döneminin başından itibaren değil, aradan epeyi bir zaman geçtikten sonra şirket teknoloji kullanımında öncü pozisyona geçiyordu.

İyiden mükemmele geçişte teknolojiyi verimli kılmak için şu soruya cevap bulmak gerekir: Teknoloji, Kirpi Konseptinize uygun mu? Eğer cevap evetse, o zaman o teknolojinin kullanımına ne zaman öncülük etmeniz gerekir? Cevap hayırsa, o zaman kendinize sorun bakalım bu teknolojiyi ille de kullanmanız gerekir mi? Cevap evetse, yapacağınız şey, şirketinizle orantılı olarak o teknolojiyi kullanmaktır (mükemmel bir şirket olmak için dünyanın en gelişmiş telefon sistemini kullanmanıza gerek yok). Cevap hayırsa, o teknoloji size yaramaz demektir, unutun gitsin.

Bu, bizi bu bölümün esas konusuna getiriyor. Doğru biçimde kullanıldığında teknoloji, büyüme yaratmaz, varolan büyüme ivmesini hızlandırır. Mükemmel şirketler hiçbir zaman geçiş dönemlerine teknoloji kullanımına öncülük ederek başlamadılar. Bunun da çok basit bir nedeni var: Hangi teknolojinin işinize yarayacağını bilmeden teknolojiyi tam olarak kullanamazsınız. Peki o teknoloji hangisi? Kirpi Konseptinin üç çemberinin kesişim noktasında duran teknolojiden başkası değil.

Mükemmel şirketlerin teknoloji kullanımının, disiplinli bir biçimde kendi Kirpi Konseptleri içinde kalmalarının yöntemlerinden biri olduğunu gördük. Kavramsal olarak teknolojiyle olan ilişkilerinin, diğer karar kategorilerinden biriyle olan ilişkilerinden farkı yoktur. Yani disiplinli düşünce sahibi insanların, disiplinli eyleme geçmeleri burada da geçerli. Eğer bir teknoloji üç çembere tam olarak oturmuyorsa, tüm abartılı yaklaşımları, korkuları bir yana bırakıp o teknolojiyi unutuyorlar ve kendi işlerine bakıyorlar. Ama bir teknolojinin işlerine yaradığını görürlerse, o teknolojinin yaratıcı biçimde kullanımında tam bir fanatik kesiliyorlar.

Karşılaştırma grubu şirketlerinde ise, bunun tersine teknoloji kullanımında öncülük etmeye dair üç vakaya tanık olduk. Bu üç vaka da (Chrysler ve bilgisayar destekli araba tasarımı; Harris ve elektronik yazıcılar; Rubbermaid ve gelişmiş üretim teknolojisi) geçici bir performans gösterdiler. Bu da tek başına teknolojinin mükemmel ve kalıcı sonuçlar elde etmek için yetersiz olduğunun göstergesi. Örnegin Chrysler bilgisayar destekli araba tasarımı konusunda mükemmel bir noktaya gelmişti ama o teknolojiyle kendi Kirpi Konseptini ilişkilendirmeyi başaramadı. Chrysler üç çemberinin dışında durmaya devam ettikçe ne Maserati'nin spor arabaları, ne de Gufstream'ın jetleri şirketi iflastan kurtaramazdı. Kirpi Konseptini bulmadan ve üç çember içinde kalacak bir disipline sahip olunmadan teknolojiye sahip olmak, bir şirketi mükemmel şirket yapmıyor.

TEKNOLOJİ TUZAĞI

Bu bölümü yazarken aklımda iki olay vardı. Birincisi, Albert Einstein'in Times dergisi tarafından 1999 yılında "20. Yüzyılın Adamı" seçilmesi. Yüzyılın adamını hangi kritere göre seçiyorlar derseniz, "o olmasaydı, dünya bugün nasıl olurdu" sorusuna göre seçiyorlar. Bu açıdan bakıldığında Einstein'ın seçilmesi sürpriz bir karar çünkü Churchill, Hitler, Stalin ve Gandhi gibi, iyi ya da kötü insanlık tarihini etkilemiş insanlar da var. Fizikçiler, Einstein olmasaydı da bilim camiasının beş yıl, en geç on yıl, en kötü durumda elli yılı bulmadan aynı sonuçlara ulaşıp görelilik kavramını bulacaklarını söylüyor.[20] Naziler bombayı yemezdi ve Müttefikler de savaşı o bomba olmadan kazanırdı (tabii bu durumda daha fazla Müttefik askeri ölürdü). O zaman neden Einstein'ı seçtiler?

Seçimlerini açıklayan Time editörleri şöyle yazmış: "Devlet adamlarının etkisini bilim adamların etkisiyle karşılaştırmak çok zor. Ama şunu söyleyebiliriz ki hayatın bazı alanları politikayla, bazı alanları kültürle ve bazı alanları da bilimsel gelişmelerle belirleniyor... Mesele şu: 20. yüzyıl nasıl hatırlanacak? Demokrasi, insan hakları tamam. Ama yüzyılımız en çok dünyayı kökünden sarsan bilimsel ve teknolojik gelişmeleriyle hatırlanacak. Bu gelişmeler, bazı açılardan insan oğlunun özgürlük davasını, devlet adamlarının çabalarından daha fazla ilerletti. Bilimi ve teknolojisiyle hatırlanacak bir çağın önde gelen simgesi olarak tek bir kişi beliriyor: Albert Einstein."[21]

Yani özcesi, Time editörleri önce yüzyılın ana temasını (bilim ve teknoloji) seçip en meşhur kişiyi de onunla ilişkilendirmişler. İlginçtir, yüzyılın insanını seçmelerinden birkaç gün önce yine Time dergisi 1999 için yılın insanını seçti. Kimdi o? E-ticaretin ünlüsü, Amazon.com'un sahibi Jeff Bezos. Yine teknolojinin önemini gösteren bir seçim. Time'ın seçimlerine iyi ya da kötü demiyorum. Bu seçimleri ilginç ve aydınlatıcı buluyorum. Çünkü çağımızın haleti ruhiyesini gösteriyor. Çok açık ki teknoloji ve teknolojinin etkileri, ortak bilincimizin anahtar kavramları arasında.

Böylece ikinci olaya geliyoruz. Bu kitabı yazmaya bir süre ara vererek Minnesota'daki Masters Forum'da ders vermeye gittim. Masters Forum, yaklaşık on beş yıldır yöneticiler için düzenlenen bir seminerler dizisiydi ve ben bu süre içinde en çok hangi temaların öne çıktığını merak ediyordum. Program yöneticileri Jim Ercson ve Patty Griffin, "En çok işlenen temalar teknoloji, değişim ve bu ikisinin arasındaki ilişki" dediler.

"Neden?"

"İnsanlar, bilmedikleri şeyden korkuyorlar. Yeni teknolojilerin bir gün kendilerini gafil avlayacağını düşünüyorlar. Teknolojiyi anlamıyorlar. Tek anladıkları, teknolojinin önemli bir değişim gücü olduğu ve teknolojiyi daha yakından takip etmeleri gerektiği." Kültürümüzün teknoloji takıntısı ve mükemmel şirketlerin teknolojide öncülük pozisyonu düşünülünce mükemmel şirketlerin yöneticileriyle yaptığımız mülakatlarda vaktimizin hatırı sayılır bir kısmını teknolojiye ayırdığımızı sanırsınız.

> Mülakat yaptığımız mükemmel şirketlerin yöneticilerinin yüzde 80'inin teknolojiyi geçiş sürecinin en önemli beş etkeni arasında saymaması, bizi şaşırttı. Teknolojiyi sadece iki yönetici birinci etken saydı. Görüşülen toplam 84 yönetici içinde teknolojiyi ilk beşte görenleri göz önüne alırsak , teknoloji ortalamada 4. sıradan öne geçemiyor.

Teknoloji o kadar önemliyse yöneticiler neden hakkında bu kadar az konuştu? Herhalde teknolojiyi ihmal ettiklerinden değil, çünkü şirketleri teknolojik açıdan gelişmiş ve karşılaştırıldıkları şirketlere göre daha ileri konumda. Ayrıca birçok mükemmel şirketin yöneticisi teknoloji kullanımına öncülük ettikleri için ödüller aldı; haklarında bu konuda bir sürü haber yapıldı. Ama yine de teknolojiyi pek anmıyorlar. Sanki o haberler ve şirketlerin yöneticileri tamamen farklı şirketlerden bahsediyorlar.

Örneğin Nucor, küçük ölçeklerde çelik imalatı teknolojisinin öncülerinden bilinir. Kontinü döküm tesislerine ve elektrikli ark ocağına yaptığı cesur yatırımlar sonucunda bir dizi gazete haberine ve iki kitaba konu olmuştur.[22] Yeni teknolojilerin kullanımıyla eski sistemini değiştirme konusunda işletme okullarında ele alınan başlıca vakalardan biridir.

Ama Nucor'un CEO'su Ken Iverson'a iyiden mükemmele geçişin ilk beş faktörü arasında teknolojiyi hangi sıraya koyduğunu sorduğumuzda ne dedi? Birinci mi yaptı? Hayır. İkinci? O da değil. Ya üçüncü? Maalesef. O zaman dördüncü? Yine hayır. Kusura bakmayın ama beşinci de değildi. "Esas etkenler, "dedi, "şirketin tutarlı çizgisi, felsefemizi teşkilatımızın bütününe iletme becerimiz ve bürokrasiden uzak oluşumuzdur."[23]

Bir dakika durup düşünelim. Karşımızda yeni teknoloji kullanarak eski sistemini değiştirme konusunda mükemmel bir vaka var ve bunu gerçekleştiren adam teknolojiyi iyiden mükemmele geçişteki ilk beş etken arasında ağzına almıyor bile.

Zaten bütün Nucor mülakatlarında aynı şey oldu. Şirketten görüştüğümüz yedi önemli adamın hiçbiri, birinci etken gören biri dışında, teknolojiyi ilk beş etken arasında saymadı. Bazıları Nucor'un teknoloji yatırımlarından bahsetti ama diğer etkenleri (iş ahlakına sahip insanlarla çalışmak, yöneticilik pozisyonlarına doğru insanları getirmek, basit ve bürokrasiden uzak bir teşkilat, üretilmiş çelik başına kârlılığı artıran amansız bir performans kültürü) vurguladılar. Elbette teknoloji denklemin bir parçasıydı ama tali bir parçası. Bir yönetici olayı şöyle özetledi: "Başarımızın yüzde 20'si yeni teknolojidendir. Yüzde 80 ise şirketimizin kültüründen ileri gelir."[24]

Aynı teknolojiyi, aynı zamanda, Nucor'la aynı kaynaklara sahip başka şirketlere verseydiniz bile o şirketler Nucor'un elde ettiği sonuçlara ulaşamazdı. Daytona 500 yarışlarındaki gibi. Kazanan, araba değil şoförü ve ekibi. Araba da önemli elbette ama ancak ikinci derecede öneme sahip.

Vasat sonuçların başta gelen nedeni, teknolojik yanlışlar değil, yönetsel yanlışlardır. Bethlehem Steel'in sorunları küçük ölçekli üretim teknolojisinden değil eskiden beri işçileriyle olan sorunlarından kaynaklandı ki bunun da arkasındaki sebep, yetkin ve işlevli olamayan yönetimdi. Nucor ile diğer çelik üreticileri pazar payının önemli bir kısmına sahip olduklarında Bethlehem zaten uzun gerileme dönemine başlamıştı. Nucor kontinü ince dökümle birlikte 1986 yılında teknolojik atılımına başladığında Bethlehem piyasaya göre değerinin yüzde 80'ini zaten kaybetmişti.[25] Tabii ki bu, Bethlehem'in çöküşünde teknolojinin rolü olmadığı anlamına gelmez. Teknolojinin bir rolü vardı ve nihai olarak bu rol önemli bir roldü. Ama teknoloji, Bethlehem'in çöküşünün nedeni değil, sadece o sürecin hızlandırıcısıdır. Yine aynı ilke (Teknoloji neden değildir, sadece hızlandırır.) işliyor. Ama bu kez tersine işliyor.

Bethlehem Steel'in Uzun Çöküşü

Kümülatif Hisse Senedi Getirisinin Borsa Ortalamasına Oranı

1966 Haziran – 2000 Aralık

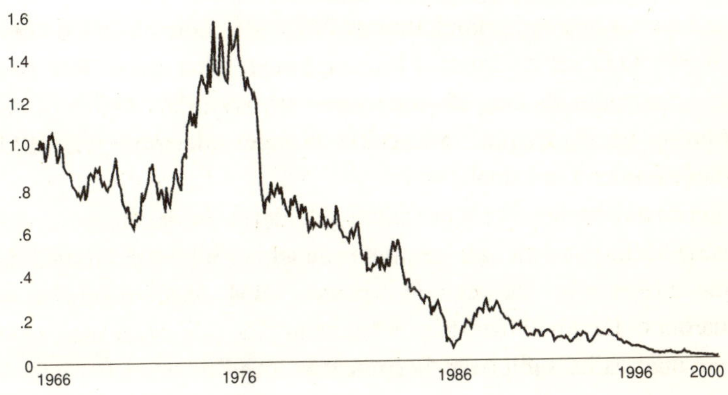

Gerçekten de karşılaştırma grubundaki şirketlere baktığımızda, kendisini havaya uçuran bir teknoloji torpili nedeniyle çöken tek bir şirket bile bulamadık. R.J.Reynolds, dünyanın bir numaralı tütün şirketi konumunu teknoloji yüzünden değil, önceleri yönetimin disiplinsiz bir şekilde şirket satın alarak iş alanını çeşitlendirme hamlesi yüzünden, sonraları da "şirketi boşver, biz kendimizi zengin edelim" tavrı yüzünden kaybetti. A&P, Amerika'nın ikinci büyük şirketi unvanını teknolojide Kroger'ın gerisinde kaldığı için değil, gıda perakendeciliği işinin değişen yapısıyla yüzleşemediği, acı gerçeklerle yüzleşecek disipline sahip olmadığı için yitirdi.

Çalışmamızda elde ettiğimiz verilere göre bir zamanlar mükemmel olan şirketlerin çöküşünde (veya şirketlerin vasatlığa mahkum olmasında) teknoloji esas etken değil. Elbette teknoloji çok önemli. Teknoloji tembeli olup da mükemmel bir şirket olmayı beklemeyin. Ama teknoloji tek başına mükemmelliğin de, çöküşün de nedeni değil.

Şirketler tarihi boyunca erken dönemde teknolojiye öncülük edenlerin sonunda yine başta olduklarına pek rastlanmaz. VisiCalc örneğin, bir zamanlar başta gelen PC tablo ve hesap programıydı.[26] Bugün nerede? Kullanan kimse kaldı mı? Ya onu yapan şirkete ne oldu? Yok. Öyle bir şirket kalmadı. VisiCalc; Lotus 1-2-3'e yenildi. Lotus da Excel'e yenildi.[27] Excel çıkınca Lotus ancak IBM'e satılarak kurtuldu.[28] Yine ilk taşınabilir bilgisayarları üreten şirket, Osborne idi.[29] Bugün taşınabilir bilgisayarlarımızı öncelikle Dell'den veya Sony'den alıyoruz.

Erken dönem öncülerin peşinden gelenlerin (ikinci, üçüncü ya da dördüncü) daha sonra başa geçmelerine teknolojik ve ekonomik değişim tarihinin her döneminde rastlanır. IBM, önceleri bilgisayarlarda öncü değildi. Ticari başarı kazanmış ilk bilgisayar olan UNIVAC markasına sahip olan Remington Rand'ın peşinden gelirdi. Öyle ki insanlar IBM'in ilk bilgisayarına, "IBM'in UNIVAC'ı" adını taktılar.[30] Boeing, jet uçakları konusunda De Havilland'ın peşindeydi. Ta ki Havilland'ın bir uçağı havada patlayana kadar. Pazara yavaş yavaş girerek en güvenli uçakları üreten Boeing, sonraki otuz yıldan fazla süre boyunca piyasanın hakimi oldu.[31] Sayfalarca böyle örnek verebilirim. Elektrikte dalgalı akım teknolojisinde ilk önder, GE değil, Westinghouse idi.[32] El bilgisayarında ilk zamanlar öncü olan Palm Computing değil, Newton adlı ürünüyle Apple idi.[33] İnternet servis sağlayıcıların öncüsü AOL değil, CompuServe ile Prodigy idi.[34]

Bir zamanların öncüsüyken mükemmel şirketlere dönüşmeyen ve o konumlarını kaybeden uzun bir şirketler listesi çıkarabiliriz. Kesin çok etkileyici bir liste olur. Listedeki tüm örnekler basit bir gerçeği gösterir: Tek başına teknoloji iyi bir şirketi mükemmel yapmaz veya çöküşü önlemez.

Tarih bu dersin örnekleriyle doludur. ABD'nin Vietnam felaketine bakalım. ABD, dünyanın o güne kadar bildiği en gelişmiş silah gücüne sahipti. Süper jetler, helikopterler, gelişmiş silahlar, bilgisayarlar, gelişmiş haberleşme aygıtları, sensörler. Kısacası Amerikalılar'da olmayan şey teknoloji değil, o teknolojiyi ilişkilendirecekleri basit ama tutarlı ve uygun bir savaş konseptiydi. Bu yüzden de üstünlüğü hiç ele geçiremediler ve yararsız stratejilerle oyalanıp durdular.

Teknoloji fakiri Kuzey Vietnamlılar ise basit ve tutarlı bir konsepte sıkı sıkıya bağlıydılar: kendi ülkelerinde savaştıkları için sistematik olarak halkın desteğini yanlarına çekmeyi amaçlayan bir gerilla savaşı. Ellerindeki tek teknoloji olan AK-47'leri (karmaşık M-16'ya göre kırsalda kullanımı ve bakımı çok daha kolaydı), bu konseptle tam bir uyum içindeydi. Bildiğiniz gibi sonunda ABD, tüm teknolojik üstünlüğüne rağmen Vietnam'da başarılı olamadı. Eğer başarının anahtarının teknoloji olduğunu düşünüyorsanız, Vietnam'ı bir kere daha gözden geçirin.

Aslında teknolojiye gereğinden fazla güvenmek, iyi değil, kötü bir şeydir. Doğru biçimde kullanıldığında, yani derin bir anlayış üzerinde temellenen basit, net ve tutarlı bir konseptle ilişkilendirildiğinde, sizi ileri doğru hızlandırır. Ama yanlış kullanıldığında, yani derin bir anlayış üzerine temellenmiş basit ve tutarlı bir konsept olmadan kolay bir çözüm sanıldığında, sizi geriye doğru hızlandırır.

TEKNOLOJİ VE GERİDE KALMA KORKUSU

Araştırma ekibinde, teknolojiye bir bölüm ayırıp ayırmama konusunda sıkı bir tartışma çıktı. Scott Jones, "Mutlaka olmalı. İşletme Fakültesi'nde teknolojinin önemini kafamıza öyle bir soktular ki, eğer kitapta işlemezsek boşluk olacak" dedi.

Brian Larsen ise, "Ama elimizdeki bulgulara göre teknoloji, disiplinli eylemin özel bir kolu. Bunu da önceki bölümde ele aldık. Disiplinli eylem, üç çemberin içinde kalmak demek ve teknoloji konusunda biz de aynı sonuca ulaştık" diye ona karşı çıktı.

"İyi ama, fazlasıyla özel bir kol" diye lafa girdi, Scott Cederberg. "Şirketlerimizin hepsi de teknoloji kullanımının öncüleri olmuşlar. "

Amber Young ise, "İyi ama 5. Düzey, Kirpi Konsepti ve , "önce kim" gibi bulgularımızla karşılaştırıldığında teknoloji biraz küçük bir başlık olarak kalıyor. Brian'a katılıyorum. Teknoloji önemli ama disiplin konusunun alt başlığı olarak. Ya da çarkın" diyordu.

Yaz boyunca tartıştık. Bir gün Scott Jones, her zamanki gibi ve düşünceli haliyle bir soru sordu: "İyi ama diğer şirketler teknolojiye hemen atlarken mükemmel şirketlerin bu konudaki yaklaşımı neden bu kadar dengeli?"

Hakikaten. Neden?

Bu soru, bizi iyi şirketler ile mükemmel şirketler arkasındaki temel farkı bulmaya yönlendirdi. Bulduğumuz fark ise bu bölümün konması konusunda bizi ikna etti.

Mükemmel şirketlerin yöneticileriyle yaptığımız mülakatların 2 bin sayfayı aşkın dökümlerini okuma fırsatınız olsaydı, kimsenin "rekabetçi strateji"den bahsetmemesi sizi çok şaşırtırdı. Evet, stratejiden bahsediyorlardı, performanstan, en iyi olmaktan, hatta kazanmaktan bile bahsediyorlardı. Ama hiçbiri stratejilerini bir tepki olarak, başkalarının yaptığına verdikleri bir cevap olarak ele almadı. Yapmaya çalıştıkları şeyleri ve mutlak bir mükemmellik standardı doğrultusunda ne tür gelişmeler kaydettiklerini anlatıyorlardı. George Harvey'e, 1980'li yıllarda Pitney Bowes'u değişime zorlarken ne tür bir motivasyonla hareket ettiğini sorduk. Cevabı şuydu: "Hep Pitney Bowes'u mükemmel bir şirket olarak görmek istedim. Buradan başlayalım. Bunun açıklaması olmaz. Bugün o düzeyde değiliz. Yarın da o düzeyde olmayacağız. Sürekli değişim içindeki bir dünyada mükemmellik aşamasına ulaşmak için her zaman yapman gereken bir sürü şey vardır."[35] Wayne Sanders de Kimberly-Clark'ı anlatıyordu: "Asla tatmin olmayız. Seviniriz, memnun oluruz ama tatmin olmayız."[36]

Mükemmel şirketleri yaratanları motive eden şey korku değildi. Anlamadıkları şeylere yönelik korkuları yönlendirmiyordu onları. İnsanların kendileri hakkında budala diye düşüneceği korkusu, kendileri beklerken başkalarının vurgunu vuracağı korkusu, rekabette ezilecekleri korkusu yönlendirmiyordu onları.

İyi şirketleri mükemmel şirketler haline getirenleri yönlendiren şey, derinden gelen yaratıcı bir güç ve içten gelen mükemmele ulaşma isteğiydi. Vasattan öteye geçemeyenleri yönlendiren şey ise başkalarının arkasında kalma korkusuydu daha çok.

Çalışmamızın incelediği dönemin tam ortalarına denk düşen 1990'ların teknoloji balonu, buna en iyi örnektir. Mükemmel ve iyi hamlelerin gözlenebileceği bir sahne olan bu dönemde mükemmel şirketler Walgreens gibi adımlar attılar, sakin ve ne yapacağını bilen bir tutum izlediler. Vasat şirketler ise korku içinde çılgınca tepkiler verdiler bu döneme.

Aslında bu bölümün ana noktası teknoloji değil. Ne kadar güzel olursa olsun hiçbir teknoloji, ne bilgisayarlar, ne telekomünikasyon, ne robotlar, ne internet, kendi kendine iyiden mükemmele geçiş sağlayamaz. Hiçbir teknoloji sizi 5. Düzeye getiremez. Hiçbir teknoloji, yanlış insanı doğru insan yapamaz. Hiçbir teknoloji acı gerçeklerle yüzleşecek disiplini veremez. Üç çemberi anlayıp bu anlayışı basit bir Kirpi Konseptine tercüme etme ihtiyacının yerine hiçbir teknoloji geçemez. Hiçbir teknoloji bir disiplin kültürü yaratamaz. Hayata geçirilmemiş potansiyelinizi öylece bırakmanın, mükemmel olabilecekken iyi aşamasında kalmanın günah olduğu inancını, hiçbir teknoloji veremez.

Bu saydığımız temel görüşlerin doğru olduğuna inananlar büyük değişim ve altüst oluş zamanlarında dahi dengelerini bozmadan yola devam edenler, atılımı sağlayacak ivmeyi biriktireceklerdir. Diğerleri, tepkisel davranarak oraya buraya saldıranlar ise ya aşağı inecek, ya da vasat olarak kalacaktır. İyi ile mükemmel arasındaki dönüşüm çarkı ile kıyamet çarkı arasındaki asıl fark, işte budur. Şimdi o farka bakacağız.

Bölüm Özeti

TEKNOLOJİ HIZLANDIRICILARI

ÖNEMLİ NOKTALAR

- İyiden mükemmele dönüşen şirketler teknoloji ve teknolojik değişim konusunda vasat şirketlerden farklı düşünür.
- Mükemmel şirketler teknoloji konusunda moda olan şeylerden kaçınır, özenle seçilmiş teknolojilerde ise öncülük yaparlar.
- Teknoloji konusunda sorulması gereken soru, "Bu teknoloji bizim Kirpi Konseptimize uyar mı?" olmalıdır. Cevap evetse o teknolojinin öncülüğünü yapmalısınız. Cevap hayırsa, o teknolojiyi unutun.
- Mükemmel şirketler teknolojiyi, ivme yaratan değil, varolan ivmelerini hızlandıran bir olgu olarak görürler. İyiden mükemmele dönüşen şirketlerin hiçbiri, dönüşümlerine teknolojik öncülüğü sayesinde başlamamıştır. Ama bir kere teknolojinin kendi üç çemberlerine uyacağını anlayınca hepsi o teknolojinin öncüsü olur ve atılım aşamasına geçerler.
- Mükemmel şirketlerin önde gelen teknolojilerini ücretsiz olarak karşılaştırma grubundaki şirketlere verseniz bile o mükemmel şirketlerin elde ettiği sonuçları elde edemezler.
- Bir şirketin teknolojik değişimlere nasıl cevap verdiği, o şirketin içsel güdüsünün vasatlığa mı yoksa mükemmelliğe mi yönelik olduğunu belli eder. Mükemmel şirketler değişimlere düşünceli ve yaratıcı bir tepki verirler. Hayata geçirilmemiş potansiyellerinin kalmasını istemezler. Vasat şirketler ise başkalarının gerisinde kalma korkusuyla hareket eder ve önüne gelene saldırırlar.

BEKLENMEDİK BULGULAR

- Bir zamanların mükemmel şirketlerini çökerten (veya başka şirketleri vasatlığa mahkum eden) şeyin teknolojik değişimler olduğu düşüncesi, elde ettiğimiz bulgular tarafından desteklenmedi. Elbette bir şirket hem teknoloji tembeli olup hem de mükemmel olamaz. Ama tek başına teknoloji, mükemmelliğin de çöküşün de nedeni değildir.
- İyiden mükemmele dönüşmüş şirketlerin yöneticileriyle yaptığımız 84 mülakatın yüzde 80'inde, teknoloji dönüşüm sürecinin ilk beş etkeni arasında sayılmadı. Bu durum, teknoloji kullanımı konusunda öncülük eden Nucor gibi şirketler için bile geçerli.
- "Emekle, yürü, koş". Bu yaklaşım, hızlı ve radikal teknolojik değişim dönemlerinde bile etkin bir yaklaşım olabilir.

Bölüm 8

DÖNÜŞÜM ÇARKI VE KIYAMET ÇARKI

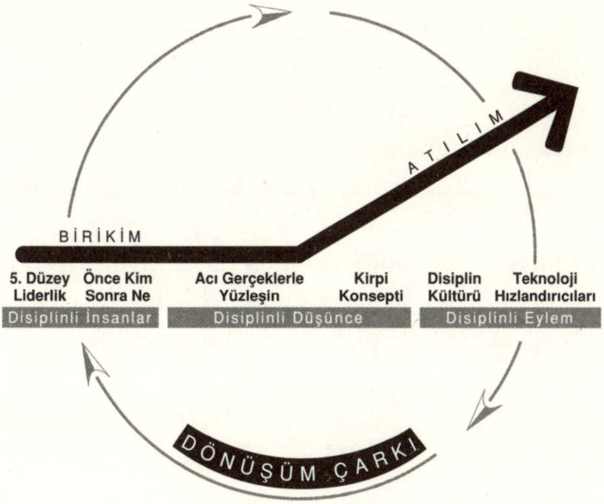

Devrim, çarkı döndürmek demektir.
Igor Stravinsky[1]

Dev bir çark düşünün. Bir eksene monte edilmiş, 30 metre çapında, 2 metre kalınlığında, en az 10 ton ağırlığında dev bir çark. Ve görevinizin bu çarkı mümkün olduğunca hızlı, mümkün olduğunca uzun süre döndürmek olduğunu düşünün.

Büyük bir çabayla iterek çarkı birkaç santim ilerlettiniz. İtmeye devam ediyorsunuz ve iki ya da üç saat içinde dönüşüm çarkı bir tam tur dönüyor.

İtmeye devam ettikçe çark biraz daha kolay dönmeye başlıyor. Böylece ikinci turu da atıyorsunuz. İtmeye devam. Üçüncü tur. Dördüncü tur... beşinci... altıncı... çark hızlanıyor... yedinci... sekizinci... onuncu... artık ivme kazandı... on bir... on iki... her turda daha hızlanarak dönüyor. Yirmi... otuz... kırk... yüz.

Ve sonra, bir anda, atılım! Artık çark, kendi ivmesiyle dönüyor.

Müthiş bir hızla... Çarkın kendi ağırlığı artık sizin avantajınız. İlk turda iterken verdiğiniz güçten daha fazlasını harcamıyorsunuz ama çark giderek hızlanıyor. Çarkın her turu, önceki turlarda harcadığınız gücün üzerine ekleniyor. Şimdi ilk turdan bin kat daha hızlı. Şimdi on bin kat. Şimdi yüz bin kat. Dev çark, artık durdurması neredeyse olanaksız bir ivmeyle dönüyor.

Şimdi birinin çıkıp size şöyle bir soru sorduğunu varsayın: "Bu çarkı bu kadar hızlı döndüren itiş hangi itişti?"

Cevaplamak o kadar kolay değil. Saçma bir soru. Hangi itişti acaba? Birinci mi? İkinci mi? Belki de yüzüncü. Hayır. Hepsiydi. Aynı yönde uygulanan bütün güçlerin birikimiydi. Bazı itişlere diğerlerinden daha fazla güç harcamış olabilirsiniz ama tek tek her bir itiş, çarka uyguladığınız toplam gücün bir parçasıdır.

BİRİKİM VE ATILIM*

Dönüşüm çarkı imgesi, bir şirket iyiden mükemmele doğru giderken içeride neler yaşandığını anlatıyor. Elde edilen sonuçlar ne kadar çarpıcı olursa olsun, iyiden mükemmele olan dönüşümler asla bir hamlede gerçekleştirilen dönüşümlerden değildir. Tek bir tayin edici hareket, tek bir program, ortalığı yıkıp geçen bir yenilik, tek bir şanslı ürün, bir devrim; böyle şeyler yoktur bu dönüşümde. İyiden mükemmele doğru, biriktiren bir süreçle gidilir. Adım adım, an an, karar karar, dönüşüm çarkının her dönüşünde kalıcı ve hayret verici sonuçlar birbirinin üzerine eklenir.

Oysa medyaya baktığınızda tamamen farklı bir sonuca varırsınız. Çünkü bir şirkette dönüşüm çarkı dakikada bin tur döner hale gelmedikçe, medya zaten o şirket hakkında haber yapmaz. Bu da bi-

* Birikim ("buildup") ve atılım ("breakthrough") terimlerini ilk kullanan, The Wealth and Poverty of Nations: Some Are So Rich and Some So Poor (New York: W.W. Norton & Company, 1998) adlı kitabında, David S. Landes'tir. 200. sayfada şöyle yazar: "Meselenin iki yönü vardır. Birincisi, bir ülke bu yeni üretim kalıbına ulaşmak için alışkanlıklarını ve geleneksel bilginin kabuğunu neden ve nasıl kırar? Burada birikime (bilginin ve know-how'ın birikimi) ve atılıma (belli eşiklere ulaşıp o eşikleri geçme) işaret edeceğim." Bu paragrafı okuduğumuzda bizim çalışmamıza da uygulayabileceğimizi gördük ve bu terimleri kullanmaya karar verdik.

zim dönüşümler konusundaki algılarımızı etkiler. Sanırız ki o şirket bir günde dönüşüm yaşayıp atılım aşamasına gelmiştir.

Örneğin 7 Ağustos 1984'te Forbes dergisi Circuit City ile ilgili bir haber yayınladı. Bu, şirket hakkında ulusal bir basın organında çıkmış ilk haberdi. Öyle fazla büyük bir haber de değildi. İki sayfaydı ve şirketin büyümeye devam edip edemeyeceğini sorguluyordu.[2] Yine de bir haber yayınlanmıştı ve artık kamuoyu şirketten haberdardı. Gazeteci haberini, sanki Circuit bir günde bu aşamaya gelmiş gibi yazmıştı.

Oysa bu bir günde elde edilen başarı, on yıla yayılmış bir tarihi gösteriyordu. Şirket iflasa doğru giderken, Alan Wurtzel 1973 yılında CEO'luğu babasından miras almıştı. İlk olarak kendi yönetim ekibini kurmuş sonra da şirkette derin bir incelemeye girip acı gerçekleri görmüştü. Wurtzel ve ekibi 1974 yılında, bir yandan borç yükü altında şirketin hayatını sürdürmeye çalışırken bir yandan da depo tarzı perakendecilik (çok sayıda marka ürün bulundurmak, indirimli fiyatlar ve anında teslimat) konusundaki ilk deneylerine girişmişti. Richmond, Virgina'da çeşitli aygıtlar satmak için bu modele uyan bir prototip mağaza açmıştı. 1976'da depo showroom formatında elektronik aygıt satış mağazaları açma denemeleri başladı. 1977'de ise Circuit City konseptindeki ilk mağaza açıldı.

Konsept başarı kazandı. Şirket öteki mağazalarını da Circuit City mağazalarına dönüştürmeye başladı. 1982'de, yani dönüşüm çarkının yavaş yavaş bir birikim yaptığı dokuz yıl boyunca, Wurtzel ve ekibi Circuit City konseptine sadık kaldılar. Sonraki beş yılda şirketin bu konsepte dönüşü tamamlandı ve Circuit City, hissedarlarına New York Borsası'na kayıtlı bütün şirketlerden daha fazla getiri sağladı.[3] 1982-1999 arasında borsa hisse senedi getiri ortalamasının 22 katı ortalama getiri sağladı. Bu performansıyla, Intel, Wal-Mart, GE, Hewlett-Packard ve Coca-Cola gibi şirketleri açık ara geride bıraktı.

Ve tabii ki bunun ardından medyanın ilgisine mahzar oldu. Dönüşüm tarihine kadar şirket hakkında dikkate değer bir haber bulamamışken, dönüşümden sonraki tarihlerde şirket hakkında 99 haber bulduk. Bu haberlerin 22'si, büyük haberlerdi. Sanki şirket o tarihe kadar varolmamıştı. Oysa 1968 yılından beri önemli bir borsada kayıtlıydı ve Wurtzel ile ekibi atılım noktasına kadar geçen on yıllık sürede ciddi işler başarmışlardı.

Circuit City'nin hikayesi, ortak bir kalıbı gösteriyor. Bütün şirketler için dönüşüm tarihine doğru giden on yıl içinde çok az, dönüşüm tarihinden sonraki on yıl içinde ise ortalama bunun üç katı kadar fazla habere rastladık.[4]

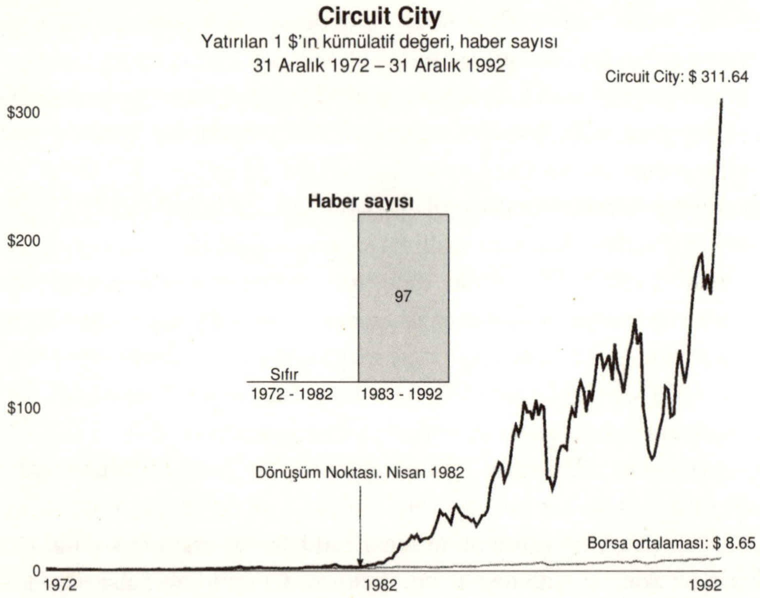

Örneğin Ken Iverson ve Sam Siegel, Nucor'un çarkını döndürmeye 1965'te başladılar. İlk on yıl boyunca ne ekonomi basını ne de diğer çelik şirketlerinin ilgisini çekti. 1970'te Bethlehem Steel ve U.S. Steel'e, "Nucor tehlikesi"nden bahsetseydiniz, kesin gülerlerdi. Şirketin ismini bile duymamış olabilirlerdi. 1975'te, yani dönüşüm noktasında Nucor üçüncü mini haddehanesini yapmış, üretim kültürünü oturtmuş ve Amerika'nın en kârlı çelik şirketi olma yolunda sağlam adımlarla ilerlemeye çoktan başlamıştı bile.[5] Ama yine de Business Week'te şirketle ilgili ilk haber 1978'de, yani dönüşüme başladıktan 13 yıl, Fortune'da ise 16 yıl sonra çıkacaktı. 1965-1975 arasında Nucor hakkında sadece 11 haber bulduk ki bunların hepsi de küçük haberlerdi. 1976-1995 arasında ise 96 haber bulduk. Bu haberlerin 40'ı önemli ulusal basın organlarında yer almış ya da önemli gazeteciler tarafından kaleme alınmıştı.

"Ee, ne var bunda? Tabii ki öyle olacak. Başarı kazandıkça şirketler hakkındaki haberler de artar" diye düşünebilirsiniz.

> Önemi şurada: Biz ancak geçişin dışarıdan nasıl göründüğüne bakarak içeride o süreci yaşayanların neler hissetmiş olabileceğine ilişkin bir fikir geliştirebiliyoruz. Dışarıdan bakıldığında bu dönüşüm çarpıcı bir değişim, radikal bir devrim gibi görünür. Oysa içeridekiler bunu tamamen farklı, organik bir gelişim süreci gibi hissederler.

Bir yumurta düşünün. Kimse ona ilgi göstermez. Sonra günün birinde yumurta çatlar ve içinden bir civciv çıkar. Bütün önemli gazeteler, dergiler hemen olayın üzerine atlayıp haber yaparlar: "Yumurtanın Civcive Dönüşümü", "Yumurtadaki Devrim", "Yumurtadaki Şaşırtıcı Değişim". Sanki yumurta bir günde dönüşüm geçirmiştir.

Peki tavuğun bakış açısına göre olay nasıl olmuştur? Tamamen farklı. Kimse yumurtaya ilgi göstermezken yumurta gelişmekte, büyümektedir. Tavuk açısından bakıldığında yumurtanın kırılması, o noktaya kadar süregelen uzun bir zincirin son halkasındaki olaydır. Önemli bir adımdır, şüphesiz ama yumurtaya dışarıdan bakanların sandığı gibi pek radikal bir değişim de sayılmaz.

Biraz saçma bir benzetme oldu. Ama bu benzetmeyle araştırmamızın çok önemli bir bulgusuna dikkati çekmek istiyorum. Araştırmamızda hep, "o büyük hamleyi", atılımı getiren o mucizevi anı bulmaya çalıştık. Hatta mülakatlarımızda bunun için karşımızdakileri zorladık. Tabii ki mükemmel şirketlerin yöneticileri, dönüşümü gösteren tek bir anahtar olay ya da ana işaret edemediler. Genellikle faktörleri öncelik derecesine göre sıraya koyma veya her etkene bir puan verme yaklaşımından hoşnut olmuyorlardı. Mükemmel şirketlerin hepsinde, "Bakın, bu süreci parçalara ayırıp bir sürü küçük kutucuk elde ederek bu kutucuklara faktörlerin ismini yazamazsınız. O anı bulup, "İşte o an" diyemezsiniz. Bu süreç, birbiri üzerine oturarak biriken birbirine kenetlenmiş bir sürü parçadan oluşur" diye nasihatte bulunan en az bir kişi oldu.

Çalışmamızın en keskin olaylarının yaşandığı vakasında bile (fabrikalarını satan Kimberly-Clark) şirket yöneticileri organik kümülatif bir süreç tanımladılar. Bir yönetici, "Darwin şirketi bir günde değiştirmedi. Zamanla evrimleşti" dedi.[6] Bir başkası da, "Dönüşüm bir günde olmadı. Tedrici bir dönüşümdü ve sanırım dönüşüm başladıktan ancak birkaç yıl sonra herkes bunu tamamen anlayabildi" dedi.[7] Elbette fabrikaları satmak, dönüşüm çarkını büyük bir güçle itmek demek. Ama netice itibariyle tek bir itiş. Fabrikaları sattıktan sonra bir numaralı tüketici ürünleri şirketine yönelik dönüşümü tamamlamak için çark binlerce kere itildi. Büyüklü küçüklü bu itişlerin hepsi birbirinin üzerine eklendi. Basının Kimberly-Clark'ın iyiden mükemmele doğru dönüşüm sürecinde olduğu müjdesini okurlarına vermesi için çarkın yıllarca ivme kazanması gerekti. Forbes şöyle yazdı: "Kimberly-Clark, Procter&Gamble'a rakip olmaya karar verdiğinde, dergimiz bunun felaketle sonuçlanacağını tahmin etmiş, fazla düşünülmeden alınmış bir karar olduğu yorumunu yapmıştı. Ama sonuç öyle çıkmadı. Çok da iyi bir fikirmiş."[8] Bahsedilen iki haber arasında geçen süre kaç yıl dersiniz? Tam 21 yıl.

Proje üzerinde çalışırken bizi ziyaret eden yöneticilere, araştırma konusunda öğrenmek istedikleri bir şey olup olmadığını sorardık. Bir CEO, "Şirketler, gerçekleştirdikleri dönüşüme bir isim vermişler mi? Ne ad vermişler? Bu konu hakkında zamanında şirketlerin içinde neler konuşulmuş?" diye sordu. Mükemmel bir soruydu. Araştırdık. Bulduğumuz cevap şaşırtıcıydı: Herhangi bir isim vermemişler.

İyiden mükemmele dönüşen şirketler, bu dönüşüme bir isim takmadılar. Dönüşümün başlangıcına işaret eden belli bir olay, belli bir program, onu tetikleyen bir talimat yoktu. Hatta bazı yöneticiler, belli bir aşamaya gelene kadar büyük bir dönüşüm içinde olduklarını fark etmediklerini söylediler. Belli bir zaman geçtikten sonra durumu daha açık görmüşler.

Sonra biz de durumu anlamaya başladık: Mucizevi bir an yoktu. (Aşağıdaki tabloya bakınız.) Dışarıdan bakanlara göre tek hamlede yapılan bir atılım olarak görünse de dönüşümü içeride yaşayanlara göre hiç de öyle değil. Tersine, en iyi sonuçlara ulaşmak için yapılması gerekenleri saptayıp adım adım onları yapmaktan, dönüşüm çarkını bir tur daha, bir tur daha döndürmekten ibaret sakin ve kararlı bir süreç. Çarkı uzun süre aynı yönde ittiklerinde, kaçınılmaz olarak atılım aşamasına gelinir.

"İYİDEN MÜKEMMELE MUCİZEVİ ANLAR YOKTUR"
(Mülakatlardan Alıntılar)

Abbott	"Aniden ışık çakmadı, gökten vahiy inmedi."[9] "Geçirdiğimiz değişim önemli bir değişimdi ama bir yandan da küçük küçük bir dizi değişimden oluşuyordu. Zaten değişimi başarılı kılan da buydu. Adımlarımızı dikkatle attık. Her zaman o ana kadar başardıklarımızla ondan sonra yapmamız gerekenleri gösteren bir sürü ortak ölçütümüz vardı."[10]
Circuit City	"Süperstore konsepti üzerine karar kılmamız bir günde olmadı. 1974'te konsepti önce düşündük ama tamamen Circuit City superstore konseptine göre yeniden yapılanmamız on yıldan fazla sürdü. Sonra da konseptimizi tamamen netleştirip bütün geleceğimizi buna göre şekillendirecek ivmeyi yakaladık."[11]

Fannie Mae	"Mucizevi bir an olmadı. Tek bir dönüşüm noktası yoktu. Dönüşüm, olayların birleşmesinden meydana geldi. Elde ettiğimiz sonuçlar müthiş bir farka işaret ediyorsa da süreç daha ziyade evrimci bir süreçti."[12]
Gillette	"Esaslı bir değişim veya bir dönüşüm yaratmak için bilinçli bir büyük karar almadık, bir program başlatmadık. Sadece bireysel olarak ve beraberce performansımızı keskin bir şekilde artırmak için neler yapabileceğimizi düşündük ve bazı sonuçlara vardık."[13]
Kimberly-Clark	"Göründüğü gibi bir anda olmadı. Bu tür şeyler öyle bir günde olmaz. İçten içe büyürler. Bu tür fikirler gelişir, yayılır ve sonra ortaya çıkar."[14]
Kroger	"Kafamızda ampüller yanmadı. Zaten süpermarketlerin gelişmekte olduğunu görüyor, sektörün oraya doğru gideceğine inanıyorduk. Lyle'ın yaptığı en önemli şey, değişime şimdi ve önceden tasarlanmış bir zemin üzerinden başlayacağımızı söylemesiydi."[15]
Nucor	"Belirli bir anda böyle yapmak için bir karar almadık. Amansız tartışmalarımız sırasında bu fikir gelişti. Belli bir anda dönüp geriye bakıp bugün olduğumuz şeyi oluşturmaya çalışmak için tartıştığımızı görene kadar, niçin tartıştığımızı tam olarak bildiğimizden emin değilim."[16]
Philip Morris	"İyiden mükemmele geçişi örnekleyecek tek bir büyük hamle bulmak imkansızdır. Çünkü başarımız devrimci değil, tersine küçük başarıların üst üste bindiği evrimci bir sürecin sonunda gelmiştir. Tek bir hamle bilmiyorum."[17]

Pitney Bowes	"Değişimden pek bahsetmezdik. Uzun zamandır değişmemiz değil evrilmemiz gerektiğinden söz ederiz. Yani artık bazı şeyleri farklı yapmalıydık. Evrimin değişimden tamamen farklı bir kavram olduğunu fark ettik."[18]
Walgreens	"Bir toplantı ya da bir bayram olmadı. Kimsenin beyninde ampuller yanmadı. Daha ziyade bir tür evrimdi."[19]
Wells Fargo	"Bir anda oluşan bir değişim değildi. Yavaş yavaş ortaya çıktı, yavaş yavaş güç kazandı. Carl CEO olduğunda öyle önemli bir şey olmadı. Dick evrimin bir aşamasını, Carl ise sonraki aşamasını yönetti. Sert bir darbe değil, yumuşak bir geçişti."[20]

Bu hususu öğrencilerime anlatırken, duruma çok iyi uyan araştırma dışı bir örnek kullanıyorum: 1960'larda ve 1970'lerin başlarında basketboldaki UCLA Bruins hakimiyeti. Basketbolseverler, efsanevi hocaları John Wooden'la UCLA'nın 12 yılda on şampiyonluk kazandığını ve 61 maç kazanarak müthiş bir seri yaptığını bilirler.[21]

Peki ilk şampiyonluktan önce Wooden'ın kaç yıl UCLA'nın hocalığını yaptığını bilir misiniz? 15 yıl. 1948'den 1963'e kadar. Wooden 1964'teki ilk şampiyonluğunu kazanana kadar pek bilinmezdi. Yıldan yıla takımının temellerini attı. Takıma oyuncu alma sistemini oturttu, takımın felsefesini oturttu, tam saha baskılı pres sistemini oturttu. Kimse bu sessiz, sakin fazla iddialı konuşmayan hocaya dikkat etmiyordu. Ta ki atılımlarını yapana ve on yıldan fazla süreyle tüm ciddi rakiplerini devirmeye başlayana kadar.

İyiden mükemmele olan geçişler Wooden hanedanlığı ile aynı kalıbı, yani önce bir birikim sonra da atılım aşaması kalıbını izler. Bazı vakalarda birikimden atılıma geçiş, uzun, bazılarında daha kısa sürer. Circuit City'de birikim süresi 9, Nucor'da 10 yılken Gillette'de 5, Fannie Mae'de 3, Pitney Bowes'da ise sadece 2 yıl sürmüştür. Süre ne kadar uzun ya da kısa olursa olsun, iyiden mükemmele bütün dönüşümler aynı basit kalıbı izler: Birikim, atılıma dönüşene kadar dönüşüm çarkı ivmeyle döner durur.

UYGUN KOŞULLARDAN FAZLASI GEREK

Birikim-atılım çarkı modelini izlemenin sadece uygun koşullara bağlı olmadığını anlamak, çok önemlidir. "İyi de sizin uzun vadeli bu modelinizi uygulamak bizim için zor çünkü çeşitli kısıtlarımız var" diyenler, mükemmel şirketlerin bu modeli uyguladıkları zaman kısa vadede çok zor koşullar altında olduğunu unutmamalıdır: Wells Fargo'da piyasada deregülasyon dönemi, Nucor ve Circuit City'de muhtemel iflas, Gillette ve Kroger'da şirketin satılması tehdidi, Fannie Mae'da günde milyon dolarlara varan zararlar.

Bu durum Wall Street'ten gelen baskılar için de geçerlidir. Fannie Mae'den David Maxwell, "Wall Street izin vermedi diye kalıcı bir mükemmel şirket yaratamıyoruz görüşünü kabul edemem. Analistlerle görüşerek ne yapmakta olduğumuzu, nereye gitmekte olduğumuzu anlattık. Önceleri çoğu söylediklerimizi kaale almadı. Bunu kabulleneceksiniz. Ama o karanlık günleri geride bıraktığımızda her yıl önceki yıldan daha iyiye gitmeye başladık. Birkaç yıl sonra elde ettiğimiz sonuçlar nedeniyle tavsiye edilen hisse olmuştuk. Ondan sonra da dönüp arkamıza bakmadık."[22] Gerçekten de kârlı bir hisseydi. Maxwell'in ilk iki yılında hisse, borsa ortalama getirisinin altında kalmıştı. Ama sonra uçuşa geçti. 1984 yılından 2000 yılına kadar hisseye yatırılan 1 Dolar'ın değeri, 1990'ların sonundaki NASDAQ'daki şişkinliği de hesaba katmak suretiyle, borsa ortalamasının yaklaşık 6 katı değer getirerek 64 katına çıkmıştı.

Anladık ki asıl mesele, bu kısa vadeli baskıya göğüs germek için dönüşüm çarkına hakim olmaktı. Bunun en zarif yöntemlerinden birini Abbott Laboratories bulmuş, adını da Mavi Planlar koymuştu. Buna göre her yıl Abbott, Wall Street analistlerine belli bir büyüme hedefi, mesela yüzde 15, elde etmeyi umduğunu açıklıyor. Ama kendi içinde bundan daha yüksek bir hedef, mesela yüzde 25, hatta yüzde 30 koyuyor. Bu arada ellerinde henüz para ayrılmamış büyüme projelerinin en iyiden en kötüye bir listesi var (Mavi Planlar). Yıl sonuna doğru Abbott analistlerin beklentilerini aşan ama kendi gerçek büyüme hızının altında kalan bir büyüme oranı seçiyor. Sonra da "analisti mutlu eden" bu oranla gerçek büyüme oranı arasındaki farka tekabül eden fonları Mavi Planlar'a akıtıyor. Hem borsadan kaynaklanan kısa vadeli baskılara göğüs germek hem de sistematik olarak geleceğe yatırım yapmak açısından parlak bir mekanizma.[23]

Mükemmel şirketler de Wall Street'ten karşılaştırma grubundaki şirketlerle aynı kısa vadeli baskılara maruz kaldılar. Ama onların tersine bu baskıya karşın birikim-atılım çarkı modelini uygulayacak disiplini ve sabrı gösterdiler. Sonunda da Wall Street'in kendi ölçütlerine göre olağanüstü sonuçlar elde ettiler.

Abbott'u karşılaştırdığımız şirkette, buna benzer bir mekanizmaya rastlamadık. Tersine Upjohn yöneticileri, şirketin bugün elde ettiği sonuçların başarısızlığını unutup "geleceğimizi satın alalım" adı altında kendi hissesini pompalamaya çalışıyordu.[24] Oysa o anda başarılı sonuçlar elde edemeyen bir şirket, bu tür güzel laflarla "geleceğe yatırım yapmak" fikrini de hayata geçiremeyecekti. Şirket, Rogaine kellik tedavisi ürünleri gibi iyi düşünülmemiş projelere para akıtmaya devam etti. Amaçları birikim ve atılım döngüsünü atlayıp tek bir hamlede başarıyı yakalamaktı. Ama Upjohn bize, Las Vegas'ta rulette bütün parasını kırmızıya koyup sonra da, "Bakın, geleceğe yatırım yapıyorum" diyen bir kumarbazı çağrıştırıyordu. Gelecek geldiğinde vaat ettiği sonuçlara kolay ulaşamayacaktı.

Elbette Wall Street'te Abbott tutarlı başarı gösteren bir şirket ve elde tutulan bir hisse olurken Upjohn sürekli bir hayal kırıklığı yarattı. 1959'dan Abbott'un atılıma geçtiği 1974'e kadar iki hisse kabaca birbirini izliyordu. Sonra yolları öyle bir ayrıldı ki Upjohn, 1995'te bir şirket tarafından devralınana kadar Abbott'un altı kattan fazla geriside kalmıştı.

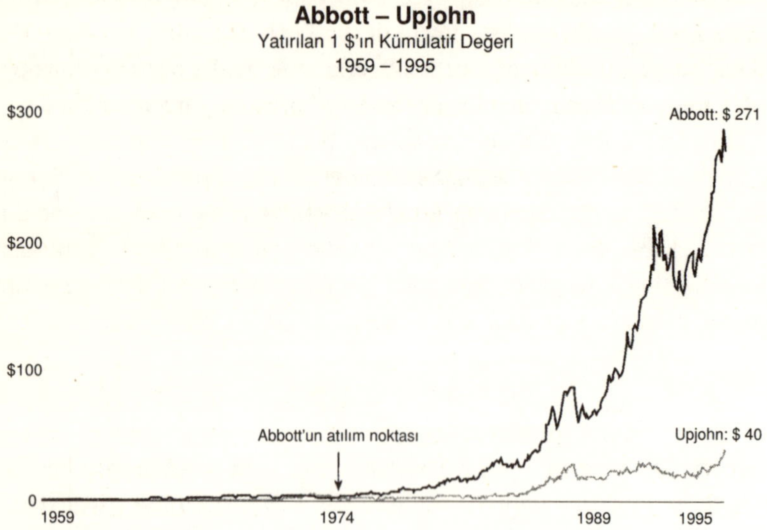

Fannie Mae ve Abbott gibi iyiden mükemmele dönüşen bütün şirketler birikim-atılım yılları boyunca Wall Street'i mükemmelen idare ettiler. Sadece elde ettikleri sonuçlara baktılar. Genellikle dışarıya düşük hedefler açıklarken kendi içlerinde bu hedefleri aşmaya gayret gösterdiler ve bu disiplinleri zaman içinde sonucunu verdi. Elde ettikleri sonuçlar belli bir birikim yaratmaya yani çark dönmeye başladıkça yatırımcılar da onları büyük bir coşkuyla karşıladı.

DÖNÜŞÜM ÇARKI ETKİSİ

İyiden mükemmele dönüşen şirketler basit bir gerçeği çok iyi anladılar: Süreklilik kazanmış bir gelişme ve iyi sonuçlar elde etme sürecinin müthiş bir gücü vardır. İlk zamanlar küçük de olsa elde ettiğiniz somut başarıları insanlara gösterin ve bunun genel konsepte ne kadar iyi uyduğunu anlatın. Bunu yaptığınızda etrafınızdakiler yarattığınız ivmenin birikmekte olduğunu hissedecek ve coşkuyla yanınızda yer alacaklardır. Bu etkiye dönüşüm çarkı etkisi diyoruz. Bu etki sadece dış yatırımcılarda değil, şirketinizi oluşturanlar üzerinde de kendini gösterecektir.

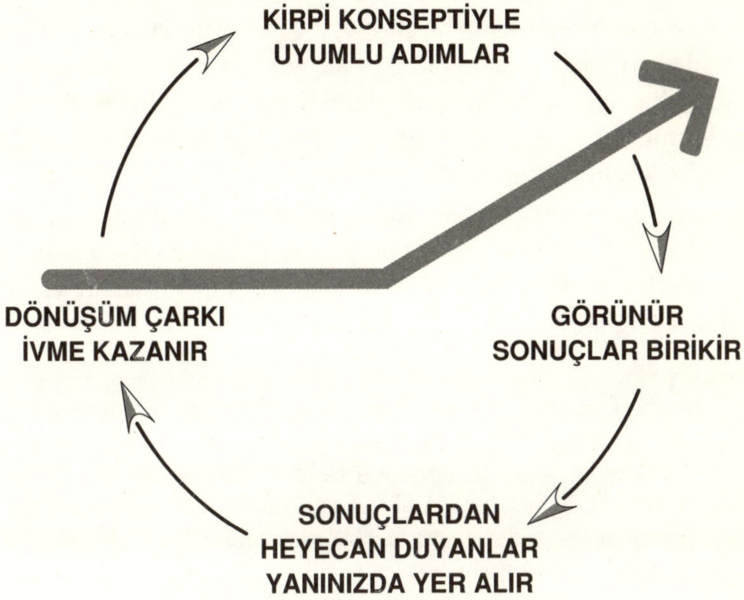

DÖNÜŞÜM ÇARKI ETKİSİ

Araştırma sırasında yaşadığımız bir olayı paylaşmak istiyorum. Araştırmanın bir noktasında ekip üyeleri isyan etti. Ellerindeki mülakat notlarını bir kenara atıp, "Bu aptal soruyu sormaya devam etmek zorunda mıyız?" dediler.

"Hangi aptal soru?"

"Bağlılık, safını belirlemek ve değişimi yönetmekle ilgili olanı."

"Hiç de aptal bir soru değil. En önemli sorulardan biri."

"İyi de dönüşümü gerçekleştirmiş yöneticilerin çoğu, onlar, bunun aptal bir soru olduğunu düşünüyor. Hatta bazıları soruyu anlamıyor bile."

"O soruyu sormaya devam edeceğiz. Mülakatlar arasında tutarlılığı sağlamalıyız. Ayrıca soruyu anlamamaları, daha da ilginç. Sormaya devam edin. Değişime karşı direnci nasıl kırdıklarını ve insanları yanlarına nasıl çektiklerini anlamamız lazım" dedim.

İnsanları yanına çekmenin, ("kendi safına çekmek") iyiden mükemmele dönüşüm gerçekleştirmeye çabalayan tepe yöneticinin karşılaştığı başta gelen sorunlardan biri olduğunu sanıyordum. Çünkü bizi ziyaret eden yöneticilerin hemen hepsi, bir şekilde bunu sormuştu: "Etrafımızdakilerin yeni vizyonumuza bağlılığını sağlamak için ne yapmalı?", "İnsanları nasıl motive edeceğiz?", "İnsanların değişimi kucaklamasını sağlamak için ne yapmalıyız?" Ama şimdi görüyordum ki iyiden mükemmele dönüşen şirketlerin liderlerinin karşılaştığı ana sorunlardan biri, insanları yanına çekmek değilmiş.

Açıktır ki mükemmel şirketler, elemanlarından inanılmaz bir bağlılık gördüler. (Değişimi ustaca yönetiyorlardı.) Hem de bunu nasıl sağlayacakları üzerinde fazla düşünmeden. Bu, onların zaten bildiği bir şeydi. Doğru koşullar altında bağlılık, sadakat, motivasyon ve değişim sorunlarının buharlaştığını öğrendik. Kendi kendine halloluyorlar.

Kroger'a bakalım. Kasiyeriyle, hamalıyla, raf sorumlusuyla, ürün temizleyicisiyle, stok elemanıyla 50 binden fazla insanın, marketlerin şirket tarafından inşası ve işletilmesinin hemen her boyutunu nihai olarak değiştirecek radikal bir yeni stratejiyi benimsemesini nasıl sağlarsınız? Cevap şu: sağlamazsınız. Bunun için belli bir adım atamazsınız, belli bır program uygulayamazsınız.

Kroger'da dönüşümü sağlayan 5. Düzey lider Jim Herring, heyecan ve motivasyon yaratıcı girişimlere hiç tevessül etmediğini söyledi. Bunun yerine çarkı döndürerek yapmak istediklerini insanların hissetmesini sağlayan elle tutulur gelişmeler kaydetmiş. "Yapmakta olduğumuz şeyi onlara o şekilde sunduk ki başarılarımızı gördüler. Planlarımızın adım adım başarıya ulaşmasını, böylece de insanların güvenini lafla değil, somut başarılarla kazanmayı amaçladık" dedi.[25] Herring, insanlarını yeni ve cesur bir vizyonun yanına çekmek için o vizyonla çarkı çevirip (önce iki turdan dört tura, oradan sekiz, oradan on altı tura çıkartıp) sonra da dönüp insanlarına, "Yaptığımızı görüyorsunuz, değil mi? İyi de gidiyor. Artık gerisini siz tahmin edin" demek gerektiğini anlamış.

İyiden mükemmele dönüşen şirketler, başlangıçta büyük hedefler ilan etme eğiliminde olmadılar. Tersine, önce çarkı çevirmeye başladılar. Dönüşüm çarkı adım adım, tur tur ivme kazandıkça da çıkıp, "Bakın eğer biz bu şekilde çarkı itmeye devam edersek, şu şu sonuçlara ulaşmamamız için hiç neden yok" dediler.

Örneğin Nucor çarkını 1965 yılında, önce iflas tehlikesinden kurtularak sonra da güvenilir bir tedarikçi bulamadığı için kendi haddehanelerini kurarak çevirmeye başladı. Diğerlerinden daha iyi ve daha ucuz çelik ürettiğini görünce de ikinci, üçüncü ... haddehanelerini kurdular. Müşteri bulmaya başladılar. Sonra daha çok müşteri, daha çok müşteri. Ve, bingo, dönüşüm çarkı, tur üzerine tur atıp, ay be ay, yıl be yıl ivme kazanmaya başladı. Sonra, 1975 civarında, Nucor'cular fark ettiler ki çarkı bu şekilde itmeye devam ederlerse, bir numara olabilir, Amerika'nın en kârlı çelik şirketi haline gelebilirler. Marvin Pohlman şöyle anlatıyor: "1975'te Ken Iverson'la bir konuşmamı hatırlıyorum. Dedi ki, 'Marv, Amerika'nın bir numaralı çelik şirketi olabiliriz'. 1975'te! Ben de, 'İyi de ne zaman olacağız, Ken?' diye sordum. 'Onu bilmem. Ama şu ana kadar yaptığımız şeyi yapmaya devam edersek bir numara olmamamız için bir neden yok'"[26] Yaklaşık yirmi yıl boyunca Nucor çarkı çevirmeye devam etti. Sonunda Fortune 1000 listesindeki diğer tüm çelik şirketlerinden fazla kâr elde etmeyi başardı.[27]

Bir an durup düşünün. Doğru insanların her şeyden çok istediği şey nedir? Kazanan takımda yer almak isterler. Gözle görülür, elle tutulur sonuçlar elde edilmesine yardımcı olmak isterler. Mükemmelen işleyen bir şeyin içinde yer almanın yarattığı heyecanı duymak isterler. Doğru insanlar, acı gerçeklerle yüzleşmekten, boş laftan değil, derinlikli kavrayıştan doğan sade bir plan gördüklerinde,

"Bu iş olur. Ben varım" diyeceklerdir. Yönetim ekibinin blok halinde bu basit planın arkasında durduğunu, 5. Düzey bir liderliğin tüm niteliklerinin bu plana adandığın anladıklarında, inançsızlıklarını tamamen bırakacaklardır. İnsanların ivmenin büyüsünü hissetmeye başladıkları, yani somut sonuçları görmeye, dönüşüm çarkının hız kazandığını hissetmeye başladıkları an; işte çoğunluğun dönüşüm çarkına el atıp itmeye başlamak için sıraya gireceği an, o andır.

Sizin yerinize çarkınız konuşursa hedeflerinizi insanlara anlatmak için hararetli konuşmalar yapmanıza gerek kalmaz. İnsanlar çarkın kazandığı ivmeye bakıp, "Böyle gidersek nerelere varmayız ki!" diye sonuçlar çıkartırlar. İnsanlar kendi aralarında potansiyellerini somut sonuçlara dönüştürmeye karar verirlerse hedefiniz kendi kendine ortaya çıkmış sayılır.

KIYAMET ÇARKI

Karşılaştırma grubu şirketlerinde tamamen farklı bir durum gördük. Onlar ne yapılması gerektiğini bulup sakin ve kararlı bir biçimde onları yapmak yerine, büyük vaveyla ile, "birlikleri seferber etmek" gibi laflar eşliğinde ha bire yeni programlar, kampanyalar başlatmalarına rağmen kalıcı bir başarı sağlayamadılar. Uzun ve sıkıcı birikim aşamasını pas geçip kendilerini doğrudan atılım aşamasına götürecek o tek büyük hamleyi, o mucizevi anı, o başarılı programı, o müthiş icatı arayıp durdular. Dönüşüm çarkını çevirmeye başlayıp, sonra durup öbür yöne doğru çevirmeye başlayıp sonra tekrar durup tekrar yön değiştirdiler. Yıllarca bir adım ileri iki adım geri yaptıktan sonra kalıcı bir ivme kazanmayı başaramayıp kıyamet çarkı dediğimiz bir döngüye sürükleniyorlar.

Gillette'i karşılaştırdığımız Warner-Lambert'i ele alalım.

1979 yılında Lambert, Business Week'e, tüketim ürünleri alanında bir numara olmayı hedeflediğini söylemişti.[28]

Bir yıl sonraysa keskin bir dönüş yapıp yüzünü sağlık ve bakım alanına çevirdi: "Hedefimiz, Merck, Lilly, SmithKline ve benzerlerine rakip olmaktır."[29]

1981'de şirket bir kez daha hedef değiştirip tüketim ürünlerine döndü.[30]

Altı yıl sonra, 1987'de, bir U dönüşü daha yapan şirket, tekrar Merck'e rakip çıktı. (Bu arada AR&GE harcamalarının üç katı kadar tüketim ürünleri reklam harcaması yaptı. Merck'i geçmeye çalışan bir şirket için biraz kafa karıştırıcı bir strateji.)[31]
1990'ların başlarında, Clinton dönemi sağlık reformu sırasında şirket tekrar tüketim ürünlerine ve ürün çeşitlendirmesine döndü.[32]

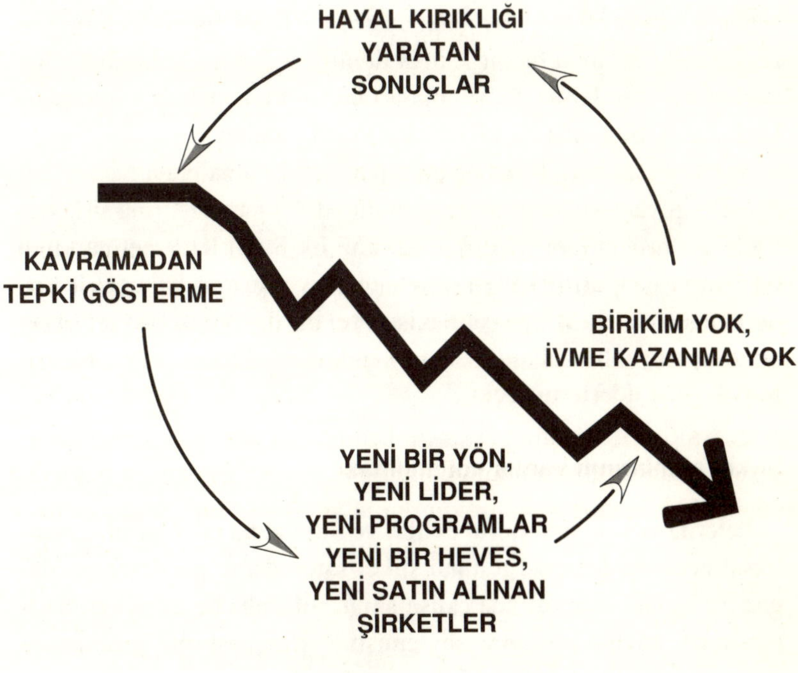

KIYAMET ÇARKI ETKİSİ

KIYAMET ÇARKI

Her yeni Lambert CEO'su kendinden öncekinin program ve kampanyalarını durdurup kendi programlarını başlattı. Ward Hagen, 1982'de pahalı bir hastane tedarik ürünleri şirketini satın alıp atılım yapmaya çalıştı. Üç yıl sonra onun yerine gelen Joe Williams, 550 milyon dolarlık zararı sineye çekip şirketi hastane tedarik ürünlerinden çıkardı.[33] Merck'i geçmeye odaklanmaya çalıştı ama onun ardından gelen CEO da tekrar tüketim ürünlerine dönmek istedi. Böylece yeni gelen ve şirkete damgasını vurmaya çalışan her CEO ile şirket bir ileri iki geri gitti.

1979'dan 1998'e kadar Lambert üç önemli yeniden yapılanma geçirdi. (Her CEO başına bir yeniden yapılanma.) Bu arada atılım sağlama adına 20 bin kişi işten çıkartıldı. Kimi zaman çok iyi sonuçlar elde etti ama hiçbir zaman dönüşüm çarkına kalıcı bir ivme kazandıramadı. Hisse getiri oranları borsa ortalamasına göre aşağılarda kaldı. Sonunda da Pfizer tarafından yutuldu.[34]

Warner-Lambert, biraz uç bir vaka olabilir ama buna benzer gelişmelerin yani kıyamet çarkının bütün diğer karşılaştırma şirketlerinde de yaşandığını gördük. (Bakınız Ek 8.A.) Kıyamet çarkının özel varyasyonları şirketten şirkete değişiyordu ama bazı ana kalıplar oluşmuştu. Bu kalıplardan ikisi, özel bir ilgiyi hak ediyor: şirket alımlarının yanlış kullanılması ve kendinden öncekilerin yaptıklarını yok eden liderlerin seçimi.

Şirket alımlarının yanlış kullanılması

Peter Drucker, şirketlerin evlilik ve satın alma güdülerinin, mantıksal nedenlerden çok gününü şirket satın alarak geçirmenin, olağan bir işgünü temposunda çalışmaktan çok daha heyecan verici olmasından kaynaklandığını söylemişti.[35] Karşılaştırma grubumuzdaki şirketler 1980'lerde oldukça yaygın olan şu sloganın anlamını gerçekten de iyi kavramıştı: "İşler zora girdiğinde alışverişe çıkın." İyiden mükemmele dönüşüm sürecinde şirket satın almaların rolünü daha iyi anlamak için çalışmamızda ele aldığımız bütün şirketlerin geçiş dönemlerinin on yıl öncesinden başlayarak 1998 yılına kadar aldıkları şirketlerle ilgili kalitatif ve kantitatif bir çalışma yaptık. Satın almaların büyüklüğüne ve ölçeğine dair genelgeçer bir kalıp bulamadık ama mükemmel şirketlerle karşılaştırma grubu şirketlerinin satın alımları arasında dikkat çekici bir başarı oranı farkı bulduk. (Bakınız Ek 8.B)

Mükemmel şirketler, özellikle de büyük satın alımlarda neden karşılaştırma şirketlerine göre, neden önemli ölçüde başarılı oldular? Başarının anahtarı, büyük şirketlerin genellikle Kirpi Konseptinin bulunması ve çarkın ciddi bir ivme kazanmasından sonra satın alınmasıdır. Mükemmel şirketler, satın alımları ivme yaratmak için değil, varolan ivmeyi hızlandırmak için kullandılar.

Oysa karşılaştırma grubundaki şirketler, bir evlilik ya da satın alım sayesinde doğrudan atılım aşamasına atlamak istiyorlardı. Bu hiç gerçekleşmedi. Genellikle ana faaliyet alanları kuşatma altına giren karşılaştırma şirketleri büyümeyi hızlandırmak, şirket alarak yeni bir alana girip sorunlarından uzaklaşmak ya da CEO'nun keyfini yerine getirmek için büyük satın alma projelerine daldılar. Ama temel soruya cevap bulamıyorlardı: "Dünyadaki diğer bütün şirketlerden daha iyi yapabileceğimiz, bizim ekonomik ölçütlerimize uyan ve tutku duyabileceğimiz iş nedir?" Bu şirketler parayla büyük olunabilineceği ama mükemmel olunamayacağı gibi basit bir gerçeği hiçbir zaman öğrenemediler. İki vasat şirketin toplamından mükemmel şirket doğmaz.

Çarkı Durduran Liderler

Sıkça gözlenen diğer bir kıyamet çarkı kalıbı da şirkete yeni gelen liderlerin dönen bir çarkı durdurup tamamen ters yönde çevirmeye başlaması. 1960'ların başlarında iyiden mükemmele dönüşüm sürecinin çoğu kuralını uygulayarak atılıma geçerek birikim yapan ve atılımını başlatan Harris Corporation'ı ele alalım. George Dively ile halefi Richard Tullis, yazıcılar ve iletişim aygıtları alanında teknoloji kullanımı alanında şirketlerinin dünyanın en iyisi olduğuna dair bir Kirpi Konsepti geliştirmişlerdi. Şirket bu konsepti tam bir disiplinle uygulamamasına karşın (Tullis'in üç çemberin biraz dışında kalma merakı vardı) ciddi bir gelişme gösterip iyi sonuçlar elde etme aşamasına varmıştı. 1975 yılında atılım aşamasına geçtiğinde, iyiden mükemmele geçiş için iyi bir aday olarak görülüyordu.

Ama sonra dönüşüm çarkı gıcırdaya gıcırdaya durdu.

1978'de şirketin başına Joseph Boyd geçti. Boyd, yıllar önce Harris tarafından satın alınan Radiation Inc'de çalışıyordu. CEO olur olmaz yaptığı ilk iş, şirketin merkezini Cleveland'den Melbourne, Florida'ya taşımak oldu. Burası Boyd'un memleketi, evinin ve Lazy Rascal adlı 15 metrelik teknesinin bulunduğu yerdi.[36]

1983 yılında Boyd, baskı alanındaki şirketi satarak çarkı hızla itti. O sıralar Harris, dünyanın bir numaralı baskı ekipmanı şirketiydi. Şirketin en kârlı işi olan bu sektörde toplam kârının neredeyse üçte birini yapıyordu.[37] Boyd bu mücevheri satarak elde ettiği gelirle ne yaptı? Ofis otomasyonu işine girdi.

Peki Harris, ofis otomasyonu işinde dünyanın en iyisi olabilir miydi? Pek mümkün değildi. Haris, IBM, DEC ve Wang'ın bulunduğu savaş alanında tökezleye tökezleye yürürken bir yandan da ilk ürününü piyasaya, sürmesi korkunç yazılım geliştirme hataları yüzünden gecikiyordu.[38] Sonra doğrudan atılım aşamasına atlamak için Harris, tüm varlığının üçte birini harcayarak kelime işlem programı üreticisi Lanier Business Products'ı satın aldı.[39] Computerworld dergisi, bu alım üzerine şöyle yazmıştı: "Boyd'un anahtar kavramı, ofis otomasyonu... Ancak Harris'in elinde her şey var ama ofiste kullanılacak bir ürünü yok. Bir kelime işlem programı tasarlayıp piyasaya sürme konusundaki tüm çabaları başarısızlıkla sonuçlandı... Ürettiği yazılımlar pazarın istedikleri türden yazımlılar değildi ve daha piyasaya çıkamadan çöpe atıldılar."[40]

Dively ile Tullis zamanında büyük bir ivme kazanan çark, dingilinden kopmuş, havaya uçmuş, yere düşmüş ve durmuştu. 1973-1978 arasında Harris, borsa ortalamasının 5 katı getiri sağlamıştı. Ama 1978'den 1983'e kadar borsa ortalamasının yüzde 39, 1988 itibariyle de yüzde 70 altına düştü. Dönüşüm çarkı gitmiş, yerine kıyamet çarkı gelmişti.

DÖNÜŞÜM ÇARKININ İTİCİ GÜÇ ETKİSİ

İyiden mükemmele dönüşüm sürecine baktığımda aklıma gelen tek kelime, uyum. Fizik profesörü R.J.Peterson tarafından önerilen bir başka kelime var: tutarlılık. "Bir bir daha ne eder?" diye sorup kendi cevabını kendi verdi: "Dört eder. Fizikte tutarlılıktan, bir faktörün diğeri üzerindeki çoğaltıcı, büyütücü etkisinden bahsedilir. Benim de dönüşüm çarkıyla ilgili yazdıklarınızı okuduktan sonra aklıma bu geldi." Farklı kelimelerle anlatsanız da anafikir aynıdır: Sistemin her bir parçasının diğer parçaları güçlendirecek şekilde oluşturduğu bütün, kendisini oluşturan parçaların toplamından çok daha güçlüdür. Maksimum sonuçlara, ancak zaman içinde, mesela birkaç nesil boyunca tutarlı olarak ulaşabilirsiniz.

Bir açıdan bakıldığında bu kitapta, birikim-atılım çarkı kalıbının parçalarının bulunmasından ve açıklanmasından öte bir şey yoktur. (Aşağıdaki tabloya bakınız.) Yaptığımız çalışmaya baktıkça içindeki her bir faktörün bu kalıbı yaratmak için birlikte çalıştığını ve çarkı ileri doğru ittiğini görüyoruz.

DÖNÜŞÜM ÇARKINDA MI, KIYAMET ÇARKINDA MI OLDUĞUNUZU NASIL ANLARSINIZ?

Dönüşüm çarkında olduğunuzu gösteren işaretler (Mükemmel şirketler)	**Kıyamet çarkında olduğunuzu gösteren işaretler (Karşılaştırma grubu şirketleri)**
Birikimden atılıma giden yolu izler	Birikimi atlayıp doğrudan atılıma geçer.
Atılım aşamasına adım adım, dönüşüm çarkının tur be tur dönüşü sonucunda varır. Bu süreci organik bir gelişim süreci gibi görür	Büyük programlar, radikal değişim planları, dramatik devrimler yapar. Sürekli yeniden yapılandırma peşindedir. Hep o mucizevi anı ya da yeni bir kurtarıcıyı arar.
Acı gerçeklerle yüzleşerek ivme kazanmak için neler yapılması gerektiğini öğrenir.	Modalara bağlıdır. Acı gerçeklerle yüzleşmek yerine heyecanlı lafları sever.
Net bir Kirpi Konseptiyle tutarlı davranır. Üç çemberden dışarı çıkmaz	Kronik bir tutarsızdır. İki ileri, bir geri gidip gelir. Üç çemberin oldukça dışında dolanır.
Disiplinli insan (“önce kim”), disiplinli düşünce, disiplinli eylem kalıbına uyar	Disiplinli düşünce olmadan, önce otobüse disiplinli insanları almadan, hemen eyleme geçer.
İvme kazanmak için Kirpi Konseptine uygun teknolojileri öğrenir.	Teknolojik değişimler karşısında kafası kesilmiş tavuk gibi hareket eder. Geri kalmaktan korkar.
Büyük şirketleri satın alacaksa, ancak atılım aşamasından sonra ve ivmeyi hızlandırmak için alır.	Büyük şirketleri, atılım aşamasından önce ve ivme yaratmak için satın alarak büyük felaketlere neden olur.

İnsanları seferber etmek, vizyonuna bağlamak için uğraşmaz. Çarkın ivmesi zaten bulaşıcıdır.	İnsanları seferber etmek, vizyonuna bağlamak için çok uğraşır, onlara bir sürü yeni vizyonlar sunar.
Kendi konuşmaz, elde ettiği sonuçlarla konuşur.	İyi sonuçlar elde edemediği gerçeğini örtmek için insanlara gelecek satar.
Zaman içinde tutarlıdır. Her nesil, öncekilerin yaptıklarının üzerine yeni şeyler ekler. Dönüşüm çarkı ivme kazanmaya devam eder.	Zaman içinde tutarlılık gösteremez. Her yeni lider ötekilerden tamamen farklı yeni bir yol tutar. Dönüşüm çarkı durur, kıyamet çarkı dönmeye başlar.

Her şeyin başlangıcı, 5. Düzey liderlerdir. Onlar doğal olarak dönüşüm çarkı modeline uyum gösterirler. Kendilerini büyük harflerle LİDER! gibi sunan parlak programlara itibar etmezler. Onların gözünde değerli olan şey, sessiz, sakin ve kararlı biçimde büyük harfli SONUÇLAR elde etmek için dönüşüm çarkını döndürmektir.

Otobüse doğru insanları alıp, yanlış insanları otobüsten indirerek doğru insanları doğru koltuklara oturtmak. Bu, birikim aşamasının ilk zamanlarının en kritik adımıdır. Dönüşüm çarkı için çok önemli itişlerdir. Stockdale Paradoksu'nu hatırlamak da aynı oranda önemlidir: "Bu yılbaşı atılıma geçemeyeceğiz ama bu şekilde itmeye devam edersek sonunda geçeceğiz." Gerçeklerle yüzleşmeniz, çarkı döndürmek için atmanız gereken açık ama zorlu adımları görmenizi sağlar. Sonunda başarıya ulaşacağınıza dair inanç, birikim ayları veya yılları boyunca kendinizi korumanızı sağlar.

Sonra Kirpi Konseptinizin üç çemberini kavrarsınız ve dönüşüm çarkını o kavrayışla tutarlı bir yönde itmeye başlarsınız. Atılım ivmesini yakalar ve ana hızlandırıcılar sayesinde iyice hızlanırsınız. Bu hızlandırıcılar arasında başta geleni, doğrudan sizin üç çemberinizle ilişkilendirilmiş olan teknolojilerin kullanımına öncülük etme konumunuzdur. Netice itibariyle atılım aşamasına ulaşmış olmak, Kirpi Konseptinizle tutarlı, bir diz iyi karar almanızı sağlayan disipline (disiplinli insanların oluşturduğu disiplinli düşünceyi izleyen disiplinli eylem) sahip olmak demektir. İşte bu kadar. Atılım sürecinin temeli, budur.

Kısacası kitaptaki bütün kavramları titizlikle ve başarıyla uygularsanız, çarkınızı tutarlı bir doğrultuda itmeye devam ederseniz ve adım adım, çarkın her bir turunda ivme kazanmayı sürdürürseniz, sonunda atılım yaparsınız. Belki bugün, yarın veya önümüzdeki hafta olmaz. Hatta önümüzdeki sene de olmayabilir. Ama bir gün mutlaka atılım yaparsınız.

Atılım yaptığınızda tamamen yeni tehditlerle karşılaşırsınız: artık iyice yükselen beklentileri karşılamak için ivmenizi nasıl hızlandırabilirsiniz? Dönüşüm çarkının gelecekte de dönmesini nasıl garanti altına alabilirsiniz? Kısacası bundan sonra karşınızdaki mesele iyiden mükemmele nasıl geçerim sorusu değil, mükemmellikten kalıcı mükemmelliğe nasıl ulaşırım meselesidir. Bu da son bölümümüzün konusudur.

Bölüm Özeti

DÖNÜŞÜM ÇARKI VE KIYAMET ÇARKI

ÖNEMLİ NOKTALAR

- İyiden mükemmele dönüşüm süreci, dışardan bir devrim gibi görünür. Ama içerideki insanlar bu süreci organik bir süreç olarak hissederler. Sonuçlarla (dramatik ölçüde yükselmiş gelirler) süreç (organik ve kümülatif) arasındaki bu çelişki, yapılan işin uzun vadede gerçekten işe yarayıp yaramadığı konusundaki algılarımızı çarpıtır.
- Sonuç ne kadar çarpıcı bir fark yaratıyor olursa olsun, iyiden mükemmele dönüşüm asla tek bir hamlede gerçekleşmez. Dönüşümü sağlayan tek bir hamle, tek bir başarılı program, diğerlerinin canına okuyan tek bir yenilik, şanslı bir fırsat, mucizevi bir an yoktur.
- Kalıcı dönüşümler, öngörülebilir bir birikim ve atılım kalıbını izlerler. Dev bir çarkı çevirirken olduğu gibi bu süreci harekete geçirmek için de büyük bir çaba gerekir. Tutarlı bir doğrultuda uzun bir süre sürekli olarak itilen çark, ivme kazanarak atılım aşamasına gelir.
- Karşılaştırma grubumuzdaki şirketlerin izledikleri kalıp ise farklıdır: Kıyamet çarkı. Onlar çarkın her dönüşünde giderek ivme kazanması yerine bu süreci atlayarak hemen atılım aşamasına geçmek isterler. Hayal kırıcı bir sonuçla karşılaştıklarında ise geri dönerler. Bu ileri-geri gidiş gelişler sonucunda tutarlı bir doğrultu izleyemezler.
- Karşılaştırma grubundaki şirketler, sıkça, atılım yaratmak için büyük şirketler satın alarak onları yanlış yere kullanırlar. Oysa mükemmel şirketler, büyük şirketleri ancak atılım aşamasından sonra, zaten hızla dönmekte olan çarklarını biraz daha hızlandırmak amacıyla alırlar.

BEKLENMEDİK BULGULAR

- Mükemmel şirketlerin içindekiler, dönüşüm sırasında genellikle geçirdikleri dönüşümün boyutlarını o zaman fark etmez, aradan zaman geçtikten sonra geriye dönüp baktıklarında anlarlar. Çünkü bu dönüşümün bir adı yoktur; o anda ne yaptıklarını gösterecek belli bir program, kampanya olarak başlamamıştır.
- Mükemmel şirketlerin yöneticileri "insanları saflarına çekmek", "birliklerini seferber etmek", "değişimi yönetmek" gibi şeyler için vakit ve enerji harcamaz. Doğru koşullarda motivasyon, değişim, saflar ve bağlılık meselesi kendiliğinden çözülür. İvme kazanıp bazı sonuçlar almaya başladıkça herkes kendi safını belirler; tersi olmaz.
- Wall Street'ten gelen kısa vadeli performans baskısı, bu modelle uyumsuz değildir. Dönüşüm çarkı etkisi, bu tür baskılarla çelişki içinde değildir ve aslında bu baskıları göğüslemenin ve yönetmenin de anahtarıdır.

Bölüm 9

"İYİ"DEN, "MÜKEMMEL" ŞİRKETE'DEN KALICI OLMAK'A*

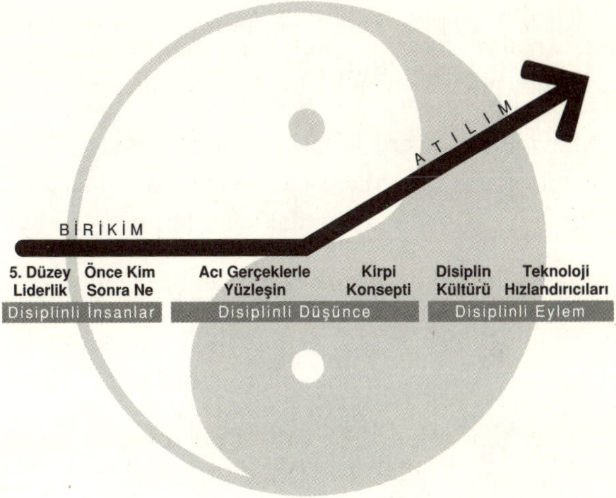

En büyük baştan çıkarıcı, hayattaki eserindir.
- Pablo Picasso[1]

İyiden Mükemmele projesine başladığımızda bir açmazla karşı karşıya kaldık: İyiden Mükemmele'nin çalışmasını yürütürken, Kalıcı Olmak'ta ileri sürdüğümüz kavramlar konusunda ne demeliydik?

Kısaca bahsetmek gerekirse, Stanford Business School'da 1990'ların başlarında yürütülen altı yıllık bir çalışmanın ürünü olan Kalıcı Olmak, şu soruya cevap veriyordu: Sıfırdan mükemmel ve kalıcı bir şirket nasıl kurulur? Araştırma hocam ve kitabı birlikte yazdığımız Jerry I. Porras ile birlikte 18 kalıcı mükemmel şirket (kimisinin kuruluşu 1800'lü yıllara kadar giden, zamanın aşındırıcı etkilerine dayanan, 20. yüzyıl sonlarının sembol şirketleri) üzerinde araştırma yapmıştık. Procter&Gamble (kuruluşu 1837), Ameri-

* Yazar Jim Collins'in Jerry I. Porras ile birlikte yazdığı Built to Last adlı diğer kitabı, Türkiye'de, Kalıcı Olmak adıyla yayınlanmıştır.

can Express (kuruluşu 1850), Johnson&Johnson (kuruluşu 1886), GE (kuruluşu 1892), araştırdığımız şirketler arasındaydı. Citicorp (şimdiki adı Citigroup), 1812 yılında, yani Napoleon'un Moskova'ya yürüdüğü yılda kurulmuştu. Araştırmadaki en "genç" şirketler, kuruluşlarını 1945'e kadar götürebileceğimiz Wal-Mart ve Sony idi. Bu kitapta yaptığımız gibi o kitapta da bu şirketleri başka şirketlerle karşılaştırmış (3M – Norton, Walt Disney – Columbia Pictures, Marriott – Howard Johnson gibi), bunun için 18 şirket çifti belirlemiştik. Kısacası, yıllara hatta yüzyıllara dayanan mükemmel şirketlerle iyi şirketler arasındaki farkları ortaya koymaya çalışmıştık.

İyiden Mükemmele için ilk kez ekip olarak toplandığımızda, "Bu çalışmada Kalıcı Olmak'ın yeri ne olmalı?" diye sordum.

Brian Bagley, "Bence herhangi bir rolü olmamalı. Ben bu ekibe, başka bir kitabın türevini yazmak için girmedim" dedi.

"Ben de öyle. Ortada yeni bir proje ve yeni bir soru var diye geldim. Yoksa sizin eski kitabınızın boş bıraktığı yerleri doldurmaktan tatmin duyacağımı sanmıyorum" dedi Alyson Sinclair.

"Durun bir dakika. Biz o kitaba tam altı yıl verdik. Bu çalışmayı onun üzerine temellendirmenin bize faydası olabilir" diye cevap verdim.

Paul Weissman söz aldı: "Bu proje fikri, biri size Kalıcı Olmak'ın iyi bir şirketi mükemmel bir şirket haline nasıl getirileceği sorusuna cevap vermediği söylendiğinde oluşmuştu diye hatırlıyorum. Eğer cevaplar farklıysa ne olacak?"

Bu şekilde birkaç hafta boyu tartıştık. Sonunda Stefanie Judd'un şu sözleriyle eğilimim değişti: "Kalıcı Olmak'taki fikirler hoşuma gidiyor. Beni endişelendiren de bu. Çerçeve olarak Kalıcı Olmak'ı alırsak oradaki fikirleri kanıtlamak için uğraşacağız." Böylece işe sıfırdan başlamanın çok daha az riskli bir yöntem olacağına karar verdik. Sonunda bulgularımızın önceki çalışmamıza uyup uymadığına bakacaktık.

Çalışmanın ilk aşamalarında önemli bir karar verdik. Bu çalışmayı, Kalıcı Olmak hiç yokmuş gibi yürütecektik. İyi bir şirketi mükemmel bir şirket haline getirmek için yapılması gerekenleri araştırırken önceki araştırmalarımızdan en az etkilenmemizin tek yolu buydu. Her şey bitince dönüp, "Bu iki araştırma acaba ilişkilendirilebilir mi? İlişkilendirilebilirse, nasıl?" diye sorabilirdik.

Şimdi, aradan beş yıl geçip bu araştırmayı tamamladıktan sonra geriye dönüp iki projeyi birbirine göre değerlendirebiliriz. İki çalışmayı da birlikte ele aldığımızda aşağıdaki dört sonucun çıkarılabileceğini düşünüyorum.

1. Kalıcı Olmak'ın kalıcı mükemmel şirketlerine baktığımda, şimdi görüyorum ki bu şirketlerin ilk liderleri, iyiden mükemmele geçiş modelini uygulamışlar. Aradaki tek gerçek fark, onlar daha yeni kurulmuş küçük şirketleri harekete geçirmeye çalışıyorlardı. Oysa bugünkü CEO'lar kurumsallaşmış şirketleri mükemmel hale getirmeye çalışıyorlar.
2. Çelişkili bir şekilde, artık İyiden Mükemmele'yi Kalıcı Olmak'ın devamı değil, öncülü olarak görmeye başladım. Yeni kurulmuş ya da kurumsallaşmış bir şirket olarak İyiden Mükemmele'deki bulguları uygulayıp kalıcı mükemmel bir performans elde edin. Sonra da Kalıcı Olmak'ın bulgularını uygulayıp kalıcı ve mükemmel bir şirket haline gelin.

Kurumsallaşmış şirket veya yeni şirket	+	İyiden Mükemmele'nin kavramları	→	Kalıcı mükemmel sonuçlar	+	Kalıcı Olmak'ın kavramları	→	Kalıcı mükemmel şirket

3. Kalıcı mükemmel sonuçlar elde eden bir şirketin, sembol haline gelmiş kalıcı mükemmel bir şirkete dönüşmesi için Kalıcı Olmak'ın merkezi konseptini uygulayın: Temel değerlerinizi ve para kazanmanın ötesindeki hedeflerinizi (temel felsefe) keşfedip "özünü koru / gelişmeyi teşvik et" dinamiğiyle ilişkilendirin.
4. İki araştırma arasında muazzam bir rezonans var. Bir kitaptaki

fikirler ötekini zenginleştiriyor. Özel olarak da İyiden Mükemmele, Kalıcı Olmak'ta ortaya atılan ama cevaplanmayan bir soruya cevap veriyor: "İyi" (Büyük Zorlu Cüretkâr Hedef - BZCH) ile "kötü" BZCH arasında ne fark vardır?

KALICI OLMAK'IN ERKEN AŞAMALARINDA "İYİ"DEN "MÜKEMMEL"E

Kalıcı Olmak araştırmasına baktığımızda kalıcı mükemmel şirketlerin kuruluş aşamalarında iyiden mükemmele geçiş modelini izleyerek, birikim – atılım sürecinden geçtiklerini gördük.

Örneğin Wal-Mart'ın gelişim çizgisinde birikim-atılım çarkı modelini ele alalım. Çoğu insan, Sam Walton'ın kırsal bölgelerde iskontolu perakendecilik (discount retailing) gibi vizyon sahibi bir fikirle ortaya çıkıp daha kuruluş döneminde atılım aşamasına geçtiğini sanır. Oysa hiçbir düşünce gerçekten bu kadar uzak olamaz.

Sam Walton 1945 yılında işe küçük bir dükkanla başladı. İkinci dükkanını ancak 7 yıl sonra açtı. Doğal gelişim süreci sonunda 1960'ların ortalarında bir anda büyük iskonto mağazaları şeklindeki Kirpi Konsepti kendiliğinden ortaya çıkana kadar, dönüşüm çarkının adım adım, tur tur dönüşüyle küçük küçük ilerledi. Tek dükkandan 38 mağazaya gelmesi tam çeyrek asır sürdü. Sonra, 1970-2000 arası atılımla birlikte 3 binin üzerinde mağaza ile 150 milyar dolar (evet milyar dolar) gelir aşaması geldi.[2] Yani dönüşüm çarkını anlattığımız bölümdeki yumurtasını çatlatan civciv gibi, yumurta çatlayana kadar yıllar boyunca kuluçkada kalmıştı. Sam Walton şöyle yazıyordu:

> Yıllar içinde herkesin kafasında, Wal-Mart'ın parlak bir fikir olduğu ve bir günde başarıya ulaştığı gibi bir izlenim kaldı. Oysa bu sonuç... 1945 yılından beri yaptığımız her şeyin sonucuydu... Ve bir günde başarıya ulaşan tüm diğer fikirler gibi gerçekleşmesi tam yirmi yılımızı aldı.[3]

Eğer birikim sürecinin kendisini Kirpi Konseptine götürdüğü, bunun ardından da dönüşüm çarkında atılım ivmesinin geldiği klasik bir örnek varsa, o, Wal-Mart'tır. Aradaki tek fark, Sam Walton'ın bu modeli iyiden mükemmele dönüşmek isteyen kurumsallaşmış bir şirketin CEO'su olarak değil, sıfırdan kalıcı bir şirket kuran bir girişimci olarak uygulaması. Temel fikir aynı.[4]

Wal-Mart'ta birikim-atılım çarkı

Mağaza sayısı 1945, 1970, 1990, 2000

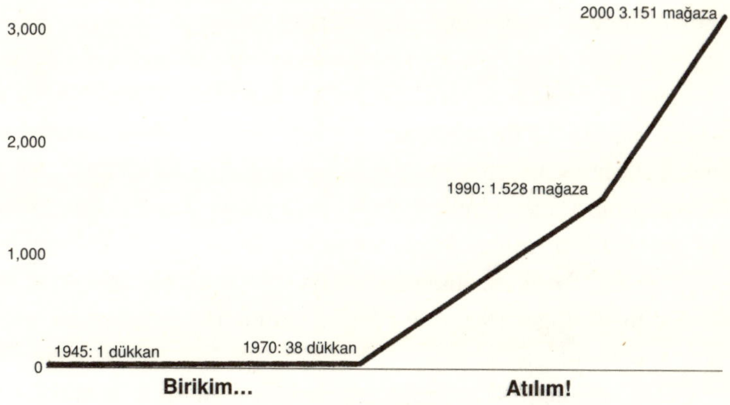

Hewlett-Packard da, kalıcı bir şirketin kuruluş aşamalarında, iyiden mükemmele geçişe dair fikirlerin işlemesine iyi bir örnektir. Bill Hewlett ile David Packard'ın kurucu fikri, ne yapacakları değil, kiminle yola çıkacaklarıdır: Birbirleriyle. Devam ettikleri mezunlar okulunda birbirinin en iyi arkadaşı olan ikili, beraberce mükemmel bir şirket kurmak ve kendilerine benzer değer ve standartlara sahip diğerlerini de yanlarına çekmek istiyorlardı. 23 Ağustos 1937 tarihli kuruluş toplantısının tutanaklarına göre şirketin yapacağı iş, elektrik mühendisliği alanında ürünler tasarlayıp üretmek ve satmak olarak genel anlamda tanımlanmış. Tutanakların bir yerinde şöyle diyor: "Ne üretileceği konusunda verilecek karar ertelenmiştir..."[5]

Hewlett ile Packard, şirketi evin garajından çıkartabilecek bir ürün, herhangi bir şey üretmek amacıyla aylar boyunca çalışmaya devam ettiler. Yatlar için vericiler, air condition kontrol aletleri, tıbbi cihazlar, fonograf amplifikatörleri, aklınıza ne gelirse, hepsini denediler. Bowling koridoru sensörü, teleskop saati ve insanların kilo vermesine yardım etmek amacıyla elektronik bir titretme makinesi ürettiler. Yani beraberce şirketlerini ilerletmelerini ve kendilerine benzeyen insanları cezbetmelerini sağlayabilecek bir şeyler olduğu sürece ne ürettiklerinin fazla önemi yoktu.[6] Şirket, hayatına, "önce kim.. sonra ne" ilkesiyle başlamıştı.

HP büyürken de "önce kim" ilkesine bağlı kaldı. II. Dünya Savaşı'ndan sonra savaş dönemi işleri bitince, şirket, gelirlerinin bir kısmını yitirmesine rağmen devlet laboratuarlarından ayrılan yetenekli elemanları topladılar. Üstelik onlara verebilecekleri belli bir iş yokken. Bölüm III'te andığımız Packard Kanunu'nu hatırlayalım: "Devamlı olarak hiçbir şirket, gelirlerini, şirketi büyütecek yeterli miktarda doğru insanı bulma ve bu artışı bünyesine yansıtma yeteneğinden fazla artıramaz. Bunu yapsa bile mükemmel bir şirket haline gelemez." HP her zaman bu yasayı soluyarak büyüdü ve ne zaman bir fırsat doğsa, fazla da olsa mükemmel elemanları bünyeye katma şansını kaçırmadı.

Hewlett ile Packard'ın kendileri, öncelikle girişimci olarak, sonra da şirket kurucuları olarak mükemmel 5. Düzey liderlerdi. Yıllar sonra HP dünyanın en önemli teknoloji şirketlerinden biri olduğunda Hewlett alçakgönüllülüğünü sürdürüyordu. 1972'de şirketin başkan yardımcısı Barney Oliver, Kurucular Ödülü için IEEE Ödül Komitesi'ne şöyle bir tavsiye mektubu yazdı:

> Müthiş bir başarı elde ettik ama bu, kurucularımızı asla bozmadı. Daha geçenlerde bir tepe yöneticiler toplantısında Hewlett, "Büyüdük çünkü sektörümüz büyüdü. Füze kalkışa geçtiğinde üzerinde oturuyor olmamız büyük şans. Bundan en ufak bir övünme payımız bile yok" dedi. Herkes bu mütevazı yorumu hazmetmeye çalışırken Packard şöyle dedi: "Bill, en azından işi tamamen berbat da etmedik."[7]

Ölümünden kısa süre önce Dave Packard'la tanışma fırsatı buldum. Silikon Vadisi'nin milyarderlerinden olmasına rağmen hâlâ 1957 yılında karısıyla birlikte yaptırdıkları, sade bir meyve bahçesine bakan küçük evde oturmaya devam ediyordu. Eskimiş kaplamalarıyla küçük mutfağı ve sade döşeli misafir odası, "Ben bir milyarderim, ben zenginim. Önemli bir adamım. Başarılıyım" diye bas bas bağırmaya tenezzül etmediğini göstermek için onun adına konuşuyordu sanki. Packard'la birlikte otuz altı yıldan fazla çalışan Bill Terry, "İyi vakit geçirme anlayışı arkadaşlarını topayıp çiftliğin etrafına dikenli tel çekmekti" diyordu.[8] Packard 5.6 milyar dolarlık gayrımenkulünü bir hayır kuruluşuna bıraktı.[9] Ölümünden sonra ailesi anısına bir broşür bastırdı. Broşürde çiftçi giysileri içinde bir traktörün üzerinde oturmuş fotoğrafı vardı. Altındaki yazı, çağımızın en büyük işadamlarından biri olduğundan bahsetmiyordu: "David Packard, 1912-1996. Her şeyden önce bir çiftçiydi". Gerçekten de 5. Düzey.

TEMEL FELSEFE: KALICI MÜKEMMELLİĞİN EKSTRA BOYUTLARI

Bill Hewlett'le mülakatımızda ona uzun iş hayatı boyunca en çok gurur duyduğu şeyi sorduk. "Geriye dönüp baktığımda sanırım en çok gurur duyduğum şey, değerlerindeki, uygulamalarındaki ve başarısındaki erdem sayesinde dünyadaki tüm şirketlerin yönetim tarzını önemli ölçüde etkileyen bir şirketin kuruluşuna katkıda bulunmaktır" dedi.[10] Bilinen ismiyle "HP tarzı", şirketin ürünlerinden çok değerleriyle ayırt edilmesini sağlayan bir dizi özümsenmiş değeri yansıtıyordu. Bu değerler arasında teknik katkı, bireye saygı, şirketin ilişkide olduğu toplumlara duyulan sorumluluk ve bir şirketin temel hedefinin kâr etmek olmadığına ilişkin derin bir inanç vardı. Günümüzde artık standart haline gelmiş denebilecek olan bu değerler, 1950'lere göre radikal ve ilerici bir olguydu. Packard o günlerin işadamlarını anlatırken, "Bana çok nazik davranırlardı ama benim onlardan biri olmadığıma ve böyle büyük bir şirketi yönetemeyeceğime tamamen inanmış oldukları çok belliydi" dedi.[11]

Hewlett ile Packard şirketlerini kalıcı mükemmel şirketlerden oluşan elit şirketler seviyesine çıkartmalarını ve "iyi"den "mükemmele"den Kalıcı Olmak'a geçişe kilit katkısı olan "ekstra boyut"u çok güzel örnekliyorlar. Bu ekstra boyut, öz değerlerden ve temel hedeften (yani para kazanmanın çok daha ötesindeki hedeflerden) oluşan, yön verici veya "temel felsefedir". Bağımsızlık Bildirgesi'ne benziyor ("Bu gerçeklerin zaten açık olduğunu biliyoruz"). O da hiçbir zaman tam olarak uygulanmaz ama varoluşumuzun neden önemli olduğu sorusuna bir cevap ve ulaşmaya çalıştığımız bir standart olarak varlığını sürdürür.

> Kalıcı mükemmel şirkteler sadece hissedarlarına gelir getirsin diye varolmazlar. Aslında mükemmel bir şirkette kâr ve nakit, sağlıklı bir vücuttaki kan ve su gibidir: hayat için elzemdirler ama hayatın özünü oluşturmazlar.

Kalıcı Olmak'ta Merck'in bir tür göz hastalığını tedavi eden bir ilacından bahsetmiştik. Bir milyondan fazla insanı etkileyen bu acı verici hastalık sonucunda hasta, gözlerindeki parazitler nedeniyle kör oluyordu. Merck, hastalıktan etkilenenlerin parasız insanlar (Amazon gibi uzak yerlerde yaşayan yerliler) olması nedeniyle uzak köylere kadar milyonlarca insana ilacın ücretsiz dağıtımı sağlayan bağımsız bir dağıtım ağı kurulmasına öncülük etti.[12]

Elbette Merck bir hayır kurumu değildi ve kendini hayır kurumu gibi görmüyordu. Tersine kârlarını 6 milyar dolara çıkararak ve 1946-2000 döneminde borsa ortalamasının on katı hisse getirisi sağlayarak çok kârlı bir şirket olduğunu gösterdi. Ama bu performansına rağmen şirket varoluşunun asıl nedenini para kazanmak olarak görmüyordu. 1950 yılında şirketin kurucusunun oğlu George Merck, şirketin felsefesini şöyle ortaya koydu:

İlaçların kâr etmek için değil, hastalar için üretildiğini unutmamaya çalışıyoruz. Kâr, zaten gelecektir. Bunu unutmazsak kâr hep gelecektir. Ne kadar çok hatırlarsak o kadar çok kâr gelir.[13]

Öz değerler kavramı konusunda dikkat edilmesi gereken bir şey, kalıcı mükemmel şirket haline gelmek için belli bir "doğru" öz değer gerekmediğidir. Önerdiğiniz öz değer ne olursa olsun, o değer sahip olmayan kalıcı mükemmel şirketler bulduk. Örneğin bir şirketin kalıcı ve mükemmel olması için müşterilerine tutkuyla bağlı olması gerekmez (Sony değildi). Bireyselliğe saygı göstermesi (Walt Disney göstermiyordu), kalite delisi olması (Wal-Mart değildi) ya da toplumsal sorumluluklar üstlenmesi (Ford üstlenmiyordu) gerekmez. Kalıcı Olmak'ın en ilginç bulgularından biri budur. Kalıcı mükemmel bir şirket olmak için mutlaka temel bazı değerleriniz olmalı. Ama hangi değerlere sahip olduğunuzun önemi yok. Değerlerinizin ne olduğu değil, belli değerlere sahip olmanız, sizin o değerlerin ne olduğunu bilmeniz, şirketinize yaymanız ve zamana karşı korumanız önemli.

Temel felsefeyi korumak, kalıcı mükemmel şirketlerin ana özelliklerinden biri. O zaman da ortaya şu soru çıkıyor: Bir yandan felsefe korunurken bir yandan da değişen dünyaya nasıl ayak uydurulacak? Cevap: Anahtar bir konsept olan, özünü koru / gelişmeyi teşvik et konseptini uygulamakla..

Kalıcı mükemmel şirketler stratejileri ve uygulamalarıyla değişen dünyaya sürekli adapte olurken temel değerlerini ve amaçlarını korurlar. İşte o sihirli bileşim, "özünü koru, gelişmeyi teşvik et", budur.

Walt Disney'in hikayesi bu ikili yapıya örnektir. 1923 yılında 21 yaşında enerji dolu bir çizgi film yapımcısı Kansas'tan Los Angeles'e gelip sinema sektöründe bir işe girmeye çalışır. Film şirketleri onu işe almayınca da bütün parasıyla gidip bir kamera kiralayıp amcasının garajında stüdyosunu kurarak çizgi filmler yapmaya başlar. 1934'te Disney cesur bir adım atarak o güne kadar yapılmamış bir şeyi yapar ve uzun metrajlı çizgi filmler üretir: Karbeyaz, Pinokyo, Bambi, bunlar arasındadır. 1950'li yıllarda Miki Mouse'la televizyona girer. Yine 1950'lerde bir dizi eğlence parkını gezer. Bu gezilerinin sonucunda, "pis, düzmece, kabadayı görünüşlü insanlarca işletilen yerler" olarak nitelediği parklardan rahatsız olur.[14] Kendi şirketinin bunlardan çok daha iyisini, dünyadaki en iyisini yapacağına karar verir ve önce Disneyland, sonra Walt Disney World ve EPCOT Center adı altında tematik parklar açar. Zaman içinde bu parklar, bütün dünyadan gelen insanlara kazandırdıkları keyifli deneyimler açısından bir mihenk taşı olmuştur.

Tüm bu dramatik değişimler boyunca (çizgi filmlerden uzun metrajlı çizgi filmlere, Mickey Mause Club'a ve Disney World'e kadar) şirket tutarlı biçimde öz değerlerine sıkı sıkıya sahip çıktı.

Bu değerler arasında yaratıcılık tutkusu, fanatiklik düzeyinde ayrıntılara özen, kimseyi küçümsememe ve "Disney büyüsü" denilen şeyi koruma güdüsü yer alıyor. Bunun dışında bir de tüm Disney girişimlerinin içine işlemiş olan ve ciddi sadakat hissettiği bir amacı da şirketine telkin etti:: milyonlara, özellikle de çocuklara mutluluk vermek. Bu amaç ulusal sınırları aşan ve zamana direnen bir amaçtır. Eşimle beraber 1995 yılında İsrail'e gittiğimde Orta Doğu'ya Disney ürünlerini getiren adamla tanıştık. Bize gururla şöyle dedi: "Bütün mesele, küçük bir çocuğun yüzünü güldürmek. Çocukların yüzlerinin pek gülmediği burası gibi bir yerde, bu özellikle önemli". Walt Disney, özünü koru, gelişmeyi teşvik et yaklaşımına klasik bir örnektir. Stratejilerini ve pratiklerini zaman içinde değiştirirken temel felsefesine bağlı kalmıştır. Disney'in kalıcı mükemmel bir şirket olmasının asıl nedeni, ilkelerine bağlılığıdır.

"Özünü Koru/ Gelişimi Teşvik Et" süreci 1920'ler -1990'lar

İYİ BZCH (Büyük Zorlu Cüretkâr Hedef), KÖTÜ BZCH VE DİĞER KAVRAMSAL İLİŞKİLER

Bir sonraki sayfada, iki kitap arasındaki kavramsal ilişkileri özetleyen bir tablo var. Genel olarak söylemek gerekirse, İyiden Mükemmele'de ileri sürdüğümüz fikirler, Kalıcı Olmak'taki fikirlerin başarısının zeminini oluşturuyor. İyiden Mükemmele'yi dönüşüm çarkının dönmeye başlayarak birikim oluşturup atılım aşamasına geçmesini sağlayan, Kalıcı Olmak'ı ise çarkın gelecekte de ivmelenerek dönmesini ve şirketin anıtsal şirketler arasına girmesini sağlayacak fikirlerin özü olarak görüyorum. Tabloyu incelerken, İyiden Mükemmele'nin bulgularının, Kalıcı Olmak'ın dört anahtar fikrine nasıl uyum sağladığını siz de göreceksiniz. Bu anahtar fikirleri kısaca sıralayalım:

1. **Saati söylemeyin; onlara saat verin:** Tek bir lidere bağımlı olmayan, lider, nesiller boyu yaşayacak; tek bir ürüne bağımlı olmayan, birçok ürünün hayat döngüsüne intibak edebilecek bir şirket kurun. Bu şirket, tek lider ve tek ürün şirketinin tam zıddıdır.
2. **Araya VE koyun:** Birçok boyutta aynı anda iki zıt kutbu birlikte kucaklayın. A YA DA B diye bir seçim yapacağınıza, A VE B'ye nasıl sahip olacağını bulun. Mesela: Kâr VE amaçlar; devamlılık VE değişim; özgürlük VE sorumluluk
3. **Temel felsefe:** Uzun vadede çalışanlarınızın esin kaynağı olması ve kararlarını yönlendiren ilkeler haline gelmesi için öz değerlerinizi (kalıcı ve olmazsa olmaz ilkeler) ve ana hedeflerinizi (para kazanmanın ötesine geçen temel yaklaşımınızı) şirketinize telkin edin.
4. **Özünüzü koruyun/gelişmeyi teşvik edin:** Temel felsefenizi bir çıpa olarak koruyun ve bunun dışında her şeyde gelişmeyi, değişmeyi, yenilikleri ve yenilenmeyi teşvik edin. Öz değerlerinizi ve amacınızı değiştirmeyin ama stratejilerinizi ve uygulamalarınızı değiştirin. Temel felsefenizle tutarlı BZCH'ler ortaya koyun.

İYİDEN MÜKEMMELE'DEN KALICI OLMAK'A KAVRAMSAL İLİŞKİLER

İyiden Mükemmele Kavramları	Kalıcı Olmak kavramlarıyla ilişkisi
5.Düzey liderlik	**Saati söylemeyin; onlara saat verin:** 5. Düzey liderler, vazgeçilmez hale gelerek egolarını tatmin etmek yerine kendileri olmadan da saatin tıkır tıkır işlediği bir şirket kurarlar. **Araya VE koyun:** Kişisel alçakgönüllülük VE mesleki irade. **Temel felsefe:** 5. Düzey liderler şirketlerine ve şirketin değerlerine tutkundur. Sadece kişisel başarı kazanmak peşinde koşmazlar, bunun ötesinde bir amaçları vardır. **Özünüzü koruyun/gelişmeyi teşvik edin:** 5. Düzey liderler, somut sonuç ve başarılar elde etmek için gelişmeyi teşvik etme konusunda amansız olurlar. Gerektiğinde öz kardeşlerini bile işten kovabilirler.
Önce kim.. sonra ne	**Saati söylemeyin; onlara saat verin:** "Önce kim" demek, şirketinize saat vermektir. "Önce ne" demek, yani önce stratejiyi saptamak ise saati söylemektir. **Araya VE koyun:** Otobüse doğru insanları bindirin VE yanlış insanları indirin.

İyiden Mükemmele Kavramları	Kalıcı Olmak kavramlarıyla ilişkisi
	Temel felsefe: "Önce kim" demek, şirketinize alacağınız insanları bilgi ve beceri düzeylerinden çok temel felsefenize ve öz değerlerinize uygunluklarına göre seçmenizdir.
	Özünüzü koruyun/gelişmeyi teşvik edin: "Önce kim" ilkesini uygulamak, şirketinizi içeriden yükselenlere emanet etme eğilimine sahip olmak demektir. Bu da temel değerlerinizi güçlendiren bir uygulamadır.
Gerçeklerle yüzleşin (Stockdale Paradoksu)	**Saati söylemeyin; onlara saat verin:** Şirkette doğruların söylenebileceği bir ortam yaratmak, şirketinize saati vermektir. Özellikle de kırmızı bayrak mekanizması oluşturduysanız.
	Araya VE koyun: Kendi gerçekliğinizle yüzleşin VE eninde sonunda galip geleceğinize inancınızı yitirmeyin (Stockdale Paradoksu).
	Temel felsefe: Acı gerçeklerle yüzleşmek, bir şirketin sahip olmaktan hoşlanabileceği temel değerler ile gerçekten sahip olduğu temel değerler arasındaki farkı netleştirir.
	Özünüzü koruyun/gelişmeyi teşvik edin: Acı gerçekler, gelişmeyi teşvik etmek için ne yapılması gerektiğini ortaya koyar.

İyiden Mükemmele Kavramları	Kalıcı Olmak kavramlarıyla ilişkisi
Kirpi Konsepti (Üç Çember)	**Saati söylemeyin; onlara saat verin:** Konsey kurarsanız, şirketinize saat vermiş olursunuz. **Araya VE koyun:** Derin bir kavrayış VE inanılmaz ölçüde sadelik. **Temel felsefe:** "Tutkunu olduğunuz şey" çemberi, öz değer ve amaçlarla örtüşür. Hiçbir koşul altında asla terk etmeyeceğiniz kadar tutkun olduğunuz değerleriniz, gerçek öz değerlerinizdir. **Özünüzü koruyun/gelişmeyi teşvik edin:** İyi BZCH'ler derin bir kavrayışla, kötü BZCH'ler boş laflarla ortaya atılır. Mükemmel BZCH, üç çemberin tam ortasına oturur.
Disiplin Kültürü	**Saati söylemeyin; onlara saat verin:** Bir disiplinci mantığıyla ve kişiliğinizin ezici gücüyle hareket ederseniz, saati söylemiş olursunuz. Şirketinizde kalıcı bir disiplin kültürü yaratırsanız, saat vermiş olursunuz. **Araya VE koyun:** Özgürlük VE sorumluluk. **Temel felsefe:** Disiplin kültürünüz varsa, şirketinizin öz değerlerini paylaşmayan ve standartlara uymayanlar dışarı atılır.

İyiden Mükemmele Kavramları	**Kalıcı Olmak kavramlarıyla ilişkisi**
	Özünüzü koruyun/gelişmeyi teşvik edin: Şirketinizde bir disiplin kültürü varsa, başarıya ulaşmak için kendi yöntemlerini bulmaları amacıyla insanlara daha büyük bir özgürlük tanıyabilirsiniz.
Teknoloji Hızlandırıcıları	**Saati söylemeyin; onlara saat verin:** Teknoloji hızlandırıcıları, saatin kilit parçalarındandır.
	Araya VE koyun: Teknolojik modalardan kaçının VE teknoloji uygulamalarının öncüsü olun.
	Temel felsefe: Mükemmel bir şirkette teknoloji, temel değerlerin hizmetkarıdır. Tersi gerçekleşmez.
	Özünüzü koruyun/gelişmeyi teşvik edin: Doğru teknoloji, iyi BZCH'lere ulaşmak için dönüşüm çarkının ivmesini hızlandırır.
Kıyamet Çarkı Değil, Dönüşüm Çarkı	**Saati söylemeyin; onlara saat verin:** Dönüşüm çarkı etkisi, kalıcı olacak şekilde ivmeyi sıfırdan yaratır. Vizyon sahibi, karizmatik lidere bağımlılık yoktur.
	Araya VE koyun: Evrimci, küçük küçük biriken bir süreç VE devrimci, büyük sıçramalar gösteren başarılar.

İyiden Mükemmele Kavramları	Kalıcı Olmak kavramlarıyla ilişkisi
	Temel felsefe: Kıyamet çarkı, öz değerlerin ve temel amaçların şirkete telkin edilmesini imkansız hale getirir ve insanlar sürekli, "Biz kimiz, amacımız ne?" gibi sorular sorar.
	Özünüzü koruyun/gelişmeyi teşvik edin: Dönüşüm çarkı ile belli bir atılım noktasına gelene kadar giderek büyüyen ivme arasındaki rahat uyum, bir yandan değişimi ve gelişmeyi teşvik ederken öte yandan da öz değerleri telkin etmek için mükemmel koşulları sağlar.

Yukarıdaki tabloda yer alan bütün ilişkiler üzerinde durmayacağım ama özellikle güçlü bir ilişkiye dikkat çekmek istiyorum: BZCH ile Kirpi Konseptinin üç çemberi arasındaki ilişki. Kalıcı Olmak'ta BZCH'yi, özü korurken gelişmeyi teşvik etmenin anahtar yöntemlerinden biri olarak tanımlamıştık. BZCH ("Büyük, zorlu, cüretkâr hedef"), dev ve cüretkar bir hedeftir, tırmanılacak bir dağdır. Net ve açıktır, zorlayıcıdır. Bitiş çizgisine doğru yaklaştıkça bir takım ruhunun oluşmasına ve insanların birbirine kenetlenmesine neden olarak tüm çabaların birleştiği bir odak noktası işlevi görür. 1960'lı yıllarda NASA'nın aya gitme görevi gibi, bir BZCH insanları kendine bağlar ve hayal güçlerini harekete geçirir.

Ancak BZCH ne kadar heyecan verici olursa olsun önemli bir soru henüz cevabını bulmamıştır: İyi BZCH ile kötü BZCH arasındaki fark nedir? Avustralya'dan Yeni Zelanda'ya yüzmek, benim için bir BZCH olabilir. Ama bu BZCH, benim ölümüme de neden olabilir. Şimdi bu soruya, iyiden mükemmele geçmiş şirketler üzerindeki çalışmalarımızdan çıkardığımız bir cevap verebiliriz.

Kötü BZCH'ler, boş laflarla konulur; iyi BZCH'lerse derin bir kavrayışla. Üç çemberin sükunetle ama derinden kavranması ile BZCH'nin cüretini birleştirebildiğiniz anda sihirli karışımı elde ettiniz demektir.

Buna ilişkin en güzel örneklerden biri, 1950'li yıllardaki Boeing'dir. 1950'lerin başlarına kadar Boeing, ordu için dev uçan makineler (B-17 Flying Fortress, B-29 Superfortress ve kıtalar arası jet bombardıman uçağı B-52 Stratofortress) üreten bir şirketti.[15] Sivil havacılıkta ve ticari uçaklarda bir varlığı yoktu. Havayolu şirketleri de Boeing'den uçak almazlardı. (Hatta şirketin ticari piyasaya girmek için yaptığı ön araştırmada piyasadan biri şöyle demişti: "Gayet mükemmel bombardıman uçakları yapıyorsunuz. Neden buna devam etmiyorsunuz?") Bugün sivil hava yolculuklarının çoğunluğu Boeing uçaklarıyla yapılıyor ama 1952'de askerler dışında hemen kimse Boeing'le uçmuyordu.[16]

1940'lı yıllarda Boeing, McDonnell Douglas'ın üstün nitelikleriyle hakim olduğu küçük ve pervaneli uçaklardan oluşan ticari havacılık piyasasına uzak durduğunda, bu akıllıca bir şeydi.[17] Boeing, 1950'lerde büyük uçaklardaki tecrübesiyle jet motorlardaki kavrayışını bir araya getirdiğinde McDonnell Douglas'ı açık ara geride bırakabileceğini gördü. Bill Allen adlı 5. Düzey bir lider tarafından yönetilen şirket, ticari havayolu piyasasına girip girmeme konusunu tartıştı. Önceki on yılda Boeing'in en iyi uçak üreticisi olmasının mümkün olmadığını ama bu zaman zarfında askeriyeye çalışarak jet motorları ve büyük uçaklarda kazandıkları tecrübe ile artık bu rüyanın hayata geçirilebileceğini kavradılar. Ayrıca sivil uçakların askeri uçaklara göre ticari açıdan çok daha kazançlı olduğunu gördüler ve (en az bunun kadar önemli olmak üzere) ticari bir jet uçağı yapma fikrinden müthiş bir heyecanlan duydular.

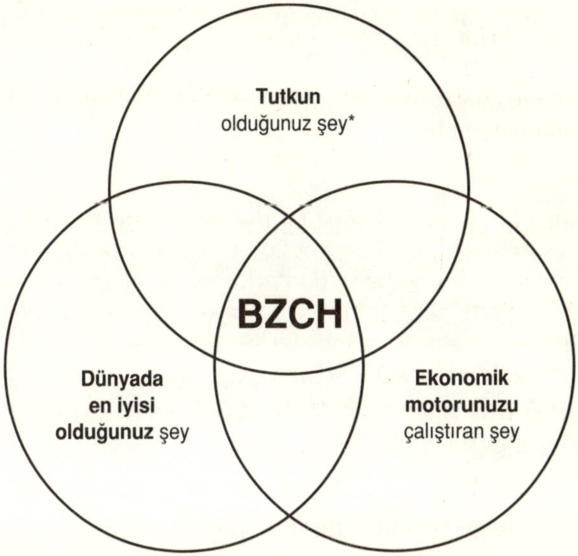

Sonunda, 1952 yılında Bill Allen ile ekibi ticari havacılıkta kullanılacak bir jet uçağı prototipi yapmak üzere, şirketin net varlığının dörtte birini harcama kararı aldı.[18] 707'yi üreterek Boeing'in dünya ticari havacılığının önder şirketi haline gelmesinin temellerini attılar. Yaklaşık otuz yıl ve tarihin ticari açıdan en başarılı beş jetinden (707, 727, 737, 747 ve 757) sonra Boeing, tereddütsüz dünyadaki en mükemmel sivil havacılık şirketiydi.[19] Şirketin bu pozisyonuna yönelik ciddi bir tehdit için 1990'ları beklemek gerekecekti. Üstelik bu tehdit de Airbus adlı bir devletler arası konsorsiyumdan gelecekti.[20]

Meselenin özü şurada: Boeing'in BZCH'si, büyük ve cüretkâr bir hedefti ve kesinlikle tesadüfi bir hedef değildi. Üç çembere oturan bir hedefti. Boeing yöneticileri sakin ve ılımlı bir kavrayışla anlamışlardı ki: 1. o anda o alanda hiçbir varlığı yokken bile dünyanın en iyi ticari jet üreticisi olabilirlerdi, 2. ticari piyasaya geçiş, uçak modeli başına kârlılığı artırarak şirketin ekonomisine büyük yarar sağlayabilirdi, 3. bütün Boeing çalışanları, ticari bir jet yap-

* Öz değerlerinizi ve temel hedeflerinizi de içerir

ma fikrinden büyük heyecan duyuyorlardı. Boeing, tarihinin bu dönüm noktasında boş laflarla değil gerçek bir kavrayışla hareket etti. İşte şirketin kalıcı bir mükemmel şirket olmasının en önemli nedenlerinden biri budur.

> Boeing vakası bir hususu vurguluyor: Mükemmelliği zamana karşı korumak için, bir yandan üç çemberin dışına adım atmamak gerekirken öte yandan da herhangi bir verili anda çemberlerin içindekileri değiştirme iradesine sahip olmak gerekiyor. 1952'de Boeing ne üç çemberinden dışarı adım attı ne de temel felsefesini terk etti. Yaptığı şey, heyecan verici yeni bir BZCH ortaya koymak ve Kirpi Konseptini, ticari uçakları içerecek şekilde genişletmekti.

Üç çember/BZCH yaklaşımı, iki kitaptaki fikirlerin birbirleriyle nasıl bir uyum içinde olduğunun en iyi göstergelerindendir. Sizin de şirketinizde bu yaklaşımı pratik bir enstrüman olarak kullanmanızı öneriyorum. Gerçi bu yaklaşım tek başına şirketinizi kalıcı mükemmel bir şirket haline getirmez. Kalıcı ve mükemmel bir şirket yaratmak için iki kitaptaki bütün ana konseptlerin birbiriyle bağlantılı şekilde ve zaman içinde tutarlı bir şekilde uygulanması gerekir. Bu da yetmez. Ana konseptleri uygulamaya son verdiğiniz anda şirketiniz kaçınılmaz biçimde vasatlığın çukuruna doğru kaymaya başlayacaktır. Unutmayın, mükemmel kalmak, mükemmel olmaktan çok daha zordur. Oysa her iki kitabın da tutarlı biçimde uygulanarak bütün fikir ve kavramların birbirinin üzerine bina edilmesi, kalıcı mükemmellik yaratmak için en iyi olanakları sunacaktır.

NEDEN MÜKEMMEL OLMALI?

Stanford'daki eski öğrencilerime verdiğim bir seminerde teneffüste bir öğrencim gelip, "Belki de ben tutkulu biri değilim ama büyük bir şirket kurmak istemiyorum. Bu yanlış mı?" diye sordu.

"Hayır. Mükemmellik, şirketin büyük olup olmamasına bağlı değildir" diye cevap verdikten sonra araştırma laboratuvarımın bulunduğu binayı işleten Sina Simantob'u örnek verdim. Sina, mükemmel bir işletme oluşturmuştu. Bina 1892 yılında yapılmış kırmızı tuğladan yapılmış eski bir okuldu. Mükemmel biçimde restore edilerek yenilenmiş ve ayrıntılara müthiş özen gösterilerek olağanüstü bir bina haline getirilmişti. Bir dizi ölçüte (Boulder şehrinin en ilginç insanlarını cezbetmesi, civarındaki diğer binaların karşılaştırılacakları bir standart oluşturması ve metrekare başına en yüksek kârı elde eden bina olması) göre Sina'nın küçük işletmesi, yaşadığım şehrin mükemmel şirketlerinden biriydi. Sina, mükemmelliği şirketin büyüklüğüyle birlikte tanımlamamıştı. Zaten buna neden de yoktu.

Öğrencim bir süre düşünüp tekrar sordu: "Tamam. Mükemmel bir şirket kurmak için büyük bir şirket kurmama gerek olmadığını öğrendim. İyi de neden mükemmel bir şirket kurmam lazım? Sadece başarılı olmak istiyorsam, bu yetmez mi?"

Soru beni şaşırtmıştı. Çünkü bunu soran öğrenci tembel biri değildi. Daha delikanlılık çağlarında kendi işini başlatmış, hukuk okuluna gitmiş, mezun olduktan sonra da becerikli bir girişimci olmuştu. Enerjik, yoğun ve bulaşıcı tutkuları olan biriydi. Bütün öğrencilerim arasında en başarılılardan biri olacağına kesin gözüyle bakıyordum. O bile mükemmel ve kalıcı bir şirket kurma fikrini sorguluyordu.

İki cevabım vardı.

Birincisi, mükemmel şirket kurmak, iyi bir şirket kurmaktan çok da fazla zor değildi. Mükemmelliğe ulaşmak istatistiksel olarak daha ender görülebilen bir şeydi ama mükemmelliğe ulaşmak için vasat olarak kalmaktan daha çok çile çekilmesi gerekir diye bir şey yoktu. Hatta çalışmamızdaki bazı karşılaştırma grubu şirketleri dikkate alınırsa daha az çile çekildiği, hatta daha az çalışma gerektirdiği bile söylenebilirdi. Bu araştırmada öylesine güzel ve güçlü bulgular elde etmiştik ki çok küçük bir emekle hayatımızı kolaylaştırabileceklerini ve verimliliğimizi artıracaklarını söyleyebilirdik. Neyin hayati, neyin hayati olmadığına dair basit bir netlik, çektiğimiz çileleri hafifletebiliyordu.

Aslında bu kitabın amacı, zaten yapmakta olduğumuz şeylere bir şeyler daha "ekleyip" çalışma yükümüzü daha çok artırmak değildir. Tersine şu an yaptıklarımızın çoğunun, en iyi tanımla boşa enerji harcamak olduğunu tespit etmektir. Çalışmalarımıza harcadığımız zamanın büyük kısmını, burada ileri sürülen ilkelerin uygulanması etrafında yeniden organize edip, daha önce yaptığımız şeyleri yapmaktan büyük oranda ya da tamamen vazgeçersek, hayatlarımız çok daha sadeleşecek ve performansımızda önemli bir ilerleme görülecektir.

Bu fikrimi iş dünyası dışından bir örnekle açıklamak istiyorum. Bir lisenin kros takımının antrenörleri iki yıl içindeki ikinci eyalet şampiyonluğunu kazanmalarını kutlamak için akşam yemeğinde bir araya gelirler. Takımları, geçen beş yılda iyi bir takımken (eyaletteki ilk yirmi arasında), mükemmel (kızlarda ve erkeklerde sürekli eyalet şampiyonluğuna aday) bir takım haline gelmişti.

Hocalardan biri şöyle dedi: "Anlayamıyorum. Neden bu kadar başarılıyız? Öteki takımlardan daha çok çalışmıyoruz. Yaptığımız şeyler de basit şeyler. Nasıl kazanıyoruz?"

Takımın Kirpi Konseptini soruyordu aslında. Konsept, şuydu: Sona doğru en iyi koşan takım biziz. Antrenmanların sonunda en iyi koşan, yarışların son metrelerini en iyi koşan, sezonun bitimine doğru, en çok ihtiyacımız olduğu anda en iyi koşan takım biziz. Her şey bu ilkeye göre ayarlanmıştı ve takımın hocaları bu sonucu nasıl elde edeceklerini eyaletteki diğer tüm takımlardan daha iyi biliyorlardı. Örneğin 3 millik bir yarışın 2. miline bir görevli koyup koşucuların geçişlerine ilişkin veri topluyorlardı. Gerçi bunu diğer takımlar da yapıyordu ama onların topladıkları veri koşucuların oraya geliş zamanlarıyken (dakika başı koşu hızı) bu takımın topladığı veri ise, koşucularının o sırada kaçıncı (oradan geçtikleri anda yarışı hangi sırada sürdürdükleri) olduklarıydı. Böylece diğer takımlar gibi ne kadar hızlı koştuklarını değil, 2. milden yarışın sonuna kadar kaç rakiplerini geçebildiklerini hesaplama olanağı buluyorlardı. Bu bilgileri kullanarak her yarıştan sonra koşucuları "kafatasları" (takım üyelerinin mağlup ettikleri rakiplerini sembolize etmek üzere kendilerine verilen, onların da kolye veya bilezik yaptıkları kafatası biçimindeki boncuklar) ile ödüllendiriyorlardı. Böylece çocuklar yarışta nasıl pozisyon tutacaklarını öğrenip güvenle koşabiliyorlardı. Yarışın sonları yaklaştıkça şöyle düşünüyorlardı: "Yarışın sonlarında en iyi koşan takım biziz. Ben çok yoruldum ve acı çekiyorum. O halde rakiplerim benden daha çok yorulmuşlardır ve daha çok acı çekiyorlardır."

En az bunun kadar önemli bir başka şey de boşa enerji harcamıyorlardı. Örneğin başantrenör takımın başına getirildiği zaman çocukları takıma alıştırmak ve motive etmek için eğlence ve motivasyon programları (partiler, özel geziler, Nike mağazalarında alışverişler, nutuklar vs.) uygulanması beklentisiyle karşılaştı ve bunu üzerinde bir yük olarak hissetti. Hemen dikkat dağıtan ve zamanı harcayan bu tür etkinlikleri kaldırdı. "Yapacağımız çalışmanın anafikri şu: koşmak, yarışmak, kendini geliştirmek ve kazanmak zaten keyifli bir şeydir. Tutkuyla koşmayan varsa, kendine başka bir eğlence bulsun" dedi. Sonuç? Takımdaki çocukların sayısı beş yılda 30'dan 82'e çıkarak üç kata yakın bir artış kaydetti.

Erkekler takımı okul tarihinin ilk eyalet şampiyonluğunu kazanana kadar hoca önlerine açık bir hedef koymamış ve çocukları da buna "motive etmeye" çalışmamıştı. Tersine çocukların yavaş yavaş, her hafta, her yarışta ivme kazanmalarını, eyaletteki herkesi yenebileceklerini anlamalarını bekledi. Bir gün çalışma sırasında çocuklardan biri arkadaşlarına, "Eyalet şampiyonu olabiliriz" dedi. Diğer bir çocuk, "Bence de" diye cevapladı. Herkes koşmaya devam etti. Hedef, sükunetle anlaşılmıştı. Çocuklar o hedefe ulaşabileceklerini kendileri anlayana kadar hocalar bundan hiç bahsetmemişlerdi.

Takımın 7 koşucusu eyalet şampiyonluğunu kazanmak için kişisel sorumluluk duymaya başladılar. Bu, en yüksek disiplinin oluşmasını sağladı çünkü kazanmak için hocalarına değil birbirlerine, takım arkadaşlarına söz vermişlerdi. Hatta koşuculardan biri, yarıştan önceki akşam bütün arkadaşlarını arayıp erken yatıp yatmadıklarını kontrol etmişti. (Yani hocaların disiplin sağlayıcı olarak işlev görmelerine ihtiyaç kalmamıştı.) Son mile kadar rakiplerini sıkıştırıp son milde geçmek. ("Yarışın sonunda en iyi koşan takım biziz.") Çok yoruldular ama başarılı olamazlarsa takım arkadaşlarının yüzüne bakamayacaklarını hissediyorlardı. Sonunda hepsi başarılı oldu ve takım, açık arayla diğer takımları geçti.

Başantrenör programını, "önce kim" yaklaşımına göre yeniden oluşturdu. Yardımcılarından biri 130 kiloluk eski bir gülleciydi (bir orta mesafe koşucusu için pek uygun sayılamayacak bir görünüşü vardı) ama tartışmasız doğru adamdı. Takımın değerlerini paylaşıyordu ve mükemmel bir takım oluşturmak için üzerine gereken özelliklere sahipti. Takım başarılı oldukça daha çok öğrenci ve daha mükemmel antrenörler geldi. İnsanlar dönen bir çarkın içinde yer almak, şampiyon takımın bir parçası olmak, birinci sınıf bir kültürü solumak istiyordu. Okulun spor salonuna ikinci şampiyonluğun bayrağı da asıldıktan sonra gelen çocukların sayısı daha da arttı, takımın gen havuzu daha bir derinlik kazandı, daha hızlı koşmaya başladılar ve yine şampiyon oldular. Bunun üzerine gelenlerin sayısı daha da arttı, takım daha da hızlandı ve dönüşüm çarkı etkisi böyle devam etti.

Peki antrenörler mükemmel bir program yaratmak için diğer liselerdeki meslektaşlarından daha mı çok yorulmuşlardı? Hayır! Daha mı çok çalışmışlardı? Hayır! Tersine yardımcı antrenörlerin hepsi geçimlerini başka işlerden sağlayan gönüllülerdi. Kimi mühendis, kimi bilgisayar uzmanı, kimi öğretmendi. Kendilerine fazla zaman bırakmayan hayatlarının içinde değerli zamanlarını para için değil, mükemmel bir takım yaratmak için ayırıyorlardı. Yanlış şeyleri değil, doğru şeyleri yapmaya odaklanmışlardı. Yani bu kitapta dile getirdiğimiz her şeyi uyguluyor, kendilerine uymayan şeylere ne zaman ne de enerji harcıyorlardı. Basit, açık, net ve şık. Ve bir de eğlenceli.

Bu hikayenin özü şu: Bu fikirler işe yarıyor. Hangi duruma uygularsanız uygulayın hayatınızı ve yaşadığınız tecrübeyi güzelleştiriyor ve elde ettiğiniz sonuçları geliştiriyor. Bu ilkeleri uygularken mükemmel yaptığınız şey neyse onu keşfedip onu yapar hale de gelebilirsiniz. Şimdi size soruyorum: Eğer diğerinden daha zor değilse, daha iyi sonuçlara varıyorsanız ve daha çok keyif aldığınız bir süreç yaşıyorsanız, neden mükemmelin peşinden koşmayasınız?

Bunu söylerken iyiden mükemmele varmanın her zaman kolay bir şey olduğunu ya da bütün organizasyonların bunu başaracağını ileri sürüyor değilim. Zaten tanım gereği herkesin ortalamanın üzerinde olması mümkün değildir. Söylediğim şu: iyiden mükemmele gitmeye çalışanlar, bu sürecin insanı uyuşturan vasatlığın içinde boğularak bir şeyler yapmaya çalışmaktan daha çileli veya tüketici olmadığını görüyorlar. Evet, mükemmele ulaşmak enerji isteyen bir şey ama bir kez ivme kazanınca sizden aldığı enerjinin fazlasını size geri verecektir. Oysa vasatlık verdiği enerjinin çok daha fazlasını sizden alan kasvetli, iç karartıcı bir şeydir.

Neden mükemmel olmalı sorusunun, bu dev projeye girmemiz için bizi motive eden nedenlerin tam ortasında duran ikinci bir cevabı daha var: anlam arayışı, daha açık bir anlatımla, anlamlı bir eser üretme arayışı.

Kros takımının hocasına, neden mükemmeli aramak zorunda hissettiğini sordum. Cevap vermeden önce bir an düşündü ve, "Güzel bir soru" dedi. Uzunca bir ara. "Cevaplamak zor." Daha uzun bir ara. "Sanırım... Herhalde yaptığımız işi önemsiyorum. Koşmaya inanıyorum. Koşmanın çocukların hayatlarına yaptığı etkiye de inanıyorum. Çocukların mükemmel bir tecrübe yaşamalarını ve birinci sınıf bir şeyin parçası olma tecrübesi yaşamalarını isterim."

İşin en ilginci de hocanın elit bir işletme okulundan yüksek lisans derecesi sahibi olması ve dünyanın en seçici üniversitelerinden birinde de en iyi öğrenci tezi ödülüne layık görülmesi. Ancak o, sınıf arkadaşlarının kariyer yaptığı alanların, yani Wall Street'te bir yatırım bankasında çalışmak, bir internet şirketi kurmak, yönetim danışmanlığı yapmak, IBM'de işe girmek gibi alanların kendisi için fazla bir anlam taşımadığını görmüş. Bu alanlardaki işletmeleri mükemmel hale getirmek, ilgisini çekmemiş. Ona göre bu işlerin bir anlamı yokmuş. Böylece anlamlı bir iş yapma kararı almış. Yani, "mükemmel hale getirmek için gayret sarfetmek gerekir mi" sorusunun anlamsız kaldığı, kendisinde o derecede tutku uyandıran bir iş yapmak istemiş. Eğer gerçekten önemsediğiniz bir iş yapıyorsanız ve o işin amacına derinden inanıyorsanız, onu mükemmel yapmak için çaba göstermemek, zaten size imkansız gelecektir.

İncelediğimiz şirketlerin 5. Düzey liderlerinin, "Neden mükemmel olmalı?" sorusuna verebilecekleri cevapları hayal etmeye çalıştım. Çoğu şöyle diyecekti: "Biz mükemmel değiliz ki. Ancak çok iyi olabiliriz." Ama onları zorlayıp bu soruya cevap vermelerini isterseniz, mutlaka atletizm takımının antrenörü gibi cevap vereceklerdir. Gerçekten önemsedikleri, tutkuyla bağlı oldukları bir işi yapıyorlar. Bill Hewlett gibi onlar da öncelikle değerlerindeki, uygulamalarındaki ve başarısındaki erdem sayesinde dünyadaki tüm şirketlerin yönetim tarzını etkileyen bir şirketin kuruluşuna katkıda bulunmayı önemsiyorlardır. Ken Iverson gibi hem işçilere hem de yönetime zarar veren sınıfsal hiyerarşileri ortadan kaldırmak isteyen bir misyonu üstlenmişlerdir. Kimberly-Clark'taki Darwin Smith gibi dokundukları her şeyin, olabileceğin en iyisi olması içgüdüsüyle mükemmelliğin peşinde koşuyorlardır. Ya da Kroger'dan Lyle Everingham veya Walgreens'den Cork Walgreen gibi gözlerini şirkette açmışlardır ve sadece işlerini seviyorlardır. Yaptığınız işi sevdiğiniz, önemsediğiniz sürece buna büyük varoluşsal gerekçeler bulmanıza gerek yok (gerçi bulabilirsiniz de). Önemli olan tek şey o işi sevmeniz ve önemsemenizdir.

Demek ki "neden mükemmel olmalı" sorusu, aslında saçma bir sorudur. Sevdiğiniz ve önemsediğiniz işi yapıyorsanız, zaten böyle bir soruyu cevaplamanıza gerek yok. Sorulması gereken soru neden mükemmel olmalı değil, nasıl mükemmel olunur olacaktır.

"Neden mükemmel olmalı?" diye değil, "Mükemmelliği ulaşmak için çaba göstermek zorunda hissetmenizi sağlayan iş hangi iştir?" diye sorulması gerekir. Kendinizi, "neden mükemmele ulaşmak için çalışıyoruz ki? Başarılıyız ya, yetmez mi?" sorusunu sormak zorunda hissediyorsanız, muhtemelen yanlış bir iş yapıyorsunuzdur.

Mükemmel bir şeyin parçası olma macerasını, iş hayatınızda yaşamayabilirsiniz. O zaman başka bir yerde yaşamalısınız. Eğer şirketinizi mükemmel hale getiremiyorsanız, kilisenizi getirin. Orası da olmuyorsa bir hayır kurumunu ya da ders verdiğiniz sınıfı mükemmele ulaştırın. Önemsediğiniz bir şeylerle ilgilenin ve onu mümkün olduğunca mükemmel hale getirmeye çalışın. Sadece ondan elde edecekleriniz artsın diye değil, o alanda mükemmelliğe ulaşmak mümkün olduğu için yapın bunu.

Bunu yaptığınız zaman 5. Düzey bir lider olma yolunda sarsılmaz adımlarla yürüyorsunuz demektir. Kitapta 5. Düzeye nasıl ulaşılabileceğini anlatmış, bu kitaptaki bulguları uygulamakla işe başlamanızı önermiştik. Peki kitaptaki bulguları uygulama istek ve disiplinini hangi koşullarda bulursunuz? Muhtemelen ilgilendiğiniz şeyi gerçekten önemsediğiniz ve kişisel üç çemberinizle uyumlu sorumluluklarınız olduğu anda bu istek ve iradeyi bulacaksınız.

Bu parçaların tümü bir araya gelince sadece iş hayatınızda değil, hayatınızın diğer alanlarında da mükemmelliğe doğru yol alırsınız. Anlamlı bir hayatınız olmadan mükemmel bir hayatınız olamaz. Anlamlı bir işiniz olmadan da anlamlı bir hayat sürmeniz, neredeyse imkansızdır. Ancak bütün bunlara sahipseniz çok az insana nasip olan, herhangi bir şeyin mükemmelliğe ulaşmasını sağlayarak bir katkıda bulunabilecek yaratıcı bir elinizin olduğunu bilmenin getirdiği o iç huzuruna sahip olabilirsiniz. Hatta yaşanabilecek tatminlerin en büyüğüne, gerçekten önemli olan bir duyguya, bu dünyadaki kısacık zamanınızın boşa harcanmamış olduğu duygusuna bile sahip olabilirsiniz.

Sonsöz

Sık Sorulan Sorular

Soru: Çalışmaya almak için iyiden mükemmele dönüşmüş 11 şirket mi belirlediniz, daha fazlasını mı? Eğer fazlasını bulduysanız, onları neden kitaba almadınız?

Çalışma için ele aldığımız şirketler evreni olan Fortune 500 şirketleri içinde, bizim tüm kıstaslarımızı karşılayan başka şirket yoktu. Dolayısıyla bu şirketler, daha fazla sayıda şirket arasından seçilmiş örnekler değil. (İzlediğimiz eleme süreci için, bakınız Ek 1.A.) Kıstaslarımıza uyan şirketlerin tamamı üzerinde çalışma yürütmek, bulgularımıza olan inancımızı pekiştirdi. Fortune 500 listesindeki başka şirketlerin, bizim dışımızdaki yöntemlerle iyiden mükemmele dönüşebilecekleri konusunda endişelenmemize gerek kalmadı. En azından bizim kıstaslarımıza göre dönüşemezler.

Soru: Neden sadece 11 şirket elemeyi geçti?

Bunun üç ana nedeni var. Öncelikle mükemmel sonuçlar için çok sıkı bir standart (15 yıl boyunca borsa ortalamasının üç katı) koyduk. İkinci olarak, 15 yıllık kalıcılık da karşılaması güç bir kıstas. Karizmatik bir liderle ya da çok tutulan bir ürünle beş ya da on yıllık keskin çıkışlar yaşayan bir sürü şirket var. Ama 15 yılı tutturan şirketlerin sayısı çok az. Üçüncü olarak çok özel bir şey arıyorduk: mükemmel ve kalıcı sonuçlar, vasat (ya da daha kötü) kalıcı sonuçların elde edildiği bir dönemin ardından gelmeliydi. Mükemmel şirketler kolay bulunabilir. Ama iyiden mükemmele dönüşüm geçirmiş şirket bulmak o kadar kolay değil. Bu üç kıstası bir araya getirdiğinizde 11 şirketten fazlasını bulabilmemiz pek şaşırtıcı olmuyor. Ancak "sadece 11 şirket" bulmamız, hayal kırıklığına neden olmamalı. Çok sıkı kıstaslarımız vardı. Eğer bu kıstasları biraz esnetseydik, mesela borsa ortalamasının 2.5 katı ve on yıl deseydik, çok sayıda şirket elemeyi geçerdi. Bu araştırmayı tamamladıktan sonra iyice inandım ki bu kitapta verilen dersleri uygulayan birçok şirket, iyiden mükemmele giden yolu tamamlayabilir. Mesele istatistiksel ihtimaller değil, insanların zamanlarını ve kaynaklarını yanlış şeylere harcamasıdır.

Soru: Son elemeyi sadece 11 şirketin geçtiği ve çalışmanın karşılaştırma şirketleri dahil olmak üzere toplam 28 şirketten oluştuğu dikkate alındığında istatistiksel temsil konusunda bir sorun ortaya çıkmıyor mu?

Bu meseleye cevap bulmak için biri istatistikçi, diğeri uygulamalı matematikçi iki profesörün yardımına başvurduk. University of Colorado'da istatistik profesörü olan Jeffrey T. Luftig, istatistiksel açıdan bir sorunumuz olmadığını, çünkü "istatistiksel temsil" kavramının, sadece veri grubu içinden bir örneğin seçilmesi halinde geçerli olduğunu söyledi. "Şirketler arasında örnek seçmemişsiniz. Amacınıza uygun bir eleme yapıp Fortune 500 şirketleri içinden kıstaslarınıza uyan 11 şirket belirlemişsiniz. Seçtiğiniz bu 11 şirket ile 17 karşılaştırma şirketini karşı karşıya koyduğunuzda ileri sürdüğünüz kavramların tesadüfen ortaya çıkması şansı, sıfırdır." Yine aynı üniversitede uygulamalı matematik hocası Willam P. Briggs'ten, araştırma yöntemimizi değerlendirmesini istedik. Soruyu şu şekilde düzenledi: Bütün üyeleri sizin bu çalışmada ortaya koyduğunuz özelliklere sahip 11 şirketten oluşan bir grubun rastlantı sonucu bir araya gelmesinin ve bu arada karşılaştırma grubundaki şirketlerin de bu özelliklere sahip olmamasının olasılığı nedir? Bu olasılığı 17 milyonda birden az olarak hesapladı. Netice itibariyle aradığımız iyiden mükemmele geçiş özelliklerine şirketlerin tesadüfen sahip olması mümkün değil. Yani bulduğumuz özelliklerin sadece iyiden mükemmele geçen şirketlerde olduğunu gönül rahatlığıyla ileri sürebiliriz.

Soru: Neden araştırmanızı sadece hisse senetleri borsada işlem gören şirketlerle sınırladınız?

Çünkü bu şirketlerin iki avantajı vardı: elde ettikleri sonuçlar üzerinde piyasada bir görüş birliği vardı (böylece biz de kendi çalışma grubumuzu oluştururken çok katı davranabilirdik) ve bilgilerine ulaşmak kolaydı. Hisse senetleri borsada işlem görmeyen şirketler hakkında elde edebileceğimiz bilgi sınırlıydı. Bu durum özellikle karşılaştırma grubundaki şirketler için sorun oluşturacaktı. Borsada işlem gören şirketlerin en güzel tarafı, veri elde etmek için şirketin işbirliğine ihtiyaç yoktu. İstesinler ya da istemesinler haklarında herkesin ulaşabileceği bir sürü bilgi var.

Soru: Neden araştırmanıza sadece ABD şirketlerini dahil ettiniz?

Şirket seçimindeki seçiciliğimizin uluslararası bir şirket setinin sağlayabileceği avantajlardan daha fazla avantaj sağlayacağına karar verdik. Elmalarla elmaları toplamak istiyorduk. Oysa ABD dışındaki şirketlerin hisse senedi getiri oranları konusundaki verilerin eksik olması, eleme sürecimizin tutarlığına halel getirebilirdi. Karşılaştırmalı bir araştırma sayesinde çalışmanın bağlamsal sorunları (benzer şirketler, benzer sektörler, şirket büyüklükleri, şirket yaşları gibi) elimine edebilir, böylece de coğrafi açıdan daha geniş alana yayılmış bir şirket seti yerine bu şirket setiyle daha sağlam bulgular elde ettiğimizi söyleyebilirdik. Ama yine de elde ettiğimiz bulguların ülke sınırlarıyla kısıtlı olduğuna inanmıyorum. Çalışmamızda ele aldığımız şirketlerin bir kısmı global şirketler ve iş yaptıkları her yerde aynı konseptleri uyguluyorlar. Ayrıca bulgularımızdan çoğunun (örneğin 5. Düzey liderlik ve dönüşüm çarkı) başka kültürlerdeki insanlar tarafından Amerikalılar'a göre daha kolay hazmedileceğini sanıyorum.

Soru: Neden seçtiğiniz şirketlerin arasında teknoloji şirketi yok?

Teknoloji şirketleri elendiler çünkü çoğunun iyiden mükemmele geçişi gösterebilecek kadar geçmişleri yoktu. Bu geçişi göstermek için en azından otuz yıllık bir zaman dilimi gerekliydi (iyi sonuçlar elde edilen 15 yılı izleyen 15 yıllık mükemmel sonuçlarla dolu bir dönem). Geçmişi 30 yıldan öncesine uzanan teknoloji şirketleri arasında da bizim aradığımız kıstaslara uyan yoktu. Örneğin Intel, hiç 15 yıllık iyi sonuçlar elde ettiği bir dönem yaşamadı çünkü onun sonuçları hep mükemmel sonuçlardı. Eğer bu çalışma mesela bir on yıl, yirmi yıl sonra tekrarlanırsa, eminim teknoloji şirketleri de yer alır.

Soru: İyiden Mükemmele, zaten mükemmel olan şirketlere nasıl uygulanabilir?

Mükemmel şirketlere önerim, neden mükemmel şirketler olduklarını iyi anlayıp yapmakta oldukları şeyleri devam ettirmeleri için İyiden Mükemmele'den olduğu kadar Kalıcı Olmak'tan da yararlanmaları. Yıllar önce Stanford Business School'da en sevdiğim hocalarımdan olan Robert Burgelman, şöyle derdi: "Hem iş hayatında hem de özel hayatta başarısızlık dışında en büyük tehlikelerden biri, neden başarılı olduğunuzu net olarak bilmeden başarılı olmaktır."

Soru: İyiden mükemmele geçmiş bazı şirketlerin şu anda yüzyüze bulunduğu bazı zorlukları nasıl açıklıyorsunuz?

Ne kadar mükemmel olursa olsun, her şirket zor anlar yaşayabilir. Hiçbir kalıcı mükemmel şirket yoktur ki pürüzsüz, lekesiz bir geçmişe sahip olsun. Hepsi de inişler ve çıkışlar yaşamıştır. Önemli olan zorluklarla karşılaşmak değil, o zorlukları aşmak ve o dönemden güçlenerek çıkmaktır.

Ayrıca bir şirket bulgularımızın hepsini birden uygulamaya ara verirse, sonunda gerileyecektir. Çünkü bir şirketi mükemmel yapan tek bir şey yoktur. Mükemmellik, bir bütünsellik içinde tüm parçaların birbiriyle uyumlu çalışmasıyla ve bu çalışmanın da zamana yayılmasıyla olur. Bunu anlatan iki örnek vaka var.

Bunlardan biri, 18 yıl boyunca olağanüstü bir başarı sağlayan

Gillette. Gillette, 1980-1998 arasında borsa ortalamasının 9 katı hisse senedi getirisi sağladı. Ancak 1999'da tökezledi. Bize göre bunun nedeni, şirketin Kirpi Konseptinin üç çemberine oturan işlere daha sıkı sarılma konusunda daha fazla disipline ihtiyaç hissetmesiydi. Oysa sektör analistlerinin yaygaralarına göre şirketin ihtiyacı, dışarıdan karizmatik bir CEO alıp şirketi sarsıp kendine getirmesiydi. Eğer Gillette, 4. Düzey bir lider getirirse, kalıcı bir mükemmel şirket olma şansının zaman içinde nasıl azar azar yokolup gittiğini görecektir.

Gillette, İyiden Mükemmele'den Kalıcı Olmak'a geçebilecek mi?

Kümülatif hisse senedi getirisinin borsa ortalamasına oranı
1927-2000

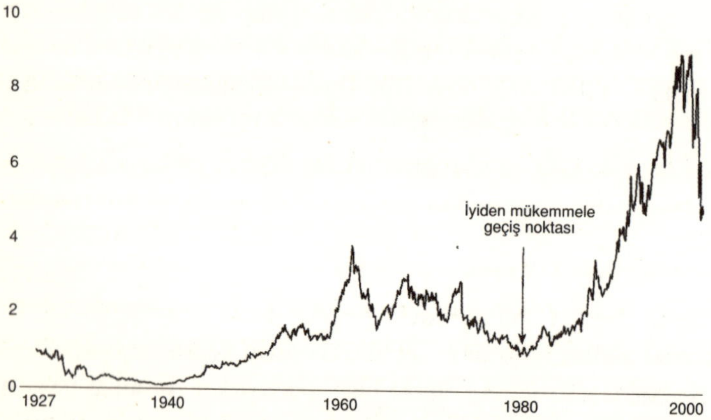

Diğer örnek ise, 1994'te borsa ortalamasının 14 katı hisse senedi getirisine ulaştığı zirve noktasından sonra Ken Iverson'ın emekliye ayrılmasıyla bir yönetim karmaşası yaşayarak ciddi bir gerileme içine giren Nucor. Iverson'ın kendi seçtiği halefi kısa bir süre şirketi yönettikten sonra çirkin bir yönetim kurulu savaşı sonunda şirketten kovuldu. Bu yönetim kurulu darbesinin mimarlarından biri, Charlotte News and Observer'a yaptığı açıklamada (11 Haziran 1999, s. D1) Iverson'ın ileri yaşlarında artık 5. Düzey liderlikten düştüğünü ve 4. Düzey benmerkezci lider özellikleri göstermeye başladığını iddia etti. Söylediğine göre, "İyi günlerinde Ken mükemmel bir adamdı ama sonra şirketi de kendisiyle birlikte mezara götürmek istedi." Iverson ise tamamen farklı şeyler söylüyor. Ona göre asıl sorun, şimdiki yönetimin şirketin Kirpi Konseptinden ayrılmak istemesi. News and Observer, "Iverson, Nucor'un öncelikle bir çelik üreticisi olduğunu ve bu konuya odaklandığını söyleyerek faaliyet alanlarının çeşitlendirilmesinden kaçınılması gerektiği görüşünde" diye yazdı. Gerçek, ister 5. Düzey liderliğin son bulması, ister şirketin Kirpi Konseptinden sapması, isterse ikisi birden olsun, Nucor'un mükemmel bir şirket olarak varlığını sürdürüp sürdüremeyeceği, bu satırlar yazıldığı anda henüz netliğe kavuşmamıştı.

Bu satırların kaleme alındığı tarihte iyiden mükemmele dönüşmüş şirketlerin çoğunun güçlerini koruduğunu belirtmekte fayda var. 11 şirketin 7'si, geçiş tarihlerinden bu yana yirmi yıldan fazla bir süredir (bütün grubun medyanı 24 yıl) olağanüstü bir performans gösterdiler ki hangi kritere vurursanız vurun, bu istisnai bir başarıdır.

Soru: Philip Morris, sigara satan bir şirket. Bu durumda ona hâlâ mükemmel diyebilir misiniz?

Philip Morris kadar antipati yaratan bir şirket az bulunur. Sigara üreticisi bir şirket, gerçekten mükemmel bir şirket (çoğu kimse buna karşı çıkabilir) olsa bile içinde bulunduğu dava süreci ve toplumsal yaptırımların yarattığı tehdit karşısında kalıcı olup olamayacağı konusunda bir şüphe oluşmuş olabilir. Oysa Philip Morris, geçiş tarihinden itibaren en uzun süreyle (34 yıl) olağanüstü performans gösteren ve her iki kitabımıza (İyiden Mükemmele ve Kalıcı Olmak) da giren tek şirkettir. Bu performansın nedeni, sadece bağımlı müşterilere satılan yüksek kâr oranlı bir ürün üretmesi değildir. Philip Morris, karşılaştırma şirketi R.J.Reynolds dahil diğer tüm sigara üreticilerini geride bırakmıştır. Ancak şirketin bir geleceğe sahip olması için, toplumun sigarayla ilişkisi ve tütün sanayi konusundaki toplumsal algılama konusundaki acı gerçeklerle yüzleşmesi gerekir. Toplumun büyük bir kısmı tütün sektöründe yer alan herkesin sistematik biçimde toplumu aldatmaya çalıştığına inanmaktadır. İnsanlar, özellikle de Amerikalılar birçok günahı affedebilir ama kendilerine yalan söylenmiş gibi hissetmelerini asla unutmaz ve affetmez. Adil olsun ya da olmasın, bu böyledir.

Tütün sanayi hakkında insanların görüşleri ne olursa olsun (bu konuda araştırma ekibi içinde de farklı görüşler vardı ve hararetli tartışmalar yaşandı) Philip Morris'in her iki kitabımızda da yer alması, oldukça eğitici olmuştur. Ben de buradan bir ders aldım: Şirketin başarısına etki eden şey, değerlerinin ne olduğu değil, ne olursa olsun o değerlerine sahip çıkma gücüdür. Hazmetmesi oldukça zor bir bulgu ama eldeki verilere göre tamamen doğru. (Bu konuda daha detaylı bilgi için Kalıcı Olmak, Bölüm 3, s. 65-71'e bakınız.)

Soru: Bir şirketin bir Kirpi Konsepti varken, çok çeşitli alanlarda faaliyet gösterebilir mi?

Çalışmamız, çok farklı alanlara yayılmış şirketlerin ve conglomerate'lerin* nadiren kalıcı mükemmel sonuçlar elde edebildiklerini göstermektedir. Bunun tek istisnası General Electric'tir. Bunu da GE'nin çeşitli alanlarda sahip olduğu şirketlerin güçlerini birleştirebilen istisnai bir Kirpi Konseptine sahip oluğunu söyleyerek açıklayabiliriz. GE'nin, dünyada herkesten daha iyi yapabileceği şey nedir? Birinci sınıf yöneticiler yetiştirmek. Bize göre GE'nin Kirpi Konseptinin temeli budur. GE'nin ekonomik ölçütü nedir? Tepe yönetim becerisi başına kârlılık. Şöyle düşünün: Önünüzde iki şirket var. İkisini de alırsanız X dolar kâr edeceksiniz. Varsayalım ki şirketlerin birinde diğer şirketten elde edeceğiniz kâr kadar kâr etmek için yönetim becerinizi ve yeteneğinizi en az üç kat daha fazla kullanmanız gerekecek. Daha az yönetim becerisi isteyen şirket, Kirpi Konseptinize uyar. Ötekisi uymaz. Son olarak, GE'nin en çok gurur duyduğu şey nedir? Dünyanın en iyi genel müdürlerine sahip olmak. Şirketin gerçek tutkusu, ampuller, jet motorlar veya televiz-

* "conglomerate": Sahip veya ortak olduğu şirketler aracılığıyla birbiriyle ilgili veya ilgisiz çok çeşitli alanlarda faaliyet gösteren dev holding veya şirketler-ç.

yon programları değil, budur. Eğer iyice kavranırsa, GE'nin Kirpi Konsepti, şirketin farklı faaliyet alanlarında çalışan şirketlere sahip olmasına imkan tanırken, üç çemberin kesişim noktasından çıkmamasını da sağlamaktadır.

Soru: İyiden mükemmele geçişte yönetim kurulu üyelerinin işlevi nedir?

Yönetim kurulları, öncelikle 5. Düzey liderleri seçerken önemli bir işlev görürler. Bu aralar moda haline gelen karizmatik, "rockstar" CEO'lara meftun olmuş yönetim kurulları, şirketlerin uzun vadeli sağlıkları açısından en zararlı trendlerden biridir. Yönetim kurulları, 5. Düzey liderliğin özelliklerini bilmeli ve sorumlu mevkilere bu tür liderleri getirmelidir. İkinci olarak, yönetim kurulları, hisse değeri ile hisse fiyatı arasında bir ayrım yapmalıdır. Çünkü belli bir anda ellerinde şirketin hisse senedi olan* çok sayıda insana karşı bir sorumlulukları yoktur ama gerçek hissedarlar için mükemmel bir şirket yaratarak hisse değerlerini artırmak gibi bir sorumlulukları vardır. Hisseyi yönetirken beş ilâ on yıl arasında bir ufka sahip olunmazsa değer ile fiyat karışır ve hissedarlara karşı sorumluluk yerine getirilmemiş olur. Yönetim kurulunun şirketin iyiden mükemmele dönüşümündeki rolüne üstün bir bakış için Rita Ricardo-Campbell'in Resisting Hostile Takeovers (Praeger Publishers, 1997) kitabını öneririm. Collman Mockler döneminde Gillette yönetim kurulu üyesi olarak görev yapan bayan Campbell, sorumluluk sahibi bir yönetim kurulunun bu zor ve karmaşık fiyat-değer meselesiyle nasıl başa çıktığını ayrıntısıyla anlatıyor.

Soru: Acaba bugünün şişirilmiş şirketler dünyasında genç teknoloji şirketleri de 5. Düzey liderliğe sahip olabilir mi?

Bu soruya iki kelimeyle cevap veriyorum: John Morgridge. Kendisi, küçük ve zorluklarla boğuşan bir şirketi alıp geçtiğimiz on yı-

* Yazar burada, para kazanmak için borsadan hisse alıp satarken belli bir anda belli bir şirketin hisselerine sahip olanları kasten, kağıdı alıp satanlar, yazı tura atar gibi elden çıkaranlar anlamında, "shareflipper" terimini kullanıyor. Hissedarlara ise "shareholder", yani hisseyi elde tutanlar deniyor-ç.

lın en mükemmel teknoloji şirketlerinden birine dönüştüren CEO'dur. Dönüşüm çarkı dönerken bu alçakgönüllü ve göreli olarak az tanınan adam kendini geri çekerek şirketi yeni liderler nesline taşıdı. Morgridge adını duyduğunuz zannetmiyorum ama şirketinin adını duyduğunuzdan eminim: Cisco Systems.

Soru: İşe alacak adam bulunmayan bir yerde "önce kim" kuralını nasıl uygularsınız?

Öncelikle tepe yönetimde doğru insanı bulana kadar kimseyi işe almama disiplini olmalı. İyiden mükemmele yolculuğunuzda atabileceğiniz tek ve en yanlış adım, anahtar pozisyonlara yanlış insanları almaktır. İkincisi, "doğru insan" derken, sadece o kişinin uzmanlık alanındaki bilgilerine değil, daha ziyade kişilik özelliklerine de dikkat etmek gerekir. İnsanlar çeşitli bilgi ve becerileri öğrenebilirler ama şirketiniz için onların doğru insanlar olmalarını sağlayan kişilik özellikleri, sonradan edinilebilir bir şey değildir. Üçüncü ve en önemlisi de, onlara verebileceğiniz belli bir iş yokken bile kriz dönemlerinden faydalanarak mükemmel insanları işe alın. Bu satırları yazmamdan bir yıl önce, en yetenekli elemanların hep internet ve teknoloji şirketleri tarafından kapıldığı söyleniyordu. Sonra o şirketlerin balonu söndü ve on binlerce yetenekli insan işsiz kaldı. 5. Düzey liderler, bunu ancak birkaç on yılda bir gelecek bir fırsat olarak değerlendireceklerdir. Bu bir piyasa fırsatı ya da teknolojik fırsat değil, insan fırsatıdır. İşte gerçek liderler bu dönemden faydalanacak ve mümkün olduğu kadar çok sayıda mükemmel eleman alacak, sonra da onlarla hangi işleri yapacağına karar verecektir.

Soru: İşten eleman çıkartmanın zor olduğu yerlerde, mesela akademik kurumlar ve kamu kurumlarında, "otobüse doğru insanları alın ve yanlış insanları otobüsten indirin" kuralını nasıl uygularsınız?

Aynı fikir uygulanabilir ama bu kez biraz daha çok zaman alır. Önde gelen tıp fakültelerinden biri, 1960'lı ve 1970'li yıllarda iyiden mükemmele doğru bir dönüşüm yaşıyordu. Yönetim, fakültenin bütün kadrolarını değiştirdi ama bu iş yirmi yıl kadar sürdü. Öğretim görevlisi oldukları için sözleşmelerini yenilemese bile makamlarında kalma hakkı olan profesörleri işten atamadı ama yeni eleman gerektiğinde sürekli doğru insanları işe alarak öyle bir ortam yarattı ki yanlış insanlar kendilerini giderek daha çok rahatsız hissettiler ve sonunda ya emekli oldular ya da başka yerlere gittiler. Ayrıca Konsey mekanizmasından da yararlanabilirsiniz. (Bakınız Bölüm 5.) Konseye doğru insanları alın ve ötekileri boşverin. Evet, belki otobüste yanlış insanları hâlâ taşımak zorunda kalabilirsiniz ama Konseye almamakla onları arka koltuklara hapsetmiş olursunuz.

Soru: Ben, küçük bir şirketi olan bir girişimciyim. Bu kitaptaki bulgular bana yarar mı?

Kesinlikle. İyiden mükemmele nasıl gidilebileceğine dair bulguların küçük veya yeni kurulmuş şirketlere nasıl uygulanacağının anlatıldığı 9. Bölüm'e bakınız.

Soru. Ben bir CEO değilim. Kitaptaki bulgulardan faydalanabilir miyim?

Faydalanırsınız. Size verebileceğim en iyi tavsiye, 9. Bölüm'deki lise atletizm takımının hocasıyla ilgili öyküyü yeniden okumanızdır.

Soru: İşe nereden ve nasıl başlamalıyım?

Öncelikle kitaptaki bütün bulguları yakından bilmeniz gerekir. Unutmayın, bulgulardan hiçbiri tek başına ve kendiliğinden mükemmel bir şirket oluşturmaz. Bütünsel olarak bulguların hepsini uygulamalısınız. Sonra da, "önce kim"den başlayarak sırasıyla bütün ana fikirleri uygulayın. Bu arada da kendinizi 5. Düzey lider haline getirmek için sürekli çalışın. Kitabın planını, şirketlerde gözlemlediklerimizle uyum içinde olacak biçimde hazırladım. Kitabın yapısının kendisi bir yol haritasıdır. İyiden mükemmele olan yolculuğunuzda size iyi şanslar dilerim.

EK 1 – A

İyiden Mükemmele Dönüşen Şirketleri Seçim Süreci

Eleme kriterlerinin oluşturulmasını ve bu kriterleri uygulayarak iyiden mükemmele geçen şirketleri bulmak için gereken eleme sürecini, araştırma ekibinden Peter Van Genderen üstlendi.

İyiden mükemmele geçen şirketlere uygulanacak kriterler:

1. Şirket, belli bir geçiş noktasına kadar "iyi" performans, geçiş noktasından sonra "mükemmel" performans gösterir. "Mükemmel" performansı, geçiş noktasından itibaren 15 yıl boyunca (t+15) borsa ortalamasının 3 katı kümülatif hisse getirisi elde etmek olarak tanımlıyoruz. "İyi" performansı da, 'geçiş noktasından önceki 15 yıl boyunca, borsa ortalamasının 1.25 katından daha yüksek olmayan kümülatif hisse senedi getirisi elde etmek' olarak tanımlıyoruz. Ayrıca, geçiş noktasından sonraki 15 yıl boyunca elde edilen kümülatif hisse senedi getirisinin geçiş noktasından önceki 15 yıl boyunca elde edilen kümülatif hisse senedi getirisi ortalamasına oranı da 3'ü aşmalıdır.
2. İyiden mükemmele geçiş, şirketin faaliyet gösterdiği sektörün değil, şirketin kendi geçişi olmalıdır. Başka bir deyişle şirket sadece piyasaya göre değil, sektörüne göre de yukarıda saydığımız kıstası tutturmalıdır.
3. Geçiş noktasındaki şirket, yeni kurulmuş bir şirket değil, eskiden beri varolan bir şirket olmalıdır. Bu da, geçiş tarihi itibariyle en az 25 yıllık bir şirket anlamına gelir. Ayrıca geçiş tarihinden önce en az 10 yıl boyunca hisse senetlerinin borsada işlem görmesi ve hakkında yeterli halka açık bilgi olması gerekir.
4. Geçiş noktası, 1985'ten önceki bir tarihte olmalıdır. Bu şart, geçişin kalıcı olup olmadığını görmek için yeterli bilgi elde etmek amacıyla gerekir. 1985'ten sonra geçiş yaşayan şirketler, iyiden mükemmele geçmiş olabilir ama çalışmamızı tamamladığımız anda bu şirketlerin 15 yıllık kümülatif hisse

getirisi oranlarını hesaplamamız mümkün olamazdı.

5. Geçiş yılı ne olursa olsun, şirket çalışmanın sonraki aşaması için elemeler yapılırken önemli bir şirket olmalı ve bağımsız varlığını sürdürmelidir. Bu kriteri yerine getirmek için şirketin 1996 yılında yayınlanan 1995 Fortune 500 listesinde adı olmalıdır.
6. Son olarak eleme tarihinde şirket yukarı bir grafik içinde olmalıdır. t+15'in 1996 yılından önce düştüğü şirketlerde, kümülatif hisse senedi getirisinin geçiş noktasından 1996 yılına kadar borsa ortalamasına oranının eğimi, t+15 aşaması için 1. kriteri yerine getirmek için gereken 3/15 eğimini geçmelidir.

İyiden mükemmele eleme süreci

Giderek sıkılaşan bir eleme yöntemi kullandık. Eleme, 4 aşamadan oluşuyor:

İYİDEN MÜKEMMELE GİDEN ŞİRKETLERİN SEÇİMİ İÇİN TARAMA SÜRECİ

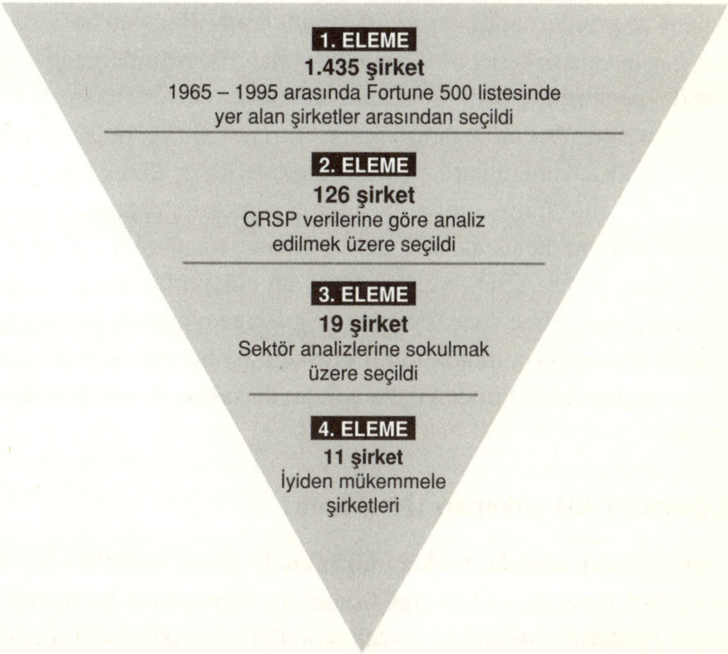

1. Eleme: Şirketler evreninden 1.435 şirkete

Araştırmamıza, Fortune dergisinin, Amerika'nın borsada işlem gören en büyük 500 şirketini içeren listesinden başlamaya karar verdik. Liste 1965 yılında başlamıştı. İlk listemiz, 1965, 1975, 1985 ve 1995'te Fortune 500'de yer alan 1435 şirketi içeriyordu. Fortune dergisi zaman zaman listenin boyutlarını ve formatını değiştirdiği için kimi listelerde bin civarında şirket yer almasına karşın, bu liste genellikle "Fortune 500" olarak bilinir. Analizimize bu listeyle başlamanın bize sağlayacağı iki avantaj vardı. Birincisi, belli bir büyüklüğe gelmiş şirketleri içeriyordu (şirketler, yıllık gelirlerine göre sıralanarak listeye giriyor). Böylece listedeki hemen tüm şirketler, bizim geçiş noktasında şirketin devam eden kurumsallaşmış bir şirket olması kriterimizi karşılıyordu. İkincisi, listedeki bütün şirketlerin hisse senetleri borsada işlem görüyordu. Bu sayede daha gelişmiş tarama ve elemeler için kullanabileceğimiz hisse senedi getirisi bilgilerine ulaşmamız mümkün oluyordu. Aynı muhasebe ilkeleri ve standart bilgi verme zorunluluğunda olmayan borsada işlem görmeyen şirketleri kullanmak, elmalarla armutları toplamak olacak, performansların doğrudan karşılaştırma analizine imkan vermeyecekti. Ancak araştırmamızı Fortune 500'le sınırlandırmanın bir de dezavantajı vardı: Çalışmamız, ABD'de faaliyet gösteren şirketlerle sınırlanmış oluyordu. Eleme sürecinde daha katı davranabilmenin (bu da ancak belli bir raporlama standardına sahip borsada işlem gören ABD şirketlerinin, yani elmalarla elmaları toplayabileceğimiz, hisse senedi getirisi bilgilerine ulaşabileceğimiz şirketlerin alınmasıyla mümkündü) uluslararası bir veri setiyle çalışmanın sağlayabileceğinden daha çok fayda sağlayabileceğine karar verdik.

2. Eleme: 1.435 şirketten 126 şirkete

Bir sonraki adımda, iyiden mükemmele geçen şirketleri belirlemek için University of Chicago Center for Research in Security Prices'ın verilerini kullandık. Ancak şirketlerin sayısını hakim olabileceğimiz bir sayıya indirebilmek için bir yöntem kullanmamız gerekiyordu. Yayınlanmış Fortune gelir oranları verilerini kullanarak aday listesinde indirim yaptık. Fortune, 1965'e kadar geri gidecek şekilde her şirketin 10 yıllık hisse senedi getirisini yatırımcılar için hesaplamış ve sırasıyla yayınlar. Bu verileri kullanarak şirket sayısını 1.435'ten 126'ya indirdik. 1985-1995, 1975-1995 ve 1965-1995 dönemlerinde ortalamanın çok üzerinde getiri sağlayan şirketleri taradık. Ayrıca ortalamanın altında getiri sağladıkları bir dönemden sonra ortalamanın üzerinde getiri sağlayan şirketleri taradık. Daha açık söylemek gerekirse seçilen 126 şirket, aşağıdaki ölçütlerin herhangi birine takıldı:

Test 1: 1985 – 1995 döneminde hisse senedinin yatırımcıya sağladığı yıllık bileşik toplam getiri, Fortune dergisinin aynı dönem sanayi ve hizmet kuruluşları ortalamasının en az yüzde 30 üzerindeyse (yani toplam getiri, ortalama getiriyi 1.3 oranında geçiyorsa) ve şirket bundan önceki yirmi yılda (1965-85) aynı ölçüte göre ortalamanın altında ya da ortalama bir performans sağlamışsa.

Test 2: 1975 – 1995 döneminde yatırımcıya sağladığı yıllık bileşik toplam getiri, Fortune dergisinin aynı dönem sanayi ve hizmet kuruluşları ortalamasının en az yüzde 30 üzerindeyse (yani toplam getiri, ortalama getiriyi 1.3 oranında geçiyorsa) ve şirket bundan önceki on yılda (1965-75) aynı ölçüte göre ortalamanın altında ya da ortalama bir performans sağlamışsa.

Test 3: 1965 – 1995 döneminde yatırımcıya sağladığı yıllık bileşik toplam getiri, Fortune dergisinin sanayi ve hizmet kuruluşları ortalamasının en az yüzde 30 üzerindeyse (yani toplam getiri, ortalama getiriyi 1.3 oranında geçiyorsa). Fortune listesi, 1965'ten öncesine ait on yıllık getirileri vermiyor. Bu yüzden otuz yıllık dönemde listenin ilk sıralarında yer alan tüm şirketleri dahil ettik.

Test 4: 1970'ten sonra kurulmuş şirketlerde, 1985-95 ve 1975-95 dönemine ait toplam getirisi Fortune dergisinin aynı dönem sanayi ve hizmet kuruluşları ortalamasının en az yüzde 30 üzerindeyse (yani toplam getiri, ortalama getiriyi 1.3 oranında geçiyorsa) ama bu ölçütü Fortune listesinde önceki on yıllara dair yeterli bilgi olmadığı için karşılayamıyorsa. Bu ölçüt sayesinde daha sonraki yıllarda iyi performans göstermesine rağmen ilk yıllarında Fortune listesine giremeyen şirketleri de taradık. 1970 ölçütü ayrıca kriterlere göre iyiden mükemmele geçemeyecek kadar kısa ömürlü şirketleri de eleme olanağı verdi.

3. Eleme: 126 şirketten 19 şirkete

University of Chicago Center for Research in Security Prices'ın (CRSP) verilerini kullanarak her bir şirketin borsa ortalamasına oranla kümülatif hisse senedi getirilerini hesapladık ve iyiden mükemmele geçiş için gereken getiri şartını karşılayıp karşılamadığına baktık. Aşağıdaki ölçütleri karşılayamayan şirketler de bu elemede elendi:

3. ELEME ÖLÇÜTLERİ

Aşağıdaki ölçütlerin herhangi birine takılan şirketler, bu aşamada elendi.

Bu ölçütler için kullanılan terminoloji:

T yılı: Şirketin performansının yukarı döndüğü nokta, "geçiş yılı". Hisse getirilerinin gözle görülür biçimde yukarıya döndüğü yıl.

X dönemi: T yılının hemen öncesinde borsa ortalamasına göre "iyi" bir performansın gözlendiği dönem.

Y Dönemi: T yılının hemen ardından gelen borsa ortalamasının çok üzerindeki performansın gözlendiği dönem.

3. Eleme Ölçütü 1: Şirket CRSP verilerinin gösterdiği bütün dönemler boyunca sürekli olarak borsaya oranla yüksek bir yukarı eğilim gösterir. Belli bir X dönemi yoktur.

3. Eleme Ölçütü 2: Şirket borsaya oranla sürekli ve tedrici bir yükseliş gösterir. Atılıma geçildiğini gösteren belli bir geçiş yoktur.

3. Eleme Ölçütü 3: Şirket bir geçiş yaşamıştır ama X dönemi, 10 yıldan az sürer. Başka bir deyişle geçiş öncesi ortalama performans verisi esaslı bir geçişi gösterebilecek kadar uzun değildir. Bazı hallerde geçiş yılı öncesinde X döneminden daha uzun performansı göstermiştir ama hisse X döneminde NASDAQ, NYSE veya AMEX borsalarında işlem görmeye başlar ama elimizdeki veriler X dönemini teyit edecek kadar geri gitmez.

3. Eleme Ölçütü 4: Şirket, borsaya oranla müthiş bir performanstan, borsaya göre ortalama bir performansa geçer. Başka bir deyişle aşağı bir trende girerek borsa yörüngesinde bir performanş gösteren şirketleri de eledik.

3. Eleme Ölçütü 5: Şirket bir geçiş yapar ama 1985'ten sonra. 1985'ten sonra iyiden mükemmele geçişler de kabul edilebilir geçişler olabilir. Ancak çalışmamızı bitirdiğimiz tarih itibariyle bu şirketlerin 15 yıllık bir dönemde kümülatif hisse senedi getirilerinin borsa ortalamasının üç katı olduğunu teyit edemezdik.

3 Eleme Ölçütü 6: Şirket, artan performans gösterir ama bu artış kalıcı değildir. İlk yükselişten sonra bu elemenin yapıldığı tarihe kadar borsaya oranla yükseliş durur ya da geriler.

3. Eleme Ölçütü 7: Şirket, belirli bir X, Y veya T dönemi olmaksızın, istikrarsız büyük yükselişler ve düşüşler yaşar.

3. Eleme Ölçütü 8: Doğrulanabilir bir 10 yıllık X dönem tanımlanamayacak şekilde şirket hakkında 1975 öncesine ilişkin CRSP verileri eksiktir..

3. Eleme Ölçütü 9: Bir geçiş yaşanmıştır ama şirket, X döneminden önce yüksek performans gösterdiği bir dönem yaşamıştır ve iyiden mükemmele geçen bir şirket değil, zor yıllar yaşayan mükemmel bir şirket olduğu anlaşılmıştır. Buna en iyi örnek Walt Disney'dir.

3. Eleme Ölçütü 10: Şirket devralınmış, başka bir şirketle birleşmiş ya da bu araştırmadan elenmesini sağlayacak şekilde bağımsız varlığını yitirmiştir.

3. Eleme Ölçütü 11: Şirket ılımlı bir geçiş yaşamıştır ve borsa ortalamasının üç katı şartını sağlayamaz.

EK 1 – A

3. ELEME ANALİZ SONUÇLARI:

2. Elemeyi geçen şirketler	3. Eleme Sonucu
1 AFLAC Inc.	Elendi, ölçüt 3
2 AMP Inc	Elendi ölçüt 6
3 Abbott	4. Elemeye alındı
4 Albertson's Inc.	Elendi, ölçüt 1
5 Alco Standart Corp.	Elendi, ölçüt 3
6 Allegheny Teledyne Inc.	Elendi, ölçüt 6
7 ALLTEL Corp.	Elendi, ölçüt 2
8 AmeriCon Express Co.	Elendi, ölçüt 6,7
9 AmeriCon Stores Co.	Elendi, ölçüt 6
10 Anheuser-Busch Companies Inc.	Elendi, ölçüt 2
11 Applied Materials Inc.	Elendi, ölçüt 5
12 Archer Daniels Midland Co.	Elendi, ölçüt 6
13 Automatic Data Processing	Elendi, ölçüt 1
14 BANC ONE Corp.	Elendi, ölçüt 6
15 Bank of New York Inc.	Elendi, ölçüt 2
16 Barnett Banks	Elendi, ölçüt 3, 6
17 Berkshire Hathaway Inc.	Elendi, ölçüt 1
18 Boeign Co.	Elendi, ölçüt 1
19 Browning Ferris Industreis	Elendi, ölçüt 3
20 Compbell Soup Co.	Elendi, ölçüt 2
21 Cordinal Health	Elendi, ölçüt 8
22 Chrysler	Elendi, ölçüt 6
23 Cirçuit City Stores Inc.	4. Elemeye alındı
24 CoCo-Cola Co.	4. Elemeye alındı
25 Colgate-Palmolive Co.	Elendi, ölçüt 11
26 ComeriCo Inc.	Elendi, ölçüt 3
27 Computer Associates	Elendi, ölçüt 6,7
28 Computer Sciences Corp.	Elendi, ölçüt 3
29 ConAgra Inc	Elendi, ölçüt 8
30 Conseco	Elendi, ölçüt 4
31 CPC International (Bestfoods)	4. Elemeye alındı

2. Elemeyi geçen şirketler	3. Eleme Sonucu
32 CSX	Elendi, ölçüt 8
33 Dean Foods Co.	Elendi, ölçüt 7
34 Dillard's	Elendi, ölçüt 6
35 Dover Corp.	Elendi, ölçüt 3,6
36 DuPont	Elendi, ölçüt 11
37 Engelhart Corp.	Elendi, ölçüt 2
38 FMC Corp.	Elendi, ölçüt 7
39 Federal National Mortgage Assn.	4. Elemeye alındı
40 First Interstate Bancorp	Elendi, ölçüt 2
41 First Union Corp	Elendi, ölçüt 3,6
42 Fleet Financial Group Inc.	Elendi, ölçüt 6
43 Fleetwood Enterprises, Inc.	Elendi, ölçüt 7
44 Foster Wheeler Corp.	Elendi, ölçüt 6
45 GPU, Inc.	Elendi, ölçüt 2
46 The Gap, Inc.	Elendi, ölçüt 8
47 GEICO	Elendi, ölçüt 10
48 General Dynamies Corp.	Elendi, ölçüt 7
49 General Electrie Co.	Elendi, ölçüt 5,11
50 General Mills, Inc.	4. Elemeye alındı
51 General Re Corp.	Elendi, ölçüt 2
52 Giant Foods, Inc.	Elendi, ölçüt 6
53 Gillette Co.	4. Elemeye alındı
54 Golden West Financial Corp.	Elendi, ölçüt 3
55 Hasbro, Inc.	Elendi, ölçüt 6
56 Heinz, H. J. CO.	4. Elemeye alındı
57 Hershey Foods Corp.	4. Elemeye alındı
58 Hewlett-Packard Co.	Elendi, ölçüt 7
59 Humana, Inc.	Elendi, ölçüt 3,6
60 Illinois Tool Works, Inc.	Elendi, ölçüt 2
61 Intel Corp.	Elendi, ölçüt 1
62 Johnson & Johnson	Elendi, ölçüt 6,7
63 Johnson Controls, Inc.	Elendi, ölçüt 6

2. Elemeyi geçen şirketler	3. Eleme Sonucu
64 Kellogg Co.	4. Elemeye alındı
65 Kelly Serviees, Inc.	Elendi, ölçüt 3,6
66 KeyCorp	Elendi, ölçüt 3
67 Kimberly-Clark Corp.	4. Elemeye alındı
68 Kroger Co.	4. Elemeye alındı
69 Eli Lilly and Co.	Elendi, ölçüt 2
70 Loews Corp.	Elendi, ölçüt 3,6
71 Loral Corp.	Elendi, ölçüt 7
72 Lowe's Companies, Inc.	Elendi, ölçüt 2
73 MCI Communications Corp.	Elendi, ölçüt 7
74 Mapco, Inc.	Elendi, ölçüt 3,6
75 Masco Corp.	Elendi, ölçüt 3,6
76 Mattel	Elendi, ölçüt 3,6
77 McDonald's Corp.	Elendi, ölçüt 7
78 Melville	Elendi, ölçüt 10
79 Merek & Co., Inc.	Elendi, ölçüt 1
80 Mobil Corp.	Elendi, ölçüt 2
81 Monsanto Co.	Elendi, ölçüt 4,5
82 Motorola, Inc.	Elendi, ölçüt 1
83 Newell Co.	Elendi, ölçüt 3,6
84 Nike, Inc.	Elendi, ölçüt 1,7
85 Norwest Corp.	Elendi, ölçüt 5
86 Nucor Corp.	4. Elemeye alındı
87 Olsten Corp.	Elendi, ölçüt 1,7
88 Owens-Corning	Elendi, ölçüt 2
89 PACCAR, Inc.	Elendi, ölçüt 2
90 PacifiCare Health Systems	Elendi, ölçüt 8
91 Pepsico, Inc.	4. Elemeye alındı
92 Pfizer, Inc.	Elendi, ölçüt 1
93 Phelps Dadge Corp.	Elendi, ölçüt 2
94 Philip Marris Companies, Inc.	4. Elemeye alındı
95 Pitney Bowes, Inc.	4. Elemeye alındı

2. Elemeyi geçen şirketler	3. Eleme Sonucu
96 Procter & Gamble Co.	Elendi, ölçüt 2,5
97 Progressive Corp.	Elendi, ölçüt 1,3
98 Raythean Co.	Elendi, ölçüt 6
99 Reebok	Elendi, ölçüt 8
100 Republie New Yark	Elendi, ölçüt 3,6
101 Rockwell Internatianal Corp.	Elendi, ölçüt 3,6
102 SCI Systems, Inc.	Elendi, ölçüt 7
103 SAFECO Corp.	Elendi, ölçüt 2
104 Sara Lee Corp.	4. Elemeye alındı
105 Sehering-Plaugh Corp.	Elendi, ölçüt 7
106 ServiceMaster Co.	Elendi, ölçüt 7
107 Shaw Industries, Inc.	Elendi, ölçüt 3,6
108 Sanaea Products Co.	Elendi, ölçüt 3,6
109 Southwest AirlIncs Co.	Elendi, ölçüt 1
110 State Street Boston Corp.	Elendi, ölçüt 3
111 SunTrust Banks	Elendi, ölçüt 8
112 SYSCO Corp.	Elendi, ölçüt 3,6
113 Tandy Corp.	Elendi, ölçüt 6
114 Tele-Communications, Inc.	Elendi, ölçüt 3,6
115 Turner Broadcasting	Elendi, ölçüt 8
116 Tyco International, Ltd.	Elendi, ölçüt 2,6
117 Tyson Foods, Inc.	Elendi, ölçüt 1,3
118 Union Carbide Corp.	Elendi, ölçüt 6
119 U.S. Bancorp	Elendi, ölçüt 2
120 VF Corp.	Elendi, ölçüt 6
121 Wal-Mart Stores, Inc.	Elendi, ölçüt 1
122 Walgreens Co.	4. Elemeye alındı
123 Walt Disney	Elendi, ölçüt 9
124 Warner-Lambert Co.	Elendi, ölçüt 6,7
125 Wells Fargo & Co.	4. Elemeye alındı
126 Winn-Dixie Stores, Inc.	Elendi, ölçüt 7

4. Eleme: 19 şirketten 11 iyiden mükemmele dönüşmüş şirkete

İyiden mükemmele geçmiş sektörleri değil, şirketleri bulmak istiyorduk. Sadece doğru anda doğru sektörde yer almak, bir şirketi çalışmaya almamıza yetmiyordu. Sektörel geçişleri şirketin geçişinden ayırt etmek için CRSP analizini bu 19 şirkette tekrarlamaya karar verdik. Ama bu sefer borsa endeksi yerine bileşik bir sektör endeksi kullanandık. Sektörlerine oranla geçiş yapan şirketler son çalışma setine seçildi.

19 şirketin her biri için S&P bileşik sektör verileri aracılığıyla geçmişe dönerek geçiş tarihinde (beş yıl boyunca) o sektörde yer alan şirketler seti oluşturduk. Sonra da CRSP verileriyle bu bileşik sektör verilerinde yer alan bütün şirketlerin borsa getirilerine baktık. Eğer şirketin birden fazla sektörde faaliyeti varsa iki ayrı sektör grubu oluşturduk. Sonra da sektör bazında bir kümülatif getiri endeksi oluşturup ve geçiş yapan şirketin kümülatif hisse senedi getirisini karşılaştırdık. İçinde bulundukları sektöre oranla geçiş özellikleri göstermeyen şirketleri, bu şekilde eledik.

Sektör analizi yöntemiyle 8 şirket eledik. Sara Lee, Heinz, Hershey, Kellogg, CPC ve General Mills, 1980 civarında borsa ortalamasına oranla ciddi bir yüksek performans dönemine geçiş yapmışlardı ama hiçbiri gıda sektörüne oranla bir geçiş yapamamıştı. Coca-Cola ile Pepsico da 1960'larda ve 1980'lerde yüksek performanslı dönemlere geçiş yapmışlar ama içecek sektörü bazında ele alındığında bir geçiş yapamamışlardı. Sonuç itibariyle araştırmak için elimizde 4 elemeden geçen 11 şirket kaldı. (Not: Çalışmaya ilk başladığımız zaman, henüz Circuit City, Fannie Mae ve Wells Fargo hakkında 15 yıllık t+15 dönemini dolduracak veriler yoktu. Onları izlemeye devam ettik. Çalışmamız sürerken onlar da "borsa ortalamasının üç katı getiri sağlanan 15 yılı" doldurdular ve çalışmaya dahil oldular.)

EK 1 – B

Doğrudan Karşılaştırma Şirketlerinin Seçimi

Doğrudan Karşılaştırma Şirketlerinin Seçim Süreci

İyiden mükemmele geçen şirketlerle doğrudan karşılaştırma analizinin amacı, mümkün olduğunca "tarihsel boyutu olan bir deney" yapmaktı. Fikir basitti: Her bir mükemmel şirketle aşağı yukarı aynı yaşta, benzer fırsatlara sahip olmuş, benzer alanlarda faaliyet gösteren ve benzer başarı kalıplarına sahip şirketler bularak iyiden mükemmele geçişi sağlayan ayırt edici değişkenleri aramak için karşılaştırmalı bir analiz gerçekleştirebilirdik. Amacımız, iyiden mükemmele geçiş yapmış şirketler gibi aynı geçişi yapabilecekken yapamayan şirketler bulup, "Arada ne fark vardı?" diye sormaktı. İyiden mükemmele geçiş yapmış her şirketin karşılaştırılacağı şirketi bulmak için aşağıdaki 6 ölçütü kullanarak sistematik ve metodik bir şirket bulma ve derecelendirme çalışması uyguladık:

Faaliyet Alanı: Geçiş döneminde karşılaştırma şirketi olmaya aday şirket de iyiden mükemmele geçiş yapmış şirketle benzer ürün ve hizmet üretecekti.

Boyut: Geçiş tarihinde karşılaştırma adayı şirket ile mükemmel şirket, hemen hemen aynı büyüklüğe sahip olacaktı. Bunu ölçmek için geçiş tarihinde aday şirketin geliri/mükemmel şirketin geliri oranı temelinde bir matris oluşturduk.

Yaş: Karşılaştırma adayı şirketin de mükemmel şirketle hemen hemen aynı yıllarda kurulmuş olması gerekiyordu. Bunu ölçmek için aday şirketle mükemmel şirketin yaşları arasındaki orana dayanan bir matris oluşturduk.

Hisse grafiği: Karşılaştırma adayı şirketle mükemmel şirketin hisse senedi kümülatif getiri grafikleri, geçiş noktasına kadar kabaca birbirine benziyordu. Ancak o tarihten sonra iki grafik farklılaşıyor ve mükemmel şirketin performansı, aday şirketin çok üzerinde gerçekleşiyordu.

Başarıyı koruma testi: Geçiş tarihi itibariyle karşılaştırma adayı şirket mükemmel şirketten daha başarılı (daha büyük, daha kârlı), piyasada daha iyi konumlanmış ve daha itibarlıydı. Bu test, mükemmel şirketlerin önündeki engelleri gösteren kritik bir testti.

Geçerlilik: Bu ölçüt, iki unsurdan oluşuyor. 1) Eleme yapıldığı anda karşılaştırma şirketi mükemmel şirketle benzer bir alanda faaliyet gösteriyordu, 2) Karşılaştırma adayı şirket, eleme yapıldığı anda mükemmel şirketten daha az başarılıydı.

Yani başarıyı koruma testi ile geçerlilik testi beraberce işlev gördü: Başarıyı koruma testine göre karşılaştırma şirketi geçiş tarihinde mükemmel şirketten daha güçlüydü ama geçerlilik testine göre de bu çalışma için elemenin yapıldığı tarih itibariyle daha zayıftı.
Her aday şirkete, saydığımız 6 ölçüt için 1'den 4'e kadar notlar verdik. Notların anlamı şuydu:

4 = Aday şirket, ölçütü tam anlamıyla karşılıyor.
3 = Aday şirket ölçütü büyük ölçüde karşılıyor. Bazı önemsiz sorunlar var.
2 = Aday şirket, ölçütü zorlukla karşılıyor. Önemli sorunlar var.
1 = Aday şirket ölçütü karşılayamıyor.

Aşağıdaki tablo, iyiden mükemmele geçiş yapmış tüm şirketler için aday karşılaştırma şirketlerinin aldığı notları gösteriyor. Seçilen aday, her listenin başında yer alıyor.

Abbott

Upjohn	4.00
Richardson-Merill	3.25
G.D.Searle&Co	3.00
Sterling Drugs	2.83
Schering-Plough	2.70
Bristol-Meyers	2.67
Norwich	2.67
Parke-Davis	2.40
SmithKline Beecham	2.33
Pfizer	2.33
Warner-Lambert	2.17

Circuit City

Silo	3.40
Tandy	3.25
Best Buy	1.83

Fannie Mae

Great Western Financial Corp	2.83
Sallie Mae	2.67
Freddie Mac	2.50
H.F. Ahmanson&Co	2.33
Household International	2.33
Continental Bancorp	2.20
First Charter	1.60

EK 1 – B

Gillette

Warner-Lambert	2.67
AVon	2.50
Procter&Gamble	2.33
Unilever	2.33
International Flavors&Fragnances	2.33
Revlon	2.33
The Clorox Company	2.33
Colgate-Palmolive	2.25
Cheseborough-Ponds	2.00
Bic	1.50
Alberto-Culver	1.50
American Safety Razor	1.50
Purex Corporation	1.00
Fabergé	1.00

Kimberly-Clark

Scott Paper Company*	3.50
The Mead Corporation	3.50
Crown Zellerbach	3.25
St. Regis Paper Company	3.13
International Paper	2.92
Union Camp Corporation	2.67
Georgia Pacific	2.50
The Westvaco Corporation	2.50

* Geçiş süreci içinde daha iyi bir karşılaştırma sunacağı anlaşıldığından Scott Paper seçilmiştir.

Kroger

A&P	3.17
Safeway	2.58
Winn-Dixie	2.50
American Stores	2.42
Giant Foods, Inc.	2.33
Jewel	2.25
Albertson's	2.08
Food Fair	1.50
Grand Union	1.00

Nucor

Bethlehem Steel Corporation*	3.00
Inland Steel Industries, Inc.	3.00
USX	2.92
National Steel Corporation	2.60
Florida Steel	2.50
Northwestern Steel and Wire Co.	2.40
The Interlake Corporation	2.00
Republic Steel Corporation	1.83
Allengheny Teledyne	1.75
Lykes Corporation	1.60
Wheeling	1.50

Philip Morris

R.J.Reynolds Tobacco	3.50
American Tobacco	3.40
Ligeett Group, Inc.	3.25
Lorillard Industries	3.20

* Inland, sadece yaş açısından Bethlehem'e göre daha yüksek not almıştır. Bethlehem ise başarıyı koruma ve geçerlilik testinden daha yüksek puan aldığı için Bethlehem seçilmiştir.

Pitney Bowes

Addressograph-Multigraph	3.42
Burroughs (Unisys oldu)	2.83
Smith-Corona	2.58
Xerox	2.33
NCR	2.25
IBM	2.00
Control Data	1.33

Walgreens

Eckerd	3.42
Revco D.S., Inc.	2.67
Rite Aid Corporation	2.17

Wells Fargo

Bank of America	3.33
First Chicago	3.17
NationsBank	3.17
Mellon	3.00
Continental Ilinois	3.00
Bank of Boston	2.83
First Interstate	2.25
Norwest	2.17
First Pennsylvania	2.00
Interfirst	1.75

EK 1 – C

İstikrarsız Karşılaştırma Şirketleri

İstikrarsız Karşılaştırma Şirketleri	Yükseliş Gözlenen Yıl Sayısı*	Yükseliş Yıllarında Kümülatif Hisse Senedi Getirisinin Borsa Ortalamasına Oranı	Sonraki 10 Yılda Kümülatif Hisse Senedi Getirisi Oranı†
Burroughs	10.08	13.76	0.21
Chrysler	5.67	10.54	0.69
Harris	6.42	6.63	0.16
Hasbro	6.33	35.00	0.63
Rubbermaid	10.83	6.97	0.31‡
Teledyne	9.42	17.95	0.22
Median	7.92	12.15	0.26
Geçici Ortalaması	8.125	15.14	0.37
Benzer Dönemde İyiden Mükemmele Dönüşen Şirketlerin Ortalaması		4.91§	2.02‖

* Buradaki yıl sayısı, yukarı hareketin başladığı yıldan zirve yılına kadar geçen yılların sayısıdır. Bu yıldan sonra şirketin borsa ortalamasına göre getirisi düşüşe geçmektedir.

† Borsa ortalamasına göre kümülatif hisse getirisi 1.00'ın altına indiğinde, borsa ortalamasına göre bir düşüş ifade eder. Örneğin oran 0.20 ise bunun anlamı şudur: Bu şirkete yatırılan her bir dolar, paranızı buraya değil de endekse yatırmış olsaydınız elde edebileceğiniz getiriden yüzde 80 daha az getiri sağlamaktadır.

‡ Rubbermaid'le ilgili veriler, şirketin zirve noktasının 7.17 yıl sonrasına kadar gitmektedir. Şirket bu yıl satın alınmıştır.

§ Şu şekilde hesaplandı: İyiden mükemmele dönüşmüş herbir şirket için yukarı hareketin başladığı yıldan 8.125 yıl sonrasına kadar (8.125 yıl, geçici karşılaştırma şirketlerinin ortalama döngü zamanıdır) kümülatif hisse senedi getirisinin borsa ortalamasına oranı hesaplandı. Sonra da iyiden mükemmele geçen 11 şirket için t + 8.125 yılın ortalaması bulundu. (Borsa ortalamasına ve buradaki şirketlere birer dolar yatırılıp t + 8.125 zamanında geri alındı.)

‖ İyiden mükemmele geçen her bir şirket için t+ 8.125 – t+ 18.125 dönemi için kümülatif hisse senedi getirisinin borsa ortalamasına oranı hesaplandı. Sonra da iyiden mükemmele geçen 11 şirket için t+ 18.125 yılın ortalaması bulundu. (Borsaya ve buradaki şirketlere birer dolar yatırılmış gibi.) Şirket t+ 18.125 tarihinden önce bağımsız varlığını yitirmişse eldeki son veri alındı. Wells Fargo için 1998 yılında Norwich'le yaptığı birleşmeden önceki son veri kullanıldı.)

Aşağıdaki grafik, klasik bir istikrarsız karşılaştırma şirketini gösteriyor:

HARRIS CORPORATION, KLASİK BİR İSTİKRARSIZ KARŞILAŞTIRMA ŞİRKETİ

Borsa ortalamasına göre kümülatif hisse getiri oranı
t – 15 – t + 15

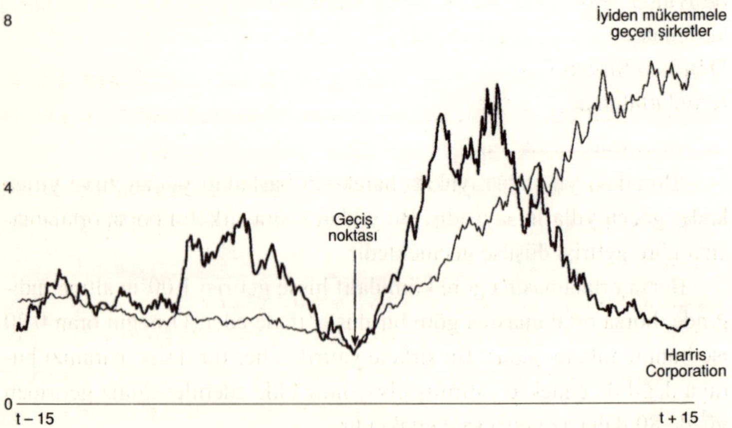

EK 1 – D

Araştırma Aşamalarına Kısa bir Bakış

11 iyiden mükemmele şirketi, 11 doğrudan karşılaştırma şirketi, 6 istikrarsız karşılaştırma şirketi olmak üzere toplam 28 şirket seçildikten sonra araştırma ekibimiz tarafından aşağıdaki çalışmalar yapıldı:

Şirketlere Dair Belgeler

Tüm şirketler için ekibimizin bir üyesi şirket hakkındaki haberleri, makaleleri, yorumları ve basılmış diğer belgeleri topladı. Bu belgeler arasında şunlar da yer alıyor:

1. Şirketin tüm tarihi boyunca hakkında yazılmış önemli haber ve yorumlar. Forbes, Fortune, Bisiness Week, Wall Street Journal, Nation's Business, New York Times, U.S. News, New Republic, Harvard Business Review ve Economist gibi kaynaklardan ve sektör dergilerinden toplandı.
2. Doğrudan şirketten elde edilen belgeler. Özellikle şirketin bastığı kitaplar, makaleler, yöneticilerin konuşmaları, iç yazışma ve yayınlar, yıllık raporlar ve diğer şirket belgeleri.
3. Şirket içindeki ya da dışındaki yazarlar tarafından yazılan şirketin bulunduğu sektör, şirket ve yöneticileri hakkında yazılmış kitaplar.
4. İşletme fakültelerindeki vaka ve sektör analizleri.
5. Biographical Dictionary of American Business Leaders, International Directory of Company Histories, Hoover's Handbook of Companies, Development of American Industries gibi referans kitapları.

6. Yıllık raporlar, analiz raporları, özellikle geçiş dönemi sırasında şirket hakkında bulunabilen diğer belgeler.

Sonra da tüm şirketler için yukarıda sayılan malzemelerdeki tüm bilgiler, şirketin kuruluşundan bugüne kadar tüm tarihini içeren kronolojik bir "kod belgesi"ne sistematik biçimde kodlandı:

Kod Kategorisi 1 – Teşkilat: Teşkilat yapısı, politikalar ve prosedürler, ödüller, şirketin mülkiyet yapısı gibi "ağır" konular.

Kod Kategorisi 2 – Sosyal Faktörler: Şirketin kültürü, elemanlarına dair politika ve uygulamaları, normları, törenleri, efsaneleri ve öyküleri, grup dinamikleri, yönetim tarzı gibi "hafif" konular.

Kod Kategorisi 3 – Strateji ve Stratejik Süreç: Şirket stratejisinin temel unsurları. Strateji oluşturma süreci. Önemli birleşme ve şirket alımları.

Kod Kategorisi 4 – Pazarlar, Rakipler ve Ortam: Şirketin rakipleri ve dış ortamı hakkında önemli bilgiler. Ana rakipler, rakiplerin önemli hamleleri, pazara yönelik ana hamleler, ulusal ve uluslararası çapta büyük olaylar, yasal düzenlemeler, sektörel meseleler, önemli teknolojik değişimler. Şirketin Wall Street'le ilişkileri de bu kategori içindedir.

Kod Kategorisi 5 – Liderlik: Şirketin liderliği. Önemli yöneticiler, CEO'lar, başkanlar, yönetim kurulu üyeleri. Liderliğin devri, liderlik tarzı üzerine ilginç bilgiler.

Kod Kategorisi 6 – Ürün ve Hizmetler: Şirketin tarihi boyunca ürettiği önemli ürün ve hizmetler.

Kod Kategorisi 7 – Fiziksel Ortam ve Yerleşim: Şirketin fiziksel ortamını nasıl değerlendirdiğine yönelik bulgular. Fabrika ve ofislerin yerleşim düzeni, yeni tesisler, vs. Şirketin önemli bölümlerinin coğrafi yerleşimine dair kararlar da bu kategoriye dahildir.

Kod Kategorisi 8 – Teknoloji Kullanımı: Şirket teknolojiyi nasıl kullanıyor? Bilgi teknolojileri, süreçler ve ekipman, gelişmiş iş süreçleri gibi konular.

Kod Kategorisi 9 – Vizyon: Öz Değerler ve BZCH'ler: Bu tür kavramlar mevcut mu? Mevcutsa ne zaman ortaya çıktılar? Şirket tarihinin belli bir aşamasında mı ortayla çıktılar? Ne tür bir işlev gördüler? Eğer şirketin güçlü değerleri ve amaçları varsa hiç bozulmadan kaldılar mı yoksa zaman içinde olayların süzgecinden mi geçtiler?

Kod Kategorisi 10A (Sadece Doğrudan Karşılaştırma Şirketleri için) – İlgili Mükemmel Şirketin Geçiş Dönemi Sırasında Yaşadığı Değişim-Dönüşüm Faaliyetleri: İlgili mükemmel şirketin geçiş döneminin on yıl öncesinden on yıl sonrasına kadar şirketi dönüştürme yolundaki ana adımlar.

Kod Kategorisi 10B (Sadece İstikrarsız Karşılaştırma Şirketleri İçin) – Geçiş Girişiminde Bulunulan Dönem: Geçiş girişiminde bulunulan dönemin on yıl öncesinden başlayarak, dönem sırasında yaşanan önemli değişim-dönüşüm girişimleri, şirketin kalkıştığı faaliyetler.

Kod Kategorisi 11 (Sadece İstikrarsız Karşılaştırma Şirketleri İçin) – Geçiş Sonrası Düşüş: Dönüşüme girişilen dönemin on yıl sonrasına kadar geçişin kalıcı olmasını engelleyen faktörler.

Mali Analiz

Yaklaşık toplam 980 yıllık mali verilerle (28 şirket için 35'er yıl) gelir tablosu ve bilanço üzerinden geçiş öncesi ve sonrası dönemini ile geçiş döneminde aşağıdaki değişkenleri içeren kapsamlı bir mali analiz gerçekleştirdik:

Dolar bazında reel ve nominal toplam satışlar (enflasyondan arındırılmış)
Satışlardaki artış
Kârlılık artışı
Kârlılık
Satış gelirleri
Çalışan başına reel ve nominal satışlar
Çalışan başına reel ve nominal kâr
Binalar, tesis ve ekipmanlar
Temettü oranı
Satış giderleri, genel giderler ve yönetim giderlerinin satışlara oranı
AR&GE giderlerinin satışlara oranı
Tahsilat süresi (gün)
Stok devir hızı
Aktif başına gelir
Borçların aktiflere oranı
Uzun vadeli borçların aktiflere oranı
Faiz giderinin satışlara oranı
En yüksek hisse fiyat-kazanç oranı
En düşük hisse fiyat-kazanç oranı
Ortalama hisse fiyat-kazanç oranı

Yönetici Mülakatları

Şirketlerin tepe yöneticileriyle ve yönetim kurulu üyeleriyle mülakatlar yaptık. Özellikle de geçiş döneminde şirketin başındaki kişiler üzerine odaklandık. Tüm mülakatları deşifre ederek elde ettiğimiz bilgileri ilgili verilerle birleştirdik.

Şirket ve görüşülen yönetici sayısı

Abbott	8
Circuit City	8
Fannie Mae	10
Gillette	6
Kimberly-Clark	7
Kroger	6
Nucor	7
Philip Morris	6
Pitney Bowes	9
Walgreens	8
Wells Fargo	9
Toplam	84

Mülakat Soruları

Şirketle ilişkilerinizi özetleyebilir misiniz? Hangi yıllarda firmada bulundunuz ve ne tür sorumluluklar aldınız?

Geçiş döneminden on yıl öncesinden başlayarak on yıl sonrasına kadar olan dönemde, performansın yükselişine neden olan veya katkı sağlayan ilk beş faktör hangileridir?

Bu faktörleri tek tek ele alalım. Toplam 100 puanınız olsa geçiş dönemindeki rollerine göre bu faktörlere nasıl dağıtırsınız?

Bu faktörlerin en başta gelen iki ya da üçünü ele alalım. Faktörlerle ilgili somut örnek verebilir misiniz?

Şirket ciddi bir geçiş yaşamak için bilinçli bir karar verdi mi?

(Eğer bilinçli bir karar varsa:) Hatırladığınız kadarıyla geçişe yol açan kararları vermeye ne zaman başladı (yaklaşık olarak hangi yıl)?

(Eğer bilinçli bir karar varsa:) Böylesi önemli bir geçiş yaşamak kararınızı almanızı tetikleyen şey neydi?

Geçiş dönemi boyunca şirketin ana kararları almasını ve anahtar stratejileri geliştirmesini sağlayan süreç nasıl bir süreçti? Alınan kararların kendisi değil, o kararların nasıl alındığı soruluyor.

Ana kararlar almada dışarıdan danışmanların rolü var mıydı? Varsa neydi?

Kararları aldığınızda, daha sonuçlarını görmeden o kararların doğru olduğuna inancınızı 1-10 arasında puan vererek belirtiniz. (10, kararların doğru kararlar olduğuna ve başarı oranlarının yüksek olduğuna tam olarak inandığınız anlamına gelir. 1 ise kararlara güvenmediğinizi ve riskli (kumar gibi) gördüğünüzü gösterir.)

(İnanç 6'dan büyükse:) Bu karara böylesine inanmanızı sağlayan şey nedir?

Şirket alınan kararlara ne ölçüde bağlı kaldı?

Buna somut örnek verebilir misiniz?

Geçiş döneminde yapmaya çalıştığınız ama yapamadığınız bir şey var mı?

Şirket uzun vadeli bir dönüşüm geçirirken Wall Street'in kısa vadeli baskılarını nasıl yönetti?

Birçok şirket değişim programları başlatır ama bu çabalarından kalıcı bir sonuç elde edemez. İyiden mükemmele yapılan geçişlerin en önemli özelliklerinden biri de, geçişin kısa vadeli bir yükseliş olmaması ve kalıcı olması. Bunu olağanüstü buluyoruz. İyiden mükemmele geçen bir şirketi bu anlamda farklı kılan şey nedir? Geçişi birkaç yıllık bir macera almaktan öteye götüren ve kalıcılığını sağlayan ana faktörler nelerdir?

Şirketinizi, sizin geçiş yaptığınız sırada sizinle aynı sektörde yer alan ama iyiden mükemmel geçiş yapan şirketlerdekinin aksine, kalıcı yüksek performans sağlayamayan şirketlerle karşılaştıracağız. Mükemmel şirketlerin bu geçişi yapmalarına olanak sağlayan fark nedir? Diğer şirketler sizin yaptığınızı yapamadılar. Sizde olup da onlarda olmayan şey nedir?

İyiden mükemmele geçişin esasını tam olarak anlatan tanık olduğunuz bir olay, kafanızdaki bir resim, bildiğiniz bir örnek, bir gözlem var mı?

Yaptığımız mülakatların dışında,

- geçiş dönemi sırasında ve sonrasında şirketteki yöneticilerle mi
- şirket dışındaki yönetim kurulu üyeleri ve diğer önemli kişilerle mi

görüşmemizi önerirsiniz?

Sizce, sormamız gerekip de sormadığımız başka bir soru var mı?

Özel Analizler

Bir dizi özel analiz gerçekleştirdik. Bu analizler, sistematik bir karşılaştırmanın nasıl yapılacağını bulmaya ve mümkün olduğu oranda da mükemmel şirketlerle karşılaştırma grubundaki şirketler arasındaki ana farklılıkları ortaya çıkarmaya yönelik analizlerdi.

Şirket Alım ve Satımları

Bu analiz, iyiden mükemmele geçiş sürecinde şirket satın alım ve satımlarının nasıl bir rol oynadığını araştırmaya yöneliktir.

Hedefler:

1. İyiden mükemmele geçen şirketlerde geçiş öncesi dönemle geçiş sonrası dönem arasında şirket alım ve satımlarında nicel bir farklılık var mıdır, varsa nedir?

2. İyiden mükemmele geçmiş şirketler, şirket satın alım ve satımlarında karşılaştırma grubundaki şirketlerden ne tür farklılıklar gösterir?

3. İyiden mükemmele geçmiş şirketler, şirket satın alım ve satımlarında geçici karşılaştırma grubundaki şirketlerden ne tür farklılıklar gösterir?

Bu analizi yapmak için her şirket için bir veri tabanı oluşturduk. Bu veri tabanında her yıl için aşağıdaki bilgiler yer alıyordu:

1. Yıl boyunca satın alınan şirketlerin listesi ve bu operasyonların mali portresi,
2. O yıl satın alınan şirketlerin toplam sayısı,
3. Yıl boyunca satın alınan şirketlerin toplam büyüklüğü,
4. Yıl boyunca satılan şirketlerin listesi ve bu operasyonların mali portresi,
5. O yıl satılan şirketlerin toplam sayısı,
6. Yıl boyunca satılan şirketlerin toplam büyüklüğü

Bu verileri kullanarak sekiz önemli analiz gerçekleştirdik:

1. İyiden mükemmele geçen şirketler: geçiş öncesi ve sonrası dönem.
2. İyiden mükemmele geçen şirketler-karşılaştırma grubu şirketleri: geçiş öncesi ve sonrası dönem.
3. İstikrarsız karşılaştırma şirketleri: geçiş öncesi ve sonrası onyıllar.

4. Özet: geçiş öncesi ve sonrası analiz: iyiden mükemmele geçen şirketler-karşılaştırma grubundaki şirketler-istikrarsız karşılaştırma şirketleri.
5. İyiden mükemmele geçen şirketler: geçiş döneminden bugüne.
6. İyiden mükemmele geçen şirketler-karşılaştırma grubu şirketleri: geçiş döneminden 1998'e kadar.
7. İstikrarsız karşılaştırma şirketleri: geçiş döneminden 1998'e kadar. Aynı analiz, iyiden mükemmele geçen şirketlere de yapıldı.
8. Özet, geçiş tarihinden 1998'e kadar: iyiden mükemmele geçen şirketler-karşılaştırma grubundaki şirketler-istikrarsız karşılaştırma şirketleri.

Ayrıca bu analiz sayesinde şirket alımlarının ve tasfiyelerinin kalitatif yanına da bakarak şu sorulara cevap aradık:

1. Şirket alımlarının genel stratejisi.
2. Satın alınan şirketleri bütünleştirme stratejisi.
3. Alınan her bir büyük şirketin nihai başarısı.
4. Genel şirket alma stratejisinin nihai başarısı.

Sektörel Performans Analizi

Bu analizde, şirketlerin performanslarını içinde bulundukları sektörün performanslarıyla karşılaştırdık. Analizin hedefi, geçiş döneminde şirketin cazip bir sektörde faaliyet gösterip göstermediğini bulmaktı. Her şirketi içinde bulunduğu sektöre göre değerlendiren ve aralarındaki ilişkiyi belirleyen tablolar oluşturduk.

İyiden mükemmele geçen bütün şirketlerin içinde bulunduğu sektörleri Standart & Poor's Analyst's Handbook'ta bulunan sektörlerle geçiş döneminden 1995 yılına kadar karşılaştırdık. Bunun için aşağıdaki prosedürü kullandık:

1. Her bir iyiden mükemmele geçen şirket için Handbook'ta bulunan tüm sektörleri geçiş yılından 1995'e kadar belirle.

2. Bu sektörlerin her biri için ilgili şirketin geçiş döneminden 1995'e kadar olan toplam getirisini kullanarak sözkonusu dönemde toplam getirideki yüzde değişimi bul.
3. Sektörleri getirilerinin büyüklüğüne göre sıraya diz.

Yönetici Sirkülasyonu Analizi

Bu analiz, şirketlerin tarihleri boyunca kritik dönemlerde yönetim kademelerindeki değişimleri analiz ediyor. Moody's Company Information Reports'a dayanarak iyiden mükemmele geçen şirketlerdeki yönetici sirkülasyonunu karşılaştırma grubundaki şirketlerle karşılaştırdık:

- Geçiş öncesindeki on yıllık dönemde şirketten ortalama ayrılma oranı.
- Geçiş sonrasındaki on yıllık dönemde şirketten ortalama ayrılma oranı.
- Geçiş öncesindeki on yıllık dönemde şirkette işe başlama oranı.
- Geçiş sonrasındaki on yıllık dönemde şirkette işe başlama oranı.
- Geçiş öncesindeki on yıllık dönemde şirketteki ortalama toplam sirkülasyon oranı.
- Geçiş sonrasındaki on yıllık dönemde şirketteki ortalama toplam sirkülasyon oranı.
- Aynı analiz 1998'e kadar yapıldı.

Hedefler:

1. İyiden mükemmele geçmiş şirketlerde yönetici sirkülasyonu ve/veya devamlılığı konusunda geçiş öncesi dönemle sonrası dönem arasında nicel bir fark var mı? Varsa ne?
2. İyiden mükemmele geçen şirketlerle karşılaştırma grubundaki şirketler arasında, yönetici sirkülasyonu ve veya devamlılığı konusunda nasıl bir fark var?
3. İyiden mükemmele geçen şirketlerle geçici karşılaştırma

grubundaki şirketler arasında, yönetici sirkülasyonu ve/veya devamlılığı konusunda nasıl bir fark var?

CEO Analizi

Toplam 56 CEO inceledik. Üç şirket grubu (iyiden mükemmele geçen şirketler, karşılaştırma grubu şirketleri, istikrarsız karşılaştırma grubu şirketleri) için de geçiş dönemi için aşağıdaki analizi yaptık:

1. Yönetim tarzı.
2. Yönetsel kişiliği.
3. Özel hayatı.
4. CEO olarak en çok önem verdiği beş şey.

Bunun dışında bütün iyiden mükemmele geçen, karşılaştırma ve geçici karşılaştırma grubunda yer alan şirketlerin CEO'larının müktesebatlarını ve görev sürelerini de inceledik. Geçiş döneminden önceki on yıldan itibaren 1997 yılına kadar sürdürdüğümüz bu analizde aşağıdaki sorulara cevap aradık:

1. CEO, dışarıdan doğrudan CEO olarak mı geldi (CEO olarak işe alındı)?
2. CEO olmadan önce şirkette kaç yıl çalıştı?
3. Kaç yaşında CEO oldu?
4. Hangi yıl CEO oldu, hangi yıl bu görevden ayrıldı?
5. CEO olarak kaç yıl hizmet verdi?
6. CEO olmadan hemen önce hangi sorumlulukları üstlendi?
7. CEO olarak onu seçilmesine neden olan faktörler (neden onu CEO seçtiler)?
8. Eğitim durumu (özellikle eğitim gördüğü alanlar –hukuk, işletme gibi- ve sahip olduğu akademik dereceler)
9. Şirkete katılmadan önceki iş deneyimi ve diğer deneyimleri (örneğin askerlik).

Yönetici Ücretleri

Bu analiz, çalışmamızda ele aldığımız şirketlerde yöneticilerin ücretlerini ele aldı. 28 şirketin hepsi için de geçiş döneminden on yıl öncesinden başlayarak 1998 yılına kadar veri topladık ve geniş bir alanı kapsayan bir dizi analiz gerçekleştirdik.

1. Geçiş yılında şirketteki tüm yetkililerin ve tepe yöneticilerin ücret + primlerinin toplamının şirketin net varlığına oranı.
2. CEO'nun geçiş yılında aldığı toplam nakit ücret + primlerin şirketin net varlığına oranı.
3. CEO'nun geçiş yılında aldığı toplam ücret + primlerinin şirketin net varlığına oranı.
4. Geçiş yılında ve geçiş yılı + 10 yılında CEO'nun ücret + primi ile 4 tepe yöneticinin ücret + primleri arasındaki farkın şirketin net varlığına oranı.
5. Geçiş yılında tüm yetkililerin ve tepe yöneticilerin ücret + primlerinin şirketin net varlığına oranı.
6. Geçiş yılında tüm yetkililerin ve tepe yöneticilerin ücret + primlerinin toplamı.
7. Geçiş yılında tüm yetkililerin ve tepe yöneticilerin ücret + primlerinin satış gelirlerine oranı.
8. Geçiş yılında tüm yetkililerin ve tepe yöneticilerin ücret + primlerinin şirketin varlıklarına oranı.
9. Geçiş yılında dört tepe yöneticinin nakit ücret + primlerin şirketin net varlığına oranı.
10. Geçiş yılında dört tepe yöneticinin ücret + primlerinin şirketin net varlığına oranı.
11. Geçiş yılında tüm yetkililerin ve tepe yöneticilerin ücret + primlerinin ortalaması.
12. CEO'nun ücret + priminin şirketin net gelirine oranı.
13. CEO ile diğer dört tepe yöneticinin ortalama ücret + primleri arasındaki fark.
14. CEO ile diğer dört tepe yöneticinin ortalama ücret + primleri arasındaki farkın satışlara oranı.

15. CEO ile diğer dört tepe yöneticinin ortalama ücret + primleri arasındaki farkın net gelire oranı.
16. Geçiş yılında tüm yetkililerin ve tepe yöneticilerin ücret + primlerinin satışlara oranı.
17. Geçiş yılında tüm yetkililerin ve tepe yöneticilerin ücret + primlerinin net gelire oranı.
18. Geçiş yılında tüm yetkililerin ve tepe yöneticilerin ücret + primlerinin toplamı.
19. Geçiş yılında CEO'nun aldığı toplam nakit gelirin şirketin net gelirine oranı.
20. Geçiş yılında CEO'ya verilen yıllık şirket hisse senetlerinin değerinin şirketin net gelirine oranı.
21. Geçiş yılında dört tepe yöneticiye verilen yıllık şirket hisse senetlerinin değerinin satışlara oranı.
22. Geçiş yılında dört tepe yöneticiye verilen yıllık şirket hisse senetlerinin değerinin varlıklara oranı.
23. Geçiş yılında dört tepe yöneticiye verilen yıllık şirket hisse senetlerinin değerinin net varlığına oranı.
24. Geçiş yılı + 10 yılda CEO'nun ücret + priminin satışlara oranı.
25. Geçiş yılı + 10 yılda dört tepe yöneticinin ücret + priminin satışlara oranı.

Hedefler:

1. Şirketteki yönetici ücretleri konusunda iyiden mükemmele geçmiş şirketlerde geçiş öncesi dönemle sonrası dönem arasında nicel bir fark var mı? Varsa ne?
2. İyiden mükemmele geçen şirketlerle karşılaştırma grubundaki şirketler arasında, yöneticilerin ücretleri konusunda nasıl bir fark var?
3. İyiden mükemmele geçen şirketlerle geçici karşılaştırma grubundaki şirketler arasında, yöneticilerin ücretleri konusunda nasıl bir fark var?

Tensikatların Rolü

Bu analizde iyiden mükemmele geçen şirketlerin, karşılaştırma grubu şirketlerin ve geçici karşılaştırma grubu şirketlerin, şirket performansını artırmak üzere bilinçli bir tensikat taktiği izleyip izlemediğine ilişkin veri elde etmek istedik. Şunları inceledik:

1. Geçiş döneminden on yıl öncesinden 1998'e kadar yıl be yıl çalışan kişi sayısı.
2. Geçiş döneminden on yıl öncesinden on yıl sonrasına kadar şirketin performansını artırmak üzere bilinçli bir tensikat taktiği izleyip izlemediğine ilişkin veriler.
3. Tensikat varsa işten çıkarılan insanların sayısı ve toplam çalışanlara oranı.

Patronaj Analizi

Bu analizin hedefi, iyiden mükemmele geçen şirketlerde şirket sahipliği açısından önemli bir fark olup olmadığını incelemekti. Aşağıdaki sorulara cevap aradık:

1. Büyük bloklar halinde hisse sahibi olan kişi veya gruplar var mı?
2. Yönetim kurulunun şirkete sahiplik oranı.
3. Tepe yöneticilerin şirkete sahiplik oranı.

Medya İlgisi Analizi

Bu analiz, iyiden mükemmele geçen şirketler ile karşılaştırma ile geçici karşılaştırma grubundaki şirketleri kuşatan "medya ilgisini" derecelendiriyor. Geçiş döneminden on yıl öncesinden on yıl sonrasına kadar her şirket için aşağıdaki sorulara cevap aradık:

1. Geçiş öncesi ve sonrasındaki on yıl ile iki on yılın toplamında şirket hakkında yayınlanmış haberler.
2. Geçiş öncesi ve sonrasındaki on yıl ile iki on yılın toplamında

şirket hakkında yayınlanmış feature* haberler.

3. Yukarıda belirtilen haberler arasında açık biçimde "geçiş", "dönüşüm", "değişim" gibi kavramlar kullanan haberlerin toplam sayısı.
4. Geçiş öncesi ve sonrasındaki on yıl ile iki on yılın toplamında şirket hakkında çıkmış "olumlu", "nötr (hafif olumludan hafif olumsuza kadar)" ve "olumsuz" haber ve yorumların tek tek toplam sayıları.

Teknoloji Analizi

Burada daha çok yazılı kaynaklara ve yöneticilerle yapılan mülakatlara dayanarak teknolojinin rolünü analiz ettik:

1. Teknolojide öncü uygulamalar.
2. Teknolojinin zamanlaması.
3. Özel teknolojilerin seçimi ve kullanımı ölçütleri.
4. Karşılaştırma şirketlerinin geride kalmasında teknolojinin rolü.

Diğer Karşılaştırmalı Analizler

Son olarak, yukarıdaki analizlere ek olarak proje çalışmaları ilerledikçe bir dizi karşılaştırmalı analiz daha gerçekleştirdik. Bunlar araştırmanın bilgi kaynaklarından yararlanmakla birlikte yukarıda sayılanlardan daha az ayrıntılı analizlerdi:

Önemli şirket hamleleri
Şirkette evrimci ve devrimci süreç
Yönetim kademesi ve şirket içindeki eşitlikçilik
Eskiden mükemmel olan şirketlerin gerileme nedenleri
Üç çember analizi ve öz değer ve amaçlarla uyumlu olup olmadığı
Atılım aşamasından önce birikim aşamasının süresi

* feature haber: Öyküleştirilmiş ve normal haberlerden genellikle daha uzun haber ve yazılar. Haberin unsurları, öykünün içine yedirilir ve daha yumuşak bir dille yazılır. Daha çok insan öyküsü şeklinde kaleme alınır-ç.

EK 1 – D

Kirpi Konsepti ile atılım tarihinin zamanlaması
Kirpi Konsepti ve esas faaliyet alanı
Halef-selef analizleri ve haleflerin başarı oranları
Eskiden mükemmel olan şirketlerin gerilemesinde liderliğin rolü.

EK 2 – A

İçeriden CEO – Dışarıdan CEO

Aşağıdaki tablo, her şirket için içeriden CEO'lara karşı dışarıdan CEO'ları gösteriyor. İyiden mükemmele şirketler için geçiş döneminden on yıl öncesinden 1998'e kadar veri topladık. Karşılaştırma şirketleri için, karşılaştırıldığı şirketlerin zamanlamasını esas aldık. Geçici karşılaştırma şirketleri içinse geçiş girişimi yılından 1998'e kadar olan dönemi aldık. CEO olduğunda şirketteki görev süresi bir yıldan az olan kişileri, dışarıdan gelmiş saydık.

İyiden Mükemmele Şirketler	CEO sayısı	Dışarıdan Gelen Sayısı	Dışarıdan Gelenlerin Oranı (%)
Abbott	6	0	0
Circuit City	3	0	0
Fannie Mae	4	2	50
Gillette	3	0	0
Kimberly-Clark	4	0	0
Kroger	4	0	0
Nucor	2	0	0
Philip Morris	6	0	0
Pitney Bowes	4	0	0
Walgreens	3	0	0
Wells Fargo	3	0	0
Toplam	42	2	4.76

EK 2 – A

Karşılaştırma Şirketleri	CEO sayısı	Dışarıdan Gelen Sayısı	Dışarıdan Gelenlerin Oranı (%)
Upjohn	6	2	33
Silo	6	4	67
Great Western	3	0	0
Warner-Lambert	5	1	20
Scott Paper	5	1	20
A&P	7	2	29
Bethlehem Steel	6	0	0
R.J.Reynolds	9	3	33
Addressograph	10	7	70
Eckerd	3	0	0
Bank of America	5	0	0
Toplam	65	20	30.77

İstikrarsız Karşılaştırma Şirketleri	CEO sayısı	Dışarıdan Gelen Sayısı	Dışarıdan Gelenlerin Oranı (%)
Burroughs	6	2	33
Chrysler	4	3	75
Harris	5	0	0
Hasbro	3	0	0
Rubbermaid	4	1	25
Teledyne	3	0	0
Toplam	25	6	24
Toplam Karşılaştırma Grubu	90	26	28.89

Özet Analiz

	Toplam CEO Sayısı	Dışarıdan Gelenlerin Sayısı	Dışarıdan Gelenlerin Oranı (%)	Karşılaştırma Şirketi/ İyiden Mükemmele Şirket Oranı
İyiden Mükemmele Geçen Şirketler	42	2	4.76	
Karşılaştırma Şirketleri	65	20	30.77	6.46
İstikrarsız Karşılaştırma Şirketleri	25	6	24.00	5.04
Toplam Karşılaştırma Grubu	90	26	28.89	6.07

	Şirket Sayısı	Dışarıdan CEO Alan Şirketlerin Sayısı	Dışarıdan CEO Alan Şirketlerin Oranı (%)	Karşılaştırma Şirketi/ İyiden Mükemmele Şirket Oranı
İyiden Mükemmele Geçen Şirketler	11	1	9.09	
Karşılaştırma Şirketleri	11	7	63.64	7.00
İstikrarsız Karşılaştırma Şirketleri	6	3	50.00	5.50
Toplam Karşılaştırma Grubu	17	10	58.82	6.47

EK 5 – A

Sektör Analizleri Sıralaması

Her iyiden mükemmele geçen şirketin içinde bulunduğu sektörü, geçiş tarihinden 1995'e kadar Standard & Poor's Analyst's Handbook'ta yer alan tüm sektörlerle karşılaştırdık. Aşağıdaki prosedürü uyguladık

1. Her iyiden mükemmele geçen şirket için Handbook'ta bulunan tüm sektörleri geçiş yılından 1995'e kadar listele.
2. Bu sektörlerin her biri için ilgili şirketin geçiş döneminden 1995'e kadar olan toplam getirisini kullanarak sözkonusu dönemde toplam getirideki yüzde değişimi bul.
3. Sektörleri getirilerinin büyüklüğüne göre sıraya diz.

Aşağıdaki tablo, mükemmel sonuçlar üreten bir performansa geçmek için bir şirketin mutlaka mükemmel bir sektörde yer almasına gerek olmadığını gösteriyor.

Geçiş tarihi – 1995 itibariyle sektörel performans

Şirket	Dönem	Listedeki Sektör Sayısı	Şirketi İfade eden Sektör	Sektörün Sırası	Yüzdelik Değer (%)
Abbott	1974-95	70	Medikal Ürünler	28	40
Circuit City	1982-95	80	Perakende	17	21
Fannie Mae	1984-95	90	Tasarruf-Yatırım*	69	77
Gillette	1980-95	76	Kozmetik	19	25

* Daha önceki yıllara ait veri bulunmadığı için 1972 esas alındı.

Şirket	Dönem	Listedeki Sektör Sayısı	Şirketi İfade eden Sektör	Sektörün Sırası	Yüzdelik Değer (%)
Kimberly-Clark	1972-95	64	Ev Tüketim Ürünleri	18	28
Kroger	1973-95	66	Perakende Gıda Zinciri	12	19
Nucor	1975-95	71	Çelik	70	99
Philip Morris	1972-95*	57	Tütün	2	4
Walgreens	1975-95	71	Perakende Süpermarket	13	18
Wells Fargo	1983-95	84	Büyük Bölgesel Banka	64	76

* Daha önceki yıllara ait veri bulunmadığı için 1972 esas alındı.

EK 8 – A

Karşılaştırma Grubu Şirketlerinde Kıyamet Çarkı

Doğrudan Karşılaştırma Şirketleri

A & P

Hep bütün sorunlarını çabucak halledecek bir strateji arayışıyla o stratejiden bu stratejiye geçti. Programlar başlattı, işe yeni CEO'lar aldı çıkarttı, şirket içinde modalar ortaya attı. Gerileme yılları boyunca şirket hakkında basında şöyle yazılar çıktı: "Değişimin ayak sesleri", "Bir dev uyanırsa", "A&P kendini yeniliyor", "Büyük umutlar". Ancak büyük umutlar hiç gerçekleşmedi.[1]

Addressograph

Ana faaliyet alanı biraz gerilemeye başlayınca, "gök tepemize inecek" tarzı bir panik yaşadı. Donkişotvari bir "toplam kurumsal yenilenme" adına ofis otomasyonu alanına atlayıp IBM, Xerox ve Kodak'a rakip oldu. Bu alanda başarısız olunca bir sonraki CEO, "stratejik bir hamleyle" buradan çıktı. Aynı CEO, "sanki beyin ameliyatının ortasında ameliyat masasını bırakıp çıkıp giden" bir beyin cerrahı gibi altı ay içinde istifa etti. Sonraki CEO, yine "180 derecelik bir dönüşle" yazıcılara geçiş yaptı. İşe yaramadı ve zararı sineye çekmek zorunda kaldılar. 1984'e kadar altı yılda dört CEO gelip geçti. Bir kere değil, iki kere iflas etti.[2]

Bank of America

Piyasada deregülasyon dönemine tepkisel ve devrimci bir tarzda cevap vermeye çalıştı. ATM'ler ile teknolojide diğerlerinin gerisine düşünce onları yakalamak için pahalı bir program uyguladı. California'da rakiplerinin gerisinde kalınca gürültülü ama başarısız bir program uygulayarak onları yakalamaya çalıştı. Şirket içi değişimler konusunda uzman danışmanları işe alarak "Mao'nun kültür devriminin BoA versiyonunu gerçekleştirmeye" çalıştı. Ancak danışmanlar "kumrusal ilişki grupları" oluşturarak "yönetimi gaza getirme" uygulamasını kurumsallaştırmaya çalıştılar. Charles Schwab'ı aldı ancak şirket kültürleri çatışması patlak verince sattı. Wells Fargo'nun Crocker'ı almasına cevaben Security Pacific'i aldı ama bu alım da milyarlarca dolar zarar dışında bir sonuç doğurmadı.[3]

Bethlehem Steel

İstikrarsız ve kararsız davrandı: önce çelik dışında alanlara girdi, sonra tekrar çeliğe yoğunlaştı sonra tekrar başka alanlar, sonra tekrar çelik. Teknoloji ve modernizasyonda rakiplerinin gerisinde kaldı. Bu sefer onları yakalamak için hızlı fakat başarısız bir program başlattı. Yönetim sendikalara tepkisel davranınca onlarda yönetime tepkili davrandı. Bunun üzerine yönetim sendikalara daha çok tepki gösterdi ve bu böyle sürdü. Bu arada da yabancı rakipleri ve Nucor arkadan sıyrılıp pazarın büyük bölümünü yuttu.[4]

Eckerd

Yol gösterici bir Kirpi Konsepti olmaksızın, büyümek için birbiriyle ilgisiz şirketleri alarak kıyamet çarkı döngüsüne girdi. Bir şeker üreticisi, bir ev ürünleri mağazaları zinciri, bir güvenlik şirketi ve gıda hizmeti şirketi aldı. En büyük felaketi, American Home Video'yu alıp 31 milyon dolar zarara uğrayıp sonra da Tandy'e defter değerinin 72 milyon dolar altına satması oldu. Şirket kendini toparlayamadı, kaldıraçlı alım* vasıtasıyla satın alındı, sonra da J.C. Penny'e satıldı.[5]

Great Western Financial

Program tutarsızlığı. Bir şu yöne meyledip bankaya benzemek

* "leveraged buyout": kaldıraçlı şirket alımı. Bir şirketi satın almak isteyen girişimci, satın alacağı şirketin varlıklarını karşılık gösterip bankalarla kredi bağlantıları kurar. Şirketi o kredilerle alır-ç

istedi, bir öteki yöne meyledip faaliyet alanlarını çeşitlendirmeye çalıştı. Önce sigortacılığa girdi sonra oradan çıktı. Leasing ve inşaat işlerine bulaştı, sonra tekrar finansa banka işine döndü. "Kafanızı takmayın, bize istediğiniz ismi verebilirsiniz. İster banka deyin, ister sigortacı, isterseniz zebra." Şirketi bir arada tutan şey, CEO'sunun kişisel vizyonuydu. O emekli olunca uyumsuz ve hantal yapısıyla şirket tökezledi, acilen yeniden yapılanmaya gitti ama sonunda Washington Mutual'a satıldı.[6]

R.J.Reynolds

Sigara karşıtı güçler tarafından kuşatıldığını hissedince, Sea-Land gibi iyi düşünülmemiş şirket alımlarıyla iş alanlarını çeşitlendirmek istedi. Bu şirketi aldıktan sonra çalışmasını sağlamak için bir de 2 milyar dolar akıtan şirket, beş yıl sonra zararına sattı. Bu arada sigara fabrikaları bakımsızlıktan dökülüyordu. Her yeni CEO yeni bir strateji uyguladı. Piyasadaki önderlik koltuğunu Philip Morris'e kaptırınca kaldıraçlı alım yöntemiyle şirket satın almak için varını yoğunu verdi ama bu hamlenin asıl amacı şirketi yeniden yapılandırmaktan çok yönetim kademesini zengin etmekti.[7]

Scott Paper

Esas faaliyet alanında Procter&Gamble ile Kimbely-Clark'ın acımasız rekabetiyle karşılaşınca iş alanlarını çeşitlendirmeye çalıştı. Gelen her yeni CEO yeni bir yönelim, yeni bir yol, yeni bir vizyon getirdi. 1980'lerin sonlarında şirkette büyük vaveyla ile radikal değişim çabalarına girişildi ama şu soruya cevap verilemedi: Dünyada en iyisi olduğumuz şey nedir? Şirket, yeniden yapılanma döngüsüne düştü. "Testere Al" adıyla maruf Al Dunlap CEO olarak şirkete gelince çalışanların yüzde 41'ini işten çıkarttı, sonra da şirketi sattı.[8]

Silo

Sidney Cooper'ın ölümünden sonra oluşan boşluk doldurulamadı. Ondan sonrakiler büyümek için büyümeye çalıştılar. Circuit City bir bölgeye girdiğinde ana bir dağıtım merkezi oluşturup etrafındaki tüm kent ve kasabalara bir mağaza açarken Silo mantıksız davrandı ve bölge ölçek ekonomisini hesaba katmayarak bir mağaza o şehre, bir mağaza bu şehre biçiminde sistematik olmayan, karmakarışık bir dükkanlar yığını yarattı. Belli bir konsepti yoktu. Cyclops tarafından satın alındı. Onu da Dixons aldı. Yöneticiler, yeni patronlar tarafından işten kovuldu.

Upjohn

Geleceğini pazarlama ("Gelecek hiçbir zaman bu kadar parlak olmamıştı.") ve yeni ürünlerin potansiyelini abartma kalıbını benimsedi. Ama sonuçlar bu abartılara uymadı. Şirketin hisse senedi hareketliydi (yukarı ve aşağı, sonra yine yukarı ve aşağı) ve spekülatif bir kağıt oldu. Sattıkları şey sadece kızartmanın sesiydi; bifteği asla insanların önüne koyamadılar. Las Vegas'ta rulet oynayan bir kumarbaz gibi bütün paralarını Rogaine kellik tedavisi gibi "kurtarıcı ürünlere" bağladılar. Ancak Halcion'da ve diğer ürünlerde yaşadıkları sorunlar, hisse senedinin yukarı aşağı hareketlerini daha da şiddetlendirdi. Sonuçta yeniden yapılanma hastalığına yakalanıp Pharmacia ile birleşti.

Warner-Lambert

Tüketim ürünlerinden ecza sanayine ve sağlık bakım ürünlerine, oradan tekrar geriye, sonra ikisine birden, sonra yine bunlardan birisine, sonra da ötekine kez gidip geldi. Her yeni CEO yeni bir stratejiyle gelip selefinin yarattığı ivmeyi durdurup dönüşüm çarkını başka yönde çevirmeye çalışarak yeni bir yeniden yapılanmaya gitti. Cüretli şirket satın alım hamleleriyle atılım yaratmaya çalıştı ama başarısız olunca yüz milyonlarca dolar zararı sineye çekmek zorunda kaldı. Yıllarca süren bu gidiş gelişlerin sonunda sendeleye sendeleye kendini Pfizer'in kollarında buldu ve bağımsız bir şirket olarak çalkantılı varlığı sona erdi.

İstikrarsız Karşılaştırma Şirketleri

Burroughs

Yükseliş yıllarında "başarılı ama ağzı bozuk" CEO'su şirketi tamamen yeniden yapılandırdı. Bu arada tasarruf önlemleri insanların morallerini bozdu ve şirketin iyi insanlarını kaybetmesine neden oldu. Kendine zayıf bir selef seçti. Selef başarı sağlayamayınca, yerine, "başarılı görünümlü, küstah ve fazla atılgan" bir CEO gelerek bütün suçu kendinden öncekilere atıp şirkete yeni bir yön vermeye çalıştı. Bir yeniden yapılanmaya girip bir seferde 400 yöneticinin işine son verdi. Duvarlara yeni programları ilan eden posterler yapıştırıldı. Şirket yeniden yapılandırıldı. Bu da yetmeyince şirket yeni bir CEO ile yeniden yapılandı ve yeni bir yön seçti. Bu da başarısız oldu ve yine CEO değişti.

Chrysler

Beş yıl müthiş bir performanstan sonra tekrar kriz. Şirkette çalışan bir yönetici, durumu "kalp ameliyatı olduktan sonra tekrar eski sağlıksız yaşamlarına geri dönen hastalar gibi yaptık" diye tanımlıyordu. İtalyan tarzı spor arabalara, iş jetlerine ve savunma sanayine girerek dikkatini dağıttı. 1990'lı yıllarda ikinci baharını yaşar gibi oldu ama sonunda Daimler'e satıldı.

Harris

Kafasında bir Kirpi Konsepti olan ve dönüşüm çarkını harekete geçirmeyi başaran bir CEO ile yükselişe geçti. Ama CEO kafasındakileri yönetim ekibine telkin edememişti. Emekli olduktan sonra kalan yöneticiler o konseptin yerine büyüme mantra'sını koyarak şirketi ofis otomasyonu işine soktular. Sonuç felaket çıkınca bu kez de bir dizi çok alakasız şirket aldılar. Şirket, "kızartma sesini sat ama bifteği sakın verme" sendromuna yakalandı. Dönüşüm çarkı gıcırdaya gıcırdaya durdu.

Hasbro

Hasbro, neredeyse her şeyi tam olması gerektiği gibi yapan tek karşılaştırma şirketi. G.I.Joe gibi eski oyuncakları tekrar canlandırdığı bir Kirpi Konseptini tutarlı biçimde izleyerek dikkat çekici sonuçlar elde etti. Ancak bu dönüşümün mimarı genç yaşta beklenmedik bir anda öldü. Yerine gelen CEO, 5. Düzeydeki bir liderden ziyade, 3. Düzeydeki yeterli bir idareciydi. Dönüşüm çarkı yavaşladı. Bunun üzerine CEO da yeniden yapılanmaya gitti ancak sonunda yeniden ivme yaratması için dışarıdan birini getirdiler.

Rubbermaid

Birikim aşamasını atlamayı beceren bir şirket varsa, o Rubbermaid'dir. Geçiş dönemi CEO'su "şirketi tamamen yeniden yapılandırıp çok dramatik ve travmatik bir girişim başlattı". Sloganı büyüme idi. Gerekirse çarkın uzun vadeli ivmesi pahasına büyüme. CEO emekliye ayrıldığında belli oldu ki sistematik bir Kirpi Konseptini izleyen güçlü bir yönetim ekibinden ziyade, büyümenin motoru CEO'nun kendisiydi. Çark yavaşladı; şirket yeniden yapılanma ve iyi sonuçlar elde edemeden geleceğini pazarlama hastalığına yakalandı. Sadece beş yıl içinde en çok hayranlık duyulan şirketler listesinin tepesinden Newell tarafından satın alınan bir şirket konumuna düştü.

Teledyne

Teledyne, Sfenks adıyla bilinen bir adamın, Henry Singleton'ın dehasıyla yükseldi ve çöktü. Şirketin Kirpi Konseptinin özü şuydu: Henry'nin dehasını izle. Singleton, elektronikten madenlere kadar yüzden fazla şirket satın aldı. Henry emekli olup dehasını da yanında götürünce sorunlar başgösterdi. Teledyne aşağı doğru inen bir spiral hareketine başladı ve sonunda Allengheny ile birleşti.

EK 8 – B

Satınalma Analizi Özeti

İYİDEN MÜKEMMELE GEÇEN ŞİRKETLER - KARŞILAŞTIRMA ŞİRKETLERİ*

Şirket	Ele alınan dönemdeki Alınan Şirket Sayısı	Satılan Şirket Sayısı	Satınalma Stratejisi Toplam Başarı Puanı
Abbott	21	5	+2
Upjohn	25	7	NA
Circuit City	1	0	+3
Silo	4	0	-1
Fannie Mae	0	0	+3
Great Western	21	3	-1
Gillette	39	20	+3
Warner-Lambert	32	14	-1
Kmiberly-Clark	22	18	+2
Scott Paper	18	24	-2
Kroger	11	9	+2
A&P	14	4	-3
Nucor	2	3	+3
Bethlehem Steel	10	23	-3
Philip Morris	55	19	+3
R.J.Reynolds	36	29	-3
Pitney Bowes	17	8	+1
Addressograph	19	9	-3
Walgreens	11	8	+3
Eckerd	22	9	-1

* Bu tabloyu oluşturmak için geçiş öncesi dönemden başlayarak 1998'e kadar bütün firmalar tarafından yapılan toplam satınalım sayısını belirledik. Sonra da mali ve nitel analizlerimize göre -3'ten +3'e kadar bir not vererek bu not üzerinden ortalama bin puan hesapladık. Ancak bu çalışmayı yapacak yeterli veri bulamadığımız için Upjohn'a puan vermedik.

Şirket	Ele alınan dönemdeki Alınan Şirket Sayısı	Satılan Şirket Sayısı	Satınalma Stratejisi Toplam Başarı Puanı
Wells Fargo	17	6	+3
Bank of America	22	13	+1
Burroughs	22	7	-2
Chrysler	14	15	-1
Harris	42	7	-1
Hasbro	14	0	+1
Rubbermaid	20	5	+3
Teledyne	85	3	-2

DİPNOTLAR

BÖLÜM 1

1 Beryl Markham, West with the Night (San Francisco : North Point Press, 1983), 25.

2 Bu kitaptaki hisse senedi getiri hesaplamalarında, University of Chicago Center for Research in Security Prices (CRSP)'nin verileri kullanılmıştır. Buradaki bazı anahtar tanımlar şunlardır:

- Aylık Toplam Getiri: Verili bir ayda, dağıtılmayan temettüler dahil, hissedarların toplam getirisi.
- Kümülatif Hisse Getirisi: t1 ile t2 zamanı arasında belli bir hisse senedine yatırılan Y Dolar'ın bileşik değeri. Şu formülle hesaplanır: (m1 = t1 zamanını izleyen ilk ayın sonu, m2 = t1 amanını izleyen ikinci ayın sonu vd iken) Y Dolar x (1 + m1'deki aylık toplam getiri) x (1 + m2'deki aylık toplam getiri) x … (1 + t2'deki aylık toplam getiri).
- Ortalama Borsa Getirisi (borsa ortalaması, genel piyasa, piyasa ya da borsa olarak da anılacaktır): NYSE/AMEX/NASDAQ değer-ağırlıklı getiri ortalaması. Bu borsalarda alınıp satılan tüm şirketlerin piyasa değerlerini (dağıtılmamış temettüler dahil) içerir. Şirket kapitalizasyonunun borsa kapitalizasyonuna bölünmesiyle ağırlıklandırılır.
- Piyasaya Göre Kümülatif Getiri Oranı: Verili bir zamanın sonunda şirket hissesine yatırılan Y Dolar'ın kümülatif getirisinin, aynı zaman içinde piyasa ortalamasına yatırılan Y Dolar'a bölünmesiyle bulunur.
- Geçiş tarihi (iyiden mükemmele geçen şirketler için): İyiden mükemmele dönüşen bir şirkette bu dönüşün yaşandığı tarih. Şirketin hisse senedi getirisi bazındaki performansı, belli bir süre boyunca piyasanın ortalama getirisini izledikten ya da bu getirinin altında kaldıktan sonra bu tarihte yukarı dönüş yapar ve bir daha bu noktanın altına inmez.

3 CRSP verileri kullanılarak GE ve borsa için 31.12.1984 – 31.12.1999

dönemi kümülatif getirileri hesaplanmıştır. Temettüler dağıtılmamış, hisse bölünmeleri hesaba katılmıştır.

4 2. sayfada yer alan grafik, aşağıdaki yöntemle oluşturulmuştur:

- Geçiş dönemi eksi 15 yıl önce, iyiden mükemmele dönüşen tüm şirketlere, 1 $ yatırıldı. Borsa ortalamasına da aynı miktar yatırıldı. Şirketler için de borsa ortalaması için de geçiş dönemi artı 15 yıla kadar olan kümülatif hisse getirisi hesaplandı. CRSP verileri elde edilemediği dönemler için (genellikle henüz hisseleri borsada işlem görmeyen veya başka bir şirketle birleşen ya da satılan şirketlerde oluyordu) borsa ortalaması kullanıldı.
- İyiden mükemmele giden herbir şirket için t – 15'ten t + 15'e kadar "kümülatif sonuçlar oranı" eğrisi çıkarıldı.
- İyiden mükemmele giden herbir şirket için geçiş tarihinde bu eğri, geçiş tarihindeki borsa ortalama kümülatif hisse getirisi oranı eğrisiyle kesişecek şekilde uyarlandı. Böylece iyiden mükemmele dönüşen tüm şirketler için t zamanında belli bir referans noktası oluşturuldu. Bunu yapmak için 2. maddede hesaplanan kümülatif hisse getirisi oranları, t–15 zamanından t + zamanına kadar her ay için tam geçiş tarihindeki kümülatif hisse getirisi oranına bölündü.
- Bu uyarlanmış oranlar, t – 15 zamanından t + zamanına kadar her ay için iyiden mükemmele giden 11 şirketin toplam rakamlarını bulmak için kullanıldı. Başka bir deyişle, önce t – 15 zamanı, sonra t – 15 + 1 zamanı, + 2 zamanı şeklinde giderek 360 ay için için 3. maddedeki hesaplamaların ortalaması alındı.
- Karşılaştrıma grubundaki şirketlerin her biri için 1-3 maddedeki işlemler tekrarlandı. Bu işlemler yapılırken o şirketin iyiden mükemmele dönüşmüş eşinin zamanlamaları dikkate alındı.
- Karşılaştırma grubu şirketlerinini tümü için 4. maddedeki işlemler yapıldı.
- Sonuç itibariyle bu grafik, t – 15 zamanından t + zamanına kadar iyiden mükemmele giden şirketleri doğrudan karşılaştırma grubundaki şirketlerle karşılaştırmaktadır. Grafikteki t, piyasa getirilerini 1.0 olarak uyarlandığı ortak bir referans noktasını göstermektedir.

4. sayfadaki grafik, aşağıdaki yöntemle oluşturulmuştur:

- İyiden mükemmele giden her bir şirkete, 31 Aralık 1964 tarihinde (çalışmamızdaki ilk geçişin olduğu tarihte) 1 $ yatırıldı.

- İyiden mükemmele giden her bir şirket için geçiş tarihi çerçevesinde ortalama borsa getiri oranı içindeki kümülatif hisse getirileri hesaplandı. CRSP verileri elde edilemediği dönemler için (genellikle henüz hisseleri borsada işlem görmeyen veya başka bir şirketle birleşen ya da satılan şirketlerde oluyordu) borsa ortalaması kullanıldı.
- 31 Aralık 1984 – 31 Aralık 1999 arasındaki tüm aylar için iyiden mükemmele giden 11 şirketin kümülatif getirileri toplanıp 11'e bölündü. Bu hesaplama, bir bütün olarak bu şirketlere yatırılan 1 $'ın kümülatif getirisini verdi.
- Borsa ortalaması için 31 Aralık 1964 tarihinde 1 $ yatırıldı ve 31 Aralık 1999'a kadar bu devam ettirildi.
- Karşılaştırma grubundaki tüm şirketler için 1-3 maddedeki işlemler tekrarlandı. Bu şirketlerin iyiden mükemmele dönüşmüş eşlerinin zamanlaması dikkate alınarak geçiş tarihine kadar şirket borsa oranında tutuldu. (RJR ise 31 Mayıs 1989 tarihinden 31 Aralık 1999 tarihine kadar borsa oranında tutuldu. Çünkü şirket bir LBO - kaldıraçlı satın alım- yaşamıştı ve farklı parçalarını (RJR ve Na bisco) birleştirmeye çalışıyordu.
- Grafik, 31 Aralık 1964 tarihinden 2000 yılına kadar yatırılan 1 $'ın getirisi konusunda borsayı, doğrudan karşılaştrıma grubu şirketlerini ve iyiden mükemmele giden şirketleri karşılaştırmaktadır.

BÖLÜM 2

1 David McCullough, Truman (New York: Simon & Shuster, 1992), 564.

2 William W. Wicks'in, Shared Values: A History of Kimberly-Clark (Connecticut: Greenwich Publishing Group, 1997), 101. adlı çalışmasına dayanarak dile getiren Robert Spector.

3 "Darwin Smith May Have Done Too Good a Job", Business Week, 1 Ağustos 1988, 57; "Rae Takes Takes On the Paper Industry's Tough Lone Wolf", Globe and Mail, 20 Temmuz 1991; "Former CEO of K-C Dies", Dallas Morning News, 27 Aralık 1995.

4 Mülakat 5E, sayfa 26.

5 Mülakat 5E, sayfa 26.

6 "Darwin Smith May Have Done Too Good a Job," Business Week, 1 Ağustos 1988, 57.

7 "Darwin Smith May Have Done Too Good a Job," Business Week,

1 Ağustos, 1988, 57; "Kimberly-Clark Bets, Wins on Innovation," Wall Street Journal, 22 Kasım, A5; "Darwin E. Smith, 69, Executive Who Remade a Paper Company," New York Times, 28 Aralık 1995, B9.

8 Robert Spector, William W. Wicks, Shared Values: A History ofKimberly-Clark (Connecticut: Green-wich Publishing Group, 1997), 112.

9 Robert Spector, William W. Wicks, Shared Values: A History ofKimberly-Clark (Connecticut: Green-wich Publishing Group, 1997), 112.

10.Robert Spector, William W. Wicks, Shared Values: A History ofKimberly-Clark (Connecticut: Green-wich Publishing Group, 1997), 106, 112; "Darwin E. Smith, 69, Execu-tive Who Remade a Paper Company," New York Times, 28 Aralık 1995, B9;

11 "The Battle of the Bottoms," Forbes, 24 Mart 1997, 98.

12 "The Battle of the Bottoms," Forbes, 24 Mart 1997, 98.

13 Robert Spector, William W. Wicks, Shared Values: A History ofKimberly-Clark (Connecticut: Green-wich Publishing Group, 1997), 10.

14 Shelby Foote, The Civil War: A Narrative: Red River to Appomattox (New York: Random House, 1975), 1040; James M. McPherson, Battle Cry of Freedam: The Civil War Era (New York: Ballantine Books, 1989), 854.

15 Gordon McKibben, Cutting Edge: Gillette's Journey to Global Leader-ship (Boston: Harvard Business School Press, 1998), 14.

16 Company "Chronology," Gillette corporate typescript, 1995; Gordon McKibben, Cutting Edge: Gillette's Journey to Global Leadership (Boston: Harvard Business School Press, 1998), 198, 199; Rita Ricardo-Campbell, Resisting Hostile Takeovers: The Case of Gillette (Connecti-cut: Praeger Publishers, 1997), 153

17 Gordon McKibben, Cutting Edge: Gillette's Journey to Global Leader-ship (Boston: Harvard Business School Press, 1998), 159

18 Rita Ricardo-Campbell, Resisting Hostile Takeovers: The Case of Gillette (Connecticut: Praeger Publishers, 1997).

19 Gillette'in CEO'suyla 2000 yazında yazar konuştu. "Sensor'e ve Mach 3'e 1.5 milyar dolar yatırım yaptık. Eğer satınalma olayı gerçekleşseydi, bu projelerin çöpe gideceğini biliyorduk."

20 Gordon McKibben, Cutting Edge: Gillette's Journey to Global Leadership (Boston: Harvard Business School Press, 1998), 158. CRSP verileri kullanarak hesaplandı.

21 Gordon McKibben, Cutting Edge: Gillette's Journey to Global Leadership (Boston: Harvard Business School Press, 1998),254.

22 "Maxwell Relinquishes Rights to $5.5 Million Final Retirement Payment," PR Newswire, January 21, 1992; "$5.5 Million Declined by Ex- Official," Washington Post, 22 Ocak 1992, Fl.

23 "Iacocca's Last Stand," Forlune, 20 Nisan 1992,63.

24 "Sincere Tyranny," Forbes, 28 Ocak 1985, 54.

25 "Managing: Leaders of Corporate Change," Forlune, 14 Aralık 1992, 104.

26 "Chairman Quits Post," New York Times, 17 Kasım 1992, D5; "Rubbermaid's Sad Succession Tale," New York Times, 5 Temmuz 1987,

27 "Is Rubbermaid Reacting Too Late?" New York Times, 22 Aralık 1996, Al.

28 Mülakat 7 D, sayfa 17.

29 Chris Jones and Duane Duffy, "Media Hype Analysis" (yayınlanmadı), Good to Great araştırma projesi 1998, 1999.

30 "Did CEO Dunlap Save Scott Paper-or Just Pretty it Up? The Shred-der," Business Week, 15 Ocak 1996.

31 "Did CEO Dunlap Save Scott Paper-or Just Pretty it Up? The Shred-der," Business Week, January 15, 1996; "Chain Saw Al to the Rescue?" Forbes, 26 Ağustos 1996; "After the Fall," Across the Board, April 1996, 28-33; "Only the Paranoid Survive," Worth Online, 1996 Ekim; Albert J. Dunlap with Bob Andelman, Mean Business: How i Save Bad Compa-nies and Make Good Companies Great (New York: Fireside, 1997),20.

32 Albert J. Dunlap with Bob Andelman, Mean Business: How i Save Bad Companies and Make Good Companies Great (New York: Fireside,1997), 132.

33 Karizmatik CEO'ların sonunda şirketlerin üzerine yük olduğu şirketler: Great Western, Warner-Lambert, Scott Paper, Bethlehem Steel, R. J. Reynolds, Addressograph-Multigraph, Eckerd, Bank of Amer-ica, Burroughs, Chrysler, Rubbermaid, ve Teledyne.

34 President Iacocca," Wall Street Journal, 28 Temmuz 1982, 1; "Iacocca Hands Over the Keys to Chrysler," Investor's Business Daily, 4 OCak 1993, 1.

35 "Iacocca Hands Over the Keys to Chrysler," Investor's Business Daily, 4 Ocak 1993, 1.

36 "How Chrysler Filled Detroit's Biggest Shoes," Wall Street Journal, 7 Eylül 1994, BL.

37 "Why Certain Stocks," Wall Street Journal, April 13, 1995, Al; "Chrysler's New Plan: Sell Cars," Fortune, 26 Haziran 1995, 19.
38 "Will Success Spoil Chrysler?" Fortune, 10 Ocak 1994; "Company of the Year: Chrysler Has the Hot Cars. More Important, it Has a Smart, Dis-ciplined Management Team," Forbes, 13 Ocak 1997, 82; "Daimler-Benz Will Acquire Chrysler in $36 Billion Deal That Will Reshape Industry," New York Times, 7 Mayıs 1998, A6.
39 Mülakat I-A, sayfa 3.; Mülakat I-A, sayfa 35; "A Drugmaker's Return to Health," Business Week, 26 Nisan 1976, 38; Her-man Kogan, The Long White Line: The Story of Abbott Laboratories (New York: Random House, 1963), 249.
40 The Upjohn Company, International Directory of Company Histones,707; "The Medicine Men of Kalamazoo," Fortune, Temmuz 1959, 106.
41 Leigh Wilbanks, "CEO Analysis Unit" (yayınlanmadı), Good to Great araştırma projesi, 1998.
42 University of Chicago Center for Research in Securihes Prices verileri. Temettüler tekrar yatırılmış ve bölünen hisseler hesaba katılmış.
43 Mülakat 10 D, sayfa 9,10.
44 Herman Kogan and Rick Kogan, Pharmacist to the Nation (Deerfield, III. Walgreens Company, 1989), 236; Mülakat10-F, sayfa 3.
45 Mülakat 2-G, sayfa 1.
46 University of Chicago Center for Research in Securihes Prices verileri. Temettüler tekrar yatırılmış ve bölünen hisseler hesaba katılmıştır.
47 Mülakat 2 G, sayfa 16.
48 Mülakat 7 H, sayfa 12.
49 Mülakat 8 E sayfa 4,5,9.
50 Joseph F. Cullman 3d, I'm a Lucky Guy (Joseph F. Cullman 3d, 1998), ı. .
51 "Searching for Profits at Bethlehem," New York Times, 25 Aralık 1983, Cı.
52 "Steel Man Ken Iverson," Ine., 1 Nisan 1986,40.
53 Jeffrey L. Rodengen, The Legend of the Nucor Corporation (Fort Lau-derdale, Fla.: Write Stuff Enterprises, 1997), 7ı.
54 Joseph F. Cullman 3d, I'm a Lucky Guy (Joseph F. Cullman 3d, 1998).
55 Gordon McKibben, Cutting Edge: Gillette's Journey to Global Leader-ship (Boston: Harvard Business School Press, 1998), 78-79.

BÖLÜM 3

1 Tom Wolfe, The Electric Kool-Aid Acid Test (New York: Bantam, 1999), 83.
2 Warren Buffett, The Essays of Warren Buffett: Lessons for Corporate Amer-ica, (Lawrence A. Cunningham, Benjamin N. Cardozo School of Law, Yeshiva University, 1998), 97.
3 Mülakat 1B s. 5.
4 Duane Duffy, "Industry Analysis Unit" Good to Great araştırma projesi 1998, CRSP mali data analizi.
5 Mülakat 2H s. 5.; "A Banker Even Keynes Might Love," Forbes, 2 Temmuz 1984, 40.
6 Mülakat 2F s. 1,2,5.
7 Mülakat 11 H s. 15,20
8 Gary Hector, Breaking the Bank: The Decline of BankAmerica (Litlle, Brown & Company, 1988), 145.
9 "Big Quarterly Deficit Stuns BankAmerica," Wall Street Journal, 18 Temmuz 1985, Aı.
10 Gary Hector, Breaking the Bank: The Decline of BankAmerica (Little, Brown & Company, 1988), 73, 143; "Big Quarterly Deficit Stuns Bank-America," Wall Street Journal, 18 Temmuz 1985, Al; "Autocrat Tom Clausen," Wall Street Journal, 17 Ekim 1986, 1; Jim Collins ile BoA yöneticileri arasındaki görüşmede teyit edildi.
11 "Combat Banking," Wall Street Journal, 2 Ekim 1989, Aı.
12 Mülakat 3 I s.7.
13 Mülakat 3 I s.3,14.
14 Mülakat 3 I s.7
15 Mülakat 3 I s.15.
16 Mülakat 3 I s. 15
17 Mülakat 3 O s.6.
18 "Eckerd Ad Message: Tailored to Fit," Chainstore Age Executive, 1988, 242; "Heard on the Street," Wall Street Journal, 21 Ocak1964, B25; "Jack Eckerd Resigns as Chief Execunve," Wall Street Journal, 24 Temmuz 1974, 17; "J. C. Penney Gets Eckerd Shares," Wall Street Journal, 18 Aralık 1996, B LO; "J. C. Penney Has Seen the Future," Kiplinger's Personal Finance Magazine, 1 Şubat 1997, 28.
19 Mülakat 10 E s.16.
20 "Tuning In," Forbes, 13 Nisan 1981, 96; "Video Follies," Forbes, Novem-ber 5, 1984,43; Mülakat 10 F s. 10.

21 "The Forbes Four Hundred," Forbes, 17 Ekim 1994,200.
22 International Directory of Company Histones, vol. LO (Chicago: St. James Press, 1995), 520.
23 International Directory of Company Histones, vol. LO (Chicago: St. James Press, 1995); "Making Big Waves with SmaIl Fish," Business Week, 30 Aralık 1967, 36.
24 "The Sphinx Speaks," Forbes, 20 Şubat1978, 33.
25 "The Singular Henry Singleton," Forbes, 9, Temmuz 1979,45.
26 Scott Jones, "Executive Compensation Analysis Unit, Good to Great araştırması 1999.
27 . Jim Collins, "Summary Changes in Compensation Analysis, Summary Notes #5" , Good to Great araştırması 1999.
28 "Nucor Gets Loan," Wall Street Journal, March 3, 1972, LL; "Nucor's Big-Buck Incennves," Business Week, 21 Eylül 1981,42.
29 "A New Philosophy," Winston-Salem Journal, March 21, 1993; "Changing the Rules of the Game," Planning Review, Eylül-Ekim 1993,9.
30 "How Nucor Crawfordsville Works," Iran Age New Steel, Aralık 1995, 36-52.
31 "A New Philosophy," Winston-Salem Journal, 21 Mart 1993.
32 "Nucor Gets Loan," Wall Street Journal, 3 Mart 1972, B lL.
33 Mülakat 9 F s. 29
34 Joseph F. Cullman 3d, I'm a Lucky Guy (Joseph F. Cullman 3d, 1998), 82.
35 "Bold Banker: Wells Fargo Takeover of Crocker Is Yielding Profit but Some Pain," Wall Street Journal, 5 Ağustos 1986, Al.
36 "Bold Banker: Wells Fargo Takeover of Crocker Is Yielding Profit but Some Pain," Wall Street Journal, 5 Ağustos 1986, Al.
37 Mülakat 11 G s. 10; Mülakat 11 A s. 29; Mülakat 11 F s. 11; "Bold Banker: Wells Fargo Takeover of Crocker Is Yielding Profit but Some Pain," Wall Street Journal, 5 Ağustos 1986, AL
38 "Boot Camp for Bankers," Forbes, 23 Temmuz 1990, 273.
39 Mülakat 11 H s.10.
40 Chris Jones and Duane Duffy, "Layoffs Analysis", Good to Great araştırması 1998 ve 1999.
41 "Wells Buys Crocker in Biggest U.S. Bank Merger," American Banker, 10 Şubat, 1986, 39; "Wells Fargo Takeover of Crocker Is Yielding Profit but Some Pain," Wall Street Journal, 5 Ağustos 1986, Al; "A California Bank That Is Anything but Laid Back," Business Week, 2 Nisan 1990,95.

42 Chris Jones and Duane Duffy, "Layoffs Analysis", Good to Great araştırması 1998, 1999.
43 Mülakat 2 A s. 1,
44 "Industry Fragmentation Spells Opportunity for Appliance Retailer," Investment Dealers' Digest, 12 Ekim, 1971,23.
45 "Circuit City: Paying Close Attention to Its People," Consumer Electron-ics, Haziran 1988, 36.
46 Mülakat 2 D s. 1,2
47 "Dixons Makes $384 Million U.S. Bid," Financial Times, 18 Şubat 1987, 1; "UK Electronics Chain Maps US Strategy; Dixons Moving to Acquire Silo," HFD-the Weekly Home Furnishing Newspaper, 2 Mart 1987; "Dixons Tightens Grip on Silo," HFD-the Weekly Home Furnish-ings Newspaper, 3 Şubat 1992, 77.
48 Eric Hagen, "Executive Churn Analysis", Good to Great araştırması 1999.
49 "Gillette: The Patient Honing of Gillette," Forbes, 16 Şubat 1981, 83-87.
50 "When Marketing Takes Over at R. J. Reynolds," Business Week, 13 Kasım 1978, 82; "Tar Wars,". Forbes, 10 Kasım 1980, 190; Bryan Burrough and John Helyar, Barbarians at the Gate (New York: Harper-Collins, 1991), 51.
51 Mülakat 8 D s. 7..
52 "The George Weissman Road Show," Forbes, November 10, 1980, 179. 53. Joseph F. Cullman 3d, I'm a Lucky Guy (Joseph F. Cullman 3d, 1998), 120.
53 Mülakat 5 B s. 8.
54 Mülakat 5 A s. 7.
55 "How Do Tobacco Executives Live with Themselves?" New York Times Magazine, 20 Mart 1994, 40.
56 Mülakat 8 B s. 5.
57 Gordon McKibben, Cutting Edge: Gillette's Journey to Global Leader-ship (Boston: Harvard Business School Press, 1998),256.
58 Gordon McKibben, Cutting Edge: Gillette's Journey to Global Leader-ship (Boston: Harvard Business School Press, 1998), 256.
59 Joseph F. Cullman 3d, I'm a Lucky Guy (Joseph F. Cullman 3d, 1998),149.
60 Mülakat 5 A s. 10.

BÖLÜM 4

1 Winston S. Churchill, The Hinge of Fate (Boston: Houghton Mifflin, 1950), 61.
2 "Hermit Kingdom," Wall Street Journal, 12 Aralık, 1958, Al; William ı. Walsh, The Rise and Decline of the Creat Atlantic and Pacific Tea Company (New Jersey: Lyle Stuart, Ine., 1986), 74. Walsh, A&P 1950'de 3.2 milyar dolarlık satış hacmine sahip dünyanın en büyük özel şirketi ve en büyük perakende şirketi olduğunu belirtiyor. Satış hacmi U.S. Steel ve Standard Oil'i geçiyor, sadece General Motors'un gerisinde kalıyordu.
3 "Hermit Kingdom," Wall Street Journal, 12 Aralık 1958, AL.
4 "We Should Have Moved a Lot Sooner," Forbes, 15 Mayısıs 1976,99.
5 William ı. Walsh, The Rise and Decline of the Great Atlantic and Pacific Tea Company (Lyle Stuart, Ine., 1986), 78-80; Fortune, 1963 Mart 105.
6 "We Should Have Moved a Lot Sooner," Forbes, 15 Mayısıs 1976, 99; "A&P's Ploy: Cutting Prices to Turn a Profit," Business Week, Mayıs 20, 1972,76; Fortune, 1963 Mart 105.
7 "Ailing A&P," Wall Street Journal, 21 Nisan 1964, AL.
8 William I. Walsh, The Rise and Decline of the Great Atlantic and Pacific Tea Company (Lyle Stuart, Inc., 1986), 103-105.
9 "A&P's Ploy: Cutting Prices to Turn a Profit," Business Week, 20 Mayısıs 1972, 76; "A&P's 'Price War' Bites Broadly and Deeply," Business Week, 30 Eylül 1972, 56; "Banking Against A&P," Time, Aralık ll, 1972, 108; "How A&P Cot Creamed," Fortune, 1973 Ocak 103; "A&P Counts the Cost of !ts Pyrrhic Victory," Business Week, 28 Nisan 1973, 117.
10 "Stumbling Ciant," Wall Street Journal, 10 Ocak 1978, Al.
11 "Shifting Gears: A&P' s Price-Cutting Didn't Create Kroger' s Problems . . ." Forbes, 1 Kasım 1972, 29; "Superstores Mayıs Suit Customers to a T-shirt or aT-bone," Wall Street Journal, 13 Mart 1973, Al; "Plain and Fancy: Supermarket Boutiques Spur Kroger's Gains," Barron's, 25 Mayısıs 1981, 37; "250,000 Unpaid Consultants," Forbes, 14 Eylül, 1981,147.
12 Mülakat 6 C s. 6..
13 "Kroger and Fred Meyer Merge to Create No. 1 U.S. Grocery Biz," Dis-count Store News, 3 Mayısıs 1999, 1.
14 "Trouble Stalks the Aisles at A&P," Business Week, 23 Eylül 1991, 60.

15 "Pitney Bowes' Pep," Financial World, Nisan ll, 1962, 22; "N o Middle Ground," Forbes, 1 Ocak 1961,75.
16 Moody's Industrial Manual2000.
17 "Roy Ash Is Having Fun at Addressogrief-Multigrief," Fortune, 27 Şubat 1978,46; "How Roy Ash Got Burned," Fortune, Nisan 6, 1981, 71.
18 "Up from the Ashes," Forbes, Nisan 16, 1979, 104; "AM International: The Cash Bind That Threatens a Turnaround," Business Week, 18 Ağustos 1980, 118; "Ash Forced out of Two AM Posts," New York Times, 24 Şubat 1981, DI.
19 "Why Ash Was Ousted at AM International," Business Week, Mart 9, 1981, 32; "Roy Ash Resigns under Fire," Fortune, 23 Mart 1981, 16; "How Roy Ash Cot Burned," Fortune, Nisan 6, 1981, 71; "Up from the Ashes," Forbes, 16 Nisan 1979, 104; "AM Files Bölüm ll," New York Times, 15 Nisan 1982, DI.
20 "When Technology Was NotEnough," Business Week, Ocak 25, 1982, 62; "How Roy Ash Cot Burned," Fortune, 6 Nisan 1981, 71; "AM Inter-national: The Cash Bind That Threatens a Turnaround," Business Week, 18 Ağustos 1980, 118.
21 "When Technology Was N ot Enough," Business Week, 25 Ocak, 1982, 62; "AM's Brightest Years Now Dim Memories," New York Times, 15 Nisan 1982, DI.
22 "How Roy Ash Cot Burned," Fortune, 6 Nisan 1981, 71; "High-Tech-nology Dream Turns into a Nightmare," Financial Times, 2 Mart 1982,17.
23 "AM International: The Cash Bind That Threatens a Turnaround," Busi- ness Week, Ağustos 18, 1980, 118; "The Unflappable Roy Ash," Forbes,Aralık 8, 1980, 38.
24 "AM International: The Cash Bind That Threatens a Turnaround," Busi-ness Week, Ağustos 18, 1980, 118; "Ash Forced Out of Two AM Posts," New York Times, Şubat 24, 1981, DI; "When Technology Was Not Enough," Business Week, Ocak 25, 1982,62.
25 Mülakat 9 C s. 12..
26 Mülakat 9 G s. 12.
27 Mülakat 9 C s. 11.
28 Mülakat 9 G s. 12.
29 Mülakat 9 I s. 21.
30 Mülakat 9 C s. 20;) I s. 21-22; 9 D s. 11.
31 Winston S. Churchill, The Grand Alliance (Boston: Houghton Mifflin, 1950),371.

32 Churchill bu özel birimi kurup büyük bir görev verdi. Martin Gilbert'e göre, Churchill kritik kararlar almadan önce mutlaka bir sivil olan Profesör Lindemenn tarafından yönetilen İstatistik Bürosu'na danışırdı. Sürekli olarak büronun mühimmat üretimi, ithalatı, gemi ve uçak kayıpları ve uçak üretimi rakamlarını kontrol etmesini isterdi. Martin Gilbert, The Churchill War Papers, vol. 2 (New York: W. W. Norton, 1995), xvii.
33 Winston S. Churchill, The Cathering Storm (Boston: Houghton Mifflin, 1948), 667.
34 Mülakat 2 C s. 16..
35 "Man of Steel: Correnti Hopes to Take Nucor to No. 1," Business Journal-Charlotte, Eylül 19, 1994, 3.
36 Standard & Poor's Industry Survey Database, Metals: Industrial, lron and Steel, Ocak 18, 2001, Leo J. Larkin, metals analyst.
37 Mülakat 7 C s. 13.
38 Mülakat 7 E s. 7; Jeffrey L. Rodengen, The Legend of Nucor (Fort Lauderdale, Fla.: Write Stuff, 1997),45.
39 Jeffrey L. Rodengen, The Legend of Nucor (Fort Lauderdale, Fla.: Write Stuff, 1997), 39.
40 Mülakat 7 A s. 3..
41 Joseph F. Cullman 3d, I'm a Lucky Guy (Joseph F. Cullman 3d, 1998), 144; Richard Kluger, Ashes to Ashes (New York: Alfred A. Knopf. 1996), 485; "Beverage Management: Risky-but Straight Up 7UP," Forbes, Nisan 12, 1982,208; "Coke Peppers 7UP and Pepsi," Advertising Age, Şubat 24, 1986, 2, 86.
42 . Joseph F. Cullman 3d, I'm a Lucky Guy (Joseph F. Cullman 3d, 1998), 147.
43 John Strohmeyer, Crisis in Bethlehem (Pittsburgh: University of Pitts-burgh Press, 1986), 72-73; "The Labors of Trautlein," Forbes, Şubat 15, 1981, 36; "Bethlehem's Thin Slab Yawn," American Metal Market, Kasım 17, 1989, 4; "Bethlehem Museum," National Public Radio transcript, Temmuz 5, 1998.
44 "Upjohn: Safety of Upjohn's Oral Antidiabetic Drug Doubted in Study; Firm Disputes Finding," Wall Street Journal, Mayis 21, 1970, A6; "Upjohn: A Bitter Pill for Upjohn Shareholders (Drug Company Involved in Antibiotic Controversy)," Financial World, Ocak 23, 1974, 28; "Upjohn: The Upjohn Company: Presentation by R. T. Parfet, JL, Chairman of the Board and Chief Executive Officer, and L. C. Hoff, Vice President and General Manager, Pharmaceutical Division, to the

Security Analysts of San Francisco, Eylül ll, 1975," Wall Street Transcript, Ekim 13, 1975,41648-41650; "Upjohn: Hair-Raising Hap-penings at Upjohn (Testing a Cure for Baldness, the Company Squirms at the Unweleome Clamor)," Fortune, Nisan 6, 1981, 67-69; "Upjohn: FDA Says Upjohn Exaggerated Claims on Drug's Value in Treating Bald-ness," Wall Street Journal, Haziran 18, 1986, A6; "Upjohn: Riptide: Can Upjohn Manage Its Way out of a Produet Gap? If Not, it Could Be Swept into the Industry Merger Wave," Financial World, Eylül 5, 1989, 26-28; "Upjohn: The Corporation: Strategies: Will This Formula Cure What Ails Upjohn? As the Sharks Circle, ıes Spending Big on R&D and Marketing," Business Week, Eylül 18, 1989, 65; "Upjohn: Technol-ogy and Medicine: Upjohn Sleep Drug Being Investigated for Safety by FDA," Wall Street Journal, Eylül 20, 1984, B4; "Upjohn: Medicine: Haleion Takes Another Hit: Tainted Data Played a Key Role in FDA Approval," Newsweek, Şubat 17, 1992, 58; "Upjohn: Medicine: Fuel-ing the Fire over Halcion: Upjohn's Own Staff Has Raised Safety Con-cems," Newsweek, Mayıs 25, 1992,84; "Upjohn: Top of the News: Succes-sions: At Upjohn, a Grim Changing of the Guard: Ley Smith Inherits the Problem-Plagued Drugmaker at a Critical Juncture," Business Week, Mayıs 3, 1993, 36.

45 Mülakat 2 B s. 7.

46 "No-Longer-So-Great Scott," Forbes, Ağustos 1, 1972,25.

47 "Scott Paper Back on lts Feet," Forbes, Aralık 15,1976,69-70.

48 "Scott Isn't Lumbering Anymore," Fortune, Eylül 30, 1985,48-55.

49 "Scott Paper: Back on the Attaek," Financial World, Ağustos 1, 1979,22-23; "A Paper Tiger Grows Claws," Business Week, Ağustos 23, 1969, 100-102; "Outlook for 1970- Year-End Statement," Paper Trade Journal, Aralık 22, 1969, 33; "Profits Peak for Scott Paper," Financial World, Nisan 22, 1970, 13,28; "No-Longer-So-Great Scott," Forbes, Ağustos 1, 1972, 25.

50 Mülakat 5 F s.2.

51 Mülakat 5 E s. 22.

52 Mülakat 6 A s. 19.

53 Ann Kaiser Steams, Coming Back: Rebuilding Lives after Crisis and Loss (New York: Ballantine, 1988), 294. Steams kitabında, bizce Stockdale Paradoksu'na bilimsel bir temel oluşturan bulguları açıklıyor. Ayrıca Mihaly Csikszentmihalyi'nın çalışması da bizce etkileyici bir çalışma. Csikszentmihalyi, Flow adlı karşılaştırmalı incelemesinde mutluluğu ele alıyor ve Profesör Fausto Massimini'nin

çalışmalarını örnek alarak trajedinin dönüşümsel potansiyeline bakıyor. Massimini'nin çalışmalarında, bazı özürlü insanlar, kişisel trajedilerinin daha anlamlı hayatlar yaşamalarını sağlayan olumlu bir tecrübeye neden olduğu söylüyor. (Mihaly Csikszentmihalyi, Flow [New York: HarperPerennial, 1990], 192-193.) Konu üzerine başka bir bakış açısını, The Survivor Personality-How Life's Best Survivors Thrive in Difficult Situations and Convert MisFortune into Good Luck'ı yazan Dr. Al Siebert'te bulabilirsiniz.

54 Fannie Mae ipotekli borçlar için yüzde 9.3 faiz alıyor, buna karşın kısa vadeli borçlarına yüzde 14.63 faiz ödüyordu. "David Maxwell Takes Over Troubled Fannie Mae," Washington Post, Mayıs 21, 1981; "Fannie Mae Searches for Higher Ground," Fortune, Temmuz 13, 1981, 110.

55 "Fannie Mae Searches for Higher Ground," Fortune, Temmuz 13, 1981, 110.

56 56. "Fannie Mae Searches for Higher Ground," Fortune, Temmuz 13, 1981, 110.

57 57. Conversation with David Maxwell, Kasım 14,1997.

58 Tim Brooks and Earle Marsh, The Complete Directory of Primetime Net-works and Cable TV Shows (New York: Ballantine, 1999),929.

59 Jim and Sybil Stockdale, In Love and War (Maryland: Naval Institute Press, 1990); Stockdale Triumphs, video presentation-1994 Stanford Alumni Association (Stanford, Calif.).

BÖLÜM 5

1 Platon, Delphoi El yazmaları

2 Isaiah Berlin, The Hedgehog and the Fox, (Chicago: Elephant Paperbacks, 1993).

3 Marvin Bressler ile görüşme, Ekim 2000.

4 Mülakat no: 10-F, s: 3.

5 Mülakat no: 10-D, s: 22.

6 "Convenience witn a Difference", Forbes, 13 Nisan 1981, 96.

7 Walgreens Yılık Rapor, 1998, 16.

8 "Turning In", Forbes, 13 Nisan 1981, 96

9 "Tandy Agrees to Buy Assets of Eckerd Unit", Wall Street Journal, 5 Temmuz 1984, A4.

10 Moody's Industrial Subsidiary List (Mergent, FIS 2000).

11 Lawrnece A. Cunningham and Warren E. Buffet, The Essays of Warren Buffet: Lessons for Corporate America (Cunnigham Group, Benjamin N. Cardozo School of Law, Yeshiva University 1998), 98.
12 "Warren Buffet's Favorite Banker", Forbes, 18 Ekim 1993, 46.
13 "Wells Fargo Targets Southern California", American Banker, 10 Temmuz 1987,1; "Wells Fargo to Cut Overseas Activities to Boost Its Profit", Wall Street Journal, 3 Mayıs 1985, A32; "Wells Fargo Trims Its Sails", American Banker, 3 Mayıs 1985, 2.
14 "BankAmerica Launches Probe", Wall Street Journal, 28 Ocak 1985, A27; "More Than Mortgages Ails BankAmerica", Fortune, 1 Nisan 1985, 50.
15 Mülakat no: 11-H, s: 5, 13.
16 Mülakat no: 11-F, s: 5, 11.
17 "Boot Camp for Bankers", Forbes, 23 Temmuz 1990, 273.
18 "Hospital Suppliers Strike Back", New York Times, 31 Mart 1985; The Abbott Almanac: 100 Years of Commitment to Qualiyt Health Care (Elmsford, N.Y: Benjamin Company), 1987, 170, 210.
19 "Riptide: Can Upjohn Manage Its Way out of a Product Gap?" Financial World, 5 Eylül 1989, 26; "Upjohn: The Corporation: Strategies: Will This Formula Cure What Ails Upjohn? As the Sharks Circle, It's Spending Big on R&D and Marketing", Business Week, 18 Eylül 1989, 65.
20 "Riptide: Can Upjohn Manage Its Way out of a Product Gap?" Financial World, 5 Eylül 1989.
21 "Upjohn: Mergers: Upjohn Finally Makes It to the Big Leagues: How CEO Zabriskie Engineered the Pharmacia Merger", Business Week, 4 Eylül 1995, 35.
22 1960 ve 1961 Abbott yıllık raporları.
23 "Hasbro May Alter Bid to Appease Tonka Holders", London Financial Times, 16 Nisan 1991, 26; "Tonka Says Yes to Hasbro", London Financial Times, 19 Nisan 1991, 30.
24 "Tobacco: Profit Despite Attacks", New York Times, 25 Ocak 1979, D1.
25 James C. Collins ve Jerry I. Porras, Built to Last (New York: HarperCollins, 1997), 86.
26 Bryan Burrough ve John Helyar, Barbarians at the Gate (New York: HarperCollins, 1991).
27 Mülakat no: 5-A, s. 13.
28 "An Iconoclast in a Cutthroat World", Chief Executive, Mart 1996.
29 "Gillette Holds Its Edge by Endlessly Searching for a Better Shave",

Wall Street Journal, 10 Aralık 1992, A1.

30 Mülakat no: 3-G, s. 7.

31 Büyüme konusunda saplantılı bir tutum izleyen karşılaştırma grubu şirketleri şunlardı: Bank of America, Addresograph-Multigraph, Eckerd, Great Western Financial, Silo, Upjohn, Warner-Lambert, Burroughs, Chrysler, Harris, Rubbermaid ve Teledyne.

32 "The Wall Street Transcript: Corporate Crisis Confidential: Savings and Loan Indsutry", Wall Street Journal, 12 Haziran 1989, 93, 903.

33 "How Playing Safe Worked for Great Western?", Business Week, 7 Eylül 1987, 70.

34 "The Wall Street Transcript: Remarks by James MLontgomery to the Boston Security Anaylsts Society, Octoser 8 1985", Wall Street Transcript, 23 Aralık 1985, 80425.

35 Einstein, bir mektubunda Carl Seelig'e şöyle yazmıştı: "Görelilik teorisinin oluşması ile yayınlanması arasında beş ya da altı haftalık bir zaman var. Ama bunu bir yaşgünü gibi görmek yanlış olur çünkü ilk argümanların ortaya çıkması ve tuğlaların yavaş yavaş yerine oturması, yıllar aldı..." R.S. Shankland'a 1952 yılında yazdığı bir mektupta da, teori üzerinde "on yıldır çalıştığını" belirtmiş. Ronald W. Clark, Einstein: The Life and Times (New York ve Cleveland: The World Publishing Company, 1971), 74-85, 120.

BÖLÜM 6

1 Viktor E. Frankl, Man's Search for Meaning (New York: Touchstone Boks, 1984), 134.

2 Hoover's Online, www.hoovers.com.

3 Bernard H. Semler, Putting It All Together (otobiyografi taslağı 1998), 66.

4 Mülakat l-E, s. 3.

5 Bernard H. Semler, "Measuring Operating Performance," 1. Semler tarafından bize gönderilen makale.

6 Mülakat l-E,s. 3.

7 "How 'Dr.' Ledder Cured Abbott Labs: Abbott Labs Was a Sick Com-pany. . ." Forbes, Ağustos 1, 1975, 26; "Abbott Shapes Up," Chemical Week, Ekim 20, 1976, 20; "Abbott Labs: Adding Hospital Supplies to Bolster Drug Operations," Business Week, Temmuz 23, 1979, 177; "Earnings Per Share for First Nine Months of 1980," PR

Newswire, Eylül 17, 1980; "Robert A. Schoellhorn Report on Company at Annual Sharehold-ers Meeting," Business Wire, Nisan13, 1984; "Abbott: Profiting from Products That Cut Costs," Business Week, Haziran 18, 1984, 56.

8 Mülakat no: 1-G, s. 23.

9 Mülakat no: 2-E, s. 1.

10 Mülakat no: 2-F, s. 3.

11 "Managing: Carl E. Reichardt, Chairman, Wells Fargo & Co.," Forlune,Şubat 27, 1989,42.

12 Mülakat no: 11-H, s. 5,9.

13 "Bold Banker: Wells Fargo Takeover of Crocker Is Yielding Profit but Some Pain," Wall Street Journal, Ağustos 5, 1986, AL.

14 Mülakat no: 11-H, s. 5,9.

15 Mülakat no: 11-H, s. 5,9.

16 Mülakat no: 11-H, s. 10.

17 "Managing: Carl E. Reichardt, Chairman, Wells Fargo & Co.," Forlune,Şubat 27, 1989,42; "A Banker Even Keynes Might Love," Forbes, Temmuz 2, 1984,

18 Gary Hector, Breaking the Bank: The Decline of BankAmerica (Little, Brown & Company, 1988), 72.

19 Author experience in the early 1980s. 20. "Asset or Liability?" Barron's, Ekim.

20 1986, 13; "BankAmerica Reports a Small Profit," Wall Street Journal, Ocak 22, 1988, C4.

21 "Another Bout of Anxiety over Bank of America," Business Week, Ağustos 19,1985, 33.

22 "Things Are Adding Up Again at Burroughs," Business Week, Mart ll, 1967, 192; "Anatomy of a Turnaround," Forbes, Kasım 1, 1968, 25; "How Ray MacDonald's Growth Theory Created IBM's Toughest Com-petitor," Forlune, Ocak 1977, 94.

23 "Things Are Adding Up Again at Burroughs," Business Week, Mart ll, 1967, 192; "The Burroughs Syndrome," Business Week, Kasım 12, 1979, 82.

24 "The Burroughs Syndrome," Business Week, Kasım 12, 1979, 82.

25 "Rubbermaid: TWST Names Award Winners Home Produets: TWST Names Stanley C. Gault, Chairman and CEO, Rubbermaid Ine., for Gold Award, Home Produets," Wall Street Transcript, Nisan 18, 1988, 89116.

26 "Rubbermaid: Features: Marketing: The Billion-Dollar Dustpan," Indus-try Week, Ağustos 1, 1988,46; "Quality of Produets," Fortune,

Ocak 29, 1990,42.
27 "Rubbermaid: Rubbermaid's Impaet: New Stiek Items Plentiful as Ven-dors 'Spruee Up' Household Cleaning Utensils," Housewares, Ocak 1, 1990, 78.
28 "Chrysler's Next Generation," Business Week, Deeember 19, 1988, 52.
29 Lee Iaccoca ve William Novak, Iaccoca: An Autobiography (New York: Bantam, 1984), 161.
30 Lee Iaccoca ve William Novak, Iaccoca: An Autobiography (New York: Bantam, 1984), 162, 163, 170, 199.
31 Lee Iaccoca ve William Novak, Iaccoca: An Autobiography (New York: Bantam, 1984), 196.
32 " Iaccoca Hands Over the Keys to Chrysler," Investor's Business Daily Ocak 4, 1993, 1.
33 "Mea Culpa," Wall Street Journal, Eylül 17, 1990, Al.
34 "Chrysler to Buy Aireraft Maker," Wall Street Journal, Haziran 20, 1985, A12.
35 "How Chrysler's $30,000 Sports Car Got Sideswiped," Business Week,Ocak 23, 1989,68.
36 "The Game's Not Over," Forbes, Nisan 30, 1990, 76.
37 "Into a Skid," The Economist, Haziran 16, 1990, 70; "After the Departure," Fortune, Temmuz 2, 1990, 55; "Can Iaeoeea Fix Chrysler Again?" Fortune, Nisan 8, 1991, 50.
38 RobertA. Lutz, Cuts: The Seven Laws of Business That Made Chrysler the World's Hottest Car Company (New York: John Wiley & Sons, Ine., 1998), 27.
39 "The Studied Gamble of Pitney Bowes," Dun's Review, Şubat 1967, 30.
40 Tough Choiee," Forbes, Mayıs 15,1965,18.
41 41. "Tough Choiee," Forbes, Mayıs 15,1965,18.
42 "Tough Choiee," Forbes, Mayıs 15, 1965, 18.
43 . "Faney Footwork: Manager's Handbook," Sales and Marketing Manage-ment, Temmuz 1994,41.
44 "Pitney Bowes: Jumping Ahead by Going High Teeh," Fortune, Oetober 19, 1992, 113; "Changes in Tax Lawand Its Effeets on Leasing Equip-ment," Advantage, Temmuz 1988, 28.
45 "Old-Line Selling for New Smokes Wins for Reynolds," Business Week, Şubat 20, 1960, 74; International Direetory of Company Histories (Chicago: St. James Press, 1991),410.
46 "Voyage into the Unknown," Forbes, Deeember 1, 1971, 30; Bryan Burrough and John Helyar, Barbarians at the Gate (New York:

Harper-Collins, 1991), 51.

47 "Voyage into the Unknown," Forbes, Aralık 1,1971,30; Bryan Bur-rough and John Helyar, Barbarians at the Gate (New York: Harper-Collins, 1991), 51.

48 "When Marketing Takes Over at R. J. Reynolds," Business Week, Kasım 13, 1978, 82; "Voyage into the U nknown," Forbes, Aralık 1, 1971, 30. RJR McLean Industries'i 1969'da, Aminoilless'i ise ertesi yıl aldı. Yukarıda belirtilen makalede ("When Marketing Takes. . . "), önceki yıllarda harcanan 1.5 milyar dolara ek olarak 1978'de RJR'ın 580 milyon dolar daha harcadığı yazıyor. Yani on yıllık bir sürede Sea-Land'e yaklaşık 2 milyar dolar harcanmış. 1979 Moody's Report'e göre 1978'de hissedarların elindeki menkul kıymetlerin net değeri, 2,657,900,000 dolardı.

49 Bryan Burrough and John Helyar, Barbarians at the Cate (New York: HarperCollins, 1991), 62; "Cigarette Conglomerate," Financial World, Şubat 5, 1969, 4; "New Fields for Reynolds Tobacco," Financİal World, Mayıs 6, 1970, 13; "The Two-Tier Market Still Lives . . ." Forbes, Mart 1, 1974, 25; "R. J. Reynolds Stops a Slide in Market Share," Busi-ness Week, Ocak 26, 1976, 92.

50 "Voyage into the Unknown," Forbes, Aralık 1, 1971, 36.

51 Ken Iverson, Plain Talk (New York: John Wiley & Sons, 1998), 54-59.

52 "The Nucor Story," s. 5 (belge Nucor'dan alınmıştır). Yönetim kurulu başkanı-yönetim kurulu başkan yardımcısı-başkan-başkan yardımcısı-genel mütdür-mağaza müdürü-müfettiş-kadrolu elemena-part time eleman.

53 Richard Preston, American Steel (New York: Avon, 1991),4-5.

54 Jeffrey L. Rodengen, The Legend ofNucor Corporation (Fort Lauderdale, Fla.: Write Stuff, 1997), 73-74; "The Nucor Story" (Nucor Web site)/Egalitarian Benefits, Ağustos 22, 1997.

55 Mülakat 7 C s. 5.

56 "Maverick Remakes Old-Line Steel: Nucor's Ken Iverson . . ." Industry Week, Ocak 21, 1991,26.

57 Ken Iverson, Plain Talk (New York: John Wiley & Sons, 1998), 14.

58 Richard Preston, American Steel (New York: Avon, 1991), 5.

59 "Hot Steel and Cood Common Sense," Management Review, Ağustos 1992,25.

60 John Strohmeyer, Crisis in Bethlehem (Pittsburgh: University of Pitts-burgh Press, 1986), 34.

61 John Strohmeyer, Crisis in Bethlehem (Pittsburgh: University of

Pittsburgh Press, 1986), 30-35, 86.
62 Hoover's Online.
63 Hoover's Online.
64 Jeffrey L. Rodengen, The Legend ofNucor Corporation (Fort Lauderdale, Fla.: Write Stuff, 1997), 101.
65 "Report of Darwin E. Smith to the Stockholders and the Men and Women of Kimberly-Clark Corporation," Şubat 28, 1972.
66 Mülakat 5 E s. 10.
67 "Rae Takes On Paper Industry's Tough Lone Wolf," Globe and Mail, Temmuz 20, 1991, BL.

BÖLÜM 7

1 "First Inaugural Address, March 4, 1933," Gorton Carruth and Eugene Ehrlich, The Harper Book of American Quotations (New York: Harper & Row, 1988), 230.
2 28 Şubat 2000 tarihli Drugstore.com 10K raporu s. 28.
3 "There's No Business Like No Business," Industry Standard, 7 Ağustos, 2000,43.
4 "The ReluctantWebster," Forbes, 18 Ekim1999,80.
5 . "The ReluctantWebster," Forbes, 18 Ekim 1999,78.
6 "Struggling drugstore.com Cuts Staff: Online Retailer Fires 60 Employ-ees- 10 Percent of Workforce," Seattle Post-Intelligencer, 21 Ekim 2000.
7 Drug Topics, 3 Şubat 1997, 90; "Fleet-Footed Pharmacy," Uplink Magazine - Hughes Communications, Sonbahar 1996.
8 "Walgreen-Pharmacy Chain of the Year, 1990," Drug Topics, 23 Nisan1990, 12.
9 "Walgreen-Pharmacy Chain of the Year, 1990," Drug Topics, 23 Nisan 1990, 12.
10 "Walgreens Special Report: First in Pharmacy," Drug Store News, Ekim 16, 1995,27, 30.
11 1971-1999 tarihli 10-K raporlarından alınmıştır.
12 "Plain and Fancy: Supermarket Boutiques Spur Kroger's Gains," Bar-ron's, May 25, 1981, 37; "There's a Lot of Life Left in the Kroger Recap," Business Week, 5 Aralık 1988, 164; "How Borrowing Bought Kroger More Than Time," Business Week, 26 Şubat 1990, 71.
13 "Gillette Knows Shaving-and How to Turn Out Hot New Products,"

Fortune, 14 Ekim 1996.

14 "Gillette: Gillette Sensor: A Case History," şirket raporu, 17,Ocak 1991,9; "Gillette: How a $4 Razor Ends Up Costing $300 Million," Busi-ness Week, 29 Ocak 1990,62.

15 "Gillette: At Gillette, Disposable Is a Dirty Word," Business Week, 29 Mayıs 1989, 58.

16 Mülakat 3 E s. 13.

17 Mülakat 3 E s. 13.

18 Mülakat 3 E s. 13.

19 Mülakat 3 E s. 13.

20 Zamanın önde gelen fizikçileri, hatırı sayılır kanıtlarıyla birlikte matematik açısından tutarlı ve Einstein'ın görelilik teorisine eşdeğer teoriler geliştirmişlerdi. Eksikliğini çektikleri tek şey, düşünce zincirini başlatabilecekleri temel ilkenin açık biçimde ifade edilmesiydi. Understanding Relativity adlı kitabında Stanley Goldberg (Boston: Birkhauser, 1984), "Lorentz ile Poincare'nin 1904'te ortaya attığı teori, bir yıl sonra Einstein'ın ileri sürdüğü teoriyle formel olarak aynı olmasına karşın insanları tam anlamıyla tatmin edememişti." " (s. 324).

21 "Who Matiered and Why," Time, 31 Aralık1999,48-58.

22 Richaard Preston, American Steel (New York: Avon, 1991), 75.

23 Mülakat 7 E s. 2,3..

24 . "Nucor Corporation: Corporate Profile," WaZI Street Corporate Reporter, 9- 15 Eylül 1996, 19.

25 Clayton M. Christensen, The Innovator's Dilemma (Boston: Harvard Business School Press, 1997), 88.

26 "Daniel S. Bricklin," CIO, 15 Aralık 1999,140.

27 "As Easy as Lotus 1-2-3," Computerworld, 30 Ağustos 1999, 7ı.

28 "Everyday Necessities, the Building Blocks," InfoWorld, 26 Ekim 1998, 9; "IBM and Lotus Get Closer," InfonnationWeek, 28 Temmuz 1997, 73-80.

29 "Bigger Isn't Betier: The Evolution of Portables," InfoWorld, 26 Ekim 1998, 8-9.

30 Thomas J. Watson Jr. and Peter Petre, Father, Son & Co.: (New York: Ban-tam, 2001), 229.

31 Robert J. Serling, Legend and Legacy (New York: St. Martin' s Press, 1992), 126. 32. Centennial Review, Internal Westinghouse Raporu, 1986. 33. "The Rise of Personal Digital Assistants," Systems, Eylül 1992,

32 Centennial Review, Internal Westinghouse Raporu, 1986
33 "The Rise of Personal Digital Assistants," Systems, September 1992, 70-72; "Users Mourn Newton," Computerworld, 9 Mart 1998,61-64.
34 Kara Swisher, aol.com (New York: Random House, 1998), 64.
35 Mülakat 9 D s.1
36 Mülakat 5 E s. 5

BÖLÜM 8

1 Lorin Maazel'den alıntı. New York Filarmoni Orkestrası, "Maazel Is to Lead Philarmonic". New York Times, 30 Ocak 2001, A1
2 "Some People Don't Like to Haggle", Forbes, 27 Ağustos 1984, 46.
3 Carl M. Brauer, "Circuit City Stores: Customer Satisfaction, Never Self-Satisfaction", (taslak, Nisan 1998), 6-1.
4 Geçiş dönemi öncesinde mükemmel şirketler hakkındaki haber sayısı: 176. Geçiş sonrası dönemde: 423. Feature haber sayısı: geçiş öncesinde: 21, geçiş sonrasında: 67.
5 Jeffrey L. Rodengen, The Legend of Nucor (Fort Laderdale, Fla: Write Stuff, 1997), 63, 70. 82.
6 Mülakat no: 5-B, s. 5.
7 Mülakat no: 5-c, s. 2.
8 "The Battle of the Bottoms", Forbes, 24 Mart 1997, 98
9 Mülakat no: 1-C, s. 7.
10 Mülakat no: 1-E, s. 9.
11 Yazar ile Alan Wurtzel arasındaki görüşme.
12 Mülakat no: 3-B, s. 13.
13 Mülakat no: 4-D, s. 3. Mülakat veren kişi, şu soruyu cevaplıyordu: "Şirket bu zaman çerçevesinin belli bir noktasında büyük bir değişim yaratmak için bilinçli bir karar verdi mi?"
14 Mülakat no: 5-A, s. 7.
15 Mülakat no: 6-A, s. 12.
16 Mülakat no: 7-A, s. 3.
17 Mülakat no: 8-C, s. 6.
18 Mülakat no: 9-F, s. 25.
19 Mülakat no: 10-F, s. 7.
20 Mülakat no: 11-G, s. 6.
21 John Wooden ve Jack Tobin, They Call me Coach (Chicago: Contemporary: 1988), 244.

22 Mülakat no: 3-I, s. 21.
23 Mülakat no: 1-G, s. 31. Mülakat no: 1-A, s. 14.
24 "Upjohn: The Upjohn Company: Remarks by C.H.Ludlow", Wall Street Transcript, 11 Mart 1974, 36246-26247.
25 Mülakat no: 6-C, s. 16-17.
26 Mülakat no: 7-F, s. 11.
27 Fortune.com, 9 Şubat 2001.
28 "Turning W-L into" Business Week, 5 Mart 1979, 60.
29 "Chasing Aftre Merck", Forbes, 10 Kasım 1980, 36.
30 "Warner Lambert Company", Wall Street Transcript, 21 Aralık 1981, 64122.
31 "Wernar-Lambert", Financial World, 5 Eylül 1984, 24.
32 "On the Mend", Barrons's, 2 Ocak 1995, 19.
33 "W-L to Acquire IMED at Cost of $465 Million," New York Times, 8 Haziran 1982, D4; "W-L Plan to Buy Imed Corp. Draws Cool Reaction by Ana-lysts Due to Cost, Timing," Wall Street Journal, 14 Haziran 1982.
34 Artık Warner-Lambert'in web sitesi yok. Otomatik olarak Pfizer'ın sitesine bağlanıyorsunuz. Bunun dışında sitede Warner hissedarlarının ellerindeki hisseleri Pfizer hisseleriyle nasıl değiştirebileceği anlatılıyor.
35 Peter F. Drucker, Managing for the Future (New York: Truman Talley Books/Dutton, 1992), 160.
36 "In the News," Fortune, 3, Temmuz 1978, 20.
37 "Harris Is Raising !ts Bet on the Office of the Future," Business Week, 18 Temmuz 1983, 134.
38 "Harris Corp.'s Bold Strategy," Forbes, 25 Nisan 1983, 96.
39 "Merits of Harris Tie to Lanier Debated," New York Times, August ll, 1983, D5. Ayrıca yıllık mali raporlar.
40 "Harris Heads into the Office," Computerworld, 12 Ekim 1983,29.

BÖLÜM 9

1 Michael Ray ve Rochelle Myers, Creativity in Business (New York: Doubleday & Company, 186), 113.
2 Hoover's Online ve Stenderd & Poor's Corporation Records, Ocak 2001.
3 Sam Walton ve John Huey, Sam Walton: Made in America (New York: Doubleday & Company, 1992), 35.

4 Sandra S. Vance ve Roy V. Scott, Wal-Mart: A History of Sam Walton's Retail Phenomenon (New York: Times Boks, 1998)
5 Kalıcı Olmak için yapılan araştırmadan. HP arşivi.
6 Kalıcı Olmak için yapılan araştırmadan. HP arşivi.
7 Bernard Oliver'den IEEE Ödül Komitesi'ne mektup 23 Mayıs 1972. HP arşivi.
8 "Packard Style", Palo Alto Daily News, 27 Mart 1996, 10
9 David ve Lucille Packard Vakfı'ndan Amy Chemberlain'a göre tam olarak 5.62 milyar dolar.
10 James C. Collins ve Jerry I. Poras, Built to Last (New York: HarperCollins, 1997),1.
11 David Packard, Commecement Speech, Colorado College, 1 Haziran 1964. HP arşivi.
12 Merck & Company, Yönetim İlkeleri, Şirket Politikası, 3 Şubat 1989. Merck arşivi
13 George W. Merck, Virginia Tıp Fakültesi'nde yaptığı konuşma, 1 Aralık 1950. Merck arşivi.

EKLER

1 "Hermit Kingdom," Wall Street Journal, 12 Aralık 1958, A6; "Remodeling the A&P," Business Week, 23 Mart 1963, 36; "Ailing A&P," Wall Street Journal, 21 Nisan, 1964, A6; "New Men for A&P's Top Rungs," Business Week, 20 Haziran, 1964, 32; "A&P Reorganization Is Announced; Move Takes Effect February 24,", Wall Street Journal, 15 Ocak, 1969, A4; "A&P-Awakening the Giant," Financial World, 25 Şubat, 1970, 5; "Great Expectations," Barron's, 19 Şubat 1970, 5; "Renewing A&P," Business Week, 20 Şubat 1971,68; "How A&P Got Creamed," Fortune, Şubat 1973, 103; "A&P Goes outside Ranks for First Time, Picks Scott to Assume Eventual Command," Wall Street Jour-nal, 11 Aralık 1974, A8.
2 "IBM's New Copier," Business Week, 22 Mart 1976, 52; "Addressograph Gets Ash and $2.7 Million," Business Week, 4 Ekim1976,31; "How to Nip Away at the Xerox Market," Business Week, 8 Kasım 1976, 68; "Roy Ash's Challenge," Newsweek, December 13, 1976, 90; "Roy Ash Is Having Fun at Addressogrief-Multigrief," Fortune, 27 Şubat 1978,46; "Coup at AM; Roy Ash Resigns Under Fire," Time, March 23, 1981, 71; "Curious Tale of Mr. Black," London Financial

Times, 27 Şubat 1982, 28; "AM Files Bölüm II Petition," New York Times, 15 Nisan 1982, D i.

3 Gary H ector, Breaking the Bank: The Decline of BankAmerica (Little, Brown & Company,I 988); "At BankAmerica a New Regime Strives to Reverse Declines," Wall Street Journal, 20 Mayıs 1982, Al; "The Cost to Armacost," Economist, 16 Şubat 1985, 76; "Bank of America Rushes into the Information Age," Business Week, 15 Nisan 1985, 110; "Sam Armacost's Sea of Troubles," Banker, 1 Eylül 1985, 1; "Schwab Joins the Ranks of Bank of America Dropouts," Business Week, 25 Ağustos 1986, 37; "Ad d Security Pacific to Bank of America," Wall Street Journal, 13 Ağustos 1991, Al; "BankAmerica Finds it Got a Lot of Woe," Wall Street Journal, 22 Temmuz 1993, AL.

4 John Strohmeyer, Crisis in Bethlehem (Pittsburgh: University of Pitts-burgh Press,I 994); "Bethlehem Steel," Wall Street Journal, 13 Mayıs 1977, A4; "Bethlehem Sets New Pay Reduction," Wall Street Journal, 21 Ocak 1983, A5; "Bethlehem to Ask Probe," Wall Street Journal, 24 Ocak 1984, A2; "Making Retirees Share the Pain," Business Week, 16 Nisan 1984, 50; "Bethlehem Plans Further Cuts," Wall Street Journal, 15 Ocak 1985, A2; "Is Bethlehem Investing in a Future it Doesn't Have?" Business Week, 8 Temmuz1985, 56; "Bethlehem Exits Freight Car Building," Journalaf Commerce, November 1, 1991, B2; "Faded Glory," Forbes, 16 Mart 1992,40.

5 "Tandy Agrees to Buy Assets ofEckerd Unit," Wall Street Journal, 5 Temmuz 1985, A4; "Diversification Appeals," Chain Store Age Executive, 1 Ağustos 1979, 81; "Video FoIlies," Forbes, 5 Kasım 1984,43-45; "Jack Eck-erd Holders Will Receive All Cash in a $ 1.2 Billion Buyout," Wall Street Journal, 21 Nisan 1986, A31; "J. C. Penney Gets Eckerd Shares," Wall Street Journal, 18 Aralık 1996, BlO.

6 "Great Western: Great Western Financial Corporation: Remarks by James F. Montgomery, President, to the Security Analysts of San Fran-cisco, 8 Mart 1977," Wall Street Transcript, 25 Nisan 1977, 46873-46874; "Great Western: Great Western Financial Corporation: Remarks by James F. Montgomery, Chairman and President, to the Security Analysts of San Francisco, 9 Kasım 1981," Wall Street Tran-script, 21 Aralık 1981, 6413 1-64132; "Great Western: Great West-ern Financial Corporation (GWF): Remarks by James F. Montgomery, Chairman and Chief Executive Officer, to the Los Angeles Society of Financial Analysts, Eylül ll, 1984," Wall Street Transcript, October 22, 1984, 75659-75660; "Great Western: The

Corporation: Strategies: How Playing it S'!(e Worked for Great Western: it Waited until Regula-tions Eased to Go on a Buying Spree, " Business Week, 7 Eylül 1987, 70; "Great Westem: Corporate Focus: Great Westem Financial Seeks to Chart a Fresh Course: No. 2 U.S. Thrift Faces Burden ofSoured Home Loans, Bloated Overhead," Wall Street Journal, 17 Mayıs 1993, B4.

7 Bryan Burrough and John Helyar, Barbarians at the Cate (New York: HarperCollins, 1991); "Cigarette Conglomerate," Financial World, 5 Şubat 1969,4; "Voyage into the Unkown," Forbes, December 1, 1971, 30; "When Marketing Takes Over at R. J. Reynolds," Business Week, 13 Kasım 1978, 82.

8 "A Paper Tiger Grows Claws," Business Week, 23 Ağustos 1969, 100-102; "No-Longer-So-Great Scott," Forbes, August 1, 1972, 25; "Now an Outsider Will Run Scott Paper," Business Week, 23 Nisan 1979, 39,42; "Scott a Paper Tiger," Advertising Age, 3 Kasım 1980, 96; "Scott Paper's New Chief," Business Week, 30 Kasım 1981, 62; "Scott Isn't Lum-beringAnymore," Fortune, 30 Eylül1985,48-55; "Bermuda Trian-gle," Forbes, 6 Ocak 1992, 284; "Al Dunlap: An Insider's View," Navigator, Aralık 1997; "Did CEO Dunlap Save Scott Paper-or Just Pretty It Up? The Shredder," Business Week, 15 Ocak, 1996.

9 "Silo, Discount Appliance Chain, Enjoys Payoff from Hard Sell," Bar-ron's, 29 Mart 1971, 35; "An Appliance Dealer with Real Clout," Busi-ness Week, 6 Kasım 1971, 76; "Cyelops Acquires Silo," Wall Street Journal, 16 Ekim 1979, AS; "Dixons Makes $384 Million U.S. Bid," London Financİal Times, 18 Şubat 1987, 1; "Silo-Dixons Power: How Far Can it Reach?" Consumer Electronics, Kasım 1988, 14; "Dixons Strategic Move into Los Angeles Area," London Financial Times, 12 Kasım 1989, ıo; "Shake-up at Silo," Discount Store News,4 Mart 4 1991, 1; "Dixons Tightens Grip on Silo," HFD-the Weekly Home Fur-nishings Newspaper, 3 Şubat 1992, 77.

10 "Upjohn: Two Upjohn Antibiotics Barred from Sale; FDA-Drug Com-pany Confrontation Is Seen," Wall Street Journal, 15 Mayıs, 1969, A38; "Upjohn: Tweedle Dee: Upjohn Can't Ever Seem to Do Quite as Well in Ethical Drugs as Tweedle Dum, Its Corporate Lookalike, Eli Lilly, Which Is No Great Shakes Either," Forbes, 1 Mart, 1970, 65-66; "Upjohn: Two Upjohn Drugs Linked to Thirty-two Deaths Needn't Be Banned, FDA Aide Testifies," Wall Street Journal, 30 Ocak 1975, A14; "Upjohn: Hair-Raising Happenings

at Upjohn (Testing a Cure for Bald-ness, the Company Squirms at the Unwelcome Clamor)," Fortune, 6 Nisan 1981,67-69; "Upjohn: R&D Scoreboard: Drugs," Business Week, June 22, 1987, 145; "Upjohn: Upjohn's Stock Falls on Study's Claim Its Anti-Baldness Drug Has Side Effects," Wall Street Journal, 9 Şubat 1988, A2; "Upjohn: Law: Upjohn Settles Liability Suit over Haldion Sleeping Pill," Wall Street Journal, 12 Ağustos 1991, B2.

11 "Gillette President S. K. Hensley Resigns to Accept Presideney of Wamer-Lambert," Wall Street Journal, June 21, 1967, A32; "Say Little, Do Much," Forbes, 1 Aralkı, 1974, 52; "After the Diversification That Failed," Business Week, 28 Şubat, 1977, 58; "Tuming W-L into a Marketing Conglomerate," Business Week, March 5, 1979, 60; "Hagan Outlines Strategic Plan," PR Newswire, 29 Ekim, 1980; "Beating the Japanese in Japan," Forbes, 27 Nisan 1981,44; "W-L: Reversing Direction to Corred N egled," Business Week, 15 Haziran 1981, 65; "Hagan Outlines Strategic Actions," PR Newswire, 2 Aralık 1981; "Hagan Announces IMED Purchase," PR Newswire, 7 Haziran, 1982; "Hagan Defends IMED Purchase," PR Newswire, 12 Temmuz, 1982; "Did W-L Make a $468 Million Mistake?" Business Week, 21 Kasım, 1983, 123; "The Succession at Warner-Lambert," Business Week, 17 Eylül 1984, 52.

12 "Things Are Adding Up Again at Burroughs," Business Week,11 Mart 1967, 192; "How Ray MacDonald's Growth Theory Created IBM's Toughest Competitor," Forlune, Ocak 1977, 94; "A Tough 'Street Kid' Steps in at Burroughs," Business Week, 29 Ekim, 1979, 50; "Will a Shake-up Revive Burroughs?" Business Week, 4 Mayıs, 1981, 53; "Can Bur-roughs Catch Up Again?" Forbes, 28 Mart 1983, 78.

13 RobertA. Lutz, Guts: The Seven Laws of Business That Made Chrysler the World's Hottest Car Company (New York: John Wiley & Sons, 1998),27; "President Iacocca," Wall Street Journal, 28 Haziran, 1982, Al; "Is There Life after Iacocca?" Forbes, 8 Nisan 1985, 75; "Lee Iacocca's Time of Trouble," Forlune, 14 Mart 1988, 79; "Can Iacocca Fix Chrysler Again?" Fortune, 8 Nisan 1991, 50; "After Lee," The Economist, 21 Mart 1992, 70; "How Chrysler Filled Detroifs Biggest Shoes," Wall Street Journal, 7 Eylül 1994, Bl; "Daimler-Benz Will Acquire Chrysler in $36 Billion Deal That Will Reshape Industry," New York Times, 7 Mayıs 1998, A6.

14 "Hasbro: On a Roll: Toymaker Hasbro Continues String of 25% Yearly Growth," Barron's, 19 Temmuz 1982, 40; "Hasbro: Hasbro Toys Find

Profits in Tradition," Wall Street Journal, 12 Aralık 1983, A29; "Hasbro: News: Hasbro Gets Its Guns: Stephen Hassenfeld's Loading Up for Bat-tle," Industry Week, 30 Nisan 1984, 17-18; "Hasbro: Silver: A Play on Toys: Hasbro Bradley's Hassenfeld," Financial World, 16 Nisan 1985, 29; "Hasbro: Merry Christmas: It Has Already Come for Hasbro, Biggest U.S. Toymaker," Barron's, 23 Aralık 1985, 34; "Hasbro: The Corpora-tion: Strategies: How Hasbro Became King of the Toymakers: With $ 1.2 Billion in Sales and $99 Million in Profits, it Is Now No. 1 Worldwide," Business Week, 22 Eylül 1986, 90-92; "Hasbro: Marketing: Toys: It's Kid Brother's Turn to Keep Hasbro Hot: Alan Hassenfeld Must Fill Big Shoes atthe Toymaker," Business Week, 26 Haziran 1989, 152-153.

15 "Rubbermaid: Sincere Tyranny (Why Has Stanley Gault Spent the Last Four Years Moving and Shaking at Rubbermaid? It Was a Case of Serious Problems Masked by Cheery Numbers)," Forbes, 28 Ocak 1985, 54-55; "Rubbermaid: Rubbermaid Emerges a 'Clear' Winner; Food Stor-age Containers," Chain Store Age-General Merchandise Trends, Ekim 1986, 67; "Why the Bounce at Rubbermaid? The Company Sells Humdrum Goods in a Mature Market, and Most of Its Competitors Undercut Its Prices. But it Has Doubled Sales and Tripled Earnings in the Past Six Years," Fortune, 13 Nisan 1987, 77-78; "Rubbermaid: Amer-ica's Most Admired Company," Fortune, 7 Şubat 1994, 50-54; "Rub-bermaid: From the Most Admired to Just Acquired: How Rubbermaid Managed to Fail," Fortune, 23 Kasım 1998, 32-33.

16 "Henry Singleton's Singular Conglomerate," Forbes, 1 Mayıs, 1976, 38; "Two Ph.D.'s Turn Teledyne into a Cash Machine," Business Week, 22 Kasım 1976, 13 3; "The Sphinx Speaks," Forbes, 20 Şubat 1978, 33; "Teledyne's Winning Roster," Forbes, 17 Ağustos 1981, 35; "Parting with Henry Singleton: Such Sweet Sorrow for Teledyne?" Busi-ness Week, 9 Nisan 1990,81; "Teledyne to Pay $17.5 Million to Settle U.S. Criminal Charges," Washington Post, 6 Ekim 1992, D6; "Teledyne Struggles to Recapture Magic ofYesterday," Wall Street Journal, 22 Kasım 1993, B4; "Richard Simmons to Share Spotlight at Allegheny Tele-dyne, Sees 'Good' Fit," Wall Street Journal, 3 Nisan 1996, B8.

BOYNER YAYINLARI

Dünyadaki En Büyük Satıcı
OG Mandino

Gelecek Zamanda Düşünmek
Jennifer James

Tongue Fu
Sam Horn

Umut Bir Yöntem Olamaz
Gordon R. Sullivan- Michael V. Harper

En Büyük On Armağan
Steven W. Vannoy

Ölüm ve Ölmek Üzerine
Elisabeth Kübler-Ross

Çocuğunuz Ergenlik Çağında
Lawrence Bauman

Ruhun Arayışı
Charles Handy

Ye ya da Yem ol
Howard H. Stevenson

Çocuğunuzun Gelişen Aklı
Jane M. Healy

Aile Sırları
Evan Imber-Black

Sihirli Anahtar
Anne Linden

Fazla Kültür Göz Çıkarmaz
Judy Jones- William Wilson

Bağlantı Doğru mu?
Jane M. Healy

Öğretmenim Mori'yle Salı Buluşmaları
Mitch Albom

Akıllı Örgüt
David Matheson-Jim Matheson

Güç Merkezli Yönetim
Jeffrey Pfeffer

Enformasyon Altyapısı
Peter Weill – Marianne Broadbent

Bel Ağrısı
Shelagh Masline – Johns Hopkins Üniversitesi Yayını

İş Hayatı Bir Tiyatro
B.Joseph Pine – James H. Gilmore

Romatizma
Sara J. Henry- Johns Hopkins Üniversitesi Yayını

Yüksek Tansiyon
Mark Giuliucci - Johns Hopkins Üniversitesi Yayını

Küreselleşmenin Geleceği
Thomas Friedman

Alerjiler
Mark Giuliucci - Johns Hopkins Üniversitesi Yayını

Yüzyılların 100 Kitabı
Martin Seymour-Smith

Unplugged
Selçuk Erdem

Hayatını Kur Hayatını Yaşa
Mark Albion

Unplugged-2
Selçuk Erdem

Zor İnsanlarla Baş Etme Yolları
Dr. Rick Brinkman – Dr. Rick Kirschner

Sınırsız Düşünün, Hayatınız Değişsin
Rosamund Stone – Benjamin Zander

Her Çoçuk Başarabilir
Dr. Mel Levine

Dehanızı Keşfedin
Michael J. Gelb

Başarılı Çocuk
Dr Willam Sears, Martha Sears

Modern Ailelere Bilgece Öğütler
William Martin

Yorgunluk Yorgunluğuna Son
Dr. Jesse Lynn Hanley
Nancy Deville

Huzurlu Yaşama Sanatı
Toksöz Bayram Karasu